集人文社科之思　刊专业学术之声

中文社会科学引文索引（CSSCI）来源集刊

第27辑

西南边疆民族研究

主　编　何　明

副主编　李志农　朱凌飞

教育部人文社会科学重点研究基地

云南大学西南边疆少数民族研究中心学术集刊

社会科学文献出版社

SOCIAL SCIENCES ACADEMIC PRESS (CHINA)

《西南边疆民族研究》 第 27 辑
2019 年 6 月出版

目 录

民族社会研究

旅游人类学

发展问题研究

东南亚研究

研究述评

《西南边疆民族研究》 第 27 辑

第 1～7 页

© SSAP，2019

试论清代中缅贸易关系及其特点[*]

段知力[**]

摘　要　早在西汉时期，中缅之间就存在着贸易交往，虽历经朝代更迭，但双方一直保持着贸易往来且不断发展，直至清代达到鼎盛时期。清代中缅贸易可以划分为北部的陆路贸易和南部的海路贸易。通过中缅商道，双方贸易主要以棉花、宝玉石、象牙、食盐、丝绸、茶叶、瓷器等商品为主，其中棉花和宝玉石的贸易量比较大。清朝末年，随着缅甸逐步沦为英国的殖民地，中缅贸易开始逐渐走向衰落。云南回民起义后，中缅陆路贸易被迫完全中断，海路贸易开始在中缅贸易中占据主导地位。

关键词　清代；中缅贸易；滇缅商道；殖民势力

DOI：10.13835/b.eayn.27.01

清代，中缅两国不仅有着频繁的政治交往，贸易往来也十分密切。如果依据清政府对缅贸易的政策和中缅两国当时的贸易状况，可以将清代中缅贸易划分为四个阶段：1765 年以前，为中缅边境贸易开放、两国贸易平稳发展阶段；1765 年至 1791 年，为中缅边境贸易中止、两国贸易出现衰落阶段；1792 年至 1884 年，为中缅边境贸易重新开放、两国贸易快速发展阶段；1885 年底英国侵占缅甸后，为清朝与英国统治时期的缅甸贸易阶段。如果依据中缅贸易路线和贸易区域，可以将清代中缅贸易划分为缅甸北部（即上缅甸）的中缅陆路贸易和缅甸南部（即下缅甸）的中缅海路贸易。有感于国内外专门论述清代中缅贸易的论著少之又少，本文拟利用中、英、缅三种文字材料，按照清朝对缅贸易路线和贸易区域划分，对缅北的中缅陆路贸易和缅甸南部的中缅海路贸易展开详细论述，并通过与明代中缅贸易相比较，阐明清代中缅贸易关系的特点。

一　中缅陆路贸易

中缅之间的陆路贸易最早可以追溯到汉代，当时存在着一条从四川经云南进入缅甸北部到印度的陆上贸易通道。也有学者经过考证认为，这条陆路贸易通道早在公元前 4 世纪就已经在我国西南地区存在，被称为"蜀身毒道"，有的史书上也将它称为"贝币之路"或"南方丝绸之路"，[①] 其中云南、缅甸境内的这段通道被称为"滇缅商道"。通过这条商道，中国商人将丝绸、茶叶等商品销往缅甸、

---

*　本文系中国－东盟研究中心（广西科学实验中心）开放课题"中缅商道变迁研究"的阶段性成果。

**　段知力，男，湖南师范大学历史文化学院 2017 级博士研究生，湖南城市学院艺术学院副教授，主要从事东南亚史研究。

①　李俊：《西南丝绸之路与云南贝币的流通》，《云南文物》1994 年第 38 期。

印度等国家或地区，同时将缅甸的象牙、犀牛角、翡翠、孔雀等输入中国。此后虽历经朝代更迭，但这条贸易通道却一直商贾不断，有力地促进着中缅双方贸易的发展。元代中央政府开始在云南建立行省，并同缅甸之间爆发了战争，元朝派遣军队数次征缅。在这个过程中，出于军事与政治的目的，中缅商道得以拓宽，解决了双方交通不便导致的贸易受阻问题。① 明代正统和万历年间，中缅之间又相继爆发了战争，在战争过程中，为了保证军需的供运，明朝政府在修缮拓宽滇缅古道的基础上又开辟了新的陆路贸易通道，极大地便利了清代中缅双方的陆路贸易往来。

清代中缅双方陆路贸易往来日趋频繁，虽然在清乾隆年间，中缅两国曾发生战争，双方贸易一度停滞，但战争结束之后，双方陆路贸易又重新趋于活跃。

由于贸易量巨大，利润丰厚，中缅两国政府各自在边境上都设立了关卡，对过往的商队征税。② 当时由中国运往缅甸的商品主要有铜器、铁器、丝绸、茶叶、瓷器等。从缅甸输入中国云南的商品主要有棉花、宝玉石、象牙、食盐、鱼等，其中以棉花最为重要。

棉花是缅甸输入中国最大宗之商品。早在乾隆四十二年（1777），时任云贵总督的李侍尧就曾上书乾隆皇帝："缅甸物产，棉颇多，……臣在粤省时，见外洋脚船进口，全载棉花。"③ 商队主要用骡马作为运输工具来贩运棉花，也有用船只走内河航线进行贩运的。希穆斯在其所著《1795 年出使阿瓦记》中记载道："中国云南与缅甸一直保持着贸易往来，其中以棉花的贸易量最大。缅商从棉农那里收购棉花，沿伊洛瓦底江运到八莫，同中国商人交换商品，后者沿水陆两路把棉花运入中国。"同一时期到过缅甸的英国探险家克柯斯在其自传中也写道："棉花是缅甸出口的主要商品，大量棉花囤积在实阶的港口，等着装货上船运往中国。每船可载 15000 公斤棉花，一般只需 30 至 40 天便可运达中国。"④ 据统计，中国在 1830～1839 年总共从缅甸进口棉花在 300 万磅到 400 万磅之间。⑤ 1855 年中国从缅甸总共进口了价值约 23 万英镑的商品，而进口棉花一项就花费了 22 万英镑。⑥ 1872 年中国向缅甸出口了价值约 8 万英镑的丝绸，而缅甸向中国出口的棉花价值高达 22 万英镑，⑦ 足足高出将近两倍。由于中国西南地区棉花产量不足，中缅之间的棉花贸易对于缓解当地纺织原料的不足起到了很大的作用。

宝玉石是缅甸输入云南的另一种重要的商品。早在明朝时期，为了获取缅甸的玉石珠宝，明朝统治者在玉石的主要产地孟密、孟拱都派驻了太监替皇家采办。受高额利润的驱使，许多中国商人前往孟密和孟拱开采宝玉石矿井和经营宝玉石贸易。官府督办是明代宝玉石贸易的一个显著特征。如果说这种贸易形式还略带有内贸性质的话，清代的宝玉石贸易则完全发展成为中缅间的国际贸易了。由于国人对玉石珠宝的喜爱，尚玉之风盛行，使得宝玉石的需求量有增无减，宝玉石在中缅贸易中成为仅次于棉花的第二大贸易商品。当时的中国玉石商人云集缅甸八莫城，八莫城为当时这一地区经济发展与中缅经济、文化交往的产物。商贾们将玉石从缅甸八莫运往云南腾冲，加工成装饰品后又运到缅甸和中国内地销售。嘉庆《腾越厅志》卷二载："商贾云集腾越，上则珠宝，次则棉花，骡驮马运，不

① 贺圣达：《缅甸史》，人民出版社 1992 年版，第 93 页。
② 《明清史料》庚编，第 7 本，第 697 页。
③ 《清高宗实录》卷 1031，第 12 页。
④ 〔缅〕钦貌迎：《缅甸国王统治时期的缅甸棉花贸易》，缅甸《前卫》杂志（英文）1971 年第 4 期。
⑤ 〔英〕霍华德·马尔克：《东南亚游记》，伦敦，1839 年，卷一，第 265 页，转引自田汝康《有关杜文秀对外关系的几个问题》，《历史研究》1963 年第 4 期。
⑥ 〔英〕亨利·玉尔：《1855 年出使阿瓦日记》，牛津大学出版社 1968 年版，第 148～149 页，转引自孙来臣《明清时期中缅贸易关系及其特点》，《东南亚研究》1989 年第 4 期。
⑦ 〔英〕亨利·玉尔：《1855 年出使阿瓦日记》，牛津大学出版社 1968 年版，第 148～149 页。

绝于途。"常年活跃在中缅商道上，经营着珠宝贸易的各地商家，仅云南籍玉商就达百余家，坑夫达数千名，运销多者达上千担，[①] 可见当时的贸易盛况。即使在后来缅甸沦为英国的殖民地，中缅贸易受到极大影响的情况下，中缅之间的玉石贸易仍在发展。光绪二十八年（1902），缅甸向中国出口玉石271 担，光绪三十四年（1908）为 465 担，宣统三年（1911）为 628 担。[②]

但是，清朝政府同时也对滇缅边境的陆上贸易加强了管控措施。中缅之间的陆路贸易一度因为清缅战争而陷于停滞，战争结束以后，清政府继续封关闭市，乾隆皇帝下令："严禁内地商贩，不得出关贸易。"[③] 直到缅甸派人"奉表纳贡"，才重新开启双方贸易。为杜绝"内地奸民偷越滋事，并夹带违禁货物"，[④] 清朝政府在稽查和榷税事宜上加强了管理力度，尤其是对铜、铁及废铁等可以用来"备军资而造器物"的"违禁货物"稽查甚严。对于私贩者"五十斤以下，杖八十徒四年；五十斤以上，发边卫充军"。[⑤]

缅甸政府同样也对中缅边境贸易怀有戒备之心。清代彭崧毓《缅述》中记载："贸易之便，……缅人不容华人由之，恐防天朝取道也。"[⑥] 缅甸统治阶级对于中缅边境贸易的态度一直摇摆不定。一方面，他们能从中缅贸易中获得巨大利益。如缅甸敏同王在位期间，每年可从中缅贸易中征税达 50 万英镑，而国内税收每年仅有 7.3 万英镑。[⑦] 缅甸王室所喜爱的中国的绫罗绸缎，也都来自中缅贸易。另一方面，他们也担心清政府以贸易通商为名，趁机进犯缅甸。桑格曼诺神父在其著《缅甸帝国》一书中说道："他们（指缅甸统治阶级）希望发展中缅贸易，以便从中获得巨额的税收；但这种贸易必须在有效的管理之下进行，以免被中国政府（指清朝政府）加以利用。"[⑧]

二 中缅海路贸易

中缅之间很早就开辟了一条以广东为基地的海路贸易通道。班固的《汉书·地理志》曾经记载，汉武帝统治时期遣使前往南印度黄支国进行海上贸易，船只沿途停靠的邑卢没国、谌离国、夫甘都卢国，据学者考证，就位于今天缅甸境内。从文中所载可以看出，当时这条海路贸易通道十分繁荣，汉使与翻译带着一批跟随的商贾，携带黄金、丝织品出海，换取明珠、猫儿眼等奇珍异宝。到了宋代，随着造船业的发展与航海技术的提高，海路贸易也比前代有所加强。当时缅甸的商船常到福建沿海的港口进行贸易，表明在宋代中缅之间新开辟了一条以福建沿海港口为基地的海上贸易通道。明代初期由于中央政府实行海禁政策，曾经十分繁荣的海路贸易受到了极大影响。到了明朝中后期，中央政府开始逐步放开海禁，中缅之间的海路贸易又重新开始繁荣起来，中国的丝绸大量通过海路贸易通道运到勃固和下缅甸其他地区。

清代中缅之间的海路贸易较之前代又有了新的发展。当时缅甸南部最大的港口城市仰光聚集了大

① 蓝勇：《南方丝绸之路》，重庆大学出版社 1992 年版，第 156 页。
② 余定邦：《中缅关系史》，光明日报出版社 2000 年版，第 268 页。
③ 《清高宗实录》卷 847，第 24 页。
④ 冯立军：《论明至清中叶滇缅贸易与管理》，《南洋问题研究》2005 年第 3 期。
⑤ 《钦定大清会典事例》卷 776，《刑部·兵律关津》，清宣统元年商务印书馆石印本。
⑥ （清）彭崧毓：《缅述》，中华书局 1985 年版，第 12 页。
⑦ D. G. E. Hall, *Europe and Burma-A Study of European Relations with Burma*, UK：Oxford University Press, 1945, p. 87.
⑧ Father Sangermano, *A Description of The Burmese Empire*, publ. by Government Rangoon, 1885, p. 146.

量来自中国的商船。据《滇系·缅考》记："洋货聚于漾贡（仰光），闽广皆通。"① 彭崧毓《缅述》载："阿瓦……中有木城，商民居之，有街有市。蛮幕滨江，多滇商，漾贡滨海，多粤商，皆设官，榷其税。"② 意大利传教士桑格曼诺神父也记述："白古港口优良，本国物产丰富，所以能吸引外国商船来这里进行贸易，这些外国商船不仅仅来自印度，也有来自中国和大食的商船。"③ 当时中国的商船主要来自福建和广东，这些商船常年活跃在仰光与毛淡棉、槟榔屿、吧城、巨港及三宝垄之间的海上交通线上，④ 将中国的铁器、长刀、棉布、丝绸、瓷器等运到缅甸，返回时把棉花、香料、硼砂、盐、虫漆、儿茶、鱼胶等运回中国。由于缅甸雍籍牙王朝规定 50 吨以下的商船可以免征海关税，而中国的商船大多在 50 吨以下，所以受到了豁免各项赋税的优待。

英国殖民者入侵缅甸以后，中缅海路贸易获得了快速的发展。《缅藩新纪》记载："自英人经营仰光，轮船如织，云南一隅通商渐少矣。"⑤《腾越乡土志》也记录了英国殖民势力染指下缅甸以后，中缅贸易之间出现的新变化："乾嘉间，海禁未开，凡粤闽客商贩运之缅货，均由陆路而行，……自缅被英夷侵占后，粤闽客商皆由新加坡、槟榔屿行经漾贡直达缅甸，腾之商情因之锐减，此商务之一大变也。"⑥ 之所以会出现这种变化，主要是因为英国殖民者在占领缅甸后，更加看重下缅甸及英属印度的对华贸易，从而促使了中缅海路贸易的快速发展。

三 中缅贸易关系的特点

通过对清代中缅陆路贸易和海路贸易的研究，我们发现清代的中缅贸易较之明代有所不同，呈现新的特点。

1. 清代的中缅贸易更加发达

明代中缅之间的贸易往来虽然有了很大的发展，但与清代相比，仍有不小的差距。这种差距主要体现在以下方面。

首先，明代中缅之间的贸易量不如清代。以明清两代中缅之间的大宗商品棉花为例，在 16 世纪初（明朝中叶），每年从缅甸输入中国的棉花大约有 500 万斤；而 19 世纪初（清朝中叶），每年从缅甸输入中国的棉花则高达 1000 万斤。⑦ 造成这种局面的主要原因在于明朝时期，中缅两国在边境地区经常发生摩擦，除了正统年间王骥"三征麓川"和万历年间中缅战争这样的大型战争冲突之外，小型冲突也是时有发生，加之缅甸国内当时的局势也是动荡不安，这些都极大地干扰了中缅边境贸易的正常进行。反观有清一代，除了乾隆中后期与缅甸发生过短暂的战争之外，其余大部分时间两国在边境地区都相安无事，和平安全的外部环境保证了中缅贸易的顺利发展。

其次，清代中缅两国之间的陆路商道比明代要多。据史料记载，明代中缅边境之间存在着 4 条商

---

① （清）师范纂：《滇系》第 12 册《典故四》，第 49～50 页。

② （清）彭崧毓：《缅述》，中华书局 1985 年版，第 1～2 页。

③ William Tandy D. D, *A Description of The Burmese Empire, Complied Chiefly from Native Documents by the Rev. Father Sangermano, and Translated from His Ms*, Rome: Joseph Salviucci and Son, 1833, p. 169.

④ 林锡星：《中缅友好关系研究》，暨南大学出版社 2000 年版，第 189 页。

⑤ （清）阙名：《缅藩新纪》，《小方壶斋舆地丛钞》第十帙，第 877 页。

⑥ （清）寸开泰：《腾越乡土志》，载国家图书馆编《乡土志抄稿本选编》（八），线装书局 2002 年版，第 721 页。

⑦ 〔英〕珀赛尔：《东南亚的中国人》，译文载《南洋问题资料译丛》1956 年第 2 期，第 6 页。

道，① 到了清代，中缅之间的陆路商道增至 6 条，后经英国驻曼德勒政务官威廉斯在 1863 年实地考察，认为中缅之间存在着 13 条陆路商道。② 实际上中缅两国之间有着漫长的边境线，双方间存在的贸易路线远不止这些，但上述史料至少说明了清代中缅商道比明代更为发达。

最后，商队的壮大，商帮的形成以及商人会馆的建立也说明了清代的中缅贸易比明代更加发达。明朝时期，商人来往于滇缅商道，为了提防土匪、猛兽和瘴气的侵害，一般结伴而行，少则三五人，多则十余人。《西南夷风土记》就曾记载："贾人出关，必结十人为伙，投宿山林，号曰'打野'，……瘴疠凶恶，鬼蜮横行，十人出关，必死者过半。"③ 清代入缅经商的滇商队伍不断壮大，一般是由三百至四百头牛，或两千匹马组成的庞大商队，④ 且这些商队按其所走路线形成了"碛碙帮"、"回回帮"、"奔龙帮"等不同商帮。⑤ 滇缅商道沿线多个城镇都有这些商帮所建的商人会馆（即云南会馆），为商队的出行提供必要的帮助，有力地促进了中缅贸易的繁荣。

清代在缅华侨人数的激增也体现出清代中缅贸易比明代更加发达。明清以前，移居缅甸的华侨人数还很少。到了明代，虽然在缅华侨人数有了一定的增加，但真正在缅从事商业活动的却不多。清代"永历入缅"和"清缅战争"这两件大事的发生，促使在缅华侨人数急剧增加。他们在缅甸或开矿或经商，其商业活动的范围和规模相比前代都有了扩大和发展。中缅陆路贸易以及上缅甸的商业、矿业基本上都被在缅华侨所控制，他们在上缅甸的经济贸易活动中起着举足轻重的作用，对于促进中缅边境贸易的繁荣起着不可替代的作用。

2. 海路贸易逐渐占据主导地位

明代中缅海路贸易虽然有了很大的发展，但陆路贸易始终在中缅贸易中占据主导地位。究其原因，一是明洪武四年（1371），朝廷下令"禁滨海民不得私出海"，"片帆寸板不许下海"。⑥ 政府实行海禁政策，在一定程度上抑制了中缅两国海路贸易的进一步发展。如明洪武三十年（1397），朝廷再次颁布旨令"申禁人民不得擅出海与外国互市"。⑦ 直到明朝中后期，随着倭患问题得以解决，社会各阶层要求开禁的呼声越来越高，明穆宗才被迫下令有限度地放开海禁。事实上，有明一代，海禁作为一项基本国策一直得以实行，只是有时候执行得比较严格，有时候执行得比较宽松而已。二是中缅之间的海路贸易航线偏离了主航道，无法展开大规模的海上贸易。明朝时期，中国与东南亚国家的海外贸易的主航道是从福建、广东两地的港口出发，经交趾（越南北部）、暹罗（泰国）或占城后到吕宋，再由吕宋转向新加坡、马来西亚、印度尼西亚诸地。在这条主航道上，中国向外输出丝绸、瓷器、茶叶等商品，输入棉花、香料、宝石等东南亚特产。虽然中国的商船也停靠下缅甸的港口城市进行海上贸易，且这些地方一度十分繁荣，但其终究不在这条海外贸易的主航道上，无法展开大规模的海上贸易。

清朝入关以后，继续执行了明朝的海禁政策。顺治十二年（1655），清王朝颁布"禁海令"，严禁商贾出海交易，并申明如有犯禁者"不论官民，一律处斩，货物入官"。地方文武官员如有包庇纵容者"一

---

① 夏光南：《中印缅道交通史》，中华书局 1948 年版，第 64 页。
② 〔英〕J. 克利顿：《英属缅甸与中国西部之间的商道》，《皇家地理学会杂志》1875 年卷六十五，第 229～249 页。转引自约翰·L. 克里斯琴《由缅甸通向中国的贸易路线》，《太平洋事务》1940 年第 13 期第 1 号。
③ （明）朱孟震：《西南夷风土记》，商务印书馆 1936 年版，第 14 页。
④ 〔英〕布尔莱：《缅甸年代记译文》，《亚洲学会学报》第 6 期，第 121 页。
⑤ 姚文栋：《集思广益编》卷一。
⑥ 《明太祖实录》，中研院历史语言研究所校印本 1983 年版，卷 70。
⑦ 《明太祖实录》，中研院历史语言研究所校印本 1983 年版，卷 252。

律革职，从重治罪"。① 顺治十七年（1660），又进一步颁布"迁界令"，将福建和广东沿海的居民内迁四十到五十里，并在沿海各省"立界"，规定"无论军民，有私自越界者，皆斩之"。② 清朝的海禁政策虽然不能完全杜绝中缅海路贸易，但确实对它的发展造成了很大的影响，致使在很长一段时间内，中缅贸易都是以陆路贸易为主，海路贸易为辅。这种局面直到清朝晚期滇西回民起义之后才发生了一些变化。滇西回民起义导致一向繁荣的中缅陆路贸易完全中断，中缅贸易只能通过海路进行。加之此时英国殖民者占领了下缅甸，大力经营下缅甸对华的海上贸易，中缅之间的贸易情况开始逐渐发生变化，陆路贸易开始逐渐衰退，海路贸易开始占据主导地位。如光绪五年（1879），考察缅甸的黄懋材观察到棉花、玉石等商品大量由海路运往广东的具体情况：缅甸"土棉尤多，每岁贩入滇者十数万驮，其运海口者尤数倍于此。至于玉石诸宝，则产于孟拱、孟养西北一带野人山内，商贾择其质之美者购之，因缅地无良工，贩运至粤雕琢成器。近世海道便捷，故取陆道贩运者寥寥无几矣"③。

3. 清代的中缅贸易深受西方殖民势力的影响

明朝时期，英国殖民势力还没有将触角伸向缅甸，所以明代的中缅贸易没有受到西方殖民势力的影响。清顺治四年（1647），英国东印度公司在缅甸沙廉建立商馆，开始将侵略触角伸向缅甸，经过三次英缅战争，英国最终完全占领了缅甸。英国对缅甸的殖民侵略，不仅严重破坏了缅甸国内的经济，而且对中缅贸易产生了巨大的影响，这种影响主要体现在以下几个方面。

首先，英国对缅甸的殖民入侵，导致缅甸王室流失了大量的海关税收和对华贸易的巨额利润，造成了国家财政危机。为了扭转这一不利局面，缅甸王室开始对棉花、玉石等大宗商品实行王室专卖。缅甸国王低价从棉农手里收购棉花，再高价卖给中国商人。这种垄断政策直接损害了中国商人的利益，许多中国商人被迫关闭在缅甸的店铺，离开缅甸。

其次，英国殖民势力入侵缅甸以后，企图借助缅甸这一跳板将触角伸向我国西南边疆地区。这种侵略行径必然激起西南各族人民的强烈反抗，也引起了清朝政府的警觉。云南"马嘉理事件"发生后，当时负责处理此事的钦差大臣李翰章就向清廷上书，指出英国殖民者"垂涎我省，非一日矣，……其以传教、通商为名，断无好意"。④ 清朝政府为防止英国殖民势力以"传教"、"通商"名义侵略我国西南边疆地区，加强了对中缅边境贸易的管控，很多正当的贸易往来也因此大受影响。对此有时人评价道："自英据缅甸，影响所及，……近十余年内，在缅腾关间之商号，倒闭者不下三四十家。"⑤

从以上论述我们可以看出，自英国殖民统治缅甸以后，中缅两国之间的贸易往来逐渐走向了衰落。

四 结语

中缅贸易给中缅两国人民带来了许多的经济效益，也沟通了中国与缅甸人民的经济交往，促进了国际交流，传播了先进技术，对两国的政治、经济、文化的发展具有积极贡献和重要意义。

第一，便利了两国人民的生活，促进了中缅区域经济的繁荣。中缅商道的开辟，尤其是清朝时期商

---

① 中国历史研究会编《中国通史简编》，新华书店 1949 年版，第 1253 ~ 1254 页。
② 《清世祖实录》，华文书局，卷 140。
③ （清）黄懋材：《西輶日记》，《小方壶斋舆地丛钞》第十帙，第 988 ~ 989 页。
④ 《腾越城乡十八练绅众致李珍国原信》之一（同治十三年十一月廿五日），《清季外交史料》卷五，转引自孙代兴《"马嘉理事件"之历史考察》，《云南社会科学》1987 年第 3 期。
⑤ 中国社会科学院历史研究所第三所编《云南杂志选辑》，科学出版社 1958 年版，第 177 页。

道的进一步完善和扩建，使得中缅大规模的贸易往来成为可能。通过中缅商道，中国向缅甸输出缅甸人民日常生活所需的铁器、铜器、酒精、针线、丝绸、瓷器，输入中国西南地区人民所需的缅甸的棉花、盐、鱼、茶叶等商品，极大地方便了两国人民的生活，同时这种"互通有无"的贸易也促进了滇缅区域经济的繁荣。如缅甸敏同王在位期间，每年可从中缅贸易中征税达 50 万英镑，而国内税收每年仅有 7.3 万英镑。[①]

第二，保证了中缅政治关系的稳固，维护了边疆地区的安定。良好的贸易往来对于保证中缅政治关系的稳固和维护边疆地区的安定是显而易见的。清缅战争结束以后，缅甸地方官员多次派人呈送书信，要求重开边境贸易；云南地方官员亦多次上表乾隆皇帝，请求恢复中缅边境贸易，最终促使缅甸政府向清政府"奉表纳贡"，乾隆皇帝下旨开放中缅边境通商，实现了两国政治关系的正常化。自此缅甸雍籍牙王朝和清王朝之间形成了"十年一贡"的封贡关系。这对于清王朝来说，不仅可以实现"万邦来朝"的政治和文化优越感，还可以维护西南边疆的和平与稳定。

第三，促进了中缅两国文化的交流。中国向缅甸输出的丝绸、瓷器，缅甸向中国出口的象牙、玉雕、佛像，这些货物本身就是精美的艺术品。可以说，正是因为有了中缅贸易交流，才使得两国的艺术宝库得以丰富。缅甸一些有名的建筑也得益于此，像缅甸著名的曼德勒皇城宫殿就是敏同王请云南和顺乡人设计建造的。[②] 缅甸上座部佛教（即小乘佛教）也是通过中缅贸易传入云南的。据史料记载，7 世纪初，缅甸的一些僧侣和信徒随商队经滇缅古道（即中缅商道）到达云南的车里（今西双版纳），开始传播上座部佛教。[③]

回顾历史，我们清楚地看到，中缅两国之间的贸易往来，对于促进中缅两国结成牢不可破的"胞波"友谊起着重要的作用，而由商贸往来架起的中缅商路，成为联结中缅友好关系的重要纽带，是名副其实的"中缅友谊之路"。

---

① D. G. E. Hall. *Europe and Burma-A Study of European Relations with Burma.* UK：Oxford University Press，1945，p. 87.

② 尹文和：《和顺乡史概述》，《云南省历史研究所研究集刊》1984 年第 2 期。

③ 颜思久：《小乘佛教传入云南的时间和路线》，《西南民族学院学报》（哲学社会科学版）1987 年第 3 期。

《西南边疆民族研究》第 27 辑

第 8～21 页

© SSAP，2019

清末边疆治理的历史教训[*]

——以《广西谘议局档案》为中心

左　攀[**]

摘　要　清朝末年，作为新晋政治力量的士绅阶层普遍沉浸在强烈的民粹主义亢奋中。他们以谘议局、资政院为平台参政议政，表现出巨大的政治能量。然而在理想化、简单化的认知模式的指引下，他们制定的实业规划虽然雄心勃勃，但由于违背经济规律，执行效果花多实少。他们怀着天真的激情推行地方自治，却未能预见自治带来的地方保护、劣绅横行等制度风险。泛道德化的民粹思维，促使他们挟道德利器推动禁烟禁赌，让本已捉襟见肘的国家财政陷入崩溃。清政府只好将禁烟禁赌带来的财政亏空转嫁到盐、肉等生活必需品上，从而进一步加剧了民生危机。谘议局和资政院动辄以辞职要挟督抚，以弹劾突破建制，立法、行政机关相互否决，让许多珍贵的资源和机会在"政府空转"中内耗。骤然扩大的政治参与、急切的求变心态、情绪化的批判思维带来严重的政治失序，民间士绅发起的多次请愿运动，更使政治改革呈现自下而上的倒逼态势，给朝廷带来强烈恐惧，朝廷只能借人事安排搞中央集权，皇族内阁应运而生。对立宪高度期许的落空又把广大士绅的改革激情逆转为革命动力。民粹主义带来的恶性循环，使本用于挽救危亡的新政，反而加速了清朝的灭亡。

关键词　民粹；广西谘议局；实业规划；地方自治；禁烟禁赌；政治参与

DOI：10. 13835/b. eayn. 27. 02

"民粹主义"是一种常见的社会现象，在社会转型期表现最为明显。关于它的概念，学界至今没有一个统一的定义。综合前人的研究成果，[①] 可以归纳出民粹主义的主要特征：平民化、批判性的政治立场；反智主义、简单化的认知模式；理想化、泛道德化的浪漫色彩；情绪化、极端化的思维方式；狂热、激进的求变心态；蔑视权威和法治的反建制倾向。清末新政的失败和清朝的灭亡，与当时士绅阶层中日益盛行的民粹主义有很大关系。

---

　*　本文系国家社科基金项目"制度转型与社会整合：清末预备立宪新探"（12CZS035）（项目编号：12XZS025）的阶段性成果。

　**　左攀，男，兰州大学历史文化学院博士研究生，主要从事晚清史和道教史研究。

　①　关于民粹主义概念的研究，较有代表性的作品有：保罗·塔格特（Paul Taggart）：《民粹主义》，袁明旭译，吉林人民出版社 2005 年版；林红：《民粹主义——概念、理论与实证》，中央编译出版社 2007 年版；俞可平：《现代化进程中的民粹主义》，《战略与管理》1997 年第 1 期；殷弘、张凤阳：《论卢梭政治哲学中民粹主义》，《战略与管理》1997 年第 1 期；盛晓明、郭晓：《重塑专家信任，防范民粹主义》，《教育部简报》（高校智库专刊）2016 年第 16 期；程同顺、杨倩：《比较政治学视野中的民粹主义概念辨析》，《天津社会科学》2015 年第 4 期；刘小龙：《民粹主义的形态演进及其解释路径》，《理论探索》2016 年第 6 期；庄吟茜：《民粹主义与民主主义的比较分析》，《学术论坛》2015 年第 5 期。

清朝末年，中国面临严重的社会危机。边疆地区经济萧条、文化落后，且屡遭兵燹，危机较内地更加严重。1901 年，清政府发起以自我挽救为目的的新政，1906 年下诏预备立宪，新政进入政治改革阶段。1909 年九月初一，作为各省舆论机关的谘议局成立，民间士绅获得了期盼已久的政治舞台。这些以士绅为主体的谘议局议员怀着强烈的政治热情参政议政，对当时的政府决策产生了巨大影响。然而他们的社会治理思想带有强烈的民粹主义倾向，非但未能解决问题，反而加速了清朝的灭亡。本文以尘封已久的广西谘议局档案为中心，解析清末"士绅民粹主义"的表现、成因及其影响，以求教于方家。

一 实业规划雄心勃勃，执行效果花多实少

19 世纪 80 年代，西南边疆遭遇中法战争的沉重打击，留下许多难以解决的后遗症。1908 年，陈树勋由京返桂筹办谘议局，桂籍京官赵炳麟在临别赠言中说："吾粤西兵变初平，土地荒芜，四民失业，衣食日不足，遑论教育。是以民间沉迷烟赌，不知读律、读书；而官吏亦以治匪者治民，不以教养为事。"① 赵炳麟的话绝非夸大其词，当时的广西盗匪肆虐、土地荒芜，文化落后，官场腐败，社会矛盾十分尖锐。1909 年，具有省级议会性质的广西谘议局在桂林成立，在清政府的最后两年里，他们制订了雄心勃勃的实业建设计划，力求改变广西的落后面貌。然而这些规划搁置的多，执行的少，并没有解决实际问题。

1909 年谘议局成立以后，将兴办学堂视为首要任务。在他们制定的议案中，《学务案》篇幅最大，数量也最多。边疆地区教育基础薄弱，清朝中期，广西仍是"无人应试之区"② 。到宣统元年（1909），全省只有政法学堂 1 所，中学堂 14 所，小学堂 1078 所，师范学堂 10 所，女子学堂 20 所，土司学堂 1 所，实业学堂 7 所。③ 为改变广西教育落后面貌，谘议局在第一次常年会上提出要在"预备立宪九年限内，宣统元年厅州县创设简易识字学塾，二年推广，三年乡镇创设，四年推广，五年人民识字义者须得一百分之一；六年须得五十分之一；七年须得二十分之一"④ 。为了完成这个难以企及的宏伟目标，谘议局审定的《学务案》决定增添高等小学 49 所、乡镇二等小学 549 所、简易小学 238 所、土州县小学 84 所、简易识字学塾 63 所、半日学堂 152 所、艺徒学堂 16 所、初等农业学堂 16 所、蚕业讲习所 10 所。要运营这 1177 所学堂，仅常年费就高达 399880 元。⑤ 然而当时广西每年财政收入仅四百余万两⑥，根本无法承受如此巨额的教育经费。议员们也意识到这个问题，决定通过收取学费的方式减轻财政负担。广西的收费标准是"小学不超过银员（元）三角；高等小学每月三角至六角，初等实业各学堂酌减；中学堂每月 1～2 元，中等实业各学堂准此"⑦，除学费之外，学生还要缴纳住宿、膳食费用："中学每一学生寄宿约占六十九两……高等小学每一学生寄宿占三十八两……两等小学每一学生寄宿占二十四两……初等小学每一学生占四两。"⑧ 银元一元折合白银 0.735 两，可是当时为谘议局工作的警察每月工资只有 6 元，伙夫仅 3.5 元⑨，工薪阶层都无法负担如此昂贵的教育费用，更遑论普通农民了。昂贵的教育费用让普通百姓望而却

① 《赵炳麟赠言回桂筹办谘议局之京官》，《申报》1908 年 10 月 12 日。
② 徐毅：《绥服远人：清帝国治理广西的教化策略》，社会科学文献出版社 2013 年版，第 151 页。
③ 蒙荫昭、粱全进编《广西教育史》，广西人民出版社 1999 年版，第 295 页。实际上除政法学堂外，广西还有一所高等学堂——广西大学堂。
④ 参见《学务案》，《广西谘议局第一次报告书（下）》，清末铅印本，无年代、页码。
⑤ 参见《学务案》，《广西谘议局第一次报告书（下）》，清末铅印本，无年代、页码。
⑥ 参见《广西大事记》（清之十二），《广西地方志》2004 年第 2 期。
⑦ 参见《学务案》，《广西谘议局第一次报告书（下）》，清末铅印本，无年代、页码。
⑧ 参见《学务案》，《广西谘议局第一次报告书（下）》，清末铅印本，无年代、页码。
⑨ 《抚部院附奏酌定谘议局各项公费薪金数目片》，《广西谘议局第一次报告书（上）》，清末铅印本，无年代、页码。

步，但官厅却不得不根据议案兴建学堂。许多新兴学堂在建成没几年后就废弃不用①，非但未能振兴教育，反而浪费了大量的资金。

交通不便是制约边疆发展的瓶颈。因此边疆各省都十分重视铁路建设。1909 年，广西巡抚张鸣岐主持编订《广西铁路教科书》，大力鼓吹铁路建设，让修筑铁路成为社会共识。广西谘议局成立以后，经过长时间激烈争吵，终于在第一次常年会上通过了《修筑桂邕铁路案》，指出桂邕铁路"重在军务行政，为东南大局安危所关，且崎岖山路千余里，商务不甚繁盛，获利较难，招股即不易，另应议定该路作为国有，由官筹款修筑，方足以集巨资而观成效"②。然而"桂邕路线长八百里，估需工款一千七百六十六万二千两"③，如此巨款，国家根本无力负担。为了平衡各府州县议员所代表的地方利益，在 1910 年的第二次常年会和 1911 年的临时会上，谘议局又制定了《拟办桂邕电车路案》和《请拨款补助梧邕铁路开办案》，继续要求官府拨款。就这样吵吵嚷嚷好几年，非但未能修成一寸铁路，反而消耗大量经费。据邮传部 1910 年统计，广西为筹划铁路亏损的资金高达十五万两。④ 类似的情形也曾出现在贵州谘议局⑤。他们制定《铁路预备案》《组织铁路公司案》，催促巡抚沈瑜庆奏请清廷拨款兴筑贵渝铁路，朝廷同样置之不理。作为中央政府，在资金极度紧张的情况下，铁路建设必须通盘考虑，边疆地区地形复杂，筑路成本极高，辐射效益又不如内地，自然不会成为朝廷的首选。

清末推行的各项新政需要巨额财政投入，各省都为筹集经费而苦恼，边疆地区更是如此。宣统二年八月张鸣岐赴京述职，反复向摄政王申诉广西"举办新政，筹款甚难"⑥，广西每年财政收入仅四百多万两，财政赤字"每岁约一百六十万两"⑦。谘议局制定数十项议案，执行所需经费高达数千万两之巨，他们一时申请财政支出，一时寄希望于民间筹集，然而如此巨款远远超出了政府和民间的承受能力。为了节约资金，在制定宣统三年预算案时，谘议局以巡抚衙门冗员过多、薪水优厚为由，对公务员薪金大加删减，一百两者减去二三十两，四五十两者减去十两，在减薪的同时还要裁员，这必然影响公务员的积极性，进而影响新政的执行。然而议员们大量删减巡抚衙门工作人员工资，却绝口不提删减自己的工资福利，这样搞双重标准，议案自然无法执行。

宣统元年谘议局成立的时候，议员们信心满满"今日实行地方自治即为地方自辟利源之时机，能利用此时机则广西之转换为群、转贫为富、转弱为强皆绝于谘议局开局之一日"⑧。强烈自信产生的无限激情促使他们制定了数十项实业规划，这些建设计划雄心勃勃，面面俱到，但执行效果花多实少，成效甚微。这固然有政局不稳、官僚腐败以及行政效率低下等客观原因，但从主观层面看，谘议局的实业规划遍地开花，规模太大，已经超出了政府的财政承受能力和人民的负担极限。在建设速度上，自宣布新政以来，清政府诏令屡下，不断部署各项改革，一项改革尚无头绪，又要开展下一项改革。谘议局成立以后，这种现象越发严重，1909 年和 1910 年的两次常年会上，各省都制定了数十项议案，要求行政部门立即执行。一时间诸政并举，地方官员疲于奔命。但有限的人力和财力决定他们无论如何努力都无法达到朝廷和士绅的要求，只能采用官场故有的蒙混手段瞒上欺下。办理具体事务的官员早已意识到诸政并举

① 耿悦：《清末新政广西教育改革评述》，广西师范大学硕士学位论文，2016 年。
② 广西壮族自治区档案馆藏《广西巡抚咨报桂邕铁路经省谘议局决议商办有关文件》，档案号：L1—1—11。
③ 邮传部：《交通官报》，己酉年（1909）第 26 期，第 12 ~ 13 页。
④ 参见朱从兵《铁路与社会经济——广西铁路研究（1885 ~ 1965）》，广西师范大学出版社 1999 年，第 129 页。
⑤ 直到 1937 年，广西铁路才建成通车，贵州修成第一条铁路，已经迟至 1943 年。
⑥ 《桂抚召对述闻》，《申报》1910 年 9 月 21 日。
⑦ 《张抚会议桂省政务》，《申报》1910 年 9 月 22 日。
⑧ 《农林实业案》，《广西谘议局第一次报告书（下）》，清末铅印本，无年代、页码。

的危害，朝廷下旨加速编练新军，广西巡抚张鸣岐奏称："时危财竭，要政莫举，若复严督各省急练新军，恐外侮未来，内讧转亟，请慎军政以固国本。"① 1909 年，桂籍御史赵炳麟向摄政王建言："九年筹备，若不量度财力，逐年算定，京外官吏，文牍往还……倘不分年算定，预筹的款，臣恐纸片上之政治，与事实上之政治全不相符。从纸片上观之，则百废俱举；从事实上核之，则百举俱废。"② 可惜这些理性的声音不但未能引起朝廷重视，反而很快被民粹式的高调所掩盖。

议员们大多出身于民间士绅，他们迫切希望改变家乡的贫穷落后面貌，却缺乏行政经验，许多议案无法落实，甚至自相矛盾。他们以平民立场为立场，一面要求巡抚裁撤税卡，一面责成官府大办实业。行政官厅"巧妇难为无米之炊"，不得不与之虚与委蛇，敷衍应对。几十年来的严重外患，让议员们对外国存有天然的敌视，广西巡抚一度提出引进外资开采矿产，谘议局认为借款办矿"未见其利，先见其害"③，予以否决。贵州巡抚沈瑜庆奏请借贷修建贵渝铁路，常驻议员坚决反对，一度"电至资政院，劾瑜庆迎合朝贵违反民意"④。长此以往，谘议局不满巡抚搁置议案，办事不力；巡抚也痛恨谘议局书生议政，不切实际。1909 年末的《申报》报道"桂省谘议局各议员前将官厅所提出之议案一律批驳作废，现谘议局所议决之议案呈请抚宪裁可施行闻亦一律被抚宪批驳"⑤。作为立法机关的谘议局与作为行政机关的巡抚衙门彼此敌视、相互否决，完全陷入情绪化的内斗。如此恶劣的政治生态严重阻碍了经济发展和社会建设。实业建设花多实少，社会治理也未见成效，人民的负担却逐年攀升。"新政愈多，靡费愈重；筹款愈繁，民生愈蹙。"⑥ 高度的期许与残酷的现实之间的巨大反差使越来越多的士绅对新政的正当性产生怀疑。强烈的受挫感又让他们将一切失败归因于清政府的腐败无能。清政府所剩无几的政治权威，也在民粹化的新政中消耗殆尽。

二 迷信地方自治，致使劣绅横行和地方保护

中国基层社会自古就有绅治的传统，在皇权难以深入的边疆地区，甚至允许土司存在。清朝末年，西方自治思潮传入中国，与中国固有的绅治习俗重叠、对接，迅速形成一股颇具声势的地方自治思潮。20 世纪初，这股思潮由民间舆论逐步深入到朝廷决策，成为一种带有"政治正确"色彩的朝野共识。1908 年，宪政编查馆制定的《九年预备立宪逐年筹备事宜清单》，为地方自治的逐步实施制定了详细的时间表，地方自治在全国上下如火如荼地开展起来。谘议局就是这种思潮具体化、建制化的结晶。

在筹办地方自治上，广西巡抚张鸣岐非常积极。1908 年，广西全省地方自治局和地方自治研究所先后在桂林成立，1909 年，张鸣岐又命各厅州县分设地方自治筹办公所，作为府厅州县地方自治的筹办机构。⑦ 大概是由于地方自治一时成为风尚，在当年举行的谘议局选举中，很多地方自治的领导者被选为议员。据笔者统计，在广西谘议局的 57 名议员中，有 15 人是各州县的团练局负责人，另有多名议员当过校董、地方自治会会长，他们是地方自治的忠实信仰者和践行者。出于政治信仰和自身利益等多方面考虑，

---

① 《清实录·德宗实录》（八），第五百七十卷，第 543 页。
② 赵炳麟：《为确定行政经费推行新政折》，载中国第二历史档案馆编《中华民国史档案资料汇编》（第一辑），江苏人民出版社 1979 年版，第 110～111 页。
③ 《谘议局不以借款办矿为然》，《申报》1910 年 11 月 17 日。
④ 转引自林芊《"走向现代"的悖论——谘议局与贵州辛亥革命》，《当代贵州》2011 年第 6 期。
⑤ 《桂省官厅对于谘议局之意见》，《申报》1909 年 12 月 8 日。
⑥ 朱寿朋：《光绪朝东华录》，中华书局 1958 年版，第 5084 页。
⑦ 唐国军、黄秋燕：《地方自治：清末广西试验的效益与局限》，《广西社会科学》2016 年第 1 期。

他们在实业建设、社会治安等多领域推行地方自治，对地方社会生态产生了很大影响。

在 1909 年的第一次常年会上，谘议局在《农林实业案》中指出"地方自治为立宪之基础，为谘议局之后援，在今日必速筹办"①。他们强烈要求将官府与自治团体的权限严格分开，在《农林实业案》的《通行章程》中，谘议局不断强调必须坚持自办自有之原则，官府不得插手自治团体内部事务。如第二条规定："自治区域各有地利、物产、习惯、生计之不同，宜办何种实业由集会议决择办，办成之业永为自治团体之公产。"第四条规定："区域内有荒田荒地可以垦田垦地者，官荒则请于官，民荒则商于民而报于官，案照省章禀请给照开垦。"② 划清官产和自治团体财产界限，明确权利义务，此举固然可嘉，然如何惩办侵吞公产的土豪劣绅，章程无具体规定。他们还天真地认为只要按上述议案认真执行，"期于十年必收大效……前十年艰难支出，十年后即可渐次收入以供自治之经费"③。然而一年以后才发现，虽然他们力求明确产权，实现政府、人民双赢，但执行过程中又出现了许多新的问题，各项计划的成效远远不如预期。

为了给自治团体筹集经费，谘议局多次与官厅交涉。广西巡抚张鸣岐在位时，批准清理财政局将革除的陋规款项充作官府公费，谘议局坚决反对，在第二次常年会上，他们提交了《平馀陋规应该归地方自治经费案》，对张鸣岐的做法"绝对的不承认"。他们认为"平馀规费者，往日官吏滥私舞弊之不法收入也"④。既然这笔款项出自人民，理当用之于民，提充自治团体公用，如此尚可不悖法理，有益地方。在大办新政的大背景下，自治团体需要经费，官厅更面临财政危机。对谘议局的抗议，巡抚衙门不便直接拒绝，只好搬出度支部来搪塞："此项平馀规费充作公费系度支部奏准通行，非由广西自定，且系对于全国行之，亦非独广西为然。"⑤ 既然全国皆如此，就应该等待度支部、宪政编查馆厘定国家税、地方税章程后再行分别办理。巡抚衙门拒绝了将陋规拨付自治团体的要求，谘议局又提交了一项《酒锅、油榨、牛判各捐应归地方自治会办理案》，建议以后酒坊、油坊、屠宰税收"不由州县官直接管理，而概由地方自治会各就地方情形分别办理"⑥。这些建议触及官府最为关注的征税权，巡抚衙门自然不会轻易让步，结果可想而知。

在社会治安问题上，广西谘议局也希望官厅将原属政府的职能下放给自治组织，借助团练的力量解决日益严重的匪患。在第一次常年会上，谘议局制定《请购军火御匪案》，建议由巡抚衙门拨款购买枪支，按需求拨给地方，再由身家清白的士绅交纳保证金领取使用。为了说服政府官员，谘议局还详细制定了军火领取、保管、转移、缴销等实施细则，规定地方官必须年年查点，"接济匪类捏报遗失者以通匪论"，若管不力丢失枪械"罚以枪价四倍之金"⑦。面对这个无法执行的议案，处世圆滑的张鸣岐高度赞扬谘议局"议论明澈，规画精详，造福梓桑，至为钦佩"，⑧ 但随之话锋一转，指出这种办法早有先例，光绪年间，官厅为士绅发放枪支，1905 年岑春煊派人点查全省枪械，除去隐瞒不报者，仅查实的就有三十余万之多。这么多枪支非但未能御匪防匪，反而资敌作乱。张鸣岐指出："枪，利器也，能制敌亦能资

① 《农林实业案·通行章程》，《广西谘议局第一次报告书（下）》，清末铅印本，无年代、页码。
② 《农林实业案·通行章程》，《广西谘议局第一次报告书（下）》，清末铅印本，无年代、页码。
③ 《农林实业案·通行章程》，《广西谘议局第一次报告书（下）》，清末铅印本，无年代、页码。
④ 《平馀陋规应该归地方自治经费案》，《广西谘议局第三次报告书（乙）》，清末铅印本，无年代、页码。
⑤ 《平馀陋规应该归地方自治经费案》，《广西谘议局第三次报告书（乙）》，清末铅印本，无年代、页码。
⑥ 《酒锅、油榨、牛判各捐应归地方自治会办理案》，《广西谘议局第三次报告书（丁）》，清末铅印本，无年代、页码。
⑦ 《请购军火御匪案》，《广西谘议局第一次报告书（下）》，清末铅印本，无年代、页码。
⑧ 《请购军火御匪案》，《广西谘议局第一次报告书（下）》，清末铅印本，无年代、页码。

敌，能为良民之捍卫亦为匪类所垂涎，甚者且济匪扰民因以为利，此中流弊不可胜言。"① 为百姓购买军火御匪自卫的方案根本行不通。拿到张鸣岐有理有据的驳复，谘议局只能作罢。谘议局借官府财力武装士绅的愿望无法实现，但他们坚持认为"官之治匪不如练之防匪为尤得力"②，又在第二次常年会上提出《就地养练应归自治团体办理案》，力主通过地方自办团练防御土匪。在这份议案中，谘议局指出团练面临的最大问题是官兵与练勇权责不清，地方官对团练事务横加干涉，安插亲信，在滋生腐败的同时削弱了战斗力。他们要求官府严格厘清官兵和团练的关系，将团练领导权完全交给地方自治团体。"地方自为筹款自为养练，其选派练长招募勇丁均需由自治团体主之，官厅只应尽其监督稽查之责，不容稍有侵夺。"③ 大概是匪患太过严重，为维护区域稳定，巡抚命令照谘议局意见办理。

广西谘议局的议员们如此迷信地方自治，除了政治信仰和自身利益的考量，也源于对官厅的极度不信任。清末官场极度腐败，"天高皇帝远"的边疆地区，更是"凡办一事莫不有蠹"④。出于对官厅腐败的强烈愤慨，他们希望用削权的方式遏制腐败。然而他们对地方自治的理解太过肤浅和极端，总想突破原有的建制，尽可能地把社会治理的权力转移到自治团体。这种民粹化的地方自治，衍生出两个意想不到的后果，一是劣绅专权，二是地方本位主义的泛滥。

由于办理自治必然涉及征粮、催款等艰巨事务，"乡绅中公正廉明之士视为畏途"⑤，相反，一批原本修养不够、德行不高的劣绅乘机把持地方，腐败形式也随之推陈出新，贪官通过卖官鬻爵收受贿赂，劣绅通过行贿掌权鱼肉乡民。官绅勾结的腐败变种便在这种权钱交易中衍生出来。广西谘议局档案中，就记载了多起官绅勾结扰害地方的案件。如西隆州州牧杨楷刚刚到任，就设法利用父亲寿辰索贿。他到处宣扬老太爷某日做寿，"各团绅如有倡议奉送德政伞及寿礼者，即委充合邑董事、总会董"⑥。送平民德政伞违背国法，有正义感的乡绅自然不愿参与。但杂货店奸商卢大怀与劣绅梁运昌闻言窃喜，马上找州牧表示效忠。杨楷任命卢大怀为自治会总董、梁运昌为副总董。两个劣绅就职后感恩戴德，立即以董事会名义派发传单，通知各地团总八月九日到州会商"地方要政"。传单上还明目张胆地写着："杨官生日系八月十二日，本会拟送德政伞等物，但品钜财多，故非独立所能胜任，今拟组织同人每份先捐钱一十五千，限七月二十四日收齐。"⑦ 这种事情屡屡发生，让人民对劣绅的愤恨超过对官府的愤恨。1910年，全州发生一起两千多人参与的群体性事件，百姓打出"官逼民变，绅逼民死"⑧ 的旗号，可谓对当时广西基层政治生态的全面总结。官绅勾结的新腐败也并非广西独有，而是当时全国的普遍现象。岑春煊就曾痛心疾首地说："近年各省官吏以举办新政为名，搜刮钱财，贪污纳贿，现在不惟不能刷新，反较从前更加腐败。"⑨ 相对于发生在县级以上的官员腐败，普通百姓对身边的劣绅腐败感受无疑更加明显，同时随着传媒业的发展和民权文化的传播，百姓对腐败的容忍度逐步降低，这一切让普通民众对清政府的合法性认同随着腐败蔓延一步步降至冰点。

地方自治的逐步推行，无形中强化了人民心中的畛域之见，从而引起地方保护主义的泛滥。广西谘

① 《请购军火御匪案》，《广西谘议局第一次报告书（下）》，清末铅印本，无年代、页码。
② 《就地养练应归自治团体办理案》，《广西谘议局第三次报告书（丁）》，清末铅印本，无年代、页码。
③ 《就地养练应归自治团体办理案》，《广西谘议局第三次报告书（丁）》，清末铅印本，无年代、页码。
④ 《呈请查办蔡锷案》，《广西谘议局第三次报告书（戊）》，清末铅印本，无年代、页码。
⑤ 故宫博物院明清档案部编《清末筹备立宪档案史料》，中华书局1979年版，第757页。
⑥ 《呈请查办西隆州官绅违法案》，《广西谘议局第三次报告书（戊）》清末铅印本，无年代、页码。
⑦ 《呈请查办西隆州官绅违法案》，《广西谘议局第三次报告书（戊）》清末铅印本，无年代、页码。
⑧ 《广西民变近闻二则》，《东方杂志》1910年第8期。
⑨ 岑春煊：《乐斋漫笔》，载荣孟源、章伯锋主编《近代稗海》（第1辑），四川人民出版社1985年版，第101～102页。

议局制定的议案中，处处可见地方保护主义的条款。1909 年，谘议局提出《制限外籍学生案》，要求广西新式学堂招生，必须坚持三大原则："1. 以收本省学生为主，纵有不得已需变通章程收外省学生者，亦当酌定名额。2. 外省学生名额不得过本省学生名额十分之二。3. 外省学生宜征收学费作为附学，如在堂寄宿者膳宿费亦一并征收。"① 巡抚不以为然，谘议局与之反复交涉，最后不得不交付资政院判决。1910 年，为将操练广西新军的湖南人蔡锷赶出广西，谘议局控诉蔡锷"声名狼藉，性行贪残，极恶穷凶"②，并罗织十大罪状。经陆军部调查，一切指控纯属子虚乌有。但蔡锷自知无法在广西立足，随即离桂赴滇。更过分的是，广西谘议局在制定《禁烟章程》时规定"以后云南、贵州、四川土之到广东者止准走百色一路，下西江到梧州从水上过境不准上岸，暨半途私卖违禁充公"③。即严禁在广西境内贩卖鸦片，但可以在不登岸的前提下向广东运输，并向广西缴纳赋税。这种以邻为壑的做法堂而皇之地出现在政府公文中，可见议员们并不以地方保护为耻。在地方自治的逻辑指引下，各省之间畛域分明，府县之间也各自为政。在设计铁路路线、是否迁省南宁等问题上，各地议员均以本籍利益为立场，彼此争论不休，始终难以达成共识。许多建设规划，都在无休止的争论中永远被搁置。

地方自治是实现善治的重要途径。然而清政府在条件并不成熟的情况下推地方自治，却给地方社会治理带来许多障碍。首先，对地方自治的概念，朝野上下没有统一的认识。许多地方士绅都是根据自己的需要给予解释，片面强调地方分权而忽略必要的政府集权。其次，各地在组织自治团体和选举负责人时过于草率，更没有建立自治团体内的权力监督制衡机制，造成绅权膨胀、劣绅横行、官绅勾结等一系列恶果。更出乎意料的是，对地方自治带来的地方保护主义，清政府既没有适当的制度防范也没有充足的权威予以调节，只好放任它一步步走向泛滥，甚至合理化为合乎道德的政治伦理。

三　禁烟禁赌拖垮财政，税目转移殃及民生

从 1901 年开始，练新军、办教育、改官制、兴实业，每一项新政的落实，都需要大量财政投入。这些浩繁的新政事务，除实业建设以外都是消耗性的，无法在短期内收到成效。即使实业建设，也非一朝一夕之功。广西谘议局大力提倡林业建设，但一向激进的他们也只能期待"十年必收大效"④，在这十年之内，只有巨额付出而没有丝毫回报。随着新政的推广，财政危机日甚一日。甲午战争前后，全国财政收入仅八千万两，宣统元年迅速飙升到 263219700 两⑤，十五年间增长了 2 倍多。这里面自然有工商业发展带来的收益，但更多的是对人民的盘剥。当时的报纸评论曰："近来筹款之法，搜剔已无不至。"⑥ 然而年年增加的税捐并没有让财政拮据的状况得到丝毫改善，光绪三十四年（1908），国家财政收入234820000 两，支出 236950000 两，亏空 2130000 两；宣统元年，收入 263219700 两，支出 269876432 两，亏空 6656732 两；宣统三年，收入 296960000 两，支出 376356634 两，赤字 79396634 两。⑦ 由于新政花销持续增加，全国上下民穷财尽。广西议员们也时常感慨："新政日多，用款日巨，漏卮日甚，未获其利，

---

① 《制限外籍学生案》，《广西谘议局第一次报告书（下）》清末铅印本，无年代、页码。
② 《呈请查办蔡锷案》，《广西谘议局第三次报告书（戊）》，清末铅印本，无年代、页码。
③ 《禁烟议案》，《广西禁烟案汇钞》，广西谘议局编印 1911 年，第 1、2 页。
④ 《农林实业案》，《广西谘议局第一次报告书（下）》，清末铅印本，无年代、页码。
⑤ 国家图书馆编《近代统计资料丛刊（14）》，燕山出版社 2007 年版，第 290～298 页。
⑥ 《论陈请加赋之谬》，《中外日报》1904 年 7 月 30 日。
⑦ 邓绍辉：《光宣之际清政府试办全国财政预决算》，《四川师范大学学报》2000 年第 1 期。

先受其害。"① 其实这种情况何止广西一省呢，从中央到地方，从官府到自治团体，无不为筹款焦头烂额。

在国家财政日益困窘的危急时刻，清政府为了回应民间改良社会风气的要求，又痛下决心禁烟禁赌。1906 年 9 月，清政府颁布禁烟谕旨，宣布："著定限十年以内，将洋土药之害一律割除净尽。"② 朝廷决定以十年为期禁绝鸦片，大概有三方面的考量：一是吸毒风气非短期所能改变，必须假以时日；二是鸦片已经成为西南边疆和华北各省农民的重要收入来源，在禁种的同时必须设法善后，最大限度减少烟农损失，避免激烈对抗；最重要的是，当时的地方财政已经严重依赖鸦片税收，如果没有相应的抵补措施，早已困窘的地方财政势必雪上加霜。这个为期十年的禁烟规划，执行起来已经颇有难度，可是地方大吏在泛道德化的民间舆论促动下，争先恐后地要求缩期禁烟。1908 年，云贵总督锡良上奏朝廷，要让他管理的云南 "凡吸食之人，种烟之户，均限至本年年底禁戒净尽"③，此论一出，黑龙江巡抚周树模、山东巡抚袁树勋、山西巡抚宝棻、四川总督赵尔巽等封疆大吏纷纷奏请缩期以抢占道德制高点。1909 年 2 月，上海举办的万国禁烟会让本已高涨的民间禁烟声浪更加高涨，基于禁烟的天然正确性和道德优越性，再无社会贤达敢对激进的禁烟措施表达异见。

在禁赌问题上，力度最大的当属赌风最炽的广东。1909 年，广东谘议局审议的第一个议案就是 "筹禁广东各项赌馆"④。然而 "广东赌饷每年实缴一千余万"⑤，是广东大宗财政收入，行政官厅不能不审慎对待。在第一次常年会上，广东巡抚和谘议局就 "先禁赌" 还是 "先筹抵赌饷" 争论不休，无法形成决议。事情拖到第二次常年会，谘议局以全体停议相要挟，巡抚只好让步，最终宣布 1911 年三月初一日起全省禁赌。然而赌馆虽被关闭，但赌风并未消减，只是从台面转入地下，猖獗如故。⑥

在涉及禁烟禁赌的事务上，各省之间为追求政治正确、抢夺道德制高点甚至相互攀比。1910 年，广西烟商要求延长禁烟期限，谘议局在给巡抚的呈文中说："禁烟为朝廷维新第一要政，功令何等森严，以滇省之产土地方关系人民生计甚大，尚且提前禁绝，我省乃因商人数百担之土徘徊顾虑而不肯依期施禁，亦未免落人后而羞当世矣。"⑦ 因而一度要求 "宣统二年四月初一一律禁绝"⑧。广东宣布禁赌期限，代理广西巡抚魏景桐立即致电梧州知府："广东赌博已定三月初一日禁绝，广西梧州一隅不可独居人后，应在广东未禁以前先期禁绝。"⑨

激进的禁烟政策，多次引发激烈冲突。有些烟民无烟可吸迁怒官府，在烟瘾刺激下胡作非为，"广西南丹州知州易振鹏因办理禁烟过于强迫，上月某日竟有烟民数百人拥入该州署内，将易以绳捆缚拖出，有人持刀将欲杀之"⑩。易振鹏虽在亲兵保护下脱身，但其兄、侄均被杀害。由于禁烟损害了烟农的切身利益，甚至威胁到他们的生存，许多烟农也不惜以死相拼。在禁烟最激烈的 1910 年，各地反禁烟暴乱此起彼伏：3 月，山西巡抚丁宝铨武力铲烟，引发 "交文惨案"；5 月，兰州烟民暴乱，兰州知府全家被杀；11 月，云南大姚农民暴动，反对拔除烟苗，数千人攻占县城，捣毁学堂和教堂。⑪ 地方官为完成禁烟任

---

① 《学务案》，《广西谘议局第一次报告书（下）》，清末铅印本，无年代、页码。
② 朱寿朋：《光绪朝东华录》，中华书局 1958 年版，第 5570 页。
③ 《政务处议奏云贵总督锡良奏请改缩禁烟期限折》，载马模贞主编《中国禁毒史资料》，天津人民出版社 1998 年版，第 435 页。
④ 《广东谘议局第一期会议速记录》，广东法政学堂印刷所 1910 年，第 1 页。
⑤ 《粤省禁赌尚有阻力》，《申报》1909 年 12 月 2 日。
⑥ 参见毛克明《清末广东禁赌的措施与成效》，《河北学刊》2007 年第 4 期。
⑦ 《本局呈护抚部院禁烟碍难展限缘由文》，《广西禁烟案汇钞》，广西谘议局编印 1911 年，第 11 页。
⑧ 《决议案》，《广西禁烟案汇钞》，广西谘议局编印 1911 年，第 2、3 页。
⑨ 《桂抚电禁梧州赌博》，《申报》1911 年 2 月 16 日。
⑩ 《桂省又有禁烟绝大风潮》，《申报》1910 年 6 月 9 日。
⑪ 邵雍：《清末烟苗禁种与反禁种的历史考察》，《史林》2006 年第 6 期。

务，不得不出兵弹压。一系列流血事件，进一步激起百姓对清政府的愤恨。

比流血民变更严重的是激进禁政引发的财政危机。以广西为例：该省每年财政收入仅四百余万两，[①]其中"土药统税（广）东（广）西合办，部定西省税额每年五十三万两"[②]，"赌饷银二十四万零五百一十四元二毫三仙"[③]。两项合计占到广西财政收入的 20% 左右。失去了这两笔收入，国家机器都难以正常运转。为了弥补禁烟禁赌带来的财政亏空，广西巡抚张鸣岐请收宰牛之税，四川总督赵尔巽拟抽肉厘，[④]各省督抚都在普通百姓的日常消费上想办法。在这种思维逻辑的引导下，作为生活必需品且为国税大宗的食盐自然成为中央和地方关注的焦点。

自近代以来，以增加盐税弥补财政亏空，逐步成为朝野上下的思维定式。进入 20 世纪，"嗣是新政举行，罔不取诸盐利"[⑤]。1908 年，为抵补药税，度支部下令"酌加盐价，抵补药税，无论何省，每斤暂加四文"[⑥]。1910 年，为筹抵近千万两的赌饷，广东也欲通过"包盐抵饷"的方式增加六百万两财政收入，虽然这个方案最终被否决，但取而代之的"通纲包税"制度却让盐斤加价成为事实。据外国学者统计，"从 1900 年到清朝灭亡，全国盐税收入由 2400 万两增至 4000 万～5000 万两"[⑦]。随着盐税的增长，盐价自然节节飙升，"数年以来，盐价已涨至加倍之数"[⑧]。盐价连年上涨，无疑会带来许多社会问题。对赤贫者而言，他们无力购买昂贵的食盐，只好淡食或自行熬制极不卫生的土盐，身体素质逐渐下降，无法从事重体力劳动，因而更加贫困甚至死亡。对中产阶级而言，食盐消费占家庭支出的比例增加，必然影响其他消费，生活水平伴随盐价的飙升逐渐下降，既无力购买工业品，更无钱投资新兴工商业。这对正在推行的新政无疑极为不利。更加严重的是，官盐暴涨必然带来私盐泛滥，尤其是边疆地区，由于"官盐贵，而洋盐贱，私盐充斥数倍官盐"[⑨]。这不仅带来利权外溢，也使盐枭越剿越多，匪患越来越严重。这种恶性循环，无时无刻不在侵蚀清政府的统治基础。

吸毒、赌博是文明社会无法接受的丑恶现象，必须设法禁止。但清政府在新政浩繁、国库空虚的时代骤行禁烟禁赌，时机显然不对。然而自 1906 年颁布禁烟上谕之后，民间士绅已经将禁烟问题政治化，"鸦片一日不绝，则立宪一日不成，而中国亦一日不可救。盖戒烟与立宪有至密之关系，尚非他政所能比"[⑩]。既然禁烟之成败成为立宪真假的试金石，为免于落下假立宪的口实，清政府即使明知厉行禁烟将危及财政，阻碍新政，也不得不硬着头皮顺从民意。在民粹化、泛道德化思维的影响下，清政府不顾实际情况盲目禁烟禁赌，然后以增加盐税等方式弥补财政亏空，把奢侈品消费税转移到必需品消费上，让普通民众承担原属烟鬼、赌棍的税收负担。增加盐饷确实让清政府获取了可观的财政收入，但每次盐斤加价，既在破坏士绅对新政的期许，也在动摇平民对清政府的合法性认同。

1901 年清政府终于痛下决心锐意改革，然而办学校、练新军、开展实业建设，每一项都需要大量的经费，浩繁的新政带来的严重财政负担又悉数转嫁到老百姓头上，对政府合法性、社会稳定均构成严重威胁。在非理性的民粹思潮的影响下，变革的速度不断加快，广度也不断拓展，一时间诸政并举，搜刮

---

① 参见《广西大事记（清之十二）》，《广西地方志》2004 年第 2 期。

② 《抚部院说明议决案不免顾此失彼缘由箭交本局复议文》，《广西禁烟案汇钞》，广西谘议局编印 1911 年，第 3 页。

③ 《禁赌案》，《广西谘议局第一次报告书（下）》，清末铅印本，无年代、页码。

④ 邵雍：《中国近现代史专题》，合肥工业大学出版社 2009 年版，第 140 页。

⑤ 赵尔巽：《清史稿·盐法》，中华书局 1977 年版，第 3637 页。

⑥ 《度支部通电各省增加盐价》，《申报》1908 年 6 月 30 日。

⑦ S. A. M. Adshead, *The Modernization of the Chinese Administration*, *1900—1920*, Harvard University Press, 1970, p. 43.

⑧ 《本局抄录调查盐务报告各件致同乡京官函》，《广西谘议局第二次报告书》，清末铅印本，无年代、页码。

⑨ 《粤京官奏参粤商包盐流弊》，《申报》1910 年 3 月 10 日。

⑩ 《论戒烟与立宪之关系》，《申报》1906 年 10 月 6 日。

也无所不至，平民的生存危机越发严重，就连粮食和食盐都无法保证。当时就有评论一针见血地指出："夫今日民生至窘蹙，人心之杌陧，譬犹炸烈之药遍布室中，爆发之期但需时日。使不燃导线，犹可旦夕苟安；若导以火而触其机，则轰然不可复遏。我国今日之新政，固速乱之导线也。十年以来，我国朝野上下莫不奋袂攘臂，嚣然举行新政。兴学堂也，办实业也，治警察也，行征兵也，兼营并举，日不暇给。然而多举一新政，即多增一乱端，事变益以纷拏，国势益以抢攘。夫我国今日所谋之新政，固行之东西文明诸国，致治安而著大效者也；然移用于我国，则反以速亡而召乱。"① 其实招来动乱的并不是新政本身，而是新政的野蛮进程和激进手段。

著名史学家费正清指出，对广大平民而言，"采取立宪政体也好，专制政体或其他什么形式也好，这都无关紧要。他们说到底只需要轻徭薄赋鸡犬不惊的生活"。② 今天的我们用近代化的视角检阅历史，清末新政的确带来了实实在在的社会进步，可当时的普通民众看到的只是年年增加的苛捐杂税和日益下降的生活质量。不断升级的社会矛盾进一步加剧了社会心态的失衡。在灭亡前的最后几年，清政府已经彻底坠入"塔西佗陷阱"：他们调查户口，百姓误以为借机征税；他们吸引外资合办实业，百姓以为是卖国求荣；他们集资修路，也被怀疑成搜刮民财。总之无论政府如何作为，人民都会怀疑其动机。清末新政的旗帜很鲜亮，但落实到百姓头上却成了暴政，这就不奇怪武昌起义一声炮响，各地人民就纷纷响应了。

四　政治参与骤然扩大，各种矛盾迅速凸显

从 1901 年到 1906 年的六年中，清政府推行的新政主要集中在经济和社会领域的改革。1906 年以后，政治体制改革全面启动。清政府被迫预备立宪主要因为两方面的原因，一是日俄战争的影响，时人将战争的胜负解释成立宪战胜专制。二是新政带来的财政负担已经引起普遍不满，只能通过让渡政治权利的方式争取士绅阶层的支持。这是世界通行的发展模式：要改革，就需要经费，要增税，就必须让渡政治权利给民众。西方国家就是在这种上下交易中诞生"无代议士不纳税"到赋税法定传统。这种模式行之西方，大多在短期动荡中完成了社会全面革新，可是行之于清末的中国，却造成严重混乱。清政府设立资政院、谘议局，带来的政治失序远远超过他们的预期。

清政府设立谘议局和资政院，本想设立一个官方和民间的沟通平台，满足士绅参政诉求，在消除官民隔膜的同时也让政府决策更加合理。对可能产生的制度风险，朝廷也有所防范。他们特意强调设立民意机构的目的是"立议院基础"③，换而言之，即资政院和谘议局并非真正的权力机关。在立法行政机构关系上，清政府也做了有利于行政部门的制度安排。如《谘议局章程》没有给予谘议局弹劾督抚的权力，但却规定"各省督抚对谘议局之选举与会议有监督之权。如出现议事有逾越权限，不受督抚劝告者，督抚有权停止其继续活动；如所决事件有轻蔑朝廷之情形，可奏请皇帝解散"④。在官场礼仪上，清政府更明显将督抚置于谘议局之上。从行文格式上看，督抚对谘议局用"箚行"，司道以下对谘议局用"照会"，谘议局对督抚用"呈文"，⑤ 谘议局只与各司道平级；在开局仪式上，议员要向督抚一揖二鞠躬，⑥ 督抚

---

① 《论莱阳民变事》，《国风报》1910 年第 18 期。
② 费正清等：《剑桥中国晚清史（下卷）》，中国社会科学出版社 1985 年版，第 462 页。
③ 夏新华等整理《近代中国宪政历程：史料荟萃》，中国政法大学出版社 2006 年版，第 80 页。
④ 《宪政编查馆会奏各省谘议局章程及按语并选举章程折》，《政治官报》1908 年 6 月 26 日。
⑤ 《本局开局日期及启用关防缘由呈报抚部院察核文》，《广西谘议局第一次报告书（上）》，清末铅印本，无年代、页码。
⑥ 《开局礼式》，《广西谘议局第一次报告书（上）》，清末铅印本，无年代、页码。

却不必答礼，地位之不平等一目了然。清政府企图用督抚来制衡谘议局，以军机处和责任内阁来制衡资政院，但后期政治生态和权力格局的演变，完全突破了预设的框架。

各省谘议局尚未成立，立宪派已经开始大造舆论，作有利于谘议局的舆论宣传。孟森在《谘议局章程讲义》中说："夫谘议局与督抚法律上既居平等地位，则谘议局为省之立法者，督抚为省之行政者。从此不言省则已，一言省则必为谘议局与督抚之合名是。盖国家之政治作用，即有时谘议局与督抚反抗，亦纯系法律上之反抗，并非任意为难。"① 类似的宣传无形中加大了谘议局的权力，1909 年，广西竟然发生一起冒充谘议局局长夺人小妾的奇闻。② 此事虽然荒诞可笑，却也说明立宪派已经营造出一个有利于谘议局扩权的政治生态，就连素不谙政治的底层百姓，也本能地隐约感觉到谘议局是一个权力很大不能招惹的机构。

虽然章程规定督抚可以解散谘议局，但在实际政治运作中，非但没有一个督抚胆敢解散谘议局，却有署理广西巡抚魏景桐、两广总督袁树勋等好几个督抚被谘议局变相弹劾丢官去职。魏景桐的去职，主要是因为"禁烟展限案"：前任巡抚张鸣岐请求延期禁烟，谘议局认为此举违背《禁烟议案》，坚决反对。魏景桐接手巡抚以后，竟然绕开谘议局直接向中央请求展限，激起议员的强烈愤慨。可是魏景桐依旧一意孤行，一面用官场惯用的拖延手法把展限变成既定事实，一面用拒绝报销谘议局电报费的方式故意刁难，不料弄巧成拙，激起全国首起谘议局全体辞职风潮。③ 朝廷发现这个视自己如诸侯的旧官僚无法适应政治体制变革带来的权力结构变化，只好将他免职。广西谘议局以全体辞职战胜巡抚，各省谘议局纷纷效仿，第二次常年会上，广东、湖南、云南、江苏、浙江、福建等省谘议局与督抚发生矛盾，都以全体辞职或停议相要挟。④ 由于国家税和地方税尚未划清，各地督抚提交给谘议局的预算案只有岁出而无岁入，福建和江苏即宣布停议，湖北谘议局更鼓动各省停议呈请解散。就连作为一国最高民意机关的资政院，在要求速开国会的时候，也有议员鼓吹以解散恐吓朝廷。对朝廷而言，如果让辞职成为事实，就等于承认了"假立宪"。这将是不可承受之重大灾难！为了表达立宪的诚意，朝廷只能在议员的逼迫下不断让步。在一次次政治斗争中，谘议局和资政院挟民意利剑占据道德高地，不断突破既定建制，成功实现了自我扩权，把自己变成了真正的权力机关。执政者万万没想到，本来用于凝聚人心，消除官民隔阂的谘议局和资政院，反过来成为立宪派向清政府进行政治挑战的合法的政治舞台。⑤ 其实，在任何宪政国家，行政机关和立法机关意见不合是常有的事，但双方仍有基于宪法和基本事实的认同，然而在清末的中国，宪法尚未制定，议员们明知清政府不敢令民意机关辞职解散，却时时以辞职相要挟，严重破坏政治伦理。

政治参与的骤然扩大，犹如打开的潘多拉魔盒。民间士绅获得期盼已久的参政机会，压抑已久的各种诉求突然爆发，暗潮汹涌的隐性社会矛盾也迅速被摆到台面上，让各级政府应接不暇。对议员们反映

---

① 夏新华等整理《近代中国宪政历程：史料荟萃》，中国政法大学出版社 2006 年版，第 141 页。
② 详见 1910 年 1 月 22 日《申报》之《谘议局长恃势夺妾之骇闻》：浔州贵县甘某抵省考试，并欲在省娶妾。凭媒订定后库街黄某之女，见此女神采甚都，即行纳采，腊月假后方举婚迎。不料被唐某侦悉情节，羡甚慕甚。无奈甘某已捷足先得。唐百计欲夺，倍以身价，而黄宅坚辞。唐遂迫以威势，略云：我为广西谘议局长，本省有何政令皆由我提议，谁敢抗我，若后日甘某有事，我定与尔维持无恙，不然，我定加祸于尔。黄某不得已，勉强许之。现闻甘某已备悉情由，欲与唐某大开交涉云。
③ 参见左攀《禁烟展限案与全国首起谘议局辞职风潮》，《清史研究》2018 年第 1 期。
④ 按：广东谘议局催促总督公布禁赌章程，袁树勋拖延不办，谘议局停议。湖南巡抚杨文鼎绕过谘议局擅自发行公债，谘议局争之不达，也辞职恐吓。云贵总督李经羲擅自增加盐价，谘议局要求总督收回成命，表示"如不得请，即全体辞职"。两江总督张人骏认为江苏谘议局核减行政经费过多，无法遵照执行，迟迟不予批准。常驻议员认为他是蓄意破坏，也声明全体辞职。浙江巡抚增韫仅仅一时没有答应为谘议局代奏，议员们即宣布停议会。
⑤ 萧功秦：《危机中的变革：清末政治中的激进与保守》，广东人民出版社 2011 年版，第 200 页。

的社会问题，各大报刊争相报道，媒体的"放大效应"更加强化了平民对清政府的不良印象。谘议局议员们大多缺乏行政经验，他们来自地方，对种种社会问题有深刻体验，但他们制定的很多激进议案根本无法执行，地方督抚又不得不与他们虚与委蛇，把大量时间和精力浪费在敷衍谘议局上，这一定程度上造成"政府空转"，谘议局和政府间相互否决，许多珍贵资源都在情绪化斗争中内耗掉了。真正的民主政治不仅表现为不同社会群体对政治参与的诉求，也是一种利益分配的技术手段和制度安排。清政府失败的制度安排造成地方自治运作陷入混乱，设置谘议局的结果走向初衷的反面。清末的悲剧告诉我们：政治参与如果没有秩序和边界，在短时期内迅速泛滥，政治秩序必定荡然无存，演化成民粹政治，甚至以加速度将整个社会推向失控的方向。

五　民粹倾向的思想渊源和历史影响

民粹主义是常见的社会现象，只是在不同时期、不同国家程度有轻有重、影响力有大有小而已。在中国传统文化中，儒家的民本思想、墨子的下层平民意识、法家的"五蠹"理论都带有一定程度的民粹主义色彩。如果预设立场，《尚书》中"民之所欲，天必从之""民为邦本，本固邦宁"都可以作民粹主义解释。现代意义的民粹滥觞于卢梭的政治浪漫主义，发端于19世纪中后期，"它的原生形态包括俄国民粹主义和美国'人民党'民粹主义"[1]。19世纪末，民粹主义传入中国，与中国故有的思想资源迅速合流，汇成一股颇具声势的民粹风潮。

美国学者希尔斯（Edward Shils）说："哪里有普遍的怨恨情绪，哪里就有民粹主义。"[2] 晚清以来的历次割地赔款、兵灾匪祸，早已让怨恨充斥于各个角落。加之政府权威的流失，社会治理的失败以及严重的吏治腐败和社会不公，造就了一片有利于民粹主义生根发芽的土壤。在这种社会生态中，民粹的种子被激活，逐步凝聚成一股巨大的力量。19世纪末期，保守派官僚蓄意挑动和利用民粹，让长期积累的怨恨像压弯的树枝一样反弹过来，形成一场仇视一切西洋事物的义和团运动，给中国带来深重的灾难。

清末新政时期的民粹主义，主要流行于士绅阶层，自下而上影响社会生态和政治决策。"士绅民粹主义"虽然在表现形式上与义和团的平民民粹主义迥然不同，但思维方式和行为逻辑却是一脉相承的。他们以人民的代言人自居，一手持道德大棒，一手握民意利器，向行政官厅发起猛烈攻击。他们对立宪、自治的理解往往陷入"符号化思维"，以为制度改革一旦成功，一切问题都能迎刃而解。他们把一切社会问题政治化，甚至把一切价值换算成道德价值，不断逼迫政府加快改革步伐。他们以旁观者的眼光看待行动者的行政，片面追求"无限条件下的最优解"[3]。总希望"猛药去沉疴"，一劳永逸地解决所有问题。这些"旁观者"多为"政治素人"，不用为以往的行政失误负责，可以毫无顾忌地批评时政。而清政府一方，由于"改革的进程本身，已成为对其正当性的论证方式和检验手段"[4]，为了"真立宪"形象化解统治危机，不得不处处迁就民意。两种政治力量此消彼长，一步步将民粹推向高潮。

从1901年新政开始到1911年清朝灭亡，来自民间的士绅政治力量呈逐步扩大的趋势。新政伊始，各种公益事业和实业建设离不开士绅的支持，加大了民间士绅对地方事务的话语权；1906年宣布预备立宪，

---

① 刘小龙：《民粹主义的形态演进及其解释路径》，《理论探索》2016年第6期。

② Edward Shils, *The Torment of Secrecy：The Background & Consequences Of American Security Policies*. The Free Press，Glencoe，1956，pp. 100 – 101.

③ 郭晓：《责任归因的实验哲学研究》，浙江大学博士学位论文，2017年。

④ 罗志田：《革命的形成：清季十年的转折（下）》，《近代史研究》2013年第6期。

点燃了士绅阶层压抑已久的参政热情；1908 年开启的地方自治和谘议局选举，让他们凝聚成与地方官府分庭抗礼的政治力量；1910 年资政院开议，标志着以立宪派为主体的士绅精英开始直接影响中央决策。然而"政治伦理的转换远不如条文制度那样可以速成"①。短短几年时间，这群没有受过充分议政训练的士绅被仓促推向政治舞台，他们怀有强烈的政治激情，却缺乏基本的政治经验，组成议会团体以后更陷入"群体无意识"，相比理性、平和的声音，极端、偏激的"高论"更能在亢奋的气氛中成为群体决策，进而形成不切实际的议案。他们能够指出问题，表达民意，却很少给出切合实际的治世良方。总想着以霹雳手段开展实业建设，以西方制度解决中国问题，却完全忽略经济规律和社会条件。在与官厅的争论中，又经常陷入非理性的情绪争端。

面对立宪派咄咄逼人的攻势，无论督抚还是朝廷都难以招架。尤其是 1910 年以后，许多督抚无法容忍谘议局的蛮横和朝廷的斥责，纷纷奏请开缺。在资政院的第一次常年会上，作为事实上最高决策机构的军机处也遭到整体弹劾。议院之外，立宪派发动三次国会请愿运动，直到朝廷违心地将九年预备改成五年，极端立宪派依旧继续第四次请愿。无休止的请愿运动所显现的巨大力量，让以载沣为中心的朝廷中枢深感恐惧，更让他们意外的是，各地督抚也在汹涌民意裹挟下加入到请愿的行列。政局发展到这种地步，清朝贵族本能地意识到创设制度的主动权已经落到立宪派手中，改革进程也不再受朝廷控制。要想保证"大权统于朝廷"，只能在人事安排上做文章，把要害部门的权力掌握在最可信的清朝贵胄手中，于是乎，一个完全违背宪政精义和时代潮流的皇族内阁应运而生。

"皇族内阁"的出台，使清政府民心尽失，最终成为断送清王朝的催命符。② 其实，作为中国历史上第一个现代性责任政府，从制度转型上讲，何尝不是一次巨大的进步呢！可是，人事设置上的反动彻底掩盖了制度的进步，彻底坐实了"假立宪"的口实。从此以后，清政府的政治合法性彻底丧失，在革命派的鼓动下，作为清王朝统治基础的民间士绅也纷纷倒戈，即使对清政府怀有感情的立宪派，也很少有人怀疑革命的合理性。

纵观清末十年的历史，可见在民粹思维的作用下，整个中国都陷入一种激进主义的亢奋中。革命派以暗杀等恐怖手段打击清政府，立宪派则通过发起请愿、制造舆论逼迫清政府加快改革步伐。两者同样激进，只是表达方式不同而已。在弥漫全社会的激进气氛中，民间精英步入以资政院、谘议局为代表的政治舞台，不断品评时政，推动改革，体制外的改革派"自由地讨论高级官员的决策，通过公共会议和游行施加压力，这种情况的蔓延也影响到谘议局和资政院的活动"③。在处处充斥民粹思维的社会背景下，改革天然正确，越激进的言行越能获得舆论的褒扬，舆论的推力又进一步驱动行为的激进，两股激进势力相互激荡，④ 让社会对改革的期待一步步提高。然而改革的结果对士绅阶层而言，"由于希望太美好，实际变化虽大，而不如所希望的那样大，结果仍然导致强烈的失望"⑤；对普通百姓而言，他们感受到的，只有年年增加的赋税和日益下降的生活质量。最后各方面的失望都汇聚成对清政府的不满，民粹主义带来的恶性循环，让本用于挽救危亡的新政，反而加速了清朝的灭亡。

正如托克维尔说过的那样"对于一个坏政府来说，最危险的时刻，通常就是它开始改革的时刻"⑥。

① 罗志田：《革命的形成：清季十年的转折（上）》，《近代史研究》2012 年第 4 期。
② 李细珠：《论清末"皇族内阁"出台的前因后果》，《中国社会科学院近代史研究所青年学术论坛 2006 年卷》，社会科学文献出版社 2007 年版。
③ Wright, Mary Clabaugh (ed.), *China in Revolution: The First Phase*, 1900-1913, Yale University Press, 1968, p. 28.
④ 左攀、唐仁郭：《论资政院激进特征的政治生态影响》，《河北师范大学学报》2014 年第 5 期。
⑤ 罗志田：《革命的形成：清季十年的转折（上）》，《近代史研究》2012 年第 3 期。
⑥ 托克维尔：《旧制度与法国大革命》，冯棠译、张芝联校，商务印书馆 1992 年版，第 210 页。

因为在以改革为表征的社会转型期，民粹主义最容易泛滥成灾。清末新政的实质是要让中国完成从传统社会向现代国家的社会转型，在当时的中国，现代性的实业、教育、治安等社会改革都刚刚起步，还有大量的工作要做，可是立宪派却把眼光聚焦在并不是最迫切的顶层政治制度变革上。清政府最终没能坚持到召开国会。在当时的社会环境中，即使国会召开，也只是脱离社会实际的空中楼阁。清末改革的失败，给我们留下深刻的教训。"改革本质上是一种渐进的过程，它要求在旧的基质上寻求新的生长机制，要求在应顺历史传统的连续性的基础上进行变革。"① 无论在任何时代，民粹主义都是阻碍改革、造成社会失范的魔鬼。

---

① 萧功秦：《危机中的变革：清末现代化进程中的激进与保守》，上海三联书店 1999 年版，第 47 页。

《西南边疆民族研究》 第 27 辑

第 22 ~ 31 页

© SSAP，2019

清代外藩蒙古 "喇嘛旗" 锡呼图库伦宗教、商业及其地位谫论[*]

双　宝　额尔敦乌日图[**]

摘　要　16 世纪末，随着格鲁派传入蒙古地区，蒙古人兴起了新一轮营造藏传佛教寺院的浪潮。寺院的兴建和信众的增多，为蒙古地区新兴城镇的产生和发展起到了一定的促进作用。同时，随着僧侣和朝拜者的增多，商贸活动也悄然兴起，形成了一批以藏传佛教寺院为中心的商业街市，由此推动了清代蒙古地区城镇化的进程，打造了一批历史上较有盛名的草原商业城镇。清代的锡呼图库伦不仅作为蒙古地区著名的藏传佛教中心之一，也是重要的区域性商贸中心，对清代漠南蒙古东部地区与内地间的经济文化交流，起过一定的促进作用。

关键词　锡呼图库伦；宗教；商业；地位

DOI：10. 13835/b. eayn. 27. 03

16 世纪末，随着藏传佛教格鲁派（Dge-lugs-pa）传入蒙古地区，蒙古人兴起了新一轮营造佛教寺院的浪潮，如漠南蒙古两强土默特部和察哈尔部均在其领地内营建过不少藏传佛教寺院[①]。而寺院的兴建和信众的增多，也为后来蒙古地区新兴城镇的产生和发展起到了一定的促进作用。有清一代，蒙古地区在清廷宗教政策导引下，相继营建过不少有名气的大寺院，如多伦诺尔汇宗寺、善因寺，阿拉善广宗寺，锡呼图库伦[②]兴源寺等。每逢传统法会，寺院均举行各种宗教活动，是时信徒们由四方前来朝拜，继而香烟缭绕、经声不断。久而久之，针对寺院喇嘛和朝拜者的商贸活动悄然兴起，出现了一批著名的庙会集市，并引来众多关内外商人、生产佛教用品的手工业者汇聚寺院法会时节。由此，以寺院为中心，以传统法会为契机的集市商业逐渐兴旺起来，并推动着蒙古地区新一轮城镇的兴起。

---

[*]　本文系内蒙古自治区民族文化建设研究工程（内蒙古自治区社会科学规划特别项目）"城镇化过程中蒙古族文化变迁调查"（批准号：MZWHD2015 - 19）的阶段性成果之一。

[**]　双宝，男，内蒙古自治区社会科学院草原文化研究所助理研究员，主要从事明清蒙藏民族关系史研究；额尔敦乌日图，男，内蒙古自治区社会科学院城市发展研究所副所长、研究员，主要从事城市史、小城镇问题研究。

[①]　在察哈尔林丹汗领地内除了有格鲁派寺院，亦有噶玛噶举派（Bka'-brgyud-pa）、萨迦派（Sa-skya-pa）寺院。如林丹汗非常尊崇的来自西藏的高僧沙尔巴呼图克图即为萨迦派名僧。林丹汗败亡后，该喇嘛投靠了新兴的爱新国（后金）政权。

[②]　蒙古语 "锡呼图"（Šireɣetü）：意即 "法座、法台"（藏文拉丁转写为 "She-re-thu"），例如，锡呼图喇嘛、锡埒图·固什·绰尔济（16 世纪末 17 世纪初蒙古族著名高僧）； "库伦"（Küriy-e、Küriy-en），本意为 "圆圈、范围、庭院、营盘、军营、古列延（Küriy-en，古代蒙古生产及军事组织形式）"；等等，后又把带院墙的藏传佛教寺院或喇嘛驻地称为 "库伦"。蒙古文文献中，带有 "库伦" 一词的寺院比较多，例如，蒙古库伦（因藏传佛教寺院圣佑庙而得此名，位于今新疆伊犁州昭苏县）、喇嘛库伦（今内蒙古东乌珠穆沁旗喇嘛库伦庙）、桑贝子库伦（蒙古国）等。

一 寺院法会与锡呼图库伦商业

入清以来，大量寺院的建起推动了蒙古地区新一轮城镇化的进程。然而，并不是所有有寺院的地方均发展成为蒙古地区集商业与宗教中心于一身的新兴城镇，只有那些处在交通要道、有众多喇嘛生徒的大寺院抑或王公府第、政府机构、朝廷特许集市才会招来更多关内外商人前来贸易，才会有更多的香客前来朝拜、赶集。久而久之，定期在寺院法会期间进行贸易的集市商业逐渐发展成在寺院周围形成商铺林立、人烟辐辏的商业街市，到后来，因商业贸易的迅速发展，一些大商巨贾也开始出资举办定期的庙会，进行商业活动，甚至寺院也专设经商机构，经营商业。这都推动了蒙古地区城镇化的进程，形成了一批历史上较有名气的草原商业城镇。

锡呼图库伦（下文称"旗"、"喇嘛旗"或"札萨克喇嘛旗"）[①] 设立之前，该地因战争和部落迁徙等，一度成为人烟稀少的偏僻角落。17世纪30年代初，后金将该地赐给来自安多的著名藏族高僧阿兴（蒙古文拉丁转写 ašing，藏文拉丁转写 A-zhang）喇嘛，辟为宗教领地，由此成为清代蒙古地区较早形成的喇嘛封地。顺治六年（1649），营建兴源寺（Eki yöɣen badaraɣuluɣči süme），定为锡呼图库伦主寺，之后又陆续营建吉祥天女（Dpal-ldan-lha-mo）神庙、象教寺（Soyol ǰokistu süme）、福缘寺（Buyan barildaɣuluɣči süme）三大格鲁派寺院，并从蒙古各部选派喇嘛生徒归锡呼图库伦各大寺院所有。该旗鼎盛时期有度牒喇嘛600人，大小寺院喇嘛班第多达1200多，[②] 故在旗内形成了一大批特殊的喇嘛消费阶层。喇嘛旗属民有义务供养寺院喇嘛，但又因喇嘛和普通蒙古民众急需关内的粮谷、布匹、绸缎、茶叶等日用品，在举行寺院法会时，关内外商旅就趁此时节，进入旗地，进行商贸活动，从而繁荣了锡呼图库伦庙会集市。

锡呼图库伦各大寺院每年都举办规模不等的例行法会。兴源寺规模盛大的法会每年举行四次，又在每年的正月和六月的十四至十五两天有盛大的查玛法会，须有120名青壮年喇嘛参加。在八月、十二月和除夕还有小型的例行法会。由于每一次法会活动的前期准备时间较长，又须准备喇嘛们的膳食和法会所需的佛教用品，喇嘛们非常愿意购买在法会期间进入旗地贸易的商人们的货物；蒙古牧民急需关内生产的日用品，也为出售自家牲畜及畜产品，千里迢迢，赶着畜群，前往锡呼图库伦赶集，与关内商人进行

[①] 清代汉文、蒙古文、满文文献对包括锡呼图库伦在内的所谓七个喇嘛旗似乎从未称作"喇嘛旗""札萨克喇嘛旗"，而取以"游牧喇嘛""游牧喇嘛部落"（《钦定大清会典事例》）或直接以"锡呼图库伦"（《钦定大清会典事例》）、"锡勒图库伦"（《蒙古律例·回疆则例》）、"西勒图库伦"（《乾隆朝内府抄本理藩院则例》）、"Šireɣetü küriy-e"（蒙古文版《道光朝理藩院则例》）、满文拉丁转写为"Siretu kuren"（《清朝前期理藩院满蒙文题本》）、"盛京库林什勒图"（《清宫普宁寺档案》，2003年）、西勒图部落（《圣祖仁皇帝御制文集》，2005年）名命之。此外，在西藏档案馆馆藏的一封清代蒙古文信件里有"Güangdong Küriy-e Košiɣun"（旗）的用法，信件里虽也出现"Košiɣun"（旗），但未称作"喇嘛旗"（清代道光年间的蒙古文官方文书档案及清末汉文文书档案也未记作同"喇嘛旗"，甚至很少出现"旗"一词）。再如哲布尊丹巴呼图克图、额尔德尼班第达呼图克图、纳鲁班禅呼图克图、青苏珠克图诺门罕、札雅班第达呼图克图、察罕诺门罕（附青海蒙古游牧）等所谓"喇嘛旗"活佛宗教领地在文献里也鲜有称作"喇嘛旗"的，"喇嘛旗""札萨克喇嘛旗"之称谓更像是当代学者们对应于外藩蒙古世袭王公札萨克旗的习惯性称谓。至1931年，锡呼图库伦政教分治以后，民国文献及地图多取以"锡呼图库伦旗""库伦""小库伦"和"锡勒图库伦喇嘛王旗"（关东都督府陆军部编写《东部蒙古志》，日本大正三年、1914年）等名称；此处"喇嘛王旗"更像是民间的俗称，类似"博王旗"、"达尔罕王旗"和"郡王旗"等称呼。再者，喇嘛旗建置不同于世袭王公札萨克旗，故张穆的《蒙古游牧记》等记载盟旗疆域的文献也未记录其确切方位。我们只能参照《钦定大清会典》和清末民国绘制的盟旗地图（包括蒙古文地图，例如，于清代光绪年间绘制的锡呼图库伦蒙古文地图）来辨明锡呼图库伦游牧方位（该地图汉文名称为"锡呼格图仑总管喇嘛徒丁扎萨克达拉木占巴喇嘛阿克旺巴勒丹该旗界图"，由德国蒙古学家海西希收藏，并与所收藏的其他117幅蒙古文或蒙汉文合璧盟旗地图一起，辑入1978年由德文出版的《蒙古地图》一书）。

[②] 呼日勒沙：《哲里木寺院》（蒙古文），内蒙古文化出版社1993年版，第128页。

贸易。

吉祥天女神庙始建于顺治十二年（1655），是由锡呼图库伦第三任札萨克达喇嘛西布扎衮如克（Šib j aɣünrüg）[1] 在其退休赋闲之余修建的。庙内供奉锡呼图库伦主尊——吉祥天女像。据传，吉祥天女像为宗喀巴大士用自己鼻部血描绘的神像，[2] 之后五世达赖喇嘛把此神像赐给西布扎衮如克喇嘛，作为护法神。[3] 由于是圣人所赠之物，故该庙为供奉此神像立下了举办各种法会的规矩，其最大的法会为五年一届的玛尼法会。从此，锡呼图库伦上下和邻近盟旗蒙古人潜心膜拜，朝拜者与日俱增，成为锡呼图库伦及邻近盟旗中较有盛名的传统法会。

随着商业的进一步发展，在旗内长期经商的大商巨贾们也定期举办各种庙会。由锡呼图库伦汉商出资举办的关帝庙"老爷出巡"庙会就属此类。史料载，锡呼图库伦关帝庙始建于清康熙十五年（1676），[4] 是由常年在锡呼图库伦及邻近盟旗经商的关内汉商出资建造，并定期举办各种庙会活动。其中，每年五月十二日举行的关帝庙"关帝出巡"庙会尤为隆重。是时，人们抬着关帝轿，从关帝庙出发，沿既定路线，由西往东，行向供奉锡呼图库伦主尊的吉祥天女神庙，至吉祥天女神庙后，由该庙达喇嘛[5]主持，再行"关帝"向吉祥天女神的跪拜礼，拜谒完毕，"关帝出巡"庙会即告结束。我们可以把这种汉民族崇尚已久的"忠义"化身跪拜藏传佛教护法神之一的吉祥天女（亦是锡呼图库伦主尊）的跪拜礼理解为不同民族宗教信仰间相互调适、融合、接纳的结果，是关内商民为适应蒙古地区新环境而主动加深民族间感情的可行途径。不仅如此，关帝庙会期间，还要举行各种游艺活动，这些活动一般由常驻锡呼图库伦的大小店铺自行筹办，如舞狮、踩高跷等今日普遍见到的娱乐形式，而这些又成为当时关内移民文化的一部分，甚至作为一种民俗保留至今。

由于，寺庙法会期间的商业活动相当繁荣，故寺院及喇嘛们也着手经营起商业，甚至锡呼图库伦兴源寺还专门设立过经营买卖的常设机构，即东西两处"吉萨"（蒙古文拉丁转写Jisa，藏文拉丁转写Spyi-rdzas）仓[6]。喇嘛们把施主们施舍给寺院的供物，再转手倒卖，获取高额利润，遂成为喇嘛商人。尽管在锡呼图库伦历任札萨克达喇嘛里也有因"俱贪蒙古市利""以蓄养蕃滋"而"徒众揭告革退"[7]之事发生过，甚至乾隆十五年（1750），时任札萨克达喇嘛的阿旺扎木扬呼图克图，对寺院财产的管理制定过具体的条例，[8] 但寺院法会与商业活动有密切关系，因此，后来也就默认了寺院及喇嘛们的经商活动。

二 移民与锡呼图库伦商业

锡呼图库伦设旗之前，该地属于蒙古察哈尔万户兀鲁特（Uruɣut）部的游牧地，但随之而来的后

---

① 亦译作西扎布衮如克、喜饶衮如（Shes-rab-gu-ru，上师、老师、尊师）等；入清以前"吉祥天女神庙"很可能为察哈尔林丹汗辖地内的噶举派（Bka'-brgyud-pɑ）寺庙，后由西布扎衮如克喇嘛在其原址重建后，改为格鲁派寺庙，参见乌力吉巴雅尔《Qan wang-yin süme》（汗王庙），载《哲里木寺院》（蒙古文），内蒙古文化出版社 1993 年版，第 163 ~ 165 页；在相关的汉文、蒙古文、满文、藏文文献中对这位藏族喇嘛西布扎衮如克的名称有多种记载，故对其身份、事迹进行一番考述有其必要性，且该喇嘛先前似乎又是非格鲁派喇嘛。关于这一点，不能唐突下结论，需认真考究。

② 乌力吉巴雅尔：《吉祥天女神庙》（Okin tegri-yin süme），载《哲里木寺院》（蒙古文），内蒙古文化出版社 1993 年版，第 160 页。

③ 齐克奇整理汉译《锡勒图库伦喇嘛传汇典》，载《库伦旗志资料汇编》（第一辑），第 137、138 页。

④ 程玉富：《库伦关帝庙》，载《库伦旗文史资料》（第一辑），第 83 页。

⑤ "达喇嘛"为清代蒙古地区藏传佛教寺院僧职名称，"达"为满语，意为"头目"。

⑥ 本为管理寺院庶务的机构，"吉萨（吉斯、吉寨）"原意为公物、公共财产。

⑦ 《圣祖仁皇帝御制文集》卷六，吉林出版集团有限责任公司 2005 年版。

⑧ 齐克奇整理汉译《锡勒图库伦喇嘛传汇典》，载《库伦旗志资料汇编》（第一辑），第 145 页。

金与察哈尔之间的战争以及部落民的迁徙等原因，锡呼图库伦地区一度成为人烟稀少的政治真空地带。17 世纪 30 年代初，在漠南蒙古土默特、巴林、喀喇沁和今辽宁省法库县一带传教的阿兴喇嘛，呈请皇太极将今日库伦旗东部一隅划为自己的宗教领地，前来居住，从此该地有了 "曼珠希礼库伦" 的称号。随着阿兴喇嘛驻锡，库伦地区便开始建造起寺院，并且有计划地从漠南蒙古诸部选派喇嘛生徒移住锡呼图库伦，成为阿兴喇嘛的沙毕（徒弟）。到囊素喇嘛在任时，清廷又从漠南蒙古诸旗抽调蒙古牧户移住锡呼图库伦，作为喇嘛的沙比纳尔（属民），主要在今库伦旗哈尔稿（Qara goo）、白音花（Bayin quwa）一带从事农牧业生产，供寺院之需。[①] 而这批蒙古人又成为喇嘛旗设立之前首批迁住该地的蒙古居民。喇嘛旗设立之后，康熙十六年（1677），又将原游牧于义州的原布尔尼所属一百户察哈尔人迁住锡呼图库伦，作为寺院属民，居今库伦旗察哈尔（Čaqar）、卜金黑（Büjüngqei）、达汗（Daqan）、保力巴逊（Bolbasun）、乌兰岗（Ulaγanγang）、喇嘛稿（Lama-yin goo）、公绍（Gongšiy-a）一带，[②] 成为今库伦旗察哈尔蒙古人的主要来源。

顺治三年（1646），西布扎衮如克喇嘛接任囊素喇嘛之职而开始执掌库伦地区政教事务，成为朝廷赐封的锡呼图库伦首任掌印札萨克达喇嘛。之后，西布扎衮如克又连续督建兴源寺、吉祥天女神庙等格鲁派寺院。出于兴建寺院的需要，从冀、鲁等省招来大批汉族工匠，承担兴建寺院和铸造佛像的任务，工程结束，其中一些匠人就留居该地，以经商为生，居于今库伦旗皂户沁一带，成为锡呼图库伦最早的关内移民。可知，锡呼图库伦早期居民是由清廷为供养锡呼图库伦喇嘛而命住该地的属民组成的，与后期因锡呼图库伦商业活动的兴盛而经常往来于该地的关内汉、回商人以及移民的迁入有很大不同，后期居民则主要是由清廷逐渐对蒙古 "封禁" 政策的相应调整下迁入的。

入清以来，清政府为更有效地治理在其统治下的蒙古地区，制定了一系列治理蒙古地区的所谓 "封禁" 政策，其中一项就是限制蒙古地区与内地间的经济文化交流。清政府规定："口内居住旗（人）民人等，不准出边在蒙古地方开垦地亩，违者照例治罪。"[③] 以律令的形式严禁关内人民等自由往来于两地之间。再如 "清朝的政策是保持蒙古人作为后备的军事力量。鉴于汉商渗入蒙古有损于这一目的，清廷曾想方设法限制汉商活动，尤其是在外蒙，但并无成效……"[④] 因为，蒙古人的牲畜及畜产品是有季节性的，为使牲畜及畜产品尽快交易出去，他们必须与进入蒙地的内地商人交易，以换取蒙古人所需的粮谷、布匹、茶叶等日用品，而这些日用品在蒙地又是极其缺乏的物资。随着蒙地大小寺院的相继建成及法会活动的日益兴隆，四方香客也越来越多，从而为关内商人进入蒙地经商提供了方便。最早在康熙末年，锡呼图库伦被 "开放为牛马市"[⑤]，并有少量汉商来此经商，为此还专门在寺院附近划出二顷地范围，租给关内汉商，专事商业之用。[⑥] 尽管对清初以来进入锡呼图库伦境内的关内商民数字无法做出统计，但根据一份道光元年（1821）仲夏初九日由理藩院下发至三座塔厅和锡呼图库伦噶布楚喇嘛罗布藏藏杰（第十六任札萨克达喇嘛）等的公文获悉，至道光年间，进入锡呼图

① 刘哲：《库伦旗民族与人口》，载《库伦旗志资料汇编》（第一辑），第 105 页。
② 刘哲：《库伦旗民族与人口》，载《库伦旗志资料汇编》（第一辑），第 105 页。
③ 赵云田点校《钦定大清会典事例·理藩院》，中国藏学出版社 2006 年版，第 231 页；嘉庆朝《大清会典事例》，卷 742；光绪朝《大清会典事例》，卷 979。
④ 费正清、刘广京：《剑桥中国晚清史》（上卷），中国社会科学出版社 1985 年版，第 53、54 页。
⑤ 熊知白：《东北县治纪要》，北平立达书局 1933 年版，第 4 编 "热河省·绥东县"，第 508 页，此处 "绥东县" 设立于光绪三十四年（1908），于 1934 年撤销，辖地包括 "锡呼图库伦" 和 "奈曼" 二旗辖境；包福舜：《解放前库伦街商业概述》，载《库伦旗志资料汇编》（第一辑），第 162 页。
⑥ 刘哲：《库伦旗民族与人口》，载《库伦旗志资料汇编》（第一辑），第 105 页。

库伦境内的关内商民情况还是可以窥见的。该呈文载（由蒙古文翻译）：

> ……我大庙之西开铺经商之民人（Iryen，关内移民）家眷愈发增多。是时，经呈报直隶总督转交朝阳县将其驱离，却至今未果。而（民人）擅自占据（寺院土地），在庙西设院起屋，不付地租，又人死埋于我处……如今，愈发增多，不迁往故地填埋，且宰牛羊售卖其肉（为生）……（商民）不交原定（寺院）地租……若不严查此事，秩序将大乱。恳请院部（理藩院）制定条例，纯净我佛门净地，以儆效尤。为此呈事。依照呈文，该案交由驻三座塔（Gurban suburyan，应为朝阳县衙）[①] 之县衙承办，并转告锡呼图库伦噶布楚喇嘛罗布藏藏杰等诸人。为此批转呈文。[②]

可知，道光年间，进入锡呼图库伦境内经商的关内商民已形成一定规模，以致后来札萨克达喇嘛也无法有效行使其政教权力，约束他们，成为锡呼图库伦严重的社会问题。就在同一时期，黄河流域洪灾频繁，冀、鲁一带回民因天灾，遭受饥馑，与汉民一同进入东北及蒙地，垦荒求生。清廷也为解决难民问题，在蒙地实行"借地养民"政策，以安置灾民，成为清末山东、河北籍汉、回移民"闯关东"路上分出来后进入东部蒙古地区的部分灾民。[③] 至光绪年间，伴随蒙地"开禁"，与关内汉民一同进入锡呼图库伦的回民已不下百余户，并建有清真寺[④]，到民国元年（1912），锡呼图库伦回民已达到二三百户，主要从事商业，而对于擅长经商的回族来说，锡呼图库伦不愧为经商的好去处。至 1931 年东北沦陷前夕，库伦旗回族人数已达 2000 多口，主要居住于今库伦旗政府所在地库伦镇。

随着锡呼图库伦商业的繁荣，其商民也由少而多，规模也逐渐扩大，至民国八年（1919），锡呼图库伦大小商铺已达三百家，[⑤] 商民中不仅有往来穿梭于蒙古地区的大小行商，也有通过租赁寺属房产后经营商铺的坐商，甚至寺院也开办商号，经营商业。由于锡呼图库伦较早成为蒙古地区宗教中心之一，"每年旧历正月、四月、六月十五日、及九月二十二日，为象教寺、福源寺两大喇嘛庙之会期。同时即为畜产及杂货之交易市集。市况极殷盛"[⑥]。早在康熙年间，锡呼图库伦被辟为牛马市，成为东部蒙古地区主要的牲畜及畜产品集散地，为此在其境内又专门划出二顷地范围，专供商人经商客居之用。经营牲畜及畜产品的商号被称作牛马店或皮行，是专门经营蒙古人和关内商人集散到锡呼图库伦大小牲畜及畜产品的商号。历史上，该地有名的牛马店主要有复兴栈、裕生店、全盛店[⑦]等，其货品主要销往沈阳、营口等市。

在清代，关内商人通常利用寺院、政府机构、交通要塞等人口相对集中，人员流动大等条件，设立商号，进行对蒙贸易，随着商业的进一步发展，这些地方人口逐渐增多，从而商贾荟萃、店铺林立，内部形成若干条人烟辐辏的街市。有清一代，锡呼图库伦以寺院为中心，形成了三条主要街道，虽然，最长的一条街道还不足二公里，然而就这样一个狭小的空间，却成为清代至民国初年内蒙古东部和辽

---

① 三座塔厅设立于乾隆三十九年（1774），1778 年厅改为朝阳县，属承德府；光绪二十九年（1903）朝阳县升为朝阳府，此时锡呼图库伦重大政务由该府所属阜新县附带管理。

② 内蒙古自治区档案馆藏清末科尔沁右翼后旗札萨克衙门蒙古文档案：全宗号 502，目录号 1，卷号 64，件号 1。

③ 闫天灵：《汉族移民与近代内蒙古社会变迁研究》，民族出版社 2004 年版，第 71 页。

④ 锡呼图库伦第一座清真寺始建于光绪元年（1875）；参见李瑞卿等口述，刘哲整理《库伦街回民与清真寺》，载《库伦旗文史资料》（第一辑），第 96 页。

⑤ 包福舜：《解放前库伦街商业概述》，载《库伦旗志资料汇编》（第一辑），第 156 页。

⑥ 熊知白：《东北县治纪要》，北平立达书局 1933 年版，第 4 编"热河省·绥东县"，第 509 页。

⑦ 包福舜：《解放前库伦街商业概述》，载《库伦旗志资料汇编》（第一辑），第 162 页。

东、辽西地区主要的商品集散地之一，"库伦街"① 之名由此产生，而"库伦街"也代指曾经的喇嘛旗政教中心，即喇嘛王府所在地。当时，每条街道均商铺林立，热闹异常，至民国八年（1919），库伦街大小商铺已接近三百家，成为名副其实的喇嘛旗商业中心地带。

新中国成立前库伦街最大的商号为广升合，其主要经营百货，下设广合堂（药铺）、广瑞合两个支号，并拥有一处牧场，总职员共七八十人。此外末代札萨克达喇嘛罗布桑林沁也经营多家商号，其中，公玉成为库伦街第二大商号，在海拉尔、沈阳、开鲁、奈曼均有支号。旗内回民也有多家商铺，较著名的有春发玉、广太永、正发永、德发永、广盛永等五大回民商号②。库伦街各大商号自民国初年也成立了自己的商会，其会长及大小职官多以热河及山西籍商人担任。商会主要职责是主持库伦街商务事宜和内外协调工作，平时还负责街内及商务活动期间的安保工作，并承办每年一届的关帝庙会。

可以说，锡呼图库伦政教上层与旗内大小商号有着一定的互利合作关系。由于，寺院在库伦街拥有大量的寺产，故商号必须租赁寺属房产才能经营商铺。再者，商号可为寺院提供急需的日常生活物资，尤其对政教上层而言，他们为满足其奢侈生活，更需要这些商号提供的商品，故政教上层对商人采取较为温和的态度，成为商人及商号的庇护者，甚至合作经营商号。1924 年，末代札萨克达喇嘛罗布桑林沁开办"公玉泉"烧锅，从山西招来 50 多名工人，由朱廷瑞等人管理生产，并在库伦街经营旗内第二大商号"公玉成"，又在海拉尔、开鲁等地开设了分号。于伪满康德年间（1934—1945），兑给张连升、王瑞卿二人经营，改称"瑞升号"。③ 而这些均成为喇嘛上层与商号密切合作的典型案例。

三 锡呼图库伦宗教地位

锡呼图库伦的奠基者为 16 世纪末在漠南蒙古地区传教的安多高僧阿兴喇嘛。阿兴喇嘛作为早期在蒙古地区传教的藏族名僧，对于传播藏传佛教乃至加固蒙藏、满藏民族关系，其作用甚大，故在仰华寺会晤之后，阿勒坦汗因其"首倡宗教劝修清净善业，赐以额齐格（Ečiɣe）喇嘛之号"④。肯定了阿兴喇嘛的功绩。后金天聪年间，皇太极出于"柔服"蒙古的政治目的，始迎请在漠南蒙古有着极高威望的阿兴喇嘛赴盛京朝觐，并安排至法库山（又译成八虎山、巴尔虎山，位于今辽宁省法库县）驻锡，由此便有了"法库山曼殊希礼"喇嘛的称号。1634 年，皇太极又把今库伦旗东南一隅赐予阿兴喇嘛，作为喇嘛封地，始称"曼殊希礼库伦"⑤，也为蒙古地区首个喇嘛旗的设立奠定了基础。可以说，后金礼遇阿兴喇嘛，并封赏领地，是自清太祖努尔哈赤以来既定宗教政策的持续落实，是为逐步"招抚"蒙古诸部而制定的政治策略。因此，像阿兴喇嘛这样有声望的高僧归附后金政权，可为后者带来更大的政治财富。后金尽可以利用喇嘛在蒙古地区的威望，继续"招抚"还未纳入进后金版图的其他

---

① 民间所称的"库伦街（gai）"即源于此。满文里"街"一词拉丁转写为 giyai、giya，而汉语方言东北话，甚至湖南话、贵州话、四川话等南方方言里均读作 gai，或许满文的 giyai、giya 与汉语方言里的 gai 在其词源上有一定的关系。

② 李瑞卿等口述，刘哲整理《库伦街回民与清真寺》，载《库伦旗文史资料》（第一辑），第 97 页。

③ 包福舜：《解放前库伦街商业概述》，载《库伦旗志资料汇编》（第一辑），第 160 页。

④ "额齐格"意即"父亲"，参见珠荣嘎译注《阿勒坦汗传》，内蒙古人民出版社 1990 年版，第 120 页；明代汉文文献多记作"哀乞盖"朗尔计喇嘛、西僧"哀乞盖"等，参见《明实录光宗实录》卷六、《明史纪事本末》卷六十；蒙古文献《蒙古源流》卷六记作"arig，阿里克（汉译）"（应为青海玉树，果洛一带的藏族部落，现又译作"阿柔"）；藏文《三世达赖喇嘛传》记作"Mdzo-dge-a-zhang"，此处"Mdzo-dge"一词在《汉英藏对照常见藏名人名地名词典》里译作"佐给"，为青海班玛县一带的藏族部落。

⑤ 《清太宗实录》崇德元年八月戊子条记作"法库山满朱习礼胡土克图"，此处统一采用汉译版《锡勒图库伦喇嘛传汇典》所记"曼殊希礼"。二者均为"文殊菩萨"（mandzuširi）一词的不同译法。

蒙古部落，故对后金（清）统治者来说，建立锡呼图库伦札萨克喇嘛旗有其特殊的政治意义。这一点，可以从齐克奇先生汉译的《汇典》中所记一份年份不详的理藩院宣达锡呼图库伦札萨克达喇嘛的文告中获悉其相关信息，该文载：

> 锡勒图库伦寺庙位于众蒙古之中，由世祖皇帝钦命建造。黄教喇嘛之所以出家，在于诵经礼佛，笼络众蒙古。要谨慎享用皇帝所赐供养之物，要严守戒律，好善信佛，唯有如此众蒙古不能不信奉黄教（余下内容为要求本旗喇嘛"务尊本业，克守清规"的训诫，此处略）……特此宣达锡勒图库伦札萨克达喇嘛知晓。①

又据《圣祖仁皇帝御制文集》卷六所记康熙十六年（1677）六月十四日《谕新委西勒图部落首领默尔根噶布褚②》的一道敕谕载：锡呼图库伦"寺庙系太宗皇帝建立，令满习礼胡图克突喇嘛（即阿兴喇嘛）居住，嗣令诺们汗喇嘛（即西布扎衮如克喇嘛）居住，嗣令尔叔西勒图绰尔济喇嘛（萨木鲁③墨尔根绰尔济扎木彦丹森）居住……以尔为满习礼胡图克突之亲，选委管理部落……若踵行前弊（指追随布尔尼抗清和喇嘛腐败案件），则上负太宗皇帝建刹之意，下实有愧于诸名喇嘛也"④。上述理藩院文告及康熙敕谕直言不讳地道出了清朝统治者设置锡呼图库伦札萨克喇嘛旗的真实意图，并对锡呼图库伦在蒙古地区如何发挥其应有的作用提出了要求。前一份理藩院文告记载年份不详，但其内容与乾隆皇帝在其晚年所撰写的雍和宫御制《喇嘛说》碑文的内容有相似之处。可见清朝对于锡呼图库伦的地位是十分重视的。

锡呼图库伦既是清代漠南蒙古地区唯一的喇嘛旗，也是在整个蒙古地区七个喇嘛旗中最早设立的喇嘛旗。崇德元年（1636），阿兴喇嘛圆寂后，清太宗皇太极赐阿兴喇嘛之弟囊素喇嘛以锡呼图达尔罕绰尔济封号，并派至曼珠希礼库伦继承其法位。顺治三年（1646），囊素喇嘛逝世，顺治皇帝又册封盛京实胜寺的西布扎衮如克喇嘛以锡呼图绰尔济封号，命住库伦，并颁给札萨克达喇嘛印信，成为由清廷册封的锡呼图库伦首任掌印札萨克达喇嘛。虽然在锡呼图库伦札萨克达喇嘛人选上不采取转世活佛继任制度，但在该旗历史上确实也有过活佛担任札萨克达喇嘛一职的记录。《汇典》载，共有五位活佛担任札萨克达喇嘛，分别是第三任札萨克达喇嘛西布扎衮如克⑤、第七任札萨克达喇嘛灌顶国师墨尔根绰尔济扎木彦丹森（Jamiyandandzan）、第十二任札萨克达喇嘛呼图克图阿旺扎木扬、第九任

---

① 齐克奇整理汉译《锡勒图库伦喇嘛传汇典》，载《库伦旗志资料汇编》（第一辑），第 145 页。
② 应指第八任札萨克达喇嘛萨木鲁兰占巴（Lha-gram-pa）额尔德尼绰尔济（1670～1683 年在任）。
③ 锡呼图库伦历任札萨克达喇嘛中由安多萨木鲁家族（最早认为"萨木鲁"为青海某藏族家族的学者是库伦旗籍学者齐克奇先生，但日本蒙古学家若松宽认为，该"萨木鲁"并非家族名称，而是哲蚌寺郭莽扎仓 Sgo-mang-grwa-tshang 所属的某个康村 Kham-tshan 名称，且把"萨木鲁"拉丁转写成 Bsam-blo，而《安多政教史》汉译本把该词译成"桑洛"）出身的高僧很多，但"萨木鲁"一词具体指代家族、姓氏、部落抑或地名，因相关史料欠缺，目前尚不明确。"萨木鲁"（蒙古文拉丁转写为 Samlu）一词最初出现于记录有锡呼图库伦前十六任（共二十三任）札萨克达喇嘛生平事迹的传记《锡勒图库伦喇嘛传汇典》（载《库伦旗志资料汇编》，1989 年）一书中，该传记约成书于清朝道光年间的锡呼图库伦第十六任札萨克达喇嘛洛桑桑杰执政时期，但作者不详（亦说其作者为第十六任札萨克达喇嘛本人）。《锡呼图库伦喇嘛传汇典》原文为藏文，于 20 世纪 60 年代初翻译成蒙古文后，取名《Teγüs Čoγtu nom–un töb-un nom-un ug γarulγa-yin namtar-i saitur niγen Jüg-tu quriyangγuilaγsan toli》（直译为《吉祥佛陀叫法源流传记》）。"文革"初期，藏文原文和蒙古文译本初稿均已遗失，后由齐克奇先生依据幸存的唯一一本蒙古文油印本，重新整理、注释、汉译后，取名《锡呼图库伦喇嘛传汇典》。
④ 《圣祖仁皇帝御制文集》卷六，吉林出版集团有限责任公司 2005 年版。
⑤ 在蒙古文、汉文、藏文、满文等文献中对该喇嘛均有记载，如扎木朗班第达诺门罕、萨迦法王、强林诺门罕、色钦曲杰·金巴嘉措（安多巴州寺巴周活佛）等。

札萨克达喇嘛兰占巴斯格金绰尔济云丹桑布（Yondunsangbu）和其转世第十四任札萨克达喇嘛兰占巴扎木扬丹森扎木苏（jamiyandandzanjamsu）。有的札萨克达喇嘛任职前还在京师黄寺和隆福寺担任过要职。清朝政府还规定蒙古地区高层喇嘛，诸如"内札萨克四十九旗、归化城、察哈尔、阿拉善、喀尔喀及库伦（大库伦）、锡呼图库伦各处大喇嘛、除哲布尊丹巴呼图克图不列年班外，其余分编为六班"[①]。又规定以"喀尔喀额尔德尼班第达呼图克图一人，札雅班第达呼图克图一人……锡呼图库伦萨木鲁阿旺札木扬呼图克图一人……为第五班"[②]。可见锡呼图库伦札萨克达喇嘛也需要履行洞礼年班的义务，享有与其他高僧大德一样的政治待遇。康熙十四年（1675），察哈尔布尔尼反清斗争失败后，清朝政府把布尔尼封地义州收回，将其所属察哈尔人并入满洲和蒙古八旗，又把义州公主府所属寺院的喇嘛七十人，哈力亚图（属民）一百户送交给锡呼图库伦予以安置，还规定锡呼图库伦每年需定期派遣若干名诵经喇嘛到义州边外的固伦公主马喀塔（Makata）格格园陵诵经超度，至民国初年照旧有锡呼图库伦承办。[③]

入清以来，对于漠南蒙古东部地区而言，锡呼图库伦是较早建造藏传佛教寺院的地区。顺治六年（1649），喇嘛旗始建主寺兴源寺，之后又相继建造吉祥天女神庙、象教寺和福缘寺，并由临近喀喇沁、土默特等旗定期向寺院提供米粮。尤其是兴源寺住寺喇嘛鼎盛时多达七百至八百人，且每年还需举办各种宗教集会和由 120 名喇嘛参加的查玛（'khyam）法会，吸引着临近盟旗王公台吉和众多香客前来进香朝拜，成为远近闻名的大寺。这比以"东藏"著称的卓索图盟土默特左旗瑞应寺和清代驻京八大呼图克图之一的察汗达尔汗呼图克图驻锡的昭乌达盟阿鲁科尔沁旗诚恩寺的建寺年代还要早。因此，这些因素在某种程度上又促成了该寺在蒙古地区的知名度。又基于锡呼图库伦的宗教影响力，曾经也有临近盟旗的王公台吉做过锡呼图库伦各大寺院的施主，并有丰厚的捐献。如阿鲁科尔沁旗协理台吉日格吉德曾一次捐献给锡呼图库伦 2000 头牛；在阿旺扎木扬呼图克图在任时，曾有科尔沁左翼前旗某郡王前来锡呼图库伦，把自己佩带的刀奉献给吉祥天女神庙，并拿出白银一千两铸造一尊高一尺二寸的吉祥天女像供奉于该庙。[④]

锡呼图库伦作为漠南蒙古地区唯一的喇嘛旗，曾经一度成为蒙古地区重要的宗教圣地，并连续多次从内札萨克四十九旗选派喇嘛和属民移住锡呼图库伦，成为有别于世俗札萨克旗的特殊的行政单位。又因锡呼图库伦是为"笼络众蒙古"而设置的蒙古地区最早的喇嘛旗，故早期其宗教及政治地位是相当高的，这一点可以从阿兴喇嘛在盛京和首任掌印札萨克达喇嘛西布扎衮如克在北京时的一系列宗教活动中看出来。只是康熙三十年（1691）"多伦会盟"之后，由清廷"金瓶掣签"规制下产生的哲布尊丹巴、章嘉呼图克图等蒙地活佛系统的确立及其驻锡地——大库伦、多伦诺尔等藏传佛教中心城市的迅速崛起，锡呼图库伦宗教地位才退居次席。不过，锡呼图库伦作为区域性的宗教中心地位与清王朝相伴始终。

四 锡呼图库伦商业地位

锡呼图库伦商业的发展得益于旗内各大寺院定期举办的宗教集会活动，但更为重要的因素乃是清

---

① 赵云田点校《钦定大清会典事例·理藩院》，卷九百八十四，中国藏学出版社 2006 年版，第 305、306 页。
② 赵云田点校《钦定大清会典事例·理藩院》，卷九百八十四，中国藏学出版社 2006 年版，第 305、306 页。
③ 马喀塔格格为清太宗皇太极第二位公主，是察哈尔林丹汗之子额尔克孔果尔额哲之妻。有关义州与喇嘛旗之间的关系请参阅齐克奇《锡勒图库伦喇嘛旗》一书，载《库伦旗文史资料》第四辑；（民国）赵兴德修，王鹤龄纂《辽宁省义县志》，（台湾）成文出版社有限公司 1974 年版，第 604~607 页。
④ 《哲里木寺院》（蒙古文），第 161 页。

朝政府在不同历史时期对蒙实施的一系列的治蒙政策在某种程度上又促成了锡呼图库伦在蒙古地区的商业地位。入清以来，清廷为更有效地控制蒙古诸部，对蒙古实施长期的"封禁"政策，在政治上实行分而治之的同时，在经济和文化上，也限制蒙地与内地间的长期自由交往。然而，清朝政府不是完全封闭蒙地边界，而是有条件地在一些重要驿站、关隘或王府、寺院所在地开设定期与内地商人进行贸易的集市，以满足蒙古人的日常需求，例如清初开设的张家口、归化城就属此类。

锡呼图库伦地处卓索图、昭乌达、哲理木三盟交界处，又位于漠南蒙古东部各盟旗与盛京之间的必经之道上，南通锦州和义州（今辽宁省义县），其北线经山区和草原可达呼伦贝尔。故早在康熙初年，其境内就有少量商民往来于此。随着锡呼图库伦宗教地位的上升，越来越多的朝拜者和关内商民汇聚于此，久而久之，在其境内形成了三条商铺林立、人烟辐辏的商业街，成为兴盛一时的商业集镇。直至清末民初，库伦街商业还未有衰退之迹象。这可以从光绪三十三年（1907），由热河都统廷杰上奏朝廷的一份奏折中得知其情况，奏折中称：锡呼图库伦"毗连锦义，为奉（天）热（河）互市之场，近来商务繁忙，居民辐辏"①。可知，当时的库伦街商业还是非常繁荣的。又因清代蒙古地区有两个称作"库伦"的宗教及商业中心，所以，人们把锡呼图库伦称为"小库伦"，而这一称谓又是"汉人针对外蒙古的库伦而命名的"②。

在清代及民国初年，锡呼图库伦曾担负着漠南蒙古东部与盛京、热河等地区间进行商品交换的任务，是东部蒙古地区重要的商品集散地之一。尤以马市最为盛名。《东部蒙古志》中详细地记载了反映清末民初内蒙古东部地区主要城镇的商品集散情况。内蒙古东部牧区每年向内地输出的牲畜，北部主要通过洮南、郑家屯和海拉尔输出，南部则由郑家屯、小库伦向东北南部地区输出。③ 这说明锡呼图库伦当时在东部蒙古和东北地区是几个非常重要的商品集散地之一。

清朝时期官办马市虽不如前朝，甚至朝廷不设马市，但民间性质的马市贸易在农牧交界地区还是很活跃的。锡呼图库伦最早在康熙末年，已开放为牛马市，属于非官设性质的牲畜及畜产品交易集市，由此奠定了小库伦为清代及民初著名马市的基础。锡呼图库伦马市极盛时，其贸易范围波及蒙古东部、吉林、盛京、热河等地区，直至民国初年其马市贸易还十分兴隆。据成书于 1914 年、由日本关东军都督府陆军部编写的地方志《东部蒙古志》记载：

> 小库伦自清初即作为开拓地，年年举办家畜大集贸易，对盛京、吉林两省是具有实力的畜产供给地。同时，百货集散于此，每当牛马交易旺季，便呈现出一派大商巨贾麇集，普通旅客承受风吹雨打，无处投宿的盛况。④

以上记录了清末民初小库伦马市贸易的情况。自马市出现后，旗内大小商号在每年春季开河后便纷纷派出商队到北部盟旗，用内地日用物资换取大量牲畜及畜产品，入秋时返回锡呼图库伦。届时临

---

① 光绪三十三年十二月十四日热河都统廷杰奏《热河新开蒙旗各地方添改州县等缺以资治理而固边防》折文，引自包福舜《解放前库伦街商业概述》，载《库伦旗志资料汇编》（第一辑），第 161 页；包福舜《绥东县》，载《库伦旗志资料汇编》（第一辑），第 175 页。

② 《东部蒙古志》上卷，1914 年，第 470 页，引自〔日〕和田清、〔日〕森川哲雄《蒙古中央部落察哈尔史料》（蒙古文），索特诺穆卓玛绰译，内蒙古人民出版社 1991 年版，第 51 页。

③ 乌云格日勒：《十八至二十世纪初内蒙古城镇研究》，内蒙古人民出版社 2005 年版，第 98 页。

④ 《东部蒙古志》，1914 年，第 231 页，引自王艺丹《旅蒙商与蒙古城市的形成和发展》一文，中国优秀硕士学位论文全文数据库，2009 年。

近盟旗的蒙古人也带着畜群及畜产品到马市进行贸易。极盛时期的锡呼图库伦马市开市时间为旧历七月十五日至八月初一日为止，民国初年是从旧历八月十五日开始至十天之内为牛马市，且每年在马市上集散的大小牲畜及畜产品数量极大。如民国初年，小库伦马市每年集散的牲畜及畜产品，马约15000 匹、牛约 25000 头、羊约 20000 只、猪约 2000 口、牛皮约 10000 张、羊皮约 150000 斤。[①] 可知，在清末民初蒙地时局千变万化的年代，锡呼图库伦马市还一度延续着以往欣荣景象。

于宣统元年（1909）四月二十一日，时任东三省总督的锡良曾奏请朝廷修筑由锦州绕经小库伦至洮南，往北再衔接齐齐哈尔至瑷珲的东省铁路干线（锦瑷铁路），以维护清廷在东北及蒙古东部地区的主权，后因经费短缺及日俄干涉而破产。[②] 1921 年，东北军阀张作霖铺设大郑铁路，其两条支线分别由大虎山和郑家屯通往新兴的通辽县（1918 年设立），以便加强对蒙古东部地区的管控，加之清末民初连续的兵匪祸乱及邻近新兴城镇，如阜新、彰武、开鲁、通辽等城镇的相继崛起，促使锡呼图库伦经济逐渐萧条，人口锐减，商业和宗教地位也逐渐消沉下去，成为交通闭塞的偏僻小镇。但可以肯定，清代的锡呼图库伦不仅作为蒙古地区较有盛名的藏传佛教中心之一，也是远近闻名的区域性商业中心，甚至在民国初年，其商业还一度延续着旧有的繁荣景象，为蒙古东部地区与内地间的经济文化交流，起过一定的促进作用。

---

① 包福舜：《解放前库伦街商业概述》，载《库伦旗志资料汇编》（第一辑），第 162 页。

② 参见《锡良遗稿·奏稿》所录《请敕部筹修东省铁路片》，中华书局 1959 年版，第 893、894 页。

《西南边疆民族研究》 第 27 辑
第 32 ~ 42 页
© SSAP, 2019

从"比附中原"到"比较中原"

——元以来中原人士对云南的认知及云南人的反应[*]

阳正伟[**]

摘 要 元朝以前云南与中原地区处于相对隔绝的状态,故中原史籍记载云南的相关方面存在较浓重的隔膜感。元明清时期云南重新纳入中央王朝的统治体系,来滇的中原人士将其所见云南的物质文明、文化状况等比附中原。他们对于云南的物质文明并无厚薄之分,对于文化状况则是以中原文化为本位,主张用中原文化同化云南文化,使之归于同一。基于云南的物质文明、文化状况与中原存在较多趋同之处,云南人对中原人士于云南的歧视看法进行批驳,表明在身份和文化上对中原的认同。到了近代,出于云南在全国的历史地位和现实贡献,云南学界、政界人士处处流露要与中原一较高下的言论,反映的是近代云南地方意识的觉醒和文化的自信。

关键词 比附中原;中原人士;中原文化;云南

DOI:10.13835/b.eayn.27.04

云南自秦汉时期即纳入中央王朝的统治之下,之后云南出现的南诏、大理国与中央王朝虽有交往,但是处于相对独立的地位。直到元朝征服大理国,云南才又重回中央王朝统治体系,明清两代亦沿袭不变。政治上的统一,使云南与中原的交往更加密切,尤其是人员之间的往来较元以前更顺畅。元明清时期众多的中原人士来到云南,将其观察到的云南的物质文明、文化状况等形诸笔墨,而在文字表达上不约而同地都有比附中原的特点。

对于中原人士认识云南的问题,清嘉庆时云南赵州人师范为檀萃《滇海虞衡录》作序,说:"滇之人谢客闭关,不求闻达,有倍于予者,有数倍于予者。翁矜其所见,而忽其所未见,是以予为辽东之豕也。"[①] 可见来自安徽望江长期在云南为官的檀萃没有全面看待云南人物,师范则认为滇地人才众多,对檀萃予以委婉批评。道光时的云南浪穹人王崧自述其《云南备征志》的编纂旨趣说:"云南虽僻处一隅,然著述之家未尝无所纪载,特网罗未遍,浅陋之徒遂以为无稽"[②],对于一些人无视零散存在的云南史籍而不能征稽,他认为失之于浅陋。近代云南学者夏光南《元代云南史地丛考》对元以前中原人士认识云南的特点及成因进行了分析:"滇之开辟,始于战国,其文化渊源中土。汉魏以降,如

---

* 本文系云南省教育厅科学研究基金项目"西南地区诸葛亮崇拜的历史人类学研究"(2018JS380)的阶段性成果。

** 阳正伟,昆明学院社会管理学院副教授,主要研究方向为明清政治社会史、云南地方史。

① 师范:《序》,檀萃:《滇海虞衡志》,《云南丛书》本。

② 王崧:《云南备征志·总叙》,《中国方志丛书》第 45 号,成文出版社 1967 年版。

两爨、南诏、大理之相继建国南中,皆用夏变夷,臻于郅治。……徒以中原人士,漠视边徼,于是二千年中,开发西南之华族,皆被目为蛮夷,其较有价值之史料,亦为学者所误解、所摒弃,而边事亦遂不可问。"① 他认为自庄蹻开滇以来,云南就深受中原影响,只是由于中原人士"漠视边徼",才造成元朝以前对云南的歧视、误解。很显然,"用夏变夷"的说法夸大了元以前中原对云南的影响,应是夏氏为因应近代云南受英、法殖民侵略的"边事",强调云南与中原的历史渊源,以表明云南历史上就是中国固有领土。而且政治上的相对隔绝状态才是中原人士对云南认识不清的主因,而非由其"漠视边徼"的主观意识。正如金兆梓为其书所作《序》指出的:"云南自蒙氏南诏自外中国后,文物制度久不见于中国之史乘。"夏氏在该书的篇章中也说:"南诏、大理幅员数千里,版图差近于元矣,顾与中夏分割自立,不相统属","南诏、大理割据自雄,亦非华夏主权之所及"。② 与其所说南诏、大理"用夏变夷"不免自相矛盾。在夏氏的另一著作《云南文化史》中,也提到学术界长期对云南历史的轻视,"滇以僻壤,其掌故久为学术界所弃,以言云南,虽号博雅之士,犹有鄙夷之念,不知云南文化之无异于中原也"③。1946年6月,云南大学教授白之瀚作《公送国立西南联合大学北归复校序》说:"在昔滇以僻远,中土人士之至者绝罕。故自来言滇事者,非臆说武断,即影附支离。"④ 称明清时期的杨慎、檀萃、阮元等人虽为来滇著名文人,但"皆于滇事鲜所发明",显是为了突出西南联大"彰明滇事"的贡献。方国瑜主编的《云南史料丛刊·前言》说:"云南地方的历史资料(撰述与文物),存在至今者甚少,而这为数不多的史料,或因出于统治阶级之手,歪曲、污蔑、捏造者逐处有之;或在其流传过程中,人们辗转传抄、翻刻,以及注解、评论,各本文字有讹夺、点窜,解说有曲直、异同。"⑤"出于统治阶级之手"的历史资料,应指历史时期中央王朝官修的正史,或遵循其话语的私修史书,方氏认为其本身以及在流传过程中形成的材料都存在对云南不实的记录。概括来说,上述学者认为中原人士对云南的认识,存在无视、轻视乃至歧视的问题。但是,他们的言说过于简略,中原人士这些认识的具体表现如何?这样的认识是否包括云南的方方面面?各个历史阶段的中原人士是否都是如此认识云南,抑或不同历史阶段的认识有所不同而存在某种阶段性特征等问题,上述论著并没有论及。

有鉴于此,本文欲从元明清时期来滇的中原人士留下的文本入手,看中原人士如何认识、感知云南,及其体现出来的特点、云南人对此的反应等,重在从其"比附中原"的共同表述形式上来探讨以上问题。从中原人士的眼光出发,或许有助于我们进一步探知云南作为所谓"边壤蛮乡",在元明清时期不断接受中原文化,回到中央王朝文治教化的轨道,融入中国的过程。本文所说的中原人士,指曾涉足云南、具有一定文化素养、见闻较广且留下文字材料的学者、官员、旅行者等,其他不在此限的元明清时期来滇的众多中原人士,都不在考索之列。题中所谓中原,在中原人士的笔下,也作中州、中土、中国、中华、方夏、内地或具体区域名称等,实际都是指除云南以外,受儒家文化影响较深的内地的统称或各个地区。

一 元以前中原人士对云南的认知

秦汉时期就已对云南凿通道路,置吏管辖,但总的来说,云南多处地方尚待开发,与中原地区仍处

---

① 夏光南:《元代云南史地丛考·自序》,新文丰出版公司1980年版。
② 夏光南:《元代云南史地丛考》,第11、13页。
③ 夏光南:《云南文化史·自序》,《民国丛书》第五编05039册,上海书店1990年版。
④ 北京大学、清华大学、南开大学、云南师范大学编《国立西南联合大学史料一》,云南教育出版社1998年版,第286页。
⑤ 方国瑜主编《云南史料丛刊》卷1《前言》,云南人民出版社1990年版,第3页。

于相对隔绝的状态，中原人士对其已有些许了解，但所知未详，故史籍对云南的记载不免给人较浓重的隔膜之感。如两汉的人以其为"不毛之地，无用之民，圣王不以劳中国"①，说哀牢夷"绝域荒外，山川阻深，生人以来，未尝交通中国"②。三国蜀汉丞相诸葛亮平定南中，也称"五月渡泸，深入不毛"③。

至东晋常璩《华阳国志·南中志》说其有些地方"富埒中国"，似对其经济状况有所了解与肯定，但仍称其"要荒之俗，不与华同"④，习俗与中原迥异。

唐朝初年云南与中原的交往加深，甚至其书法也受到中原影响，如《唐王文求碑》"系（王）善宝自书，字画古劲，盖渐被华风，有足嘉者"⑤。之后南诏建国，与唐朝之间的交流随交通的进一步开通而更为密切，⑥ 双方时有使节来往，故中原人士能从使节处获知云南的一些情况，如刘恂说，"恂有亲表，曾奉使云南，彼中豪族各家养象，负重到远，如中夏之畜牛马也"⑦，把云南养象比于中原养牛马。但双方的战争也较频繁，樊绰《蛮书》说南诏由于与唐之间的战争，"遂与中原隔绝"。但南诏统治者异牟寻"每叹地卑夷杂，礼仪不通，隔越中华，杜绝声教，遂献书檄寄西川节度使韦皋"，贞元十年（794）与唐会盟于点苍山下。⑧ 异牟寻由对儒家文化的欣羡而想跟唐朝恢复和平关系，也可证之于《南诏德化碑》的记载，"诏（指异牟寻——笔者按）欲革之以衣冠，化之以义礼"，称南诏"心怀吉甫，愧无赞于周诗；志效奚斯，愿齐声鲁颂"⑨。而且战争的客观结果也带来双方的相互了解与交流，如白居易《新丰折臂翁》主要反映了唐与南诏战争的残酷及对百姓的残害，但也可由此看出白氏因为这场战争对云南有了了解，"闻道云南有泸水，椒花落时瘴烟起"⑩。再如唐太和三年（829），南诏军队攻陷成都，"掠子女、工技数万引而南，……南诏自是工文织，与中国埒"⑪。宋朝太祖弃大理不征，"自是云南遂不通中国"。但在绍圣年间，大理国主段正淳遣使入贡，求经籍，得六十九家，"自是云南多文学之士矣"⑫，说明双方仍有使节、文化往来，并未完全隔断。欧阳修《新唐书》关于南诏的记载比《旧唐书》在篇幅、内容上都大为丰富，表明北宋士人对南诏的了解较前更多，这当然与北宋和大理的上述交往分不开。南宋的洪迈也从出使云南的使节辛怡显处获知云南崇祀诸葛亮的一些情形："国朝淳化中，李顺乱蜀，招安使雷有终遣嘉州士人辛怡显使于南诏，至姚州，节度使赵公美以书来迎，云：'当境有泸水，昔诸葛武侯戒曰：非贡献征讨，不得辄渡此水；若必欲过，须致祭，然后登舟。'……乃知南夷心服，虽千年如初。呜呼，可谓贤矣！"⑬ 由于唐宋时期互有往来，所以曾亲至大理的元朝人郭松年说其诸多方面都取法汉地，在元朝时仍有留存："其宫室、楼观、言语、书数，以至冠婚丧祭之礼，干戈战斗之法，虽不能尽善尽美，其规模、服色、动作、云为，略本于汉。自今

---

① 《汉书》卷95《西南夷两粤朝鲜传》，中华书局 1964 年版，第 3844 页。

② 《后汉书》卷 87《南蛮西南夷传》，中华书局 1965 年版，第 2848 页。

③ 《三国志》卷三五《蜀书·诸葛亮传》，中华书局 1959 年版，第 920 页。

④ 常璩撰，刘琳校注《华阳国志》卷 4《南中志》，巴蜀书社 1984 年版，第 345、468 页。

⑤ 王昶：《跋》，阮福：《滇南古金石录》，《丛书集成初编》本。按：王善宝为王仁求子。

⑥ 南诏与中原的交通，主要以四川为中介，而南诏与四川的交通道路主要有清溪关道和石门关道两条。参见方国瑜《中国西南历史地理考释》，中华书局 1987 年版，第 533 ~ 544 页。

⑦ 刘恂：《岭表录异》卷下，广陵书社 2003 年版，第 63 页。

⑧ 樊绰：《蛮书》卷 3《六诏》，《丛书集成初编》本。异牟寻在给唐德宗的信中说，其祖上皮罗阁接受唐玄宗册封，"本唐风化"（《新唐书》卷二二二上《南蛮上》，中华书局 1975 年版，第 6273 页），意在表明自己想要效仿祖上所为接受唐朝册封，也可从侧面反映南诏建立之初就与唐朝形成政治联系，受到唐朝的影响。

⑨ 《南诏德化碑》，阮福：《滇南古金石录》，《丛书集成初编》本。

⑩ 顾学颉校点《白居易集》卷三《新丰折臂翁》，中华书局 1979 年版，第 61 页。

⑪ 欧阳修：《新唐书》卷二二二中《南蛮中·南诏下》，中华书局 1975 年版，第 6282 页。

⑫ 田汝成：《炎徼纪闻》卷 4《云南》，《丛书集成初编》本。

⑬ 洪迈：《容斋随笔》卷 4《南夷服诸葛》，上海古籍出版社 1978 年版，第 56 页。

观之，犹有故国之遗风焉！"①

二 元明清时期中原人士将云南"比附中原"的情形

近代云南地方当局修《新纂云南通志》，说"吾滇自庄蹻开疆，爨、蒙世传，南诏、大理相继建国，元、明、清代设置行省，上下二千年，恒与中原呼吸相通，有綦切之关系"②，云南自庄蹻王滇以来就与中原密切往来，但在元朝以前的情形已如上述，实际是相对隔绝的；而元朝以后则确如其所说，"恒与中原呼吸相通，有綦切之关系"。元以后不少具备一定文化素养的中原人士踏入其地，对于这片土地上的很多事物，他们都觉得新奇而留意观察，并将观察所得记录下来。而将新见稀奇事物与已熟识的事物对比，是人们常有的认知和表达习惯，这样既可让自己对稀奇事物加深印象，也便于向与自己同一知识储备、认识水准的其他人描述。故在这些来滇的中原人士的笔下，就常常将云南的方方面面比附中原。

常能接触到的事物，最易于为中原人士感知。如元代李京留意的是山川景色，"山水明秀，亚于江南"③。明嘉靖时期遣戍云南的杨慎看到的是气候特征，"感其异侯，有殊中土"④。明末的朱孟震两相比较的更多，包括天文、畜产、饮食、货币、器物、工匠、船只等。"天度，二月春风日，当出卯氏十六度，当入西昂一度，而入胃十六度，较之中州，似稍过南。""畜产亦与中州不殊。""饮食蒸煮炙糒，多与中国同。""以铜为珠，如大豆，数而用之，若中国之使钱也。""器用陶瓦、铜铁，尤善采漆画金，其工匠皆广人，与中国侔。""江海舳舻，与中国同。"⑤ 清初江阴人陈鼎言云南道路，"过扬威哨，皆如中原坦道"，言其海拔"高中州千有余里"；又说云南山洞奇观，"俱碧乳融成，石罅水气所结，如两广之神仙、闽中之玉华、泸州之崔仙、湖广之梵阳"，大理的土橄榄"味同闽中青橄榄"，"榛松皆不下辽东"，兰花"梗叶之大，过闽兰二十倍"，更说武定府"民贫土瘠，健于讼，悍于斗，有燕赵风"等⑥。他游历全国多处地方，故能对这些景观景物、人情风俗作此比较。他还常将云南与自己的家乡江南相比，如言沾益州"平畴万顷，民物丰阜，恍如江南风景矣"，言省城经济社会繁华之貌，"金马碧鸡坊在南关外，乃百货汇聚、人烟辏集之所也，富庶有江浙风"，沅江、武定之间因有"锡场在焉，富甲于江浙"等⑦。乾隆初在云南为官的张泓也表现出见闻的广博，"中甸产参，花叶如辽阳"，蕊珠茶"色莹碧，不殊杭之龙井"，"果无杨梅，菜无香芋，瓜无香瓜，余皆同他省"，游安宁州云涛寺，言其山洞道路"屡幽折迷返，其径如杭之飞来"，又见到剑川地震过后的奇特水景，"遍历（剑）海心，遇水花喷起……大则济南之趵突，小则江南之珍珠也"。与陈鼎夸赞云南果鲜不同，他对此颇无好感，"滇之香橼佛手，大倍闽粤而不香"，而更喜爱中原所产，"回忆中原佳品，盖渺渺瑶池也"。多数人都比较事物，张泓还注意到人物，"丽江女子挟（琵琶猪）以贸，远望若浔阳（按：今江西九江）商妇也"⑧。乾隆三十一年（1766）至三十四年（1769）中缅发生战争，广西镇安府知府赵

---

① 郭松年撰，王叔武校注《大理行记校注》，云南民族出版社1986年版，第20页。

② 龙云修，周钟岳等纂《新纂云南通志·序一》，云南人民出版社2009年版。

③ 李京撰，王叔武辑校《云南志略辑校·诸夷风俗》，云南民族出版社1986年版，第88页。

④ 杨慎：《升庵全集》卷2《滇候记序》，载王云五主编《万有文库》第二集，商务印书馆1936年版，第29页。

⑤ 朱孟震：《西南夷风土记》，《丛书集成初编》本。

⑥ 陈鼎：《滇游记》，《丛书集成初编》本。

⑦ 陈鼎：《滇游记》，《丛书集成初编》本。

⑧ 张泓：《滇南新语》，"佛手参""滇茶""蔬异""汤泉""水溢""瓜果异""琵琶猪"条，《丛书集成初编》本；张泓乾隆六年（1741）入滇任新兴县令，乾隆十年（1745）改任剑川县令，六年后调提举黑盐井，次年又奉命回剑川赈灾；张泓：《滇南新语》，"地震"。

翼奉旨赴滇襄赞军务。云南的奇山异水给他很多新奇的感受，他写下了很多作品，如《鉴睑塘瀑布》："惜哉远落蛮徼内，未与天台庐阜名争驰。"① 认为鉴睑塘瀑布之壮观不逊于浙江天台山与江西庐山的瀑布，只可惜地处边远而不为人知。乾隆三十五年（1770）湖北安陆人余庆远随其兄入云南维西，观察到"滇省夏日较楚为短，冬日较楚为长"，"中土所有之物，维西多有之"，而且云南的有些物品胜过中原，"所制鋈银铁器精工，虽华人亦不能为"。② 嘉庆时期檀萃"居滇十余年"③，故观察较多且细："硬木为弓椿，甚短，似中国射猎弩差大耳。""鹨鸰之产外番者，惟黄嘴黄距，异于中土耳。""氇，滇各处俱出，以夷人养羊者多，如陕西也。"尤见观察入微的是，他将滇马与内地之马比较，"内地之马撒蹄而驰于平原广地便，滇马敛蹄于历险登危便"。由于训练场所与方法不同，"滇马之可用于滇，而入内地技亦穷矣"④。他还称赞云南的纺织技术优于汉地："蛮织，随处立植木，挂所经于木，端女盘坐于地而织之，如息则取植及所经藏于室中，不似汉织之大占地也。""蛮纺，用一小葫芦如铎状，悬以小铅锤，且行且捻而缕就，不似汉纺之繁难。"而且云南也有一些汉地的动物物种，"尔雅五雉，岂独江淮而南、伊洛之间哉？滇亦备有之"⑤。

　　一些中原人士在云南为官，这一身份使他们关心王朝对边疆的治理，形成了一些见解，有些也以与中原比较的形式显现。如嘉靖时期的浙江钱塘人田汝成，长期在西南边疆地区任官，"宦履所经，半涉炎徼"，从治理的难易着眼比较，认为"中原易而远方难"："以治理论之，中原易而远方难，近之可忧，未若远之可忧也。故先王慎择远方之吏。"⑥ 檀萃关注邦交问题，提出中央王朝对于外邦贡物应该"不以其物而取其诚"："远人来宾，不以其物而取其诚，故礼受之而不辞。且越裳（今老挝——笔者按）远隔重洋，所产白雉羽毛鲜洁，必有异于中土，未可执内地所有而议其贡之轻。"⑦

　　比较不同地方具体可及的实在事物，在阅历丰富的文人笔下都较为常见，以上对云南与中原的比较也是如此，反映了云南的自然风貌、社会经济、风土人情等各个方面及不同中原人士对此的观感。从他们的种种比较言论，尤其是从他们认为中原事物云南也"多有之""备有之"来看，他们对云南都有相当程度的了解和认同。除此之外，来滇的中原人士也注重云南在文化上与中原的比较，由此也可见云南与中原的文化交往及其给云南带来的变化。有些着眼于特殊的文化因子如宗教，郭松年说大理僧人"戒行精严，日中一食，所诵经律一如中国"⑧。余庆远说维西黄教"其经译以华语，皆与中土同"⑨。更多的则是泛论整个文化，如李京先回顾自秦汉以来历朝与云南的关系，继说元世祖征服其地，建立行省直接管辖，"迄今吏治文化侔于中州，非圣化溥博，何以臻此"⑩，称云南当时的行政、文化水平可与中原齐平，并认为这是元朝推行教化政策的结果。元大德八年（1304），翰林学士程文海奉命撰《元世祖平云南碑》，也说云南"今其民衣被皇明，同于方夏"，同样也是元朝中央政府"洒濯其民而纳于礼义之域"的结果。⑪

---

① 赵翼著，李学颖等校点：《瓯北集》卷 13 "鉴睑塘瀑布"，上海古籍出版社 1997 年版，第 265 页。

② 余庆远：《维西见闻纪》，《丛书集成初编》本。

③ 檀萃：《滇海虞衡志》卷 6《志禽》。

④ 檀萃：《滇海虞衡志》卷 5《志器》、卷 6《志禽》、卷 7《志兽》。

⑤ 檀萃：《滇海虞衡志》卷 5《志器》、卷 6《志禽》。

⑥ 田汝成：《炎徼纪闻·原序》。

⑦ 檀萃：《滇海虞衡志》卷 6《志禽》。

⑧ 郭松年撰，王叔武校注《大理行记校注》，第 23 页。

⑨ 余庆远：《维西见闻纪》。

⑩ 李京撰、王叔武辑校《云南志略辑校·国朝平云南》，第 84 页。

⑪ 程文海：《元世祖平云南碑》，载孙太初《云南古代石刻从考》，文物出版社 1983 年版，第 102～103 页。

明人杨慎谪居云南三十多年，对此关注尤多。与李京、程文海一样，他也认为明代云南文化的发展，可与中原地区媲美，"蔚矣哉！滇之文乎！其士之修辞崇古，齐轨中州"，且也是得益于明朝长期的文教政策，"滇文之蔚也，实彰圣代文治之广矣，大矣，况渐渍以百六十年之育养哉。今皇仁圣，以文致太平，明诏于文体，三致意焉"，并激励云南的士子不要因为地处偏远而故步自封，"子诸士讵以遏自画乎"？① 他多处称颂明朝的建儒学、兴科举等文治举措对云南的积极影响，如《楚雄府定远县新建儒学记》称颂明朝的"文治"远迈前代。② 《云南乡试录序》赞扬明朝对云南："涵泳一百七十载，济济数三五六经，诸士勖哉！今日之滇云，非昔日之滇云矣，勖哉！"③ 云南得明朝长期教化，其文化水平已今非昔比，故他鼓励滇地士子勤研儒经，争竞科举。为了更具体说明这一点，他举了大理的例子。"大理，滇西繁雄郡也，缘洱水，出罢谷，为西南巨瞻；浸苍山，像灵鹫，为西南巨镇。而襟带，而岩险，而物华，而人英。又衰然育，烨然缛，犁然有当于中州之奥区，卓乎无谢于南滇之奇甸焉！"④ 大理向来重视吸收、传播中原文化，故其发展程度可以与中原的核心文化区相比。田汝成说云南"诸蛮之俗，丑恶不足录"，是因为落后的自然与人文环境所致，"其在四裔，魑魅之与游，豺狼之与居，仁义礼乐之教、刑法之政，曾未目觇，犹之函夏之初，何怪其俗之丑恶也"。而在明朝统治下，云南风俗渐变："气化渐开，则文风渐被，若旋风之披拂……焉知百世之后，滇僰之地，不有声华文物，如闽广之交者乎？"⑤ 田氏对云南将来的发展趋势颇为乐观。明万历时在云南为官的谢肇淛，在整个历史发展过程中凸显明代对云南的文治，以及当时云南文化的发展。他说夏商周时期，云南虽处偏远，但仍是中原王朝领土的一部分，"滇虽远徼，亦荒服之内臣也"。周朝衰落后，云南与中央王朝时分时合，中央王朝对云南的控制不稳定。"六合瓜分，蛮夷猾夏，割据雄长，始与中华隔绝"，"历汉唐宋，虽或称臣贡土，而叛服靡常，莫制其命"。直至明朝平定云南，其才又在明朝的努力经营下，"文运弘开"，"上逼邹鲁"，大有赶超中原文化最为发达的"邹鲁"地区的势头。"高皇帝开天辟地，日月重朗，金马碧鸡之墟，始得与子男之列，方幅齿遇。至于今文运弘开，樵苏熙攘，蒸蒸上逼邹鲁。盖亘古以来所未有之盛，而亦滇万世之奇遇也。故列其分合之迹，以及天造建侯之详，俾后之人有所考焉。"⑥ 云南在明朝的广施教化下，许多落后的习俗发生变更，与中原地区趋同，"不百年而比迹中华"。"滇故夷也，侏僇卉服，比于鹿豕，刀耕而火耨，茹毛而饮血，喜相剧，怒相鬻，如斯而已。明圣继作，移风易俗，顿使黔督狂狉之习，不百年而比迹中华，争衡上国。"⑦

清人赵翼以滇池为题，说其在元朝以前，"徒成纳污泽，仅比流恶浍。腥涎吐蛟蜃，毒雾嘘蛇蚓。安能与四渎，班联附寮寀"。滇池就是当时云南野蛮落后的代表，根本无法跟中原的"四渎"比拟。但自元朝以来云南纳入中央王朝统治范畴，风气逐渐开化，"庸知近代来，版宇入竖亥。秀灵苞孕久，勃发若蓓蕾。风气开熊熊，人文起磊磊。几比鼍社湖，荣光映珠琲。又如湘江流，香芷供撷采"，滇池也可与鼍社湖、湘江等中原地区的湖泊相提并论了。赵翼所说实际是指云南文化在元明清时期的变化，而这种变化是因为中央王朝推及四方的声教政策，"洵觇声教讫，四远无弗逮"⑧。余庆远说地处滇藏

① 杨慎：《升庵全集》卷3《云贵乡试录后序》，第34、35页。
② 杨慎：《升庵全集》卷4《楚雄府定远县新建儒学记》，第60页。
③ 杨慎：《升庵全集》卷3《云南乡试录序》，第34页。
④ 杨慎：《升庵全集》卷3《大理府志序》，第31页。
⑤ 田汝成：《炎徼纪闻》卷4《云南·论》，第64页。
⑥ 谢肇淛：《滇略》卷1《版略》，《钦定四库全书》本。
⑦ 谢肇淛：《滇略》卷4《俗略》。
⑧ 赵翼著，李学颖等校点《瓯北集》卷14《滇池》，第279～280页。

川交界地带、自然条件恶劣的维西地区，自雍正七年（1729）改土归流后，"衣冠跄跻，皆有中华风……盖我圣朝德威被暨之远矣"①，生活习俗浸染中原风气，乃是得益于清朝德威并举的治理。道光时的云贵总督阮元曾写《游黑龙潭看唐梅》一首，由昆明黑龙潭的一株据说植于唐代的梅花，联想到云南古今治理的差异："边功自坏鲜于手，仙树遂归南诏家。今日太平多雨露，当年万里隔烟霞。"②唐朝边将鲜于仲通贪立边功对南诏发动战争，致使云南与中原隔绝，这株梅花也"遂归南诏家"。与之形成鲜明对比的是，清朝对云南广施教化，使云南获致太平，与内地的联系变得紧密，跟"当年万里隔烟霞"的隔绝状态已不可同日而语。

上述元明清时期来滇的中原人士，都颂扬中央王朝对云南的文治效果，多数只针对当朝，唯赵翼将元明清连贯起来看待。这些称颂固有美化之意，但也反映了中央王朝文教政策的施行，极大地促进了中原文化在云南的传播，使云南的文化习俗渐趋与内地划一，与元朝以前的状况已是大不相同，这也是中原人士将之比附中原的现实基础。《嘉庆重修一统志》说云南府"彬彬文献，与中州埒"③，表明清朝官方袭用了元以来中原人士的文字表达，实质也是认可了元以来云南的文化习俗渐趋与内地划一这一变化。

三　元明清时期中原人士认知云南的特点

在文字表达上，元明清时期来滇的中原人士常拿云南的方方面面比附中原。尤其是云南接受中央王朝以儒学为主要内容的文治教化，文化习俗上与中原地区有较多趋同的地方，更为中原人士注目。他们对云南与中原物质文明的比较，鲜有长短优劣的区分，甚至认为云南的某些方面优于中原。而在文化状况的比较上，他们则是以中原文化为本位，凡是云南符合或渐趋与之同一的则认同，否则则不予认同，乃至诋侮，斥为"蛮夷"。

在中原文化的影响下，元明清时期云南文化整体都有所发展，一些少数民族族众也接受了汉人的生活习俗，投身科举事业。"蒲人、僰人、阿昌，乃在邦域之中，杂华而居，渐变于夏，间有读书登芹泮，纳粟为吏承者。"④白人"其服饰与汉人同，惟俗习语言则异。多有读书登士籍者"⑤。么些人"头目效华人衣冠"，"自设流官以来，俱极恭顺畏法，读书识文字者多有之，补弟子员者四人，中式武举者一人"⑥。但各地、各个族群并非同步发展，而是有所差异，这在中原人士的笔下也有所反映。一般来说地理位置靠近内地的地方，受中原文化影响程度也相对较深，如朱孟震说婚嫁习俗，"三宣稍有别，近华故也"⑦。但他也认为云南的一些地方、族群仍是不开化的，对其不乏轻蔑之词，如"夷狄禽兽，大略如此"⑧，田汝成也说其"绝礼让而昧彝伦，惟利所在，不顾廉耻"⑨。概括起来，对云南的诋诬主要集中在贪、淫、悍、狡四个方面，这在许多人的作品中均可见到。如赵翼对云南山水表达赞美之余，也多处叹息其埋没于边远，不为外界知晓，其中不无云南边徼蛮荒之地，不该有如许奇观之意。

---

① 余庆远：《维西见闻纪》。
② 阮元：《研经室续集三》卷 8《游黑龙潭看唐梅二律》，《丛书集成初编》本。
③ 《嘉庆重修一统志》卷 476《云南府一》，《四部丛刊续编》本。
④ 朱孟震：《西南夷风土记》。
⑤ 党蒙修，周宗络纂民国《罗平县志二》卷 4《人物志十三·诸夷》，载《中国地方志集成·云南府县志辑》20 册，凤凰出版社 2009 年版，第 22 页。
⑥ 余庆远：《维西见闻纪》。
⑦ 余庆远：《维西见闻纪》。
⑧ 朱孟震：《西南夷风土记》。
⑨ 田汝成：《炎徼纪闻》卷 4《云南》。

如《高黎贡山歌》"巨灵开荒划世界，奇山驱出中原外"，《同璞函游杜鹃园作歌》"不意绝徼中，有此巨丽观。兹园若量移，得占中土地一阡。何减邓尉之梅雪成海，武陵之桃花为源。我为作歌使之传，毋令长此埋没南荒天"，《安宁州汤池》"惜哉落天南，寂寞锢荒服"。① 檀萃《滇海虞衡志》虽对云南的纺织技术有所称赞，但仍称其地方人们为"蛮夷"。这些都是以中原文化为本位观照云南，相似之处比附，相异太大的地方则因不理解、不认同而诬谤、歧视的体现。它也表明在元明清王朝实行与中原统一的文教政策下，云南文化的发展较多呈现与中原同一化的趋势，但也保留了不少自身的独特之处，说这一时期"云南乃完全同化于中土"②，显然是言过其实，近代所修《清史稿》说云南当时仍"言语饮食，迥殊华风"③，便是证明。这些独特的地方，对于形成今天云南文化的多样性是有重要意义的。

与诸人不同的是，谢肇淛却认为一些来滇汉人的品行还不如"夷人"。"寻甸、武定、景东、沅江、蒙化、顺宁诸郡皆夷汉杂处，然夷虽悍而朴直不欺，其黠而作伪者皆汉人也。丽江、广南、广西、永宁纯乎夷矣，而亦向慕华风，敬礼儒释。至于怒相仇杀，不可以教化怀服，则所习之性固然也。"④ 这样的言论出自一位明朝云南的汉族官员，是极为不易的，或许也是他对二者加以观察后得出的总体性评判。陈鼎说楚雄、姚安、开化三郡"五邑三州之诸生，皆恂恂儒雅，敬慕中国"⑤，自己在三郡游历，得到诸生的资助，因此深有意味地感慨道："甚矣！文教之重也！虽蛮貊之乡，诵诗读书之人，皆知敬其类，而文物之邦，其能若是也耶？"⑥ 他认为就风俗淳厚、人心简朴而言，"文物之邦"的中原地区可能还比不上云南。

对于云南落后的文化习俗及与中原存在的隔阂，中原人士共同提出的解决之道是，对云南实行与中原统一的教化，将其纳入中原王朝声教文治的轨道。上述元至清的中原人士都不约而同地鼓吹中央王朝对云南的文教政策，及其带来的云南文化的发展和与中原交流的加深，即可反映出这一点。这种观念有其历史渊源。《后汉书》夸赞汉朝开疆拓土的武功，及其带来的中原文化向征服地区的流播，"汉氏征伐戎狄，有事边远，盖亦与王业而终始矣。至于倾没疆垂，丧师败将者，不出时岁，卒能开四夷之境，款殊俗之附。若乃文约之所沾渐，风声之所周流，几将日所出入处也"。它将汉朝的这种文化浸染政策称为"柔服之道"，而兴办学校，实行与中原统一的教化，是其重要的手段，如汉章帝时王追为益州太守，"始兴起学校，渐迁其俗"。⑦ 与此相仿，元朝御史郭松年奉命赴云南，曾作《题筇竹寺壁》一诗说："兵威此日虽同轨，文德他年见舞干。"⑧ 有感于云南战乱连年，他认为元朝对云南虽然平定已久，武力控制较严，但文治不够，故动乱的因子仍未根除。言下之意，只有大力推行文治教化，使中原文化广泛传播，深入人心，才能带来云南的长治久安。郭临行前其同僚张之翰曾赠诗相送，"远部生灵疲瘵久，不须威猛且宽平"⑨，认为对云南应放弃武力威慑之策，改行宽平之政，郭主张的文治教化，应正是这一主张的具体化。即使云南近代的统治者唐继尧对于"滇处边陬，开化较晚"的处境，也仍是"振兴文治，以奠国基"的对策。当然，这里的"文治"已不完全是儒学教育，而是加

① 赵翼著，李学颖等校点《瓯北集》卷14《高黎贡山歌》、卷15《同璞函游杜鹃园作歌》、卷15《安宁州汤池》，第292、306、311页。
② 王桐龄：《序》，夏光南：《云南文化史》。
③ 《清史稿》卷512《土司传一》，中华书局1977年版，第14203页。
④ 谢肇淛：《滇略》卷4《俗略》。
⑤ 谢肇淛：《滇略》卷4《俗略》。
⑥ 陈鼎：《滇游记》。
⑦ 《后汉书》卷86《南蛮西南夷传》，中华书局1965年版，第2847、2860页。
⑧ 郭松年：《题筇竹寺壁》，景泰《云南图经志书》卷7，《续修四库全书》本。
⑨ 张之翰：《西岩集》卷6《送郭子坚御史云南之行》，《钦定四库全书》本。

入了新的时代内容，即"扬文化之波，播科学之种"①，包括中国的传统文化与近代西方的自然科学。可以说，用中原文化同化云南的文化，使之与中原归于同一，是历史上中原地区的人们处理云南文化相异问题，加强对其管理的一贯主张。

四　云南人对中原人士说法的反映

明朝永昌府人张志淳《南园漫录》对中原人士于云南的不当认识多有反驳。如对于中原士夫把云南人使用贝币视为"遗俗"，他以古书记载和一些汉字多用贝字为部首，说明用贝币原是中原古制，反驳中原士夫的"讥诮"；反驳《新唐书·南诏传》说永昌某族民漆齿作为"妆饰"，寝食则去之的说法，他认为既已漆黑，怎么能去之？说黑齿是实，但说它是漆黑用来"妆饰"则是"妄传"；明正统时期靖远伯王骥在云南兴设学校，张志淳则说"后汉已有学校文章"，用意在于宣扬云南文教之早。② 本文开头提到的清中期云南学者师范、王崧等人的言论，也含有对中原人士看低云南进行反驳的意味。云南与中原自元以来畅通交往，物质文明、文化状况多受中原浸染而与之多有趋同之处，是故云南人已不能再容忍中原人士对云南的种种歧视看法，实际也表明他们在思想深处、身份认同上想跟中原归于同一。

到了近代，将云南与中原相比的做法仍被一些云南本地人采用，但其动机有与中原地区一较高低，无论是历史地位还是现实贡献，都要在全国为云南争得一席之地的意思。这已与元明清时期中原人士以中原为本位审视云南不同，而是将"比附中原"改为"比较中原"，其中的"趋附"之意改为"较劲"，反映的是近代云南地方意识的觉醒和对地方历史文化的自信。

"即抛勋业论风雅，旗鼓中原亦大家。"③ 这是云南近代著名学者赵藩在多年辗转中原谋求仕途发展不顺后，转而向文化事业发展，认为自己也能做出一番成绩，与中原士人比肩的言论，其自信满满溢于言表。修于民国四年（1915）的《陆良县志稿》，说陆良"虽穷乡僻壤，文章诗礼，直与中州相埒"④，直要在文化水平上与中原地区平起平坐，已与清代邑人申官《旧志原序》说"吾郡自明兴建置以来，几历二百余年，其幅员规制在昔称弘渐被，迄今凡声名文物蔚然皆中州列"，及滇督刘荫渠称陆良地理、风俗"有中原气象"⑤，仍以中原为参照的口气完全不同。这种文化上的自信还有多处体现，如其说陆良"滇之东鄙也，当日开辟边疆，其沐文化为较早"，"故迤东州学必以陆良为最"，⑥ 等等。甚至"壤界极边"的龙陵县也"户诵家弦不让中原文物"。⑦ 而一些长期居住在云南的外地人，也留意发现云南相较于全国其他地区的优长之处，为之鼓与呼。如江苏淮安人童振藻在云南生活三十年，致力于云南地方史的研究，以云南为"山岳间文化"，虽相比于"河海旁文化"较晚开化，但"民性强毅"，"言行相顾，人多士君子之行，若或首义赴难，即妇孺亦思负弩称戈以维正谊；而民治促其实现，大学复以牖将来文化为己任，似为吾国沿河沿海各地所未逮"，云南民众强毅好义、敢于担当的习性也为"河海旁文化"地区所不及。针对"士夫道及自省文化，歉若不足，尤以后于大河流域及沿海

① 陈荣昌：《会泽唐公创办东陆大学记》，载张建新、董云川《云大文化史料选编》，云南大学出版社 2006 年版，第 72 页。
② 张含：《南园漫录》卷 3《贝原》、卷 4《漆齿》、卷 6《永昌》，《钦定四库全书》子部 149 册。
③ 赵藩：《向湖村舍诗初集》卷 5《过安宁州有怀书石淙诗草后》。
④ 刘润畴等修，俞庆唐等纂《陆良县志稿一》卷 4《学校志三·书院》，载《中国地方志集成·云南府县志辑》21 册，凤凰出版社 2009 年版，第 384 页。
⑤ 民国《陆良县志稿一》卷 1《地舆志一》，第 57 页。
⑥ 民国《陆良县志稿一》卷 5《人物志》，第 439 页；祖良范：《建文明坊记》，民国《陆良县志稿二》卷 7《艺文志》，第 168 页。
⑦ 民国《龙陵县志》卷 8《学校志一》，载《中国地方志集成·云南府县志辑》40 册，凤凰出版社 2009 年版，第 233 页。

之吴鲁等地为憾",即云南人自认文化落后于他省的观念,他以日本民众为 "旧族",故接受新文化较快,在短期内便跻身世界强国之列为例,认为云南也与此相仿:"多秦陇鲁晋苏赣湘蜀等旧民族,果旧文化让人先趋新文化,唯我独步,阅数十年或百数十年,安知不可超轶绝尘,并日美之骖驾开化最早之各省而上之,而又何憾焉?"① 对云南文化将来赶超其他当时发展较快的省份颇有信心。

这种自信在云南政界人物身上也有体现,如唐继尧在为东陆大学题写校训时说,"滇居天末,学风流播二千年,以精深博丽而论,较中州不无逊焉。若乎正大坚强,朴实宏毅,盖有卓然特异者"②,认为云南与中原在学术风格上各有千秋,可作等量齐观。而龙云《新纂云南通志序》,先说 "滇虽文化之开化较中原为后";接着说云南在历史时期都与中原密切交往,"吾滇自庄蹻开疆,爨、蒙世传,南诏、大理相继建国,元、明、清代设置行省,上下二千年,恒与中原呼吸相通,有綮切之关系";最后说 "民国而后,护国、靖国诸役,滇人所靖献于国家者,其勋烈尤度越乎前代。是知滇之史实,即国之史实也",列举一系列 "乡贤","或以经文纬武之资为国栋梁,或以法言躬行之德垂范乡里","皆国中有数人物","岂尝逊于中原哉"。如果结合其所说云南对抗战的贡献及在战后全国建设中的地位来看,"自抗战军兴,既发动全省人力物力,为捍卫之资;而战后之建设,则无论于文化,于经济,于农、矿、工、商各种生产事业,必将以滇省为复兴之要地而无疑"③,其要义是为说明,云南在古代就有政治、文化等诸方面人才在全国崭露头角,为国家和乡邦做出重大贡献,"滇之史实,即国之史实也",尤其在近代的护国、靖国、抗战等关系国家命运的重要事件中功劳卓著,堪为全国表率,直可后来赶上,不再逊色于中原地区。云南腾冲人同盟会元老李根源在龙云所列乡贤之外,又加入了明代保山的张含,高评其诗歌不输于中原诗人:"禹山张含受句法于空同李氏之门,苍古之色,渊雅之声,与中原诸子玉軟并驰,造诣之美冠冕滇南,洵吾郡之瑰宝,斯文之正脉也",并将之与同时代遣戍云南的杨慎比较,杨慎 "虽声名高于禹山,然密栗之致、瑰伟之气不如远矣"④。云南晋宁学者方树梅增加了明清之际的担当和尚,表彰其人说:"担当大师,诗书画三绝,而又志节皎然。非一乡一邑之人物,乃天下之人物也"⑤,也是强调其才华、气节,不仅在乡邑,亦足为天下的风范。

五 结语

云南在元朝以前与中原相对隔绝,交流较少,中原人士很少能去云南,留下文字材料的更少。"自元迄清,云南比于中州。"⑥ 从元朝开始,云南成为统一国家的一个区域,其与中原的交往变得顺畅,并在交往中不断获得发展,中原文化随着云南土司制度的实行、汉人的迁入、交通的开辟、儒学教育的推广等不断传入,带动云南文化的发展,逐渐缩小与中原的差距。⑦ 元明清时期诸多来滇的中原人

① 童振藻:《序》,夏光南:《云南文化史》。
② 唐继尧:《东陆大学校训并序》,载张建新、董云川编《云大文化史料选编》,第 72 页。
③ 龙云修,周钟岳等纂:《新纂云南通志·序一》。
④ 李根源辑《永昌府文征·诗》,《曲石丛书》,民国腾冲李氏苏州 1941 年刊本。
⑤ 方树梅:《序》,余嘉华、杨开达点校《担当诗文全集》,云南美术出版社 2003 年版。
⑥ 金龙章:《序》,夏光南:《中印缅交通史》,中华书局 1948 年版。
⑦ 相关成果可参见段红云《明清时期云南边疆土司的区域政治与国家认同》,《广西民族大学学报》(哲学社会科学版) 2015 年第 5 期;方铁《蒙元经营西南边疆的统治思想及治策》,《中国边疆史地研究》2002 年第 1 期;陈庆江《明代云南府州县儒学考论》,《学术探索》2000 年第 5 期;肖雄《明代云南书院考析——以明清云南方志为中心》,《中国边疆史地研究》2015 年第 2 期;陆韧《云南对外交通史》,云南民族出版社 1997 年版;陆韧《变迁与交融——明代云南汉族移民研究》,云南教育出版社 2001 年版;〔美〕James Zlee《元明清时期中国西南地区的交通发展》,林文勋等译,《思想战线》2008 年第 2 期。

士将之比附中原，便是这一变化的反映。中原人士因其文化素养和写作习性，故能自觉将在云南的所见所闻、所思所感形诸文字，其中比附中原的内容，为我们今天探究元明清时期云南自身发展、与中原的交流及其认同和融入中原的过程，提供了一个视角。

中原人士将云南比附中原的表达特点，主要是由其已有的知识储备与思维习惯决定的。他们来自中原地区，受中央王朝倡导的儒家文化影响较深，这使他们常以在云南新接触的事物比附中原已熟识的事物，在文化上也先入为主地以中原为参照来衡量云南的状况。而且考虑到受众，这么做也便于云南内外的读者更形象的理解。既以中原为参照来衡量云南，故对于云南与中原相似的方面认同，相异的方面则排斥、诋毁，这也是中原人士认识云南的局限性所在。但它在另一方面也说明，中央王朝实行的所谓"一体化"治理，即在云南推行与中原同一的政治、经济、军事、文化等制度，并没有使云南的文化样貌完全同于中原，云南各族群的多样性文化仍然顽强地得到保存和发展，以迄于今天。

这种比附中原的意识和表达，在元明清时期来滇的中原人士身上长期存在。直到近代，云南当地人士的地方意识开始觉醒，学界、政界人士处处流露要与中原争锋的言论，这既是对云南历史文化长期游离于中原主流文化之外或趋附于中原文化的反弹，以确立云南地方历史文化在国家的应有地位，所谓"滇之史实，即国之史实也"，也有在现实层面上为云南在全国争得一席之地的用意，即"既可作史事观，亦可作时务观"①。而云南在护国运动中首举义旗、作为大后方于抗战的巨大贡献等，无疑更加激发和助长了近代这一地方意识。

---

① 金龙章：《序》，夏光南：《中印缅交通史》。

《西南边疆民族研究》 第 27 辑

第 43～56 页

© SSAP, 2019

清末民国时期西南边疆本土有识人士之边界意识[*]

方天建[**]

摘　要　清末民国时期系中国边疆领土危机的一个高发期。边疆领土危机的加重激发了中国有识人士边疆与边界意识的高涨，进而促进了中国边政学之肇兴。作为危机高发地的西南边疆地区，其本土有识人士的边界意识和积极为维护国家领土主权所做出的系列践行活动，不仅为中英划界贡献了边疆地区本土民力的国家认同基础，还为后来的中缅最终划界提供了宝贵的人文记录参考材料。因此，对西南边疆地区相关本土有识人士之边疆、边界意识进行专门探讨，可谓是西南边疆研究之必要环节。

关键词　清末民国时期；片马事件；班洪事件；有识人士；边界意识

DOI：10.13835/b.eayn.27.05

边疆与边界问题，系近现代中国在被迫或者主动走向世界现代化体系过程中的一大突出问题。问题的突出性在于，在中国历代王朝治边理念与治边政策中，保持"有边无界"的边疆状态，始终是中国古代模糊性疆界存在的一大典型特征。然而，在世界现代体系向世界全面铺开之际，中国模糊性视阈范畴下的传统疆界认可体系，受到近现代西方社会明确划清国家界限的民族国家建构体系的挑战和破坏自然不可避免。这种挑战和破坏，在英、法等西方列强纷纷向中国传统朝贡体系下的周边地区进行殖民蚕食后，表现得尤为突出。其中，清末民国时期，英国在中国西南边疆地区进行的一系列蚕食中国领土的划界行径，更是进一步激化了中国的边疆与边界危机。在此背景下，围绕着中英划界问题，中国相关有识人士，特别是生于斯长于斯的西南边疆本土有识人士，纷纷积极地为维护国家领土主权而走向边疆前沿，走向划界争端的焦点地区，进而在实地调研的基础上，为中国的边界领土寻求历史与现实的划界依据，并完成相应调研报告文献，力图为中英划界提供历史传统的民间认同依据和文本材料基础。而西南边疆地区本土有识之士自觉、自发地为维护国家领土主权所做的系列努力，可以说既是时事所迫而为，是边疆地区人民根深蒂固的国家认同理念使然，也是边疆地区有识人士，乃至我国近代边界意识蒙兴之探索举动。

然而，不可否认的是，当前国内的边疆研究，虽然已经趋向一门学问而独立发展，即边疆学研究体系的建构与边疆学研究的热门，但就当下的研究现状而言，特别是西南边疆地区，对于边疆地区作

---

[*] 本文系国家社科基金重大招标课题"滇藏缅印交角地区交流互动发展史研究"（15ZDB122）、云南省高等学校科技创新团队"云南边疆治理体系的历史梳理与现实建构"的阶段性研究成果。

[**] 方天建，云南师范大学历史与行政学院讲师，主要研究方向为西南边疆问题。

为主体对象之边疆本土人士的边疆与边界意识，展开系统解析与透视的研究成果仍然是不足的。[①] 也许，边疆和边界问题，其涉及的实质主体行为是国与国间的交流互动，不是民间本土人士的微言呐喊所能左右的。但不可忽视的是，边疆地区本土人士的微言呐喊却是边疆地区民力认同的最本质表现，亦是一个国家维护领土主权完整的最有力软性边疆防御屏障。因此，本研究以清末民国时期西南边疆地区相关有识人士，特别是闵为人、徐之琛、尹明德、周光倬、方国瑜等先生的相关调查报告文献、汇编文献作为解析材料依据，尝试着对清末民国时期西南边疆地区本土有识人士的边界意识进行梳理和解析，希望能够助益于人们对西南边疆地区本土有识人士之边界意识的认识。

一 本土有识人士与边界意识之关系辨析

（一）有识人士与本土有识人士

有识人士，即有见识或有见地的人。本土有识人士，即以地域范畴为划分标准，在地域范畴视野下，区别于其他地区的人群的有见识或有见地的个人或群体。这种区别就犹如"质的研究中的'局内人'与'局外人'"之基本区别。[②] 之所以把此类个人或群体称为本土有识人士，系该类人在特定地域范围和特定时期内，对于发生在自己身边的动态事物具有敏感或者敏锐的洞察力，并且能够通过自身的践行活动，将其洞察力转换为可以引起更多人关注或者共鸣的文本认知共识，抑或问题认知共识。因此可将有识人士或者本土有识人士理解为，能够在意识或者舆论导向层面对社会产生积极引领作用的个人或群体。而本土有识人士的引领作用，也体现着一种地域性民力认知的彰显。然而，虽然思想意识没有天然的地域隔离，但彰显思想的个人或群体却有着不同的地域性籍贯区别。因此，在对一些特殊问题，特别是具有典型地域性特征的问题时，本土有识人士对其天然生长环境下动态事物的认知度，至少要比外界有识人士熟悉许多。也许，本土有识人士的认知意识不成系统，也不够科学，但其在地域属性上的本地人身份，也必然让其对本地问题的理解和认知有别于外界人士。这也是本土有识人士和有识人士在对"本土"的认知上，能够体现出来的最基本区别。

（二）边界、意识与边界意识

边界，英文主要表述词为"Boundary""Border"或"Frontier"，是一种对事物进行二元分层的基本评判标准。在二元分层理念里面，边界是二元关系的中介区别载体。其在人文社会科学和自然科学中由于学科背景不同，所表达的认知内涵也是多种多样的。就如有研究认为，性别之间的边界，是一种对特定时间和地点的性别关系进行个性、各自的空间、社会以及心理维度进行描述的一种行为。[③] 亨廷顿将文明看作塑造社会和心理环境的决定性因素。所以，文明间的分层是亨廷顿划分危机与冲突

---

① 笔者通过相关文献资料库搜索发现，在对西南边疆地区本土有识人士边疆与边界意识的研究中，对彭桂萼和李根源两位先生的研究成果较为丰富，而对闵为人、徐之琛、尹明德、周光倬、方国瑜等，在中缅南北段划界过程中做出过积极努力的西南边疆本土人士的边疆与边界意识，展开系统研究的成果却凤毛麟角。其中专门对彭桂萼先生的边疆思想研究的成果文章约 20 篇，对李根源先生的边疆思想研究的成果文章数十篇，另有几部相关著作。对方国瑜先生之边疆思想进行专门研究的成果文章不到 5 篇。而对闵为人、徐之琛、尹明德和周光倬等先生的边疆思想进行专门研究的成果则较为有限。

② 陈向明：《质的研究中的"局内人"与"局外人"》，《社会学研究》1997 年第 6 期。

③ Judith M. Gerson，Kathy Peiss，*Boundaries，Negotiation，Consciousness：Reconceptualizing Gender Relations*，*Social Problems*，Vol. 32，No. 4，1985，pp. 317 – 331.

的地理边界标准。① 詹姆斯·多尔蒂等人认为，"在更广泛的空间关系背景下，后工业社会的到来极大地改变了边界的意义，而改变的基础是前所未有的信息流动"②。宾夕法尼亚大学学者大卫·B. 卡特（David B. Carter）和罗彻斯特大学学者 H. E. 戈尔曼斯（H. E. Goemans）认为，新国际边界建构的参数基础应该是特定群体的认同感。可靠的边界应该是基于军事战略和战术考量的，具有更广泛示范性和看似合理的边界。其目的是减少国际争端和战争。③ 在本研究中，研究的主题学科背景是边疆学视野下的边界问题，因此其概念认知也围绕这一主题展开。就此，笔者采用美国弗吉尼亚大学历史系教授阿伦·梅吉尔对边界界定的概念。其根据近现代以来的边界制度的多样性特征认为，边界被赋予了多种术语，其中有如"Borders"（边界）、"Boundaries"（界线），抑或"Frontiers"（边疆）等表述方式。由此，阿伦·梅吉尔认为，"Borders"是指"所有介于一个政治国家与这个国家之外的领土的空间界线"，而对"Boundaries"和"Frontiers"而言，"他们被看作是某种彼此间的辩证对立"④。所以，本研究中指涉的边界术语是"Borders"的概念，而非"Boundaries"和"Frontiers"的内涵。

意识，英文主要对应词为"Consciousness"或者"Awareness"。在《牛津高阶英汉双解词典》中，"Consciousness"有三层含义，即清醒状态、知觉；觉察、感觉、意识和观念、看法；"Awareness"是知道、认识、意识和兴趣的意思。⑤ 因此，在朱迪斯·M. 杰森（Judith M. Gerson）和凯西·佩斯（Kathy Peiss）对性别关系中男女意识的几种类型界定中，"Consciousness"或者"Awareness"两词均是混用的。⑥ 所以，对于意识一词，在本研究中，具体指代意境和意思是对某种事物的理解和认知。

边界意识，是和边界与意识自然融合起来的特殊认知行为。对于"边界意识"的界定和认知，由于学科属性的不同，其指代的含义也是差异明显的。在当前的研究现状视野下，笔者通过对中国知网以及国外相关文献数据库进行查阅后发现，学界对"边界意识"的探讨涉及心理学、哲学、社会学、政治学、教育学、文学和自然科学等学科。⑦ 就与本研究主题相关性很高的历史学、边疆学、地理学和国际关系学而言，涉及的研究有：张文对古代中国的国家观与天下观的考察⑧，马小军对边界意识与国际体系的融入问题进行了简要探讨⑨，林开强对清朝疆域边界意识的探讨⑩，王丽娜等人对西南跨界民族的边界意识和身份认同进行了相关分析⑪，赵现海对明朝北疆边界意识的探讨⑫等。其中，张文的研究虽然涉及了对古代中国的边疆意识的探讨，即其认为古代中国在"天下观"思想主导下，中国传统的边界意识是一种"有边无界"认知，没有形成现代意义上的边界意识观；马小军的探讨虽然认识到了边界意识的重要性，但其并未对边界意识的具体含义做出解释；林开强和赵现海的虽然都讨论

① 塞缪尔·亨廷顿：《文明的冲突与世界秩序的重建》（修订版），周琪等译，新华出版社 2010 年版。
② 詹姆斯·多尔蒂、小罗伯特·普法尔茨格拉夫：《争论中的国际关系理论》（第五版），阎学通、陈寒溪等译，世界知识出版社 2003 年版，第 188 页。
③ David B. Carter, H. E. Goemans, *The Making of the Territorial Order: New Borders and the Emergence of Interstate Conflict*, *International Organization*, Volume 65, Issue 02, 2011, pp. 275 – 309.
④ 阿伦·梅吉尔：《边界与民族国家》，张旭鹏译，《山东社会科学》2009 年第 12 期。
⑤ 《牛津高阶英汉双解词典》（第 6 版），商务印书馆 2004 年版，第 100、352 页。
⑥ Judith M. Gerson, Kathy Peiss, *Boundaries, Negotiation, Consciousness: Reconceptualizing Gender Relations*, *Social Problems*, Vol. 32, No. 4, 1985, pp. 317 – 331.
⑦ 笔者通过中国知网，输入"边界意识"这一主题词，搜索到相关性很高的文章篇名不少于 50 篇，分别涉及哲学、历史学、法学、文学、文化学、政治学、心理学、社会学、教育学等学科。
⑧ 张文：《论古代中国的国家观与天下观——边境与边界形成的历史坐标》，《中国边疆史地研究》2007 年第 3 期。
⑨ 马小军：《边界意识，也要进入国际体系》，《世界知识》2009 年第 17 期。
⑩ 林开强：《清王朝国家疆域边界意识简析》，《社会科学研究》2010 年第 1 期。
⑪ 王丽娜、朱金春：《西南跨界民族的边界意识与身份认同——基于相关研究的分析》，《四川文理学院学报》2013 年第 4 期。
⑫ 赵现海：《长城与边界：明朝北疆边界意识及其前近代特征》，《求是》2014 年第 4 期。

中国明代和清代的边界意识，其实质也仅是对明代和清代北部边疆的界线形成的宏观性考察，也并未涉及对具体边界意识的探讨；只有王丽娜等人的研究对西南边疆跨界民族的边界意识做了具体的界定与分析。

综上可见，边界意识是一个学界研究的常用概念，其是认识相关学科方法论研究的关键主题。这种关键性在对边疆学、国际关系学和历史学研究中同样存在。因此，有学者认为，"以领土认同的产生和演变作为研究现代边界问题的出发点，缺乏分析边界在社会认知和各层次的（国家的、地区的、地方的）领土认同中的作用，是无法理解边界在人们生活中的意义的"①。拉铁摩尔认为，"地图上的界线只是帝国从中心向外发展的限度表现"，所以，"一个帝国可以凭借有意识操作或无意识的趋势延缓其自身向外的发展"，"抽象的观念应当让位给实事求是的认识"。另外，对于现代国家划界的认知，他认为，"边疆这边的社会和国家必须考虑到边疆那边的民族的社会和国家。界线的划分就是承认在外面的民族不受控制，对他们不能以命令的办法来管理，而只能以外交的方式去交涉"②。

可见，对边疆学视野下的边界意识有清晰的认识是何其重要。那何谓边界意识？对此，王丽娜等人认为，边疆学视野下的边界意识是指，"边境居民围绕国家边界所形成的意识"，具内容包括"对国家边界的认知与对国家边界的态度"。③ 对此，笔者认为，其仅是一种对边界意识的微观认识，其边界意识的载体仅是指代边境居民对所居住边界地带的国家建构认同。所以，在笔者研究的视阈中，边疆学视野下的边界意识指：生活在统一的国家实体内的公民，抑或国民，对其国家领土边界事务中的历史掌故、地理风貌、民族志俗、边政辖治沿革的认知与理解，以及对相邻国家边界事务沿革和风土人情变迁的了解与认知行为。这种国家公民对国家领土边界事务的认知，包括社会认知和各层次的（国家的、地区的、地方的）疆土认同。进而各层次对边界事务的认知意识又可划分为领土、领海和领空意识。

（三）本土有识人士与边界意识之关系

对边界、意识和边界意识的词义展开必要的整合分析，主要基于本文研究的主旨要义是解读和分析人的思想意识行为。而人的思想意识行为，是比较难以评估和量化的，因此，只能对其基本词义和表意指向做出较为具体的界定和分析。不过，不可忽视的是，作为特殊地缘结合体的边界意识，其具有明显的指向意义，即为了维护国家领土主权，而专门有针对性地对传统的边界事务做出有利于划界的评估和调查行为。这种专门评估和调查行为中所遵循的思想理念即为边界意识。另外，本土有识人士作为边疆地区的"局内人"，他们对于边疆地区，特别是边界地区事务的了解，乃至对边疆人的那份与众不同的爱国情怀，对处理边疆问题乃至边界事务的方式方法和传统惯例，都明显比边疆外的"局外人"有更多的优势。因此，要了解边疆、认识边疆、研究边疆，特别是研究边疆危机时期的边界问题，边疆地区本土有识人士的相关记录文献，可以说是必不可少的参阅或者参考材料。但研究不仅仅限于对文献的参考和使用，更需要对文献中作者的写作立意和表达思想有所了解和解析。而文献中作者的写作立意和表达思想，即为作者最基本的意识彰显。所以，研究边疆，特别是研究边界问题，作为"局内人"的边疆地区本土有识人士的边界意识，可以说是一个研究过程中回避不了，也不能回

① 弗·阿·科洛索夫：《国家边界学理论：新的研究方法》，牟沫英译，《国外社会科学》2013 年第 5 期。
② 拉铁摩尔：《中国的亚洲内陆边疆》（第二版），唐晓峰译，江苏人民出版社 2010 年版，第 166 页。
③ 王丽娜、朱金春：《西南跨界民族的边界意识与身份认同——基于相关研究的分析》，《四川文理学院学报》2013 年第 4 期。

避的环节。

二 西南边疆地区本土有识人士对中缅南北段未定界地区之认识

清末民国时期，亦是英国在缅甸取得全面胜利的时期。而随着英国对缅甸，特别是对上缅甸地区进行殖民统治的进一步深入，缅甸与中国有着千年"有边无界"的传统被打破，此时在英属印缅一统大旗驱动下，中英开启了之间围绕中缅边界问题长达数十年的划界谈判与交锋。而中英之间长达数十年的划界谈判与外交交锋，亦激起了西南边疆地区本土有识人士对国家领土主权的关注与忧心。这其中，有官方委命的李根源先生秘密进行的边界调查活动，有云南政界幕僚徐之琛先生的边界外交思维汇编，有民间人士闵为人先生为了片羽国家领土的维护而奔走边界前线实地调研的不懈努力，有著名界务问题专家尹明德先生对中缅北段未定界地区的呕心沥血，有"滇史巨擘"方国瑜先生放弃既有研究基础而专注西南边疆研究之积极举动，有周光倬先生所率领调查团对中缅南段未定界地区的冒险调研，彭桂萼先生对中缅南段界务的系列践行活动等。西南边疆地区在清末民国时期，涌现出一批热心边界事务的代表性本土有识之士，虽为时代背景之所趋，然本质却不能忽视西南边疆地区民力基础对国家边界认同根深蒂固的必然性。

另，虽然清末民国时期，西南边疆地区在中英围绕中缅划界问题上，涌现出了一批积极作为的本土有识人士，但就当前对他们的边疆思想抑或边界意识展开研究的现状而言，对李根源先生和彭桂萼先生的边疆思想进行研究的成果已较为丰富，[①] 对尹明德和方国瑜等先生对中缅南北未定界地区的认识进行的研究则相对有限。因此，本研究将以对中缅南北段未定界地区爆发之"片马事件"和"班洪事件"作为具体考察对象，对闵为人、徐之琛、尹明德、周光倬和方国瑜等先生之边界意识进行透视解析。

（一）"片马事件"与闵为人、徐之琛、尹明德等先生之边界意识

民国《泸水志》载，对于中缅北段未定界地区，特别是片马一线，清末云南地方官员曾积极经营。针对六库土司乱局，云南总督曾请求清政府驻兵片马，但"未蒙批示"。接之，迤西道道尹石鸿韶于光绪三十年（1904）到片马勘界，被英国驻腾越领事列瑞（列敦，G. J. L. Litton）蒙混，致使勘界陷入困局。接之，英国遂于宣统元年（1908），借登埂土司乱局之际，谋略片马，并于宣统三年（1911），"开兵占据片马"。[②] 此即为中英界务交涉过程中著名的"片马事件"。对此次事件产生之影响，有学者认为，英国强占片马后，"遂将使用武力单方面制造中国与缅甸的边界与其策划的中印边界

---

① 对于李根源先生的治边思想的研究可参见洪崇文《李根源治边事迹考》，《云南师范大学学报》（哲学社会科学版）1999 年第 4 期；张鸣祥、陈九如《李根源治边思想探析》，《内江师范学院学报》2009 年第 5 期；杨洁钰《论李根源的治边实践及治边思想》，云南大学硕士学位论文，2014 年；等等。具体到李根源先生自己的著作，可参阅沈云龙主编、李根源《近代中国史料丛刊第二辑·雪生年录》，台湾文海出版社 1966 年版；沈云龙主编，李根源著《近代中国史料丛刊第三辑·曲石文录》，台湾文海出版社 1966 年版。对于方国瑜先生边疆思想的研究可参考林超民《方国瑜与西南边疆史地研究》，《思想战线》1988 年第 6 期；潘先林《家国情怀 书生本色：方国瑜先生的中国边疆学研究》，《西南古籍研究》2014 年 00 期；周永健《方国瑜，行走在中缅边境（上）》，《中国民族报》2013 年 2 月 1 日；周永健《方国瑜，行走在中缅边境（下）》，《中国民族报》，2013 年 2 月 22 日；具体到方国瑜先生自己的著作，可参考方国瑜《滇西边区考察记》，云南人民出版社 2008 年版等。对于彭桂萼先生边疆思想的研究可参考临沧高等师范专科学校杨宝康教授对其进行的系列研究，其中代表性研究有：杨宝康：《彭桂萼的边疆研究述略》，《云南师范大学学报》（哲学社会科学版）2006 年第 4 期等。

② 殷承钧：《泸水志》，台湾成文出版社 1975 年版，第 41~42 页。

东段相结合，构成完全封闭英属印度的'战略边界'"①，即所谓"麦克马洪线"。该事件是"晚晴政府时期中英两国在中缅边界发生的最后一次冲突与交涉"，"对此后中缅北段未定界问题的解决乃至中国西南的印藏边界都发生了重要影响"。② 可见"片马事件"对于中缅北段界务交涉乃至西南边疆危机的影响之巨大。那么，对于"片马事件"，作为当时人和当地人的西南边疆本土有识人士，他们是如何认识的，该事件对他们的边界意识产生了怎样的影响？

"片马事件"发生后，很快引起了清政府和云南地方政府的重视。迅即，云贵总督李经羲密派腾越厅本地人李根源先生调查片马及其周边情况。其中涉及李根源先生对"片马事件"及其边界意识的文本材料，可参考先生所撰之《雪生年录》和《曲石文录》。在官派本土人士调查片马地区后，腾越民间有识人士闵为人先生，开启了其对片马乃至北段未定界地区之调查，并将个人认识和沿途见识汇成《片马紧要记》文本；之后，大理府人士徐之琛先生又根据其对中英划界、片马事件以及自身参与中英界务交涉之实践认识，汇编成《关于片马交涉案条约成案汇录》一书；"片马事件"引发的中英围绕中缅北段未定界之交涉仍在继续。为了利于中英界务交涉，民国政府委派腾越厅人士尹明德先生率团冒险调查片马及其中缅北段未定界地区，最终完成调查文本：《中英滇缅界务交涉史》、《云南北界勘察记》、《滇缅界务北段调查报告》、影集《南天片羽》。下述笔者将就闵为人、徐之琛和尹明德先生对片马事件的认识和边界意识进行评述。

其一，对于清末中英北段界务交涉划界之认识。闵为人先生认为，野人山已在英人实力范围内，中缅北段夹大金沙江内外之四地，即浪宋、片马、允冒和密支那皆以被英国所占，所以导致"滇缅北段，屡次划界，俱皆失败"③。不仅使猛乃、猛拱、新街、戛鸠等大金沙江外地丢失于英，还失去了黄铁、骂章、朗午、猛爱、石路、茅贡、之非河、朗卓、张家坡、歪头山等数十地。另外，对中缅划界以高黎贡山为界，特别是清朝把小江十八寨，浪宋、怒夷、俅夷、茶山等地视为化外之地感到忧心和顾虑。徐之琛先生认为，"中国不再索问永昌、腾越边界外之隙地"一语，最为含混宽泛，流弊实多。以后英人之节节侵入，未始非此约为之厉阶。所以，"然所谓边界外者，应以管辖所不到者为标准"。然，"英人竟深入距腾城不及数百里，向归土司抚夷管辖之小江流域，强占为界，已属不守公法，显悖条约"④。另外，对于英国人在北段划界中所设圈套，即"仅言纬度，不言经度"，在北段"不言北至何处止，以暗伏通藏地步"。⑤ 另，含混滇省总署回复含义，进而在尖高山以北界务中玩把戏，含混东侵片马。对此，徐先生认为，"北境情事，亦未询明，分水岭系属何山？究竟何处？含糊搁置，英人遂以默许为借口"⑥。又，"中国失地已属不少，乃英人复野心未已，得尺进丈，又订尖高山之北一段为界"，而"我国订约大臣，漫不加察，轻与签约，致成今日燎原之患，尤堪愤慨"⑦。再，针对《中英续议滇缅条约》二十款之第七款按云，英国本是先以武力侵占，仅占小江周边村子。但由于先占为实，并误导了中方的勘界官员。最终使得中国在划界过程中失地被动。尹明德先生认为，清末中英界务交涉所划之五色线图，特别是英国人自拟的紫色线，将片马、岗房、鱼洞、茨竹、派赖均划归了缅甸。另外，中方所拟之各线，均仅到恩梅开江为止。致使恩梅开江以西之土地，"已挥诸界外"。而由于

① 吕昭义：《英属印度与中国西南边疆（1774～1911年）》，中国社会科学出版社1996年版，第349页。
② 朱昭华：《中缅边界问题研究：以近代中英边界谈判为中心》，黑龙江教育出版社2007年版，第177页。
③ 马玉华主编，闵为人撰《片马紧要记》，黑龙江教育出版社2013年版，第66～68页。
④ 马玉华主编，徐之琛撰《关于片马交涉案条约成案汇录》，黑龙江教育出版社2013年版，第85～86页。
⑤ 马玉华主编，徐之琛撰《关于片马交涉案条约成案汇录》，黑龙江教育出版社2013年版，第92页。
⑥ 马玉华主编，徐之琛撰《关于片马交涉案条约成案汇录》，第92～93页。
⑦ 马玉华主编，徐之琛撰《关于片马交涉案条约成案汇录》，黑龙江教育出版社2013年版，第86页。

"昔日延误，不详加探查防阻，任人深入"，才导致了片马事件后中国在中缅北段未定界地区交涉之困局。①

其二，对于片马事件影响的认识。闵为人先生认为，片马之于永平，之于滇西，之于云南，乃至英国人可能通过片马作为跳板基地，谋略怒夷地区，继而出四川、西藏，最终关系中国长江沿线危局之重要性。而且，英国强租片马，致使高黎贡山一线，怒夷、俅夷、浪宋、小江和茶山等险地均落入英国租借内。其造成的具体影响是，"东控维西、中甸，直通丽江、永北，南据保山、腾越上游，西北可以蚕食西藏，东北可以鲸吞巴塘、襄塘，四川咽喉已为英握"②。徐之琛先生认为："查已经定界之处，且须明定驻兵限制。片马原系尚未定界之处，英人竟自由修营、驻兵、设官，谓非违悖条约恃强侵占而何？"③ 而英国人在密支那的铁路政策，特别是路线东可到片马附近，"窥伺藏卫"之举，已经攸关片马交涉之东南全局。"英人之野心，欲由滇侵川。通庄是英领属地，已包括西藏三面，受害更不止滇省。"④ 尹明德先生认为，英国侵略北段未定界，除强占小江流域茶山地、片马、拖角一带。在拖角设置拖角厅治理，将片马该县设治。自此以后，"遍置山官、警察、头人管理各寨。每户年收印洋二元半，划为密支那府，属一厅治，而作永久霸占之计"⑤。

其三，从对片马事件的认识看本土有识人士之边界意识。片马事件不仅让清末民国时期的云南本土有识人士重新评估清末中英界务交涉，还对其认识片马事件背后"牵一发而动全身"之危局亦产生了触动。正是在此前提下，激发了这些本土有识人士对中缅北段未定界地区的边界认识。对此，可以总结为，通过对中缅北段划界过程中的系列失误和困局进行总结和分析，进而通过具体调研和案例汇总，熟悉争议地区之历史沿革、地理风貌、民族志俗，乃至对英国人的划界准则，系闵为人、徐之琛和尹明德先生形成对中缅北段边界认识之基本材料来源。对于本土边界领土之热爱和国家危局之忧心，系三位先生边界意识来源之不竭动力。对此，闵为人先生认为，"滇之危急，累卵匪喻。南逼于法，尽人皆知，西制于英，有识者未觉也。沿边土地，自缅亡后，日剥月削，数千里紧要山河，已入英图"。由此，光绪丁未，"鄙人由省归，心窃忧之"。继而"身荷行李，徒步独行"，足迹殆遍"西南形势要隘"。⑥ 另，宣统庚戌年，闻及英人极力谋滇事宜，并大军由大金沙江内进浪宋、片马后，再次冒险调研，最终完成《片马紧要记》。仅为"将昔日游时所记，及剀陈于大吏，并调查确实者，择其紧要，付之铅印而献我同胞。""冀有识者，知割片马若滇蜀藏割也。群策群力，挽狂澜于既倒，滇蜀藏得免灭亡，固为至幸。"⑦ 徐之琛先生在给云南留日同乡会之复函中提到，"复有国土被侵二十年，纠葛须俟南北大局解决后，内外合力争持"。然，"国事蜩螗，河清难俟，而本省之书面交涉，曾何足动英人之一盼？凤谂贵会爱国爱乡，不遗余力"，"以为政府人民之援助"。⑧ 尹明德先生认为，"北段未定界极为广阔，英人分段侵略"，并自由"驻兵、定界、设置、收派门户"，我"举国呼号，京省抗议，英人皆充耳不闻"，蔑视我国主权诉求。如若"再事沉默，不速提议交涉经营"，则可能"又久形势全

① 马玉华主编，尹明德撰《滇缅界务北段调查报告》，黑龙江教育出版社 2013 年版，第 226 页。
② 马玉华主编，闵为人撰《片马紧要记》，第 75 页。
③ 马玉华主编，徐之琛撰《关于片马交涉案条约成案汇录》，第 86 页。
④ 马玉华主编，徐之琛撰《关于片马交涉案条约成案汇录》，第 92 页。
⑤ 马玉华主编，尹明德撰《滇缅界务北段调查报告》，第 228 页。
⑥ 马玉华主编，闵为人撰《片马紧要记》，第 65 页。
⑦ 马玉华主编，闵为人撰《片马紧要记》，第 66 页。
⑧ 马玉华主编，徐之琛撰《关于片马交涉案条约成案汇录》，第 100 页。

非，愈成不可收拾之局"，所以"务恳迅赐核办，则边疆幸盛，国家幸盛。"①

（二）"班洪事件"与周光倬、方国瑜等先生之边界意识

在清末中缅界务交涉中，北段未定界在清末民国初年引发了"片马事件"，南段未定界在民国时期引发了"班洪事件"。1934 年，英军因矿产开采进军炉房，引发班洪地区以佤族人民为首的各族人民对英军的抵抗。此即著名的"班洪事件"。事件进而引起国民政府和云南各界的关注，中英间围绕班洪问题展开的南段未定界交涉亦诉之台面。对于"班洪事件"及其与南段未定界地区的认识，亦引起了云南本土有识之士的积极关注和参与解决问题。这其中，周光倬、尹明德和方国瑜先生均曾作为政府委派调查员身份，对南段未定界地区进行过详细的实地考察。他们之考察文本汇集于《滇缅南段未定界报告》、《滇缅南界勘察记》和《滇西边区考察记》。②

其一，对于南段未定界之再认识。对于清末中英划界条约，通过对南段未定界进行实地调研考察后，周光倬先生认为，根据旧约，"我方所争之公明山固然划去，即班洪猛角董辖地，西盟山一带，上下困马，大蛮海整个南卡江上游之地及孟连辖地，亦须一并放弃"，是故"滇边损失之领土太大，固需要再谋一新局势"，即"推翻条约之可能"。③ 对此，尹明德先生认为，解决南段未定界议题应仍根据以清末中方拟定之黄色线为准，"请一并提出交涉，照黄色线定界，以了南段未定界悬案"④。方国瑜先生认为，"不进行修改条约之磋商，则不能得正确之界线，亦无从解除两国之纠纷"，所以有"修改之可能"。⑤

其二，对修改图约的认识。周光倬先生的理由如下："1. 图约经纬度与实地部位不符；2. 图约所载与事实不符；3. 签字图与所载地名错误；4. 分水岭错误；5. 图约对于南卡江定界错误。"⑥ 方国瑜先生之理由如下："（一）条约本身暗含可修改理由。1. 条约自身声明可以修改；2. 条约附图声明有隐藏修改含义；（二）实际边界与图约之冲突。1. 经纬点与地理名称有出入；2. 经纬点与分水岭不相合；3. 分水岭与地理名称不相合；4. 地名位置错误；5. 边界线未载地名区域有问题；6. 图约上位置错误；（三）条约有错误。"⑦

其三，对于班洪界务之认识。对于班洪界务，周光倬先生认为，按图约必执分水岭而言，则"班洪当划归英无疑"，况且英方已经凭借武力占领了永邦班老全部及班洪一部，造成事实上占领局面，破坏了清末会勘中上葫芦班洪属于中国，下葫芦班况属于英方的定案。对此，周光倬先生认为，就整个国家立场而言，"班洪班老向我之心甚切"，则"政府为保全领土，取信边民，抚慰边民，不能不争回上葫芦之地"。此为民心向背原因。另外，该地矿产丰富，特别是炉房厂的矿产。所以，为"保障富源计，不能不争"；再者，班洪世守边土，为"维持主权，不可不争"。⑧ 所以对于班洪卡瓦民众的请愿举动，"而我政府对此等民族之请求，不能不予以相当之考虑，及精神上之援助"⑨。方国瑜先生

---

① 马玉华主编，尹明德撰《滇缅界务北段调查报告》，第 213 页。
② 因未搜集到尹明德先生之《滇缅南界勘察记》资料，在此对于其对南段未定界地区之认识和边界意识，仅根据其《滇缅界务北段调查报告》中的相关评注加以简要论证。
③ 周光倬：《滇缅南段未定界调查报告》，成文出版社 1967 年版，第 101 页。
④ 马玉华主编，尹明德撰《滇缅界务北段调查报告》，第 245 页。
⑤ 方国瑜：《滇西边区考察记》，第 71 页。
⑥ 周光倬：《滇缅南段未定界调查报告》，第 102～103 页。
⑦ 方国瑜：《滇西边区考察记》，第 71～75 页。
⑧ 周光倬：《滇缅南段未定界调查报告》，第 105 页。
⑨ 周光倬：《滇缅南段未定界调查报告》，第 123 页。

认为，卡瓦地区属于中国之事实，虽然卡瓦民族没有确切文字记载，"然口说流传之至今者，其先祖曾受中国委任，所用印信世世相传以至于今"①。另，方先生提及，在清末界务交涉中，该地是薛福成"必争此地之中国政权，亦理所当然"。② 由此，方先生专门对班洪炉房之归属问题进行了考证，认为若"判决炉房归英，岂能服中国人之心愿"③。同时，周先生和方先生对图约中所涉及之"锁麦"问题进行了考证。另外，对于班洪所设界务问题，周先生和方先生均提到了当地土人，对边界地带的熟悉情况以及对边界划界之作用。

其四，从对班洪事件的认识看本土有识人士之边界意识。"班洪事件"所牵涉界务问题，实则是中缅南段未定界之历史悬案问题。在"班洪事件"发生后，作为云南本土人之周光倬、方国瑜、尹明德等先生均先后对班洪地区，乃至整个中缅南段未定界地区进行了实地调研考察，并在此调研基础上，对之前的中缅界务交涉、南段未定界和班洪界务问题进行了较为翔实的考证，得出了较为一致的认识和看法，形成了独特的边界意识。对此，周光倬先生说："问题之发生，并不单纯。"④ 因为自清末界务交涉以后，南段未定界已是悬案。而"边地情形，异常隔膜，应付殊感困难"，"惟有查明实情，再向英提出正式交涉"，所以需要"明了事变之主动方面"，"明了班洪炉房地方之位置"，"明了班洪现状"。⑤ 方国瑜先生认为，滇缅南段未定界之交涉，"惟炉房则以富源所在，双方必争"。但是，从历史、政治和地理看，炉房"当然归中国"。但介于条约暗昧，让英国有借口，使得"炉房仍归英国"，所以要求中国"不可不严词折冲之"。⑥ 而统观两位先生对班洪界务的认识，均是通过实地调研后，以实证力找中英图约之不足，进而论证班洪界务乃至中缅南段未定界界务问题，是他们边界认知意识的共同性特征。

（三）云南本土有识人士的边界意识特征

通过对几位有代表性的云南本土有识人士的边界认识进行分析后不难发现，作为西南边疆本地人的他们，在中缅界务出现危机的过程中，他们没有置身事外，而是积极作为，为维护国家的领土主权而奔走，或冒险到争议地区前沿去寻求第一手调查资料证据，或寻找国际法理依据，在他们力所能及的范围内，对中缅南北段划界争议地区进行较为全面考察与认知（如争议地区之历史、地理、政治沿革、村寨分布、民族分布、民俗风情、人口多寡等），进而提出相关对策和建议。因此，他们的边界意识有如下特征。

其一，边界认知意识来源于实地调查。无论是在"片马事件"后积极作为的闵为人和尹明德等先生，还是在"班洪事件"后积极作为的周光倬、尹明德、方国瑜等先生，他们对南北段未定界地带以及争议事件中心地区的边务认识，均系他们亲自对中缅北段划界争议地区进行的实地调查后形成的，通过实证与既有签订图约进行对比而得出的认识和看法，所以彰显的边界意识实践性和可操作性较强。对于边界认知意识来源实证调查的做法，尹明德先生认为："过去满清政府与英国商谈界务时，对边界情况不大明，所订条约，吃亏不小。今后应先派人到边地争执地区详细调查清楚后，再提出方案与英

---

① 方国瑜：《滇西边区考察记》，第 84 页。
② 方国瑜：《滇西边区考察记》，第 85 页。
③ 方国瑜：《滇西边区考察记》，第 10 页。
④ 周光倬：《滇缅南段未定界调查报告》，第 9 页。
⑤ 周光倬：《滇缅南段未定界调查报告》，第 10 页。
⑥ 方国瑜：《滇西边区考察记》，第 91 页。

国人交涉。"① 对此认知，方国瑜先生有同感，其认为，"及至边区，始之前所知识，率多谬误，研究边疆问题之难如此"②。又，"近数年间，识时之士，以边疆研究为不可缓也，或亲至其境，或询诸边民，记所见闻而刊布者，已不一而足；然地广民杂，所记或略，故瑜未至边境之先，得于前人所记录之知识甚少，同行诸君，亦有此感，故欲为详实之记，供诸世人"③。

其二，边界认知意识国际法理意识明显。无论是对片马问题加以考证的徐之琛先生，还是对南段班洪界务进行考证的周光倬、方国瑜等先生，均注意运用国际法理意识来建构其对中英边界划界中的争端认知问题，可谓难能可贵。

其三，边界认识中的解决问题意识强烈。在几位先生对中缅南北段未定界界务的认识中，无论是北段的闵为人先生、徐之琛先生、尹明德先生，还是南段的周光倬先生和方国瑜先生，均对如何认识中缅争议地区之界务问题，以及应对中英划界危机提出了相应的对策建议。另外，几位先生均不同程度地强调了交通对于边界地区之重要性问题，这是近现代边界意识的一大亮点认知。如闵为人先生在《附致内阁电》中建议："片马拟租，死不承认。保界会三迤同叩"④；徐之琛先生对于民国时期的中英交涉提出建议十二条；尹明德先生提出善后意见十一条；周光倬先生提出《会勘滇缅南段未定界意见》十八条等。

其四，边界认知意识目的性强。几位先生在著作中，均对划界危机表达了忧虑和关注，并殷切希望西南边疆中的边界划界问题，能够得到中国各界，特别是政府"大吏"的积极关注和重视，进而维护国家领土主权。如闵为人、徐之琛和尹明德等先生对片马问题的忧虑，周光倬和方国瑜等先生对班洪事件的关注。因此，在片马事件和班洪事件后，徐之琛先生积极作为外交部特派边界交涉员活动于家乡云南；尹明德先生作为民国政府调查专员全面负责了对中缅北段的调查工作，并作为南段勘界委员会委员参与了中英谈判交涉；周光倬先生则以地理学专业之特长，接受国民政府外交部和国防部之派遣，对中缅南段未定界地区进行了详细的调查；方国瑜先生则在尹明德先生的邀请下，一起参与了对中缅南段未定界地区的调研。

其五，几位有识人士的认知差异问题。在闵为人先生的边界意识里，中国在西南边疆地区的边界还残留着传统的"天下观"思维，对现代国家间的边界划界规则认知不深。而徐之琛、尹明德、周光倬和方国瑜等先生在对现代国家间边界划界的认识上，则重视现代国际法理的剖析。徐之琛、尹明德、周光倬三位先生注重解决问题的现实意义，所以均强调加强边界管理和强化边民的国家认同教育。周光倬先生和方国瑜先生对于中缅南段未定界地区的认知侧重点有所差异等。

三　本土有识人士的边界意识对于维护国家领土主权之积极作用

清末民国时期，中英间围绕着中缅南北段未定界地区之界务交涉，相持数十年不下，其中重要的原因除了该时期的中国，面临着"内忧外患"之双重困局，无法全力抽身应对外，中国有识人士大力呼吁之民力支持，特别是西南边疆地区有识人士所积极呼吁之民力支持，亦可谓不容忽视。而西南边疆地区本土有识人士之积极呼吁呐喊，唤醒民力之支持，具体表现为唤醒中国时人、中国社会、云南

---

① 转引自董晓京《尹明德年谱》，载《西南古籍研究》，云南大学出版社，2008 年版，第 446 页。
② 方国瑜：《滇西边区考察记》，第 1 页。
③ 方国瑜：《滇西边区考察记》，第 50 页。
④ 马玉华主编，闵为人撰《片马紧要记》，第 76 页。

时人、云南社会对中缅边界问题之重视和关注，而唤醒意识亦需要有充分的意识认知准备。因此，无论是闵为人先生、徐之琛先生、尹明德先生，还是周光倬先生和方国瑜先生，其间流露出来的对中缅南北段边界地区的认知意识，其均是一种积极的边界意识认知准备。而这种边界意识认知准备，亦对维护国家之领土主权做出了积极贡献。这主要体现在以下几个方面。

其一，本土有识人士之边界意识，得到了云南时人和云南社会之积极响应和关注，进而激起更多的云南有识人士人为维护国家之领土主权而奋力不断。如云南议长段宇清对闵为人先生评价所云："哀牢闵君修德，眷怀桑梓，恐祖国之沦溺，……步大山之野，图写其山川险要，土俗民风，及敌我之关系，著论于编，……归而献之封疆大吏，以未雨之绸缪。并自备日用，协同组织云南保界会，以维持国界界务。又汇资以印游记，其用心可谓劳而且尽矣。"[1] 因此，作为云南议长的段宇清先生，亦"憬然于片马一隅，关系吾国者綦重，而急图以保之，特是兹记之出也"[2]。又，张世勋云："观其《片马紧要记》，于山川之形势，物产之珍异，种类之分别，疆界之剖晰，道路之险隘，皆历历如指掌，足以补志乘之所阙。……兹又汇资付之铅印，思欲分布各省，以备忧时君子之考求。嗟我同仇，能勿奋然兴耶！"[3] 又，熊谔生言云："闵子滇人，为滇谋至厚，频年奔走革命，憔悴甚矣。复展其余力，从事调查界务，卒成记载。外交之助，滇人生死之关键。司职者持之，坚江山无恙，闵子不苦矣。"[4] 可见，闵为人先生之边界意识对时人之深刻影响。

另，徐之琛先生作为云南特派交涉员，在《关于片马交涉案条约成案汇录》中，《提议滇缅尖高山以北界务筹拟办法意见书》、《五色线图说略》和《界务节略》等文，均是其呈报云南省省长唐继尧之重要界务报告，可见其重要性。而产生之积极作用为，云南省务会议议决办法中大体同意了徐先生之意见办法。即（一）主张划界为根本解决办法；（二）再行电令腾越道尹，专派干员，前往确切调查；（三）关于划界交涉事宜，由外交司妥速筹备；（四）其余照外交司所拟各条，分令迤西文武官员遵照办理。仍由外交司拟令核发。[5] 作为外交司司长的徐之琛先生，其边界意识在云南省处理中缅界务交涉中的积极作用，由此不难看出。此外，"片马事件"还得到了云南留日同乡会的积极关注。对此，徐之琛先生提到："顷读九月二十日致云南各公团快邮代电《关于应付英人在片马改县设治一事》，具见关怀桑梓，捍卫边疆，凡有人心，谁不感奋！"[6] 周光倬、方国瑜和尹明德先生对中缅南段之调查建议，则为后来民国政府同英国进行正式交涉所采纳。因为交涉委员中，尹明德先生是主要参与者，对问题的解决起到的作用可想而知。

再者，正是以闵为人和徐之琛等先生为代表的西南边疆地区本土有识人士之积极努力，另配合着西南边疆边界地区深厚之民力基础，即民国十七年（1928），江心坡派代表董卡诺、张早札携带木刻、信物至腾冲请求援救。腾冲爱国人士谢焜、刘绍和、周从康、李端甫、董贤书、尹超南、周从信、杨援贞、李济民、李竹馨、明德泽、封少藩、普芹阶、王隆宾、杨炳清、龚纯铎、樊列三等数十人发起组织界务研究会，将英侵略江心坡情况通告全国，上报政府；并公推谢焜、刘绍和、周从康等为代表赴北京请愿，致使国民政府全力重视中缅北段之界务交涉问题。[7] 对此，尹明德先生提到，"中央以边

---

① 马玉华主编，闵为人撰《片马紧要记》，第 64 页。
② 马玉华主编，闵为人撰《片马紧要记》，第 64 页。
③ 马玉华主编，闵为人撰《片马紧要记》，第 65 页。
④ 马玉华主编，闵为人撰《片马紧要记》，第 65 页。
⑤ 马玉华主编，徐之琛撰《关于片马交涉案条约成案汇录》，第 99 页。
⑥ 马玉华主编，徐之琛撰《关于片马交涉案条约成案汇录》，第 100 页。
⑦ 腾冲县志编纂委员会编《腾冲县志》，中华书局 1995 年版，第 697 页。

民之呼吁，念边疆之重要，十八年秋乃有滇缅界务调查之议"①。因此，"命令密颁，获奉调查专员之任"，才有了尹明德先生后来的中缅北段调查和中缅南段调查之行。②

又，班洪事件发生后，卡瓦山诸部会盟于公明山，合力进攻永班，反抗英兵，"遣代表至昆明苦诉边情"③。对此，周光倬先生认为，"此为过去在历史上开未有之风气"④。而在云南边疆众民力和旅京同乡会的压力下，民国政府亦强化了对班洪和中缅南段未定界问题的关注和重视。在此背景下，"平日关怀桑梓之心甚切"的滇人周光倬先生，被国民政府外交部派到中缅南段未定界地区进行调查。对此，周先生提到，"外部以物色无相当之人选，……总有能去者，亦以人地两疏烟瘴之患，众生戒心"，所以在乡人的推荐下，成为民国政府派往滇缅南段未定界地区的调查专员。而周先生亦没有推辞，"惟以桑梓关系，分所应尽，义不容辞"⑤，最后在中缅南段界务交涉之前完成了调查任务。此外，方国瑜先生在闻讯"我外交部与驻华英吉利国公使，签换照会，重勘悉案三十余年之滇缅南段界务"后，"闻之亦喜亦忧"⑥，进而接受尹明德先生之邀请，同往边区调查。综上可见，边疆本土有识人士对于家乡边务的热心和积极，反之亦可印证云南边土地区民力国家认同根基之深厚。

其二，本土有识人士之边界意识及其所形成的宝贵人文记录材料，对于新中国成立后之最终中缅划界，具有积极的参考借鉴，乃至指导价值。《片马紧要记》作为清末民国时期西南边疆地区本土有识人士关注片马危机，维护国家领土主权而进行的实证调研材料，对于后人认识和研究片马问题，间以中英界务谈判，乃至中缅北段未划界地区之基本情况，具有十分积极的参考借鉴价值；《关于片马交涉案条约成案汇录》则以国际法之视角，解读中英界务交涉过程中之中国失败经验，进而为今后划界提供国际法理参考，可谓用心良苦；《滇缅界务北段调查报告》则以其全面而系统科学之调查认识，记录下了中缅北段界务之综合情况，为后来中缅最终解决北段划界问题奠定了坚实的证据资料基础。《滇缅南段未定界调查报告》完成后则直接递交民国外交部，接之在周光倬先生等人调查后的 1935 年，中英间开始了围绕南段未定界地区之交涉与谈判。《滇西边区考察记》则是方国瑜先生进行边疆研究的第一手调研材料，对于了解当时之滇缅南段界务和方先生之边界认识，具有积极的参考价值等。上述本土有识人士所记录下的宝贵界务材料，对后来新中国在同缅甸划界过程中所表现出来的参考价值，从后来保山段中缅边界之划界、怒江段中缅边界之划界、临沧段中缅边界和普洱段中缅边界中所依据山川、河流、争议地区之地名参照，以及边界线走向的契合情况中便能看出。⑦

另外，作为中缅北段调查专员的尹明德先生，其不仅在民国时期的中英界务调查和界务交涉中做出了积极的贡献，还为新中国同缅甸的划界积极贡献智慧和劳力。对此，有学者评价道："他毕生致力

---

① 马玉华主编，尹明德撰《滇缅界务北段调查报告》，第 213 页。
② 马玉华主编，尹明德撰《滇缅界务北段调查报告》，第 213 页。
③ 方国瑜：《滇西边区考察记》，第 91 页。
④ 周光倬：《滇缅南段未定界调查报告》，第 122 ~ 123 页。
⑤ 周光倬：《滇缅南段未定界调查报告》，第 11 页。
⑥ 方国瑜：《滇西边区考察记》，第 1 页。
⑦ 具体保山段划界情况可参考云南省保山地区地方志编纂委员会编《保山地区志（上卷）》，中华书局 1999 年版，《第五编·政务·第八章·外事》中《第一节·勘划界务》，第 517 ~ 520 页；《腾冲县志》《卷十九·侨务 外事》中《第三章·界务》，第 693 ~ 702 页。怒江段划界情况可参考怒江傈僳族自治州地方志编纂委员会编《怒江傈僳族自治州志（上册）》，民族出版社 2006 年版，《第十一编·边务》中《第三章·界务》，第 559 ~ 564 页；云南省泸水县志编纂委员会编《泸水县志》，云南人民出版社 1995 年版，《第十八篇·边务》中《第一章·界线》和《第二章·界务》，第 315 ~ 322 页；福贡县地方志编纂委员会编《福贡县志》，云南民族出版社 1999 年版，《第二编·政治》中《第七章·边务》，第 117 ~ 120 页。临沧段划界情况可参考临沧地区地方志编纂委员会编《临沧地区志（上册）》，北京燕山出版社 2004 年版，第 579 ~ 598 页，等等。

于中英滇缅界务的研究，为新中国成立以后中缅边界的成功划定提供了重要史料和建议"。[①] 在中缅未正式展开划界行动之前，1954 年尹明德先生编写了《中缅界务交涉汇编》四卷，送呈中央、云南省及省有关部门。1954 年底，昆明军区邀请尹明德先生等人进行了为期一周，详细介绍中缅边界已定界部分经过和未定界争执情形。1957 年 3 月，尹明德先生受周总理电邀至外交部列席全国政协会议，以备咨询有关中缅边界情形。周总理同意采纳尹明德曾向外交部建议与缅甸政府协商的两条意见；1957 年 5 月，尹明德先生再次受周总理电邀至外交部，参与与缅甸政府协商边界的准备工作，并入住外交部招待所半年。[②] 由此可见，尹明德先生对于中缅界务之熟稔，系其能够在新中国同缅甸协商边界事务中发挥积极作用之基本前提。而尹先生之边界意识认知，无疑会或多或少地影响到中缅之划界工作，进而在中缅划界过程中起着潜移默化的参考与指导作用。

最后，作为影响中缅界务交涉议题中心的片马、班洪和班老地区，在新中国成立后的中缅最终划界中，均划归了中国，这和西南边疆本土有识人士积极作为和深厚的边疆民力基础作用是分不开的。

四 结语

清末民国时期，关注中缅边界问题和维护国家领土主权之举动，虽并非只有西南边疆地区本土有识人士为之，像姚文栋、童振藻和徐益棠等非西南籍之中国有识人士也在积极作为。而本研究专门选取西南籍本土有识人士之边界意识作为考察对象，主要基于一种对本土"局内人"之国家认同民力基础的评估与考量。国家认同之民力基础，概言之，主要体现为民众和民心，尤以民心为关键，难以具体而标准化。民心系民众之思想认知和对国家情感认同之综合表现。而有识人士多为民心彰显、民意表率之综合推力代表，系国家认同民力基础之扛鼎推动剂。因此，考察清末民国时期西南边疆地区本土有识人士之边界意识，亦是一种对西南边疆地区民众、民心之基本认知和考量，进而以典型代表案例折射西南边疆地区本土民众之国家认同民力基础。其中，闵为人先生和尹明德先生，系清末民国时期中英界务争端最前沿地区，即腾越厅地区之本土"局内人"代表，他们之边界意识，具有边土民众国家认同民力基础之典型代表性；徐之琛先生之出生地大理府，亦是中英界务交涉过程中边界危机的前沿阵地之一，即英国人对怒夷和俅夷地区的染指，已纵深到大理府边界。因此，他亦可归为大理府地区之本土"局内人"代表，其之边界意识，亦体现着边土民众维护国家领土主权之拳拳爱国之心。方国瑜和周光倬先生，他们一个是丽江府人，一个系昆明人，是当时中国关注边疆问题的本土学者群代表，所以他们之边界意识，亦代表着云南本土学者对家乡边土问题关注的"桑梓情怀"。几位云南边土有识人士之边界意识，还不仅限于对滇缅界务危机之忧心，对英国人借道滇缅北段地区染指西藏、四川之野心，以及其英国独特的举动亦是警觉于文思。

基于上述写作立意思考，文章以"边界意识"为主题词，以清末民国时期，时人围绕中缅南北段界务交涉所作之文献作为解读材料源，专门考察了该时期西南边疆地区本土有识人士之边界认知意识。借考察本土有识人士边界意识之立意，透视边疆地区本土民众，即所谓"局内人"的国家认同民力基础。而纵观几位有识人士之边界意识后不难发现，西南边疆地区之国家认同民力基础是相当厚重的，

---

① 董晓京：《尹明德年谱》，《西南古籍研究》2008 年，第 442 页。
② 董晓京：《尹明德年谱》，《西南古籍研究》2008 年，第 453～454 页。

正由于在西南边疆地区存在着深厚的国家认同民力基础，才致使中英界务交涉数十年亦不得解，这种界务交涉搁置状况，对于处于内忧外患中的弱方中国来说，是较为有利的，这为后来中缅最终划界争取到了有利的时机和优势。最后，限于笔者认知水平有限，上述立意和认知思考难免肤浅和遗漏百出，诚请求教于诸多方家之批评指正。

《西南边疆民族研究》 第 27 辑

第 57～65 页

© SSAP，2019

民国时期涉藏期刊视域下的涉藏问题研究*

郭永虎　　暴占杰**

摘　要　民国时期随着边疆危机的加深，西藏的战略地位日益凸显。在科学救国理念的引导和国民政府的支持下，涉藏期刊得以创立并得到长足发展。这些刊物对西藏的政治、经济、文化等各领域作了深入研究。而肇始于清末的"西藏问题"此时更关乎边疆的安全和民族危亡，尤得知识分子的关注。论文以民国涉藏期刊为原始文献，站在民国时期边疆学者的视角研究涉藏问题产生的原因、解决策略以及影响和价值。这对当今学界更好地认识涉藏问题继而探究其解决之道具有珍贵的史料价值和重要的学术价值。

关键词　民国；期刊；涉藏问题；西藏研究

DOI：10.13835/b. eayn. 27.06

民国时期，伴随西学东渐与西力东侵，中国国难日亟，国族危殆，紧迫的边局使"国人困怵于边事日亟，外侮堪虞，于是……国内研究边事之团体与书报亦风起云涌，竭力鼓吹"[①]。此时诞生了许多面向边疆的研究机构及其创办的刊物，其中，涉藏期刊是比较鲜明的代表，这表明了国人边疆意识增强。民国时期创办的涉藏刊物有着丰富的载文内容，涉及政治、经济、文化、宗教、民族与风俗等各个领域。而此时的边疆忧患越演越烈，涉藏问题依然是炙手可热的边疆问题。尤其是辛亥革命后，西藏地方反动势力把 1912～1949 年的西藏说成是一个独立国家，加上英国等西方列强的干涉，极大威胁了我国边疆安全与稳定。鉴于此，国内新式知识分子、青年学者纷纷在期刊杂志上著文立说，表达对涉藏问题的认识和看法，并提出相应的解决对策。涉藏问题至今仍是影响中国核心利益的重要因素。因此，在民国涉藏期刊视域下研究涉藏问题对进一步认清涉藏问题的根源，厘清涉藏问题的发展脉络，借鉴其中的解决之道具有重要的理论和学术价值。

在此，我们需要厘清民国时期西藏问题、康藏问题以及所谓的"西藏问题"这几个概念。通过查阅民国期刊相关文献，可以发现民国时期涉藏期刊中有许多文章关注西藏问题，不少文章的题目直接包含西藏问题的字眼。但需要注意的是，民国学者探讨的西藏问题与今天国际社会讨论的"西藏问题"有很大不同。民国涉藏期刊中学者将西藏在历史进程中遇到的诸如政治、经济、文化、宗教以及

---

* 本文系教育部后期资助项目"联合国、欧盟、美国涉藏活动档案文献整理与翻译（1945～2015）"（批准号：16JHQ036）、2018 年吉林大学 - 新疆医科大学"'一带一路'民心相通"国际智库项目（批准号：JXZ005）的成果。

** 郭永虎，男，吉林大学马克思主义学院教授，博士生导师；暴占杰，男，吉林大学马克思主义学院博士研究生。

① 郑福源：《普及西康教育之我见》，《边事研究》1934 年第 1 卷第 1 期。

西方列强的入侵等一切问题统称西藏问题。而当代的"西藏问题"肇始于 1840 年鸦片战争后英国对西藏的侵略，主要指"西藏的地位问题"和"西藏宗主权问题"。新中国成立后，美国逐步取代英国成为干涉"西藏问题"的最大外部力量之一。有学者指出当代的"西藏问题"主要包括"西藏的地位问题"，"西藏人权问题"，中国政府与达赖"谈判问题"，西藏的"移民问题"、传统文化保护、生态环境等问题。[①] 这些问题均有美国等西方反华势力的参与和干涉。显然，民国学者研究的西藏问题概念较广，与当代"西藏问题"不同，但是民国学者眼中的西藏问题把英国等列强的侵略作为核心问题关注，显然二者也有一定联系。不过，民国时期的西藏问题与当代"西藏问题"到底是不同的两个概念。康藏问题是因为民国时期西康属于藏区一部分，因此有民国学者将西康与西藏统称为康藏进行研究，其问题同民国时期西藏问题大体一致。综上，由于民国时期西藏问题或康藏问题包含内容丰富且与当代"西藏问题"在内涵上有很大区别，为了加以区分，本文将民国时期的西藏问题或康藏问题统称为涉藏问题。

一 民国时期涉藏期刊关于涉藏问题相关文章发文数量及趋势分析

涉藏问题在整个民国时期都被视为"我国西防上慢性之癌"而成为期刊界持续关注与讨论的话题。据初步统计，在民国期刊中仅篇名中出现西藏问题字眼的文章就不下 40 余篇（详见表 1），如若加上康藏问题的相关文章，就会超过 70 篇，涉及刊物 40 多种。由此可见当时涉藏问题在内地受关注程度非常高。从发文内容看，在民国报刊中，研究者所讨论的涉藏问题是一个范围极广的概念，它涉及政治问题、外交问题、康藏界务问题、国防问题、经济问题、交通问题、班禅转世问题等多个方面。可见，国人从不同的视角纷纷表达了他们对涉藏问题的认识与解决之道。学者们对西藏出现的问题进行深入研究，这本身就带有强烈的问题意识，尤其是强烈的忧患意识。其基本观点是：维护多民族国家的统一和主权、领土完整，共同反抗帝国主义的民族主义。同时致力于解决西藏面临的政治问题、经济发展问题、社会问题、宗教问题等，以维护西南边疆的稳定。从发文数量变动幅度和趋势来看（见图 1），此类文章主要发表高峰期集中在 1932 年至 1936 年这五年间，发文数量高达 29 篇。从变动趋势看，1926 年到 1934 年出现激增，随之下降，到了 1945 年之后又小幅上涨。这主要归因于当时特殊的历史背景。一方面，是因为英国阴谋策划侵略西藏，挑拨西藏与中央政府的关系，笼络培植西藏上层亲英分子，策划"西藏独立"。这造成我国西南边防态势紧张，也吸引了民国时期爱国知识分子关注边防安全，针砭时弊，以引起政府和国人对国家安全和民族团结的重视。另一方面，随着 1937 年日本侵华战争全面爆发，我国面临亡国灭种的危机，此时国民政府西迁，更无暇顾及涉藏期刊的发展。因此全面抗战期间，涉藏问题的相关文章相对较少。而抗战胜利后，研究边疆的知识分子便又继续关注国防安全，关注涉藏问题。因此出现图 1 所展现的趋势。

表 1 民国期刊题目中含有"西藏问题"的文章选辑（部分）

序号	篇名	作者	期刊名称	发表时间及期数
1	《西藏问题之真相》	天武译	《中华杂志》	1914 年第 1 卷第 11 期
2	《西藏问题导言（五九）》		《清华周刊》	1928 年第 29 卷第 7 期

---

① 郭永虎：《美国国会与中美关系中的"西藏问题"研究（1987～2007）》，东北师范大学博士学位论文，2007 年。

续表

序号	篇名	作者	期刊名称	发表时间及期数
3	《西藏问题之今昔观》	傅也文	《时事月报》	1930 年第 3 卷第 5 期
4	《农矿部张增益同志函述解决西藏问题》		《西藏班禅驻京办公处月刊》	1930 年第 1 期
5	《西藏问题的国际政治背景》	刘光尧	《西藏班禅驻京办公处月刊》	1930 年第 2 期
6	《我个人对于西藏问题的主张》		《国闻周报》	1930 年第 7 卷第 26 期
7	《西藏问题仍颇严重》		《时事月报》	1930 年第 2 卷
8	《西藏问题之重大化》	王锡纶	《国际》	1932 年第 1 卷第 9 期
9	《我国对于西藏问题之策》		《国际》	1932 年第 1 卷第 9 期
10	《近事述评—亟待解决之西藏问题》	镒	《西北言论》	1932 年第 1 卷第 4 期
11	《达赖圆寂后之西藏问题》		《康藏前锋》	1933 年第 4 期
12	《列强环伺下之西藏问题》	严格里	《康藏前锋》	1933 年第 3 期
13	《西藏问题不容忽视》		《康藏前锋》	1933 年第 3 期
14	《解决西藏问题之我见》	刘 熙	《新亚细亚》	1933 年第 5 卷第 4 期
15	《统治西藏问题》	司徒澄	《康藏前锋》	1934 年第 2 卷第 1 期
16	《西藏问题之检讨》		《新中华》	1934 年第 2 卷第 18 期
17	《西藏问题之真相及其解决方法》	冷 亮	《东方杂志》	1934 年第 31 卷第 9 号
18	《西藏问题解决之途径》	络 纬	《申报月刊》	1934 年第 3 卷第 10 号
19	《西藏问题入实际解决途径（边事）》	蒋默掀	《时事月报》	1934 年第 11 卷第 1 期
20	《达赖死后之西藏问题》		《汗血周刊》	1934 年第 2 卷第 2 期
21	《西藏问题之解剖与今后解决之途径》	徐 位	《外交评论》	1934 年第 3 卷第 3 期
22	《达赖之死与西藏问题》		《人言周刊》	1934 年第 1 卷第 5 期
23	《西藏问题之检讨》	和	《史地社会论文摘要月刊》	1934 年第 1 卷第 1 期
24	《西藏问题》	刘文敷	《边事研究》	1934 年创刊号
25	《西藏问题入实际解决途径》	蒋默掀	《时事月报》	1934 年第 11 卷
26	《达赖之死与西藏问题》	周行健	《人言周刊》	1934 年第 1 卷第 1 期
27	《班禅回藏与西藏问题》	桸 子	《晨光》	1934 年第 2 卷第 52 期
28	《达赖逝世后之西藏问题》		《华侨半月刊》	1934 年第 38 期
29	《西藏问题之检讨》	杨生彬	《政衡月刊》	1934 年第 1 卷第 5 期
30	《西藏问题与英的关系》	张秋桐	《大道月刊》	1934 年第 3 卷第 2 期
31	《解决西藏问题之管见》	黄恭辅	《康藏前锋》	1935 年第 2 卷第 7 期
32	《西藏问题之史的鸟瞰》		《边事研究》	1935 年第 1 卷第 2 期
33	《西藏问题之症结及今后根本解决之方策》		《边事研究》	1935 年第 3 卷第 6 期
34	《从欢迎黄慕松专使说到解决西藏问题》	陈尊泉	《新亚细亚》	1935 年第 9 卷第 4 期
35	《西藏问题的过去现在和将来》	芝 苏	《江汉思潮》	1936 年第 4 卷第 5～6 期
36	《西藏问题之检讨——西藏的外交问题》	杨青田	《中华月报》	1936 年第 4 卷第 4 期
37	《西藏问题之适当解决》	太虚法师	《文化先锋》	1943 年第 2 卷第 15 期
38	《废除不平等条约声中之西藏问题》	张忠绂	《军事与政治》	1943 年第 4 卷第 2 期
39	《行宪与西藏及西藏问题》	孔庆宗	《边政公论》	1948 年第 7 卷第 1 期
40	《西藏问题之分析》		《边政公论》	1948 年第 7 卷第 3 期
41	《西藏问题走向严重阶段了！本刊新德里通讯》	蔡 声	《亚洲世纪月刊》	1948 年第 2 卷第 2 期
42	《如何解决西藏问题》	任乃强	《国防月刊》	1948 年第 5 卷第 4 期
43	《论西藏问题的严重》	陆云达	《国防月刊》	1948 年第 7 卷第 3～4 期
44	《西藏问题的总账（通讯）》	吴叔心	《民主评论》	1949 年第 1 卷第 1 期

资料来源：根据《大成老旧刊全文数据库》关于"西藏问题"的相关文章统计整理制作。

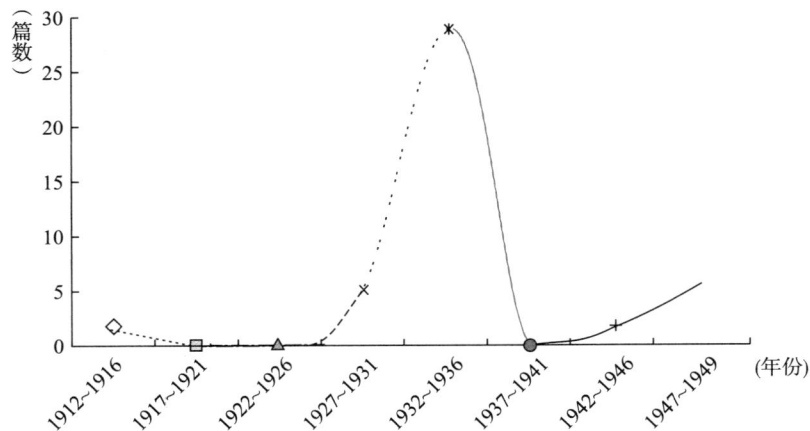

图 1　1912～1949 年涉藏期刊有关 "西藏问题" 文章篇数变化趋势

资料来源：根据《大成老旧刊全文数据库》关于西藏问题的相关文章篇数统计整理制作。

二　民国时期学者眼中的涉藏问题

　　辛亥革命后，西藏地方分裂势力将 "西藏独立" 的愿望寄希望于英国帝国主义，藏独分子同英国内外勾结，并付诸行动，边疆危机较为严重。在边疆危机加深，民族危亡愈演愈烈的情况下，国内新式知识分子、青年学者为了唤起国人对边防安全的重视，纷纷在期刊杂志上著文立说，表达对涉藏问题的认识和看法。如前所述，民国时期学者探讨的涉藏问题内涵较为丰富，英国等西方列强意图攫取西藏，继而引起西南边疆危机是其关注和研究的核心内容。

　　余绳初深入分析了西藏面临的问题。"自班禅出走内地，达赖听信英国之怂恿，背叛中国而脱离关系，且倚仗英国势力封锁内地入藏交通，使得中藏生气，沉寂隔阂。"[①] 傅也文将涉藏问题归结为英国的侵略，作者认为英人侵略西藏是为巩固北印度边防，开放印藏贸易，垂涎西藏资源，假道藏东进窥中国南部。同时也细数了英国侵藏的方法，诸如 "探测西藏内部情形。强开商埠实行经济侵略。排除俄人势力，用武力压迫藏人。笼络达赖，唆使西藏独立"[②] 等。刘光尧把涉藏问题看作中国的外交问题和国际政治问题，"号称海上霸王的英帝国主义就是西藏问题近几十年来的原动力"[③]。格桑泽仁指出，达赖亲英原非出自本心，因清末与驻藏官兵冲突，被迫逃亡印度，为恢复自身权力，不惜求援于英国。[④] 严格里对西方列强侵略西藏的史实进行了介绍，尤其是英国和俄国与涉藏问题渊源甚深。他指出，英国自 1774 年接触西藏，此后通过签订一系列不平等条约侵略中国西藏，其中，英国在 1890 年签订《印藏条约》取得在西藏的贸易权；1893 年《十二条款印藏追加条约》规定英国官吏有在西藏贸易监督等权。涉藏问题也由此表现出国际化趋势。俄国在 1902 年同中国缔结《中俄西藏交互条约》，该条约出卖了西藏多种权利。严格里认为十月革命后苏联对我国新疆和西藏野心勃勃。此外，美、法、日等国也对涉藏问题有一定关注。在众多列强环伺包围下，民国时期西藏危机四伏。[⑤] 有学者的观点

①　余绳初：《解决藏事之先决问题》，《西藏班禅驻京办公处月刊》1930 年第 1 期。

②　傅也文：《西藏问题之今昔观》，《时事月报》1930 年第 3 卷第 5 期。

③　刘光尧：《西藏问题的国际政治背景》，《西藏班禅驻京办公处月刊》1930 年第 2 期。

④　格桑泽仁：《解决藏事之意见》，《新亚细亚》1931 年第 2 卷第 5 期。

⑤　严格里：《列强環伺之下西藏问题》，《康藏前锋》1933 年第 3 期。

是清政府错误政策致使达赖与班禅不和以致出现复杂的康藏问题。[①] 刘熙把涉藏问题分为中土（内陆）与达赖问题、中英交涉问题、达赖与班禅之间的问题。[②] 第一个问题是由清政府错误的对藏政策引起。中英交涉问题则是涉藏问题的根本所在，该问题源于英国对西藏的侵略，作者详细阐述了英国侵略西藏的整个过程，尤其是森（西）姆拉会议所签条约将中国对西藏的主权篡改为宗主权，损害了中国的主权。至于达赖与班禅问题，主要是因为双方宗教倾向不同，达赖对班禅有所猜忌。王履康明确涉藏问题是英国 18 世纪侵略的结果。[③] 司徒澄认为涉藏问题的根源主要来自以下三个方面，一是交通不便，以致政教不及，统治无方；二是英人之觊觎；三是西藏统治者之刁顽，夜郎自大，举兵侵扰，深入川康。[④] 在冷亮看来，由于清末国势衰微，治藏官员愚昧无能，加上帝国主义的侵略而导致涉藏问题的出现。在他眼里，涉藏问题包含中央治权深入西藏问题、康藏纠纷问题、达赖死后之继承问题与班禅回藏问题。[⑤] 徐位将涉藏问题产生的主要原因归于交通梗阻、政治上存有分歧、外交上英国的干涉、军事上不受重视、界务设置矛盾重重。[⑥] 排子认为涉藏问题主要涉及达赖与班禅之间的矛盾即宗教问题。[⑦] 持此观点的还有《西藏问题》与《达赖逝世后之西藏问题》两篇文章。陈尊泉除了阐述英国对西藏的侵略与康藏纠纷的史实，还指出当下西藏的社会问题。如教育尚未到萌芽时期、经济极为落后等。[⑧] 王洁卿探讨了涉藏问题的症结即为西姆拉会议。他认为，涉藏问题实为"英国内外藏之谬论为嚆矢，其实西姆拉会议之重心，已非中英争执西藏，乃英国据有西藏后进一步之侵略"[⑨]。丁逢白细数了西藏在我国西陲国防上的重要性以及西藏与我国的历史关系，他认为"西藏问题之逐渐形成严重，实由于英国势力之实际侵入所使然"[⑩]。杨青田认为涉藏问题包括外交、内政与班禅回藏三方面，而内政里边的康藏边界问题最为突出。[⑪] 20 世纪 40 年代，作为第二次世界大战战胜国，中国在外交上有一定话语权，为此张忠绂探讨了中英两国关于涉藏问题的交涉，其目的是供将来谈判作为参考。[⑫] 李有义对抗战中的西藏与胜利以来藏局进行了分析，他认为抗战时期西藏主要问题是藏印边界问题，印方入侵，中印未划界领土，而这些领土实属中国。抗战胜利后，英国遂将在西藏攫取的利益转交为印度，英印两国策动西藏独立，国防安全问题较为突出。[⑬] 马醒亚根据《大公报》报道的 1947 年西藏政变一事，分析了西藏当前不安定的局势，批评了蒙藏委员会的不作为。他指出西藏的不安是由国内动荡引起的，并呼吁身为国民要注意西藏渐变的局势，求其解决之道。[⑭]

从上述部分民国学者关于涉藏问题的相关文章可以发现，民国涉藏刊物关于涉藏问题的研究有以下几个特点。第一，民国时期涉藏问题内涵较为宽泛，涉及外交、内政、康藏纠纷、边界问题以及西藏的社会建设等各类问题。这与当前的"西藏问题"大不一样。同时，民国时期涉藏问题也是一个动

① 忝：《西藏问题不容忽视》，《康藏前锋》1933 年第 3 期。
② 刘熙：《解决西藏问题之我见》，《新亚细亚》1933 年第 5 卷第 4 期。
③ 王履康：《西藏问题之检讨》，《新中华（1933）》1934 年第 2 卷第 18 期。
④ 司徒澄：《统治西藏问题》，《康藏前锋》1934 年第 2 卷第 1 期。
⑤ 冷亮：《西藏问题之真相及其解决方》，《东方杂志》1934 年第 31 卷第 9 号。
⑥ 徐位：《西藏问题之解剖与今后解决之途径》，《外交评论》1934 年第 3 卷第 3 期。
⑦ 排子：《班禅回藏与西藏问题》，《晨光》1934 年第 52 期。
⑧ 陈尊泉：《从欢迎黄慕松专使说到解决西藏问题》，《新亚细亚》1935 年第 9 卷第 4 期。
⑨ 王洁卿：《西藏问题之症结及今后根本解决之方案》，《边事研究》1935 年第 3 卷第 6 期。
⑩ 丁逢白：《西藏与我国西陲国防问题》，《文化批判》1936 年第 3 卷第 3 期。
⑪ 杨青田：《西藏问题之检讨》，《中华月报》1936 年第 4 卷第 4 期。
⑫ 张忠绂：《废除不平等条约声中之西藏问题》，《军事与政治》1943 年第 4 卷第 2 期。
⑬ 李有义：《西藏问题之分析》，《边政公论》1948 年第 7 卷第 3 期。
⑭ 马醒亚：《不容忽视的西藏局势》，《西北通讯》1947 年第 7 期。

态的概念。民国初期学者对涉藏问题关注的焦点是清末中央政府错误的对藏政策与英国入侵西藏的史实。而民国末则主要关注印藏边界问题。可以看出，当时学者对局势把握到位，研究问题坚持与时俱进的原则。第二，因学者表述的涉藏问题内涵不同，对于涉藏问题的缘起，学者们看法也不一致，但源于英国对西藏的侵略是最为主流的观点。当然其中还涉及俄国等列强对我国西藏的觊觎，以及列强之间在西藏为争夺势力范围而引发的一系列问题。这些文章中，不少学者根据史料揭露了英国对西藏侵略的事实以及签订的各项不平等条款。还有学者专门探讨了西姆拉会议以及英国将中国在西藏的主权篡改为宗主权的史实，揭示了涉藏问题是列强侵略的结果。第三，内政方面也是民国学者探讨涉藏问题的主要内容。有研究者认为清末中央对西藏错误的政策遂产生了一系列边疆问题，而民国时期中央政府无暇顾及边疆的治理又加剧了涉藏问题的严重性。西藏自古以来深受宗教影响，在政治上实行政教合一，因此其宗教领袖达赖与班禅均与涉藏问题紧密相关。其中达赖亲英，达赖与班禅之间为争夺西藏最高统治权力而失和是学者主要讨论的问题。总之，民国学者关于涉藏问题的研究涉及内政、外交等多个方面，并根据国内国际局势的变化不断赋予其新的内涵，其研究成果揭示了帝国主义侵略西藏的史实，在促进国家统一，激发汉藏人民的爱国主义情怀方面具有一定意义。

三　民国时期学者探索涉藏问题的解决之道

民国时期涉藏期刊中的文章的一个重要特色是务实，在分析了藏事的历史和现状之后会提出解决西藏事务的对策和建议。尤为难能可贵的是民国期间涉藏期刊的作者群体在对涉藏问题进行研究时，会提供详细的解决对策，供决策者参考。这些对策和建议有很强的时效性和针对性，其中不乏一些可操作性的措施，对于解决涉藏问题具有重要的参考价值。

面对西藏如此紧迫的问题，余绳初发文抛出了解决之道，即"班禅回藏，为解决藏事之先决问题。政府当以急切敏捷之手腕解决藏事，否则恐虎视眈眈帝国主义之英，有先我之行，不我待之势"[①]。格桑泽仁在分析达赖亲英原因与处境的基础上指出解决涉藏问题刻不容缓，时不我待。同时提出了和平与武力两种解决方案并加以详述。其结论为"从此宜注重国防，改进蒙藏，使伟大之三民主义求其在整个国土之上实现，然后进可以谋世界之大同，退不失中华民族之光荣"[②]。作者认为，最终问题的解决需要践行三民主义，这与《新亚细亚》浓厚的政治气息不无关系。20世纪初，正值资本主义列强抢夺殖民地、争夺原料产地的高峰期。中国是帝国主义宰割的主要对象，西藏是中国的一部分，涉藏问题随之俞加复杂。据严格里分析，涉藏问题主要涉及苏俄、英国与日本三家列强，可以说在列强的环伺下，西藏处境，可谓四面楚歌，危如累卵，随时皆有灭亡之忧。在这种情况下，严格里对解决涉藏问题提了几点建议，即强化西藏同胞的心理，使其具有民族意识与国家观念；发展西藏文化，使汉藏两族文化打成一片；灌输三民主义。[③] 十三世达赖喇嘛圆寂后，司徒澄分别从政治、军事、教育、交通四个方面为国民政府提出了治理西藏的建议。其结论是"中央予以经济上之补助，切实施行建设，开发其富源，指导其民众，以巩固政治之基础"[④]。并提出要打破传统思想，将西藏化为行省进行有效管理。根据涉藏问题的实质，王履康的对策如下："慎重外交事务、积极西康建省、沟通汉藏感情、尊

---

① 余绳初：《解决藏事之先决问题》，《西藏班禅驻京办公处月刊》1930 年第 1 期。
② 格桑泽仁：《解决藏事之意见》，《新亚细亚》1931 年第 2 卷第 5 期。
③ 严格里：《列强环伺下之西藏问题》，《康藏前锋》1933 年第 3 期。
④ 司徒澄：《统治西藏问题》，《康藏前锋》1934 年第 2 卷第 1 期。

重宗教信仰、开辟青藏康藏交通。"① 举安分析了达赖圆寂后解决涉藏问题的建议，"（一）速派国府中之要员兼程赴藏，吊唁达赖，慰问西藏僧侣馆员及安抚民众，并就近图谋解决康藏历次纠纷，免致扩大，而谋汉藏切实团结。（二）护送班禅回藏，治理宗教事务，以安人心而定国防。（三）召集西南各关系之省府派员来京举行西防会议。（a）协力合作以固西南国防。（b）迅速筹备西康建省。（c）谋西康交通事业之改进"②。举安的解决措施中规中矩，以大局为重，切实可行。徐位分别从西藏之外交关系、中藏之关系、中藏间之交通、藏人之意见分歧等方面来探讨涉藏问题，根据原因，作者一一列出破解途径。交通上，应发展西藏交通，建筑青藏铁路；政治上，中央地方分明权限；外交上，应先与此毗邻诸邦，和睦修好，共存共荣，舍此皆非正道也；军事上，应在藏境驻兵，使西藏安如磐石；界务设置上，应首先收回昌都。③ 王洁卿陈述的解决方案主要为："（甲）发展交通、（乙）改革政治、（丙）沟通中藏感情、（丁）和平解决康藏纠纷问题、（戊）重视西藏国防、（己）慎重外交事务。"④ 并指出解决涉藏问题应倾全国之力。黄恭辅把涉藏问题分为内政和外交两个方面。而要真正解决问题，"认定内政外交，应分别解决，并宜先从内政入手"⑤。李有义指出今后西藏的发展政策，在外交上应采取强硬态度，培养治边专门人才，但不主张武力解决涉藏问题，把文化看作建设边疆的中心工作。因此，他强调"吾人则以为武力必要时仅可用作前奏曲，百年大计则仍须赖文化之沟通"⑥。谭云山亲去西藏考察后，认为西藏当前的态势为"西藏现在，还可以说是西藏人之西藏，并非成为他人殖民地，更未成为'次殖民地'"，而我们国民应该做的是"趁此形势，抖擞精神，加紧责任，把中藏问题赶快解决以免外人觊觎与窥伺"⑦。

以上是部分民国期刊以涉藏问题产生的根源为依据探求的解决之道，具有一定的问题导向意识。通过对这些文章进行分析，首先我们发现，民国时期涉藏问题研究者深深的爱国情怀，他们以涉藏期刊为平台，以史实为依据，以涉藏问题产生的原因为基础，向中央政府提出了具有一定针对性和可操作性的建议。其次，这些文章多为策论文，务实性、时效性都很强。最后，在阐述解决方案之前，学者多呼吁要以时不我待的紧迫感尽快解决涉藏问题，这不仅表明当时学者对局势把握恰当，也说明了问题的严重性，必须尽快解决，不留后患。根据涉藏问题产生的原因，学者们给出了各自的解决方案。归纳起来，主要分为内政和外交两个方面。内政方面，在交通问题上，建议政府修建康藏青藏交通线路，以加强中央政府对西藏的治理。在政治和国防建设问题上，力推和平解决康藏纠纷。关于民族关系，研究者比较重视沟通汉藏两族人民之间的感情，建议向内地详细介绍西藏历史文化与现实状况，以加强汉藏之间的民族团结，一致对外。宗教问题的解决也是研究者关注的重点，特别是要应对达赖与班禅失和，迎接班禅回藏，加强康藏友好关系，巩固国防。外交方面，英国的侵略破坏了西藏的和平和西南边疆的稳定，涉藏问题的解决关乎国家西南边疆的安全和国家领土主权的完整。因此，民国时期但凡研究涉藏问题的学者均把外交作为重中之重，且大都建议政府采取强硬态度，以捍卫中国对西藏的主权。此外，由于涉藏问题涉及国防安全、界务争端、康藏纠纷等问题，因此有人主张武力解决，如汪席丰在《解决康藏纠纷问题之我见》一文中，将武力解决涉藏问题奉为唯一的方式，认为这

① 王履康：《西藏问题之检讨》，《新中华（1933）》1934年第2卷第18期。
② 举安：《达赖圆寂后之西藏问题》，《康藏前锋》1933年第4期。
③ 徐位：《西藏问题之解剖与今后解决之途径》，《外交评论》1934年第3卷第3期。
④ 王洁卿：《西藏问题之症结及今后根本解决之方案》，《边事研究》1936年第3卷第6期。
⑤ 黄恭辅：《解决西藏问题之管见》，《康藏前锋》1935年第2卷第7期。
⑥ 李有义：《西藏问题之分析》，《边政公论》1948年第7卷第3期。
⑦ 谭云山：《关于西藏》，《时事月报》1921年第5卷第7~12期。

样奏效快，且不留后患。而多数学者不建议使用武力，主张以和平方式解决涉藏问题。总之，民国涉藏期刊中学者针对涉藏问题产生的原因提出了相应的解决方法。这为政府解决西藏面临的问题，捍卫边疆主权提供了借鉴和依据。

四 民国时期学者对涉藏问题研究的影响与价值

涉藏问题关系到国家西南边疆的稳定与安全，事关国家的统一大业和民族团结。民国时期学者们在涉藏期刊发表了大量关于涉藏问题的研究成果，表明了民国时期知识分子对时局的敏锐洞察力和热忱的爱国情怀。民国时期学者对涉藏问题的研究即产生了重要的社会影响，也具有一定的文献研究价值。

（一） 有益于中国维护对西藏的主权地位

民国时期，恰逢乱世，内忧外患俱存。中国西南边疆问题尤其是英国涉足的涉藏问题加剧了我国边疆的不稳定局势。为了进一步厘清涉藏问题的本源，顺利解决这一问题，维护中央政府对西藏的主权地位，加强民族团结。民国时期边疆知识分子在涉藏期刊上纷纷著文立说，以表达对涉藏问题的看法。这些观点从不同角度论证了涉藏问题出现的原因，并抛出了解决策略，为当时中央政府维护对西藏的主权地位提供了理论依据和具体对策。同时，从涉藏期刊创办主体与部分有关涉藏问题文章的作者来分析。创刊主体大多为政府或由政府支持的民间团体，作者也以高级知识分子或为西藏当地施政者为主。他们对涉藏问题的研究不仅能引起中央政府的重视，也便于解决涉藏问题的具体措施落地。同时，民国学者并非就涉藏问题作单纯的学术研究，文章中包含了许多解决问题的措施供当政者参考，其根本目的是要呼吁中央政府采取措施尽快解决这一问题，以确保国家主权完整和西藏的稳定发展。

（二） 有益于增进汉藏民族之间的团结

民国涉藏期刊的办刊宗旨，都饱含着深深的爱国之情。如《边政公论》以"介绍边疆实际情况，促进边疆建设，加强中华民国之团结为宗旨"①。《康藏前锋》的创刊宗旨是"联络汉藏感情，沟通康藏文化"。涉藏问题是关系到国家统一的大事，民国时期学者以涉藏期刊为平台对涉藏问题进行深入探讨，其目的正是要加强西南边疆安全，增进民族团结，维护国家统一，这与涉藏期刊的创办宗旨是一致的。研究者大多首先梳理历代中央王朝与西藏的关系，探寻西藏的起源，论证西藏自古属于中国不可分割的一部分，继而揭示涉藏问题的本源，呼吁国人爱国爱藏，汉藏民族之间应加强团结，抵御外辱，妥善解决涉藏问题。正如王洁卿在《西藏问题之症结及今后根本解决之方策》中所言："西藏之于中国在民族之上原是一家，在政治上本属一体，只因地处西陲，交通不便，致英人利我弱点，而造成所谓西藏问题。"在解决方案中则强调要沟通汉藏感情，加强民族团结。王履康在《新中华(1933)》上发表的《西藏问题之检讨》也持此观点。显然，通过边疆研究者对涉藏问题的论述，能够加深内地人民，至少是知识分子对西藏的了解，对涉藏问题的了解，从而增强汉藏两族人民的凝聚力和向心力，激发汉藏两族人民抵御外辱的爱国之心，同时对维护国家统一，巩固国防建设都有很大历史意义。

---

① 徐益棠：《十年来中国边疆民族研究之回顾与前瞻》，《边政公论》1941 年第 1 卷第 5～6 期。

（三）具有重要的涉藏文献学术价值

民国涉藏期刊具有重要的文献学术价值，为藏学研究提供了重要的参考。涉藏问题中最主要的内容是帝国主义对西藏的侵略，这也关系到国家的稳定与安全，刊载与之相关的文章与涉藏期刊办刊宗旨相吻合。涉藏问题从清末开始出现，显然涉藏问题文章的作者大都是记述历史事件的当事人和同时代人，且他们中部分人员来自藏区，对藏区有最真实的了解，因此所记所述是第一手资料，蕴含了重要的学术研究价值。而且，通过梳理可以发现，涉藏刊物中部分文章亦是作者亲赴藏区考察的结果，文章内容是他们对亲身经历的现场描述，实在是藏区地方史研究中不可多得的材料。民国涉藏期刊研究涉藏问题中外参考书目举要及康藏问题论文索引等汇集了当时中外康藏研究成果，不仅证明了西藏是中国领土不可分割的一部分，还具有重要的学术价值。民国涉藏期刊中的一些关于涉藏问题的文章还曾引发学术争鸣，吸引了国人对涉藏问题的关注，推动了我国藏学研究的发展。与此同时，民国涉藏期刊在研究涉藏问题时非常重视藏汉学者的协作和藏文、汉文、外文资料的综合比较研究，倡导藏学服务于国家统一、民族团结和藏区发展，至今仍对我们的藏学研究有很大启迪。总之，民国涉藏期刊中关于涉藏问题的研究论证了西藏自古属于中国领土不可分割的一部分与英国妄图侵略西藏的史实，并详述解决方案，其史料和学术价值极其珍贵。

五　小结

民国时期学者以涉藏期刊为载体，结合国际国内局势与西藏的历史和现实的状况，表达了对涉藏问题的认识和看法，并抛出了解决策略。虽然其中某些文章存在民族歧视或用词不当现象，如部分学者在表述西藏与中央政府的关系时，采用"中藏"的说法，将西藏与中国等同起来，不加区分，这与西藏是中国固有领土的事实显然不相适宜。但瑕不掩瑜，这些成果汇集了民国时期涉藏问题产生的原因与解决策略，也是揭示英国等帝国主义侵略我国西藏的有力理论武器。民国学者对涉藏问题的研究不仅具有重要的涉藏研究学术价值，同时在维护中央政府对西藏的统治，增进汉藏民族之间的团结方面也具有重要意义。今天，学者仍需秉持和继承民国时期学者的爱国之心与研究方法，联系当前国际国内形势，继续关注边疆稳定和国防安全，为解决边疆少数民族地区的发展和稳定问题，为增进民族团结、维护国家统一做出努力。

《西南边疆民族研究》第 27 辑

第 66～74 页

© SSAP，2019

自我的他性变迁：基诺族食人者传说的人类学解读[*]

朱映占　李艳峰[**]

摘　要　流传于基诺族社会中的食人者传说，无一例外对食人者——"特缺"都持否定态度，这就表明"特缺"是基诺族社会中异己的恶的象征。食人者传说的产生及流传，展现了基诺人对存在于自然、社会和自身的异己——他者进行认知、防范和控制的努力。在当下，食人者传说的逐渐消失则表明基诺族社会中自我与他者，以及彼此的关系都已发生了巨大变化，与此相对应的是人们的认知与行为方式的显著变迁。

关键词　基诺族；"特缺"；食人者

DOI：10.13835/b.eayn.27.07

在基诺族社会语境中食人者被称为"特缺"[①]（或写为"特车"、"拖搓"、"特戳"、"拖超"等），故食人者的传说通常被表述为"特缺"传说。截至目前，直接涉及"特缺"传说，并对其研究或集中记录的文献，主要有 5 种。其一，杜玉亭撰写的论文《从"特缺"传说谈食人之风》，探讨了基诺族食人者传说对研究世界上广泛存在的食人风俗的意义，并通过具体的传说案例对基诺族食人风俗存在时代的生产方式、婚姻家庭形态，以及世界上食人俗的时间上、下限问题进行了分析，认为"以百、千、万、十万的年数计算上下限，在人类各民族的食人之风中是绝不会找到一个共同点的，如在社会发展的时代中去探求，其共同点就不难发现了"。[②] 其二，段鼎周的论文《"特缺"传说为食人之风新史料质疑》，认为"特缺"传说与食人风俗无关，似为反映群众智慧的机智人物巧斗凶残，铲除公害的故事。[③] 其三，杜玉亭的著作《基诺族文学简史》，该书把"特缺"传说作为"母系制文学"的重要组成部分来看待，综合记录和分析了此类传说所反映的各种民俗。其四，刘怡和陈平编的《基诺族民间文学集成》收录了 9 则"特缺"传说，遗憾的是编者没有做进一步的分析研究。其五，陈平编的

---

[*]　本文系国家自然科学基金面上项目"中国藏缅语族 17 个民族身体组成成分的体质人类学与文化人类学研究"（项目批准号：31671245）的阶段性成果；亦受到云南大学民族学一流学科建设项目"清代至民国时期中央政府的云南和新疆治理比较研究"资助。

[**]　朱映占，男，云南大学西南边疆少数民族研究中心副研究员，主要从事西南民族历史、文化与宗教研究；李艳峰，男，昆明学院副教授，主要从事中国西南民族史研究。

[①]　在田野调查时，笔者就"特缺"一词向基诺族长老询问，长老们认为把基诺语中的食人者记录为"特缺"，发音不太准确，应该记为"特戳"。但是，由于"特缺"已经被广泛使用，故在本文中，仍采用"特缺"的表述。而涉及的引文则采用原作者的表述。

[②]　杜玉亭：《从"特缺"传说谈食人之风》，《社会科学战线》1982 年第 4 期。

[③]　段鼎周：《"特缺"传说为食人之风新史料质疑》，《社会科学战线》1984 年第 3 期。

《基诺族风俗志》，书中把"特缺"记录为"拖超"，并对其进行了概括性分析，涉及了"特缺"的含义、"特缺"的特点，以及消灭"特缺"的方法等内容，但没有展开讨论。

总体而言，已有的研究成果，要么是对基诺族社会中是否存在过食人风俗进行论证，要么只是对"特缺"传说故事做简单记述，要么是对"特缺"传说反映的基诺族社会现实做初步分析。显然，基诺族食人者传说的研究和解读还有许多空间和维度尚未涉及和深入。本文即是在上述已有研究成果的基础上对基诺族食人者传说做进一步分析。在此，不再探讨食人之风在基诺族社会中是否真的存在过的问题，而是在对食人者传说进行类型分析的基础上，着重探讨在此类传说产生、流传及逐渐消失背后所隐含的历史背景、社会现实及文化生态变化等。以此来展现基诺族的人观、价值观和认知体系等的变迁事实。

一 "特缺"传说的类型

流传在基诺族聚居地区基诺山的"特缺"传说，依据其内容，可以归纳为以下几种类型。

一是以情侣关系或夫妻关系为主线而展开的叙述。此类传说故事是目前已记录、整理出来的故事中数量最多的。主要有《她生了一只小花豹》《你为什么不打着火把来》《从食人者寨逃出的小伙》《嫂子吃死尸》《美丽的姑娘》《孕妇不吃芭蕉花的来历》等。这些传说讲述了男女双方在社会中是同居的情侣或已婚的夫妻，有的甚至已经有了一起生育的孩子，但是在后来共同的生活过程中，突然发现双方有一方乃至这一方的上一辈都是会吃人的"特缺"，双方生的孩子也都是"特缺"。而且，在这些传说中最终确认为"特缺"的大多为女方及其亲属，即使有男方是"特缺"往往也被描述为是被冒名顶替了的。对此，有研究称"在基诺族祖先发祥地杰主曾发现过许多石器，人们并不认为这是祖先使用过的工具，而名之为'特车拉图'——食人者手握的工具。而根据有关传说，石器工具是由女祖先创造的，这样，被称为食人者工具的石器又与女祖先联系了起来"。[①]

二是以男女社会性别分工及基诺族的采集、狩猎生计方式为背景的叙述。主要有《你为什么摘藤蔑果》《"特缺"的压木》《老猎手沉着制毒箭》《青年猎手智斗老食人者》等。在这类传说中，"特缺"化身为基诺族社会中的采集者或狩猎者，企图引诱正在采集或狩猎的基诺人上当受骗，从而吃掉其诱骗的人，但最终基诺人识破了"特缺"的伎俩，有的还将计就计把"特缺"杀死。

三是以伙伴关系呈现的传说，其中既有男性狩猎者及其同伴的故事，也有女性及其伙伴的叙事。如《十六岁的姑娘》讲述："巴卡寨有六个年龄相当的姑娘，是亲密的伙伴。她们在山里共同劳动，在家时也友好相处。其中一个姑娘正好十六岁，家中只有一个父亲。一天，五个姑娘都到十六岁的姑娘家里来，大家在竹楼前的晒台上绣花。绣了一会儿，一个姑娘进屋喝水，发现屋梁上挂着人的胳膊，立即出来问这个十六岁的姑娘：'这胳膊是哪里来的？'姑娘说：'是我家的狗叼来的。'这事引起了姑娘们的警觉，不久寨子内发现'特缺'的事很快就被传开了。"[②]后来，寨子里的人们相互配合，利用日常生活经验消灭了作为"特缺"的父女俩，并采取措施让他们永不再生。

四是关于舅舅或巫师的传说。此类传说，主要有《舅舅阿德》一例，讲述的是一个名叫"阿居阿德"的老人，在村寨中其他"特缺"都被消灭后，被发现是一名食人者，然而人们又没有有效的办法

---

① 杜玉亭：《基诺族文学简史》，云南民族出版社1996年版，第177页。

② 刘怡、陈平编《基诺族民间文学集成》，云南人民出版社1989年版，第50页。

消灭他，最后在他自己的指引及老鹰的协助下，人们最终消灭了这位食人者。但是在消灭这位食人者的过程中，却为以后的基诺族社会订立了许多禁忌和祭祀规则。

五是关于"特缺"坟墓的传说故事。主要有《"特缺"墓》一则，叙述了基诺山札果寨村民动员起来，一起保护孩子，与食人的"特缺"进行决战，杀死并埋葬"特缺"，建立"特缺"墓的经过。另外在《"特缺"的压木》这则传说中也提到了巴卡附近山梁上"特缺"墓的来历。

二 "特缺"传说的实质分析

"特缺"传说在人口规模不大、分布范围也相对集中的基诺族中广泛流传，成为基诺族社会记忆和口传文学的重要组成部分。那么，这些"特缺"传说为什么会形成，并在基诺族社会流传？"特缺"传说所叙说的食人者，在基诺族社会历史上究竟指的是什么呢？

（一）"特缺"传说的产生与存在：基诺族对他者的认知和想象

传说的广泛流传，表明对"特缺"的认知意识在基诺族的历史记忆中曾经广泛存在，那么"特缺"对基诺族而言究竟意味着什么？"特缺"是真正存在过的一类人吗？

仔细阅读各种"特缺"传说的描述，可以发现通常情况下"特缺"与基诺人在外表上没有任何不同，甚至还能在基诺族社会中取得丈夫、妻子、嫂子、男友、伙伴、猎手、舅舅、巫师等角色。但是正常人在暗中观察，特别是夜晚，就会发现"特缺"会吃人，还会变为花豹、老虎、野猫一类的动物。也就是说，在基诺族的观念中，"特缺"既不是自己所认同的人，也不是自己所敬畏的鬼，而是能变成凶猛动物的同类"他者"。正如一首儿歌所唱："家猫来了，野猫来了，豺狗来了，老熊来了，豹子来了，'特车'——食人者来了！"[①] 在这些与"自己"相伴而存在的"他者"中，显然，"特缺"是最为独特的一类。那么这类给人们带来恐惧且很难辨识和防范的"特缺"在基诺族社会中究竟是什么样的存在呢？通过对"特缺"传说记录文本的分析和相关内容的田野调查，我们发现，其实，"特缺"传说反映的是基诺族在与外在的自然及其他社会互动过程中形成的对他者的认知和想象；同时也映照了自身社会内部的诸多事实。具体可以从以下几个方面来看。

就空间方面而言，虽然"特缺"传说在整个基诺山都有流传，但是此类传说在巴卡、亚诺、札果、巴来、茄玛等村寨却最为集中。巴卡、亚诺位于基诺族聚居的基诺山的东南边缘；巴来处于基诺山的西部边缘；札果、茄玛则位于基诺山的北部边缘。上述这些村寨向外延伸的空间，即是其他民族群体分布、居住的地方，可见，这些村寨也就成为基诺族与其他民族交往的前沿地带。至今在基诺山巴卡一带还传唱的歌谣《汉家大哥哪里来》就记录了这样的社会现实："汉家的大哥哟，你们从哪里来？札果、札吕寨有一条岔路，你们从这条岔路上走过来！你们带来了糖吗？你们带来了核桃吗？我们有新鲜的嫩茶，我们用茶叶与你们换。"显然，"特缺"传说的流传空间主要集中在基诺山与外界有着广泛接触的边缘地带，这并不是偶然。由于在这些边缘空间，基诺族与他者交往更为频繁，与外界接触的机会更多，因此，对他者进行了解，形成具体的认知也最为渴求。

从时间方面来看，由于基诺族没有文字，"特缺"传说没有形成固定的纸质文本，对其流传的时间也就没有明确的记载。但是根据讲述者的叙述以及口传文本涉及的具体内容，我们可以对"特缺"传说

---

① 杜玉亭：《基诺族文学简史》，云南民族出版社 1996 年版，第 178 页。

流传的时间进行推测和分析。首先来看"特缺"传说中所说的"特缺"存在于基诺族社会的时间，根据其叙述，可以得到的的信息是："特缺"大致是神话传说时代的存在物。"据说还处在动植物都会说话的历史阶段，基诺山区有一种样子像人，懂人语会吃人的'人'，基诺语叫'拖超'，'拖'意为'直'，'超'意为'挖心'。"[1] 那么动植物都会说话的历史阶段确实存在过吗？无疑，答案是否定的，但是这却反映了在受现代科学思维影响之前基诺人对世界的认知，以及对异己的他者的认知方式。"如果我们再进一步被引致'在其他所有生物（不只是动物，还包括植物）与人类之间，并没有不能克服的鸿沟'这样的体会的话，我们也许就会参悟到远超过我们所能臆想得到的更丰富的智慧。"[2] 也就是说，实际上在基诺族传统社会中，人们的时间观念不是线性的。虽然有研究人员对"特缺"传说进一步分析后，认为可以就"特缺"传说的产生时代得出稍微具体的时间，即"特缺"传说产生于基诺族来到基诺山定居之初。"流传于基诺山的各种'特缺的传说'，也显示在基诺人来到之前，这里早有另一批土著捷足先登。这批人，基诺人称他们为'拖搓'（也有的村寨称为'特缺'），意为'会吃人的人'。"[3] 但是，事实上，对于传说讲述者和流传区域的听众而言，传说涉及的具体的时间是不重要的，"所谓过去是一个很大的事件仓库，而他们的神话和历史的分野并不是基于清楚和确实的时间分段"。[4]

就"特缺"所指涉的主体而言，在基诺语当中"特缺"除了特指食人肉者之外，通常也可以用来骂那些"混吃乱吃"的人，或者说"特缺"是指什么都吃的人。也就是说"特缺"可泛指那些打破基诺族饮食禁忌和规则的人。另外，基诺语"特缺"一词中，"特"的意思为"咬"，"缺"的意思为"朋友"，故"特缺"引申为"会咬人的朋友"。因此，在传说中，有的"特缺"是与基诺人同居一个村寨的，有的"特缺"甚至建立了自己的寨子。如《从食人者寨逃出的小伙》就讲述了"一个小伙在打猎中迷路，傍晚误入了食人者村寨"。[5] 开始他并没有察觉，于是留下来与村中的一个女子同居并生了孩子，但后来小伙子发现与自己同居的女子是个食人者，就杀死了她；而且在小伙背着与食人者所生的孩子逃离的过程中，又发现他们共有的孩子也是一个食人者，就用箐沟中的大石头把孩子也砸死了。显然，从这则传说来看，"特缺"所指涉的主体看上去是与基诺族没有差别的一类人，但是他们的所食之物却是基诺族不认可和不能容忍的。那么，这些"特缺"究竟指的是什么样的人呢？有研究分析称："他们可能是一批个子矮小的黑人，类似于今天分布在南太平洋群岛地区的俾格米人。基诺族先民及一些民族的到来，迫使这批黑色先民的一部分南迁，而另一部分则被同化或杀戮。"[6] 如果说，"特缺"是指早期与基诺族一同生活过一段时间的人，那么这些人真的会吃人吗？显然，不是这样的。其实"特缺"传说是基诺人对与他们在不同层面发生交往的他者的记忆。也有研究者认为"'特缺'当是人格化了的凶暴残忍的野兽"。[7] "特缺"在本质上，其实是基诺族社会关于恶的象征，而这种恶通常被附着在异己的自然、社会及自我内在的他者身上。

（二）"特缺"传说的叙事：认知的呈现与人观的确立

虽然"特缺"传说以食人者被发现、隔离或消灭为主线来展开叙述，但是其叙述的背景却没有脱

---

① 陈平编《基诺族风俗志》，中央民族学院出版社 1993 年版，第 35 页。
② 〔法〕克洛德·列维-施特劳斯：《神话与意义》，杨德睿译，河南大学出版社 2016 年版，第 39 页。
③ 刘怡、白忠明主编《基诺族文化大观》，云南民族出版社 1999 年版，第 11 页。
④ 〔英〕马凌诺夫斯基：《西太平洋的航海者》，梁永佳、李绍明译，华夏出版社 2002 年版，第 261 页。
⑤ 杜玉亭：《基诺族文学简史》，云南民族出版社 1996 年版，第 169 页。
⑥ 刘怡、白忠明主编《基诺族文化大观》，云南民族出版社 1999 年版，第 11 页。
⑦ 段鼎周：《"特缺"传说为食人之风新史料质疑》，《社会科学战线》1984 年第 3 期。

离基诺族生存的自然环境和社会现实。与此同时，传说叙述的过程反映了基诺族关于自然、自我与社会的认知。

1. "特缺"传说所呈现的生态环境：基诺族对自然的认知

在"特缺"传说中，反复出现的山林、山地、山梁、箐沟、大青树、芭蕉树和芭蕉花、滚石，以及豹子、老虎、花猫、老鹰等，都是基诺族在与自然互动中不可离开的对象。与此相应的是基诺族的刀耕火种农业，以及采集、狩猎生计方式，由此呈现了基诺族对山林、山地的利用，如烧山地、竹筒取水、山箐捞螃蟹、安置压木、制毒箭、摘藤蔓果、煮野菜、打火把等生产、生活场景即是体现。然而，在个体与自然界的互动过程中，基诺族不可掌控的现象也时有发生，如滚石塌方、蚂蚁咬人、沙子糊眼睛、花豹吃人，以及作为自然界一部分的人体的病痛等，对此"特缺"传说把它们与巫术力量、异于人的鬼相联系进行了强调。如在《舅舅阿德》这则传说中，就指出人的眼睛痛、手臂痛、胸背痛和腰腿痛，分别与空心树鬼、大青树鬼、塌方鬼和水鬼有关。当然，把人体的这些疼痛与自然界化身的超自然力量相对应是一种偶然行为，但是自然界的危险是确实存在的，且往往超过人们的掌控，那么怎样才能把这种对危险的认知转化为一种众所周知的常识呢？显然，正是通过传说故事的流传，基诺族把对自然界的认知作为经验知识世代相传。

也就是说，基诺族是通过"特缺"传说来强化人们对地方性知识的记忆。在日常生活、生产中，对于自然界的动物，包括豹子、水蚂蟥、旱蚂蟥、大头蜂、辣子虫、马鹿虱、蚊子等；植物，包括铁棕、麻棕、血藤、大青树等；自然物和人造物，包括箐沟的大石、臭水塘、木桥等，基诺族逐渐认识到这些与自己相伴而存在的动、植物，以及自然或人造物，往往会对人类的生命安全造成威胁，为了把已获得的知识作为经验传承下去，在没有文字的情况下，创造传说故事来记录和强调即是一种必要的选择和有效的做法。当然，"特缺"传说不仅对外在的威胁进行强调，而且对人们利用自然的知识同样给予记录。如在《十六岁的姑娘》里记录了黄梨木火烧了会爆裂，对此人们可以加以利用；而《从食人者寨逃出的小伙》这则传说不仅让人们知道"箐中的石头不能触动——因为它上面有食人者污血的恶气"[1]，而且也让人们认识了一种止血止痛的药物，据说从食人者寨逃出来的小伙就是用这种基诺语称"拉突帕炸"（意为握在手里就熟的树叶）的药物来治疗外伤出血和疼痛等，由于效果很好，这种药物便一直流传下来了[2]。

可以说，通过"特缺"传说，基诺族对个体在自然界中的位置进行了定位，明确了人可以利用自然的界限所在。

2. "特缺"传说反映的社会事实：基诺族对社会的认知

"特缺"传说呈现的社会场景与自然界的动植物及外在的空间相对照，在其中基诺族每个个体的生活更与竹楼、火塘、屋梁、晒台、舂碓、篱笆、竹筒、纺锤、铁刀等密不可分。在上述景物组成的村社内部空间中，人的活动表现为：捻线、搓线、纺线、绣花、煮茶水、舂米煮饭、抽草烟等。在"特缺"传说中，与这些生活内容相关联的是基诺族的社会关系及基诺族对社会的认知。

"特缺"传说所呈现的社会关系主要包括：两性关系、伙伴或邻居关系、族群关系。两性关系又以社会性别分工、婚恋关系、亲属关系等形式体现。从社会性别分工来看，男性制作箭弩，上山狩猎是其行为的模式；而女性纺线、织布、舂米煮饭和上山采集是其行为标准。从婚恋关系来看，自由恋

---

① 杜玉亭：《基诺族文学简史》，云南民族出版社 1996 年版，第 170 页。
② 杨世林等主编《基诺族医药》，云南科技出版社 2001 年版，第 4～5 页。

爱、婚前同居、男子夜访女子、婚后居住在女方家等都是人们所认可的。就亲属关系而言，在"特缺"传说中，母系亲属一方包括母亲和舅舅成为"特缺"的可能性更大，而父系亲属成为"特缺"的例子则相对较少。这与基诺族社会中以女性为中心的鬼神观念是相一致的。基诺语称姑娘为"米考"，而在基诺族社会中"米考"同时也是对鬼神的称谓，如火鬼称"密生米考"，箐鬼称"劳生使米考"，铁匠鬼称"合奶米考"，等等①。因此，"特缺"传说在两性关系方面反映的是男女两性及其背后的社会力量既竞争又合作的状况。从伙伴或邻里关系来看，"特缺"是一起换工耕种、上山狩猎的伙伴，或是同居一个村寨的邻居，甚至是可以婚配的对象，从基诺族实行氏族外婚和村寨内婚的婚姻规则来看，显然可以婚配的"特缺"其实就是居住在同一个村寨的其他氏族的人，"特缺"传说反映了村寨内部氏族之间的竞争关系。从族群关系方面来看，虽然"特缺"传说没有直接提及，但是杀了"特缺"要报告傣族召片领，以及埋葬"特缺"的坟墓建在基诺族与周边民族交往的前沿地带等传说内容都表明，食人者是与其他族群相伴而生的。

显然，通过"特缺"传说，基诺族对个体在社会中的位置也进行了定位，明确了人在诸多社会关系中的角色定位。

3. "特缺"传说反映的非人形象：基诺族对"自我"的认知

"特缺"传说对自然中的人和社会中的人的呈现，最终指向的问题其实就是"人是什么"。在基诺族社会中，"很久以前，传说人和鬼住在一起，分不清谁是人谁是鬼"。②"特缺"传说的流传即展现了基诺族从这种认知状态中解脱出来的过程。

首先，判断人与非人的最直接和最初浅的办法就是看外表，像老虎、花豹之类在自然界中异己的存在一眼就能看出是非人类，如果某人被认为能在虎、豹与人之间相互转化，那么这个人即使具有人的外表，那么他也是非人类。其次，看饮食欲望和行为，正常的人通常是不会生吞猎物的，也不会舔食人血，更不会渴望、贮藏和嚼食人肉；孕妇也不会违反饮食禁忌随便饮食。再次，看值观倾向，人除了与食人者——"特缺"不同之外，人与同样会吃人的"内缺"也不一样。在过去，基诺人相信，在社会中有放鬼害人，使人生病乃至死亡的一种人存在。"这种人基诺语称为：'内缺'，凡被称为'内缺'的人，大家都害怕他放鬼，都远离他而不与之交往。被称为'内缺'的人不仅完全被孤立，而且常有被群众打死的危险。传说亚诺寨有个叫车白的人被诬蔑为'内缺'后，被人们用枪打死在河边。他的妻子被诬为'内缺'，因受不住人们的冷眼、恐吓，便上吊自杀。"③ 此外，基诺族社会中还有与巫师鬼女举行了结婚仪式，取得巫师资格且有时会变成"迫来剥"的大巫④，他们在人鬼之间游走，是时而也会危害人的存在，因而被人所消灭。以上三者，虽都具有人的外表，但是他们却在这个外表之下行危害人的生存事，因此，对他们只能进行隔离和消灭，以此来强调基诺族对人的观点，即人是绝对禁止同类相食的，即使是人的尸体也一样。

（三）"特缺"传说关于食人者的防范与消除：社会秩序的建立和维护

类似基诺族这样的无文字民族群体，传说或者"神话被赋予建立风俗、决定行为模式、树立制度

---

① 陈平编《基诺族风俗志》，中央民族学院出版社1993年版，第25页。
② 刘怡、陈平编《基诺族民间文学集成》，云南人民出版社1989年版，第60页。
③ 陈平编《基诺族风俗志》，中央民族学院出版社1993年版，第35页。
④ 杜玉亭：《中国各民族原始宗教资料集成：基诺族卷》，载何耀华等主编《中国各民族原始宗教资料集成：彝族卷白族卷基诺族卷》，中国社会科学出版社1996年版，第970页。

的权威和重要性的规范力量"。① 正是在"特缺"——食人者传说中，人们对"特缺"的态度和处理方式，时时提醒现实社会中的人们，在与超自然、自然和社会互动时，什么样的行为才是合乎规范的，而与此相悖的行为都应禁止或避免。

1. 建立禁忌

由于"特缺"能够变换外形，人相对于"特缺"而言处于明处，而"特缺"则处于不易被发现的暗处。因此，依据经验建立诸多禁忌是基诺人首先要做的。于是我们可以看到，在"特缺"传说中呈现了许多基诺族社会一直保持至今，依然在起作用的禁忌及其源头。

如在村寨中的男子上山狩猎的时候，为防止"特缺"跟踪，要使用一些"黑话"来交谈。"后来人们对'拖超'有些认识，知道它会听人语，为了不让'拖超'知道人们狩猎的行踪，猎人便使用'黑话'交谈，明明是要到东山狩猎，在'拖超'面前就说要到西山去。"② 人们上山路过箐沟的时候，不能碰触箐沟中的石头，传说"因为从食人者寨逃出的小伙用箐沟中大石砸死了他与食人者所生的儿子，至今仍有这样一条禁忌：箐中的石头不能触动——因为它上面有食人者污血的恶气"。③ 另外，山林中的铁棕、麻棕、小木桥、臭水塘、血藤树、大青树等也不能随便接触，传说人们在老鹰的协助下，把法力高超的"特缺"杀死之后，"它的头发变成了铁棕、麻棕，人若砍这种树，全身发痒，红肿起泡；它的筋骨变成了小木桥，如果谁去搬动，就会害病；它的眼珠抓瞎后，眼窝变成大树牙杈上的或山间的臭水塘；它的肠子变成血藤树；它的手变成大青树。在基诺族的观念中这些东西都是恶鬼，人若沾惹着就要生病，就得杀牲祭祀"。④

而对于人类新的生命的孕育者——孕妇，"特缺"传说对其行为，还有专门的规定。如孕妇晚上不能住在山地旁的窝棚中，基诺族认为在"特缺"的眼中，孕妇是一朵花，身上散发着一种特殊的香味，"特缺"闻到后会跟踪而来，危害孕妇和胎儿。另外，孕妇也不能吃芭蕉花，因为芭蕉花于孕妇而言是胎儿的象征。

2. 积极防范

除了建立消极的禁忌之外，在传说中人们在明了情况之后，往往也会采取积极的措施来防范"特缺"。

在建盖新房时，为了预防"特缺"的攻击，人们要在兽神柱下竹篱笆编的楼板上留一个洞。传说受"特缺"诱骗和追赶的基诺族女孩少玑就是从房屋中存放兽肉房间的角落拨开篱笆跳下楼逃跑的。于是至今人们在此处"留下一个可以供人出入的洞，据说这个洞就是为防范食人者而设的"。⑤ 特别是在埋葬死者之后，为了防范"特缺"来吃死去的人，人们要在象征死者居室的草棚的柱子上和围在四周的草排上都涂上献祭牺牲的血，还要削几根竹扦，涂上狗血，插在草棚门口，从而防止野兽和"特缺"来吃死者。⑥ 在有的村寨"还流行着这样一种习俗：由葬礼主持人亲自削制九个木杆，并涂上狗血和黑灰，再将这些呈红、黑、白三色的木牌插入墓表的土内，其名叫'特车阿区'——防食人者吃死者的木牌"。⑦ 而有的村寨是在装死者的"独木棺凿成后，用一根嫩竹子，将敞口处敲髀成秃笔

---

① 〔英〕马凌诺夫斯基：《西太平洋的航海者》，梁永佳、李绍明译，华夏出版社 2002 年版，第 281 页。
② 陈平编《基诺族风俗志》，中央民族学院出版社 1993 年版，第 36 页。
③ 杜玉亭：《基诺族文学简史》，云南民族出版社 1996 年版，第 170 页。
④ 陈平编《基诺族风俗志》，中央民族学院出版社 1993 年版，第 36 页。
⑤ 杜玉亭：《基诺族文学简史》，云南民族出版社 1996 年版，第 171 页。
⑥ 刘怡、白忠明主编《基诺族文化大观》，云南民族出版社 1999 年版，第 134 页。
⑦ 杜玉亭：《基诺族文学简史》，云南民族出版社 1996 年版，第 173 页。

状，蘸猪（狗）血与火炭末，点在棺外成紫黑色的圈圈，看去就像金钱豹纹一样，产生恐怖感。意思是人埋下后怕食人者'特缺'来挖吃，用以吓唬他。墓地插的竹扦上，上段涂血下段涂炭末，用意一样"。①

3. 彻底消灭"特缺"：修建"特缺鲁普"

消极的禁忌和积极的防范，最终的目的都是要彻底消灭"特缺"，然而"特缺"却不易消除干净，传说死去的"特缺"的腿还会变成大青树，手会变成血藤，头发会变成麻棕，身上的污垢会变成蚂蟥、蚊子等。而最稳妥有效的方法就是挖深坑，把歼灭的"特缺"全部埋葬在里面，建立"特缺鲁普"，即"特缺"墓。

基诺族的儿歌《大家都到玩场去》呈现了基诺人与"特缺"斗争，建立特缺墓的过程和方法。"寨中玩场多宽敞，大家快到玩场上，基诺人知心的朋友聚一起，要把机密的事来做，要找知心的人来商量。'拖搓'的坟上，大家来踩脚。食人的鬼，献你三包三片腌酸的肉，叫你永世不复生。'切收'奶奶给你一枝驱鬼的板蓝根。"②

在传说中，历史上管辖基诺族的傣族召片领对于猎杀和消灭"特缺"的态度也是明确的，他们声称："这种吃人者不能超生，有一百杀一百，要全部杀光。"③ 显然，在地方社会中，基诺族在当地的生存空间得到了地方统治者的认可，他们抵抗和排除对其生存产生威胁的异己力量的行为得到了统治者的首肯。

巴卡、札果等村寨"特缺"墓地的建立，标志着"特缺"被最终消灭了。传说中强调对"特缺"的消灭，其实就是在基诺族社会中树立这样的观点："这个世界的万物以及生活于其间的人类，都被安排在一定的范畴之中，有些是位阶性的、有些是互助合作的，但一切都划分得极为明确，在其中任何超脱范畴的事物都会干扰整体结构，所以必须加以矫正或消灭。"④ "特缺"不仅吃在世的人，而且还吃死去的人，显然其不仅对人类世界构成了威胁，对鬼魂世界也构成了威胁，传说故事中消灭"特缺"并建立坟墓，既是对基诺族社会内部秩序成功维护的宣告，也是基诺族向外部社会标示自己的象征符号。

三　"特缺"传说逐渐消失的意义分析

在基诺族村寨尚未通电，晚上还点火把的年代，晚饭之后，老人们经常会在火塘边娓娓讲述"特缺"的故事，孩子们在害怕的同时，又控制不住自己的好奇心，总是专心把故事听完。因此，至今四五十岁以上的人多少都知道一点"特缺"的传说，而更年轻的人们则很少有人知道"特缺"的故事了。可以说，"特缺"传说正在慢慢淡出基诺族的记忆。那么，"特缺"传说在基诺族社会为什么会逐渐淡化，趋于消失呢？仔细分析，主要有以下几个方面的原因。

第一，在当代基诺族社会，人与自然相互融合的关系正在改变。人对自然界的认知，以及人与自然的关系，已经不再完全受传统经验的影响。在传统社会，基诺族与自然互动的过程中，生态的压力不是其匮乏，而是自然界强大的异己性，"生态压力其实际的、被设想的可能性越大，那里的社会就严

---

① 景洪市政协文史资料委员会编《景洪文史资料》之三《基诺族》，成都科技大学出版社 1994 年版，第 135 页。
② 刘怡、陈平编《基诺族民间文学集成》，云南人民出版社 1989 年版，第 304 页。
③ 刘怡、陈平编《基诺族民间文学集成》，云南人民出版社 1989 年版，第 55 页。
④ 〔美〕克利福德·格尔茨：《地方知识——阐释人类学论文集》，杨德睿译，商务印书馆 2014 年版，第 208 页。

重地依赖于集体行为，尤其依赖于仪式"。① "特缺"传说的流传，即是基诺族传统仪式社会的一个缩影。学校教育普及之后，基诺族对自然的认知更多的是采取现代科学知识的方法。在人与自然的关系方面，人们越来越相信人利用自然的能力，人对自然的敬畏和献祭，被当作"迷信"来看待。显然，"特缺"传说对基诺族认知自然方面发挥的作用已经消退。

第二，在基诺族社会秩序的维护方面，在传统社会，基诺族更多的是对氏族、村寨的认同，更高层面的归属感是缺失的或不明确的，因此既有的村寨社会秩序在相对封闭的环境中是稳定的，但是同时也是脆弱的，些许超越氏族、村寨的因素的介入，都可能会打破既有的社会秩序，而人们又不能很好地解释这些因素，此时，把这些打破平静的外来因素归结为类似"特缺"之类象征异己的力量，进而建立禁忌、制定预防措施，从而可以引导人们重新回到并维系现有的秩序。传说的不断讲述，其实就是这种引导的体现。但是随着村寨被直接纳入一个更为庞大的管理体系，村寨的正常运转和村寨秩序的维系，往往需要依靠更高一级的行政力量来推动，而对此人们都是明确知晓的，故而"特缺"传说对于社会秩序维持的功能也消失了。

第三，在基诺族与周边民族关系层面，古代的民族融合早已完成，无论其在体质和文化方面留下印记与否；而现在的民族融合正以全新的方式展现出来。在现代社会，一方面，基诺族与周边民族生活居住的空间是界限分明的，并受到法律的平等保护；另一方面，民族间的交往早已全方位展开，民族间相互通婚的例子越来越多，传统社会中的族群竞争关系已经让位于彼此合作的关系。"特缺"传说所指向的他者于族群方面而言，也已丧失效用。

总之，在传统社会，"特缺"传说流传的目的是建立禁忌，标示异己的恶，进而维持社会秩序，保持人世间的稳定。然而，在当今社会，"特缺"传说所呈现的食人者对基诺族的威胁：使人口减少、抢吃猎物使食物减少、使人生病等，已经不再是基诺族社会中的核心问题，并且对于上述威胁，人们也已经形成了新的解释系统。"特缺"传说已经失去了存在的基础和流传的环境。但是，对"特缺"传说逐渐消失原因的分析，却揭示了基诺族所面对的自然、社会及自我都已经发生了巨大变迁的事实。这将有助于我们对基诺族文化做出更加深刻的阐释。

---

① 〔美〕P. R. 桑迪：《神圣的饥饿：作为文化系统的食人俗》，郑元者译，中央编译出版社 2004 年版，第 50 页。

《西南边疆民族研究》第 27 辑

第 75 ~ 84 页

© SSAP，2019

音乐叙事诗《所婻窝罕》的跨区域传播与境内传承[*]

金　红^{**}

摘　要　音乐叙事诗《所婻窝罕》是中国孟连与缅甸景栋傣掸族群傣艮支系共有的音乐艺术形式。本文通过挖掘地方人群对《所婻窝罕》的历史性表述，探讨其跨区域传播的途径与境内传承的动因。文章认为，地缘关系的个体互动超越了地理空间的阻隔，促成了《所婻窝罕》作为同一地缘群体共享经验的传播。而孟连历史上宣抚土司以表演替代劳役地租这一具有互惠性质的官方制度的长久执行，为《所婻窝罕》在境内的世代传承提供了动力。其伴奏乐器"多罗"和"省"在芒朗寨的出现是傣艮支系从缅甸迁徙而至并伴随与之相依存的文化、习俗、器物等特征同步迁徙的结果。与此同时，由关门节赕佛仪式连接而成的宗教互动使《所婻窝罕》口承文学的跨区域传播得以实现。

关键词　《所婻窝罕》；傣族 - 掸族；中缅；历史记忆；跨境民族音乐

DOI：10.13835/b. eayn. 27. 08

一　引言

音乐叙事诗《所婻窝罕》（*So Nang Bua Kham*）是中国傣族与缅甸掸族共有的音乐艺术形式。它是一首以爱情为题材的音乐叙事长诗，以歌唱的形式讲述婻窝罕和召苏宛两个人的爱情与坎坷并最终得以圆满的故事。由于同源民族语言的相同或相近，《所婻窝罕》在中缅傣掸族群中都解释为："所"即"调子"，是一种旋律固定、即兴填词的歌调；"婻"是"公主"的意思；"窝罕"是"金莲花"的意思；"婻窝罕"即"金莲公主"，这是南传佛教经文故事中一位女主人公的名字。音乐叙事诗《所婻窝罕》解释为：用"所"这种歌调来歌唱金莲公主的故事。

现在的研究中，往往把境内外同一共有音乐形式当作跨境文化来看待。而事实上，在无明确的国家概念与区隔时，这些文化本身就是同一地缘群体的共有文化，是现代疆界的明确使族群共有文化成为跨境文化。而作为中缅同源民族的共有艺术形式，音乐叙事诗《所婻窝罕》在现代政治疆界明确以前，作为同一地缘群体的共有文化发生着个体与群体的多种互动，从而实现了其跨区域传播与境内传承。由于缺乏文字记载，历史上的《所婻窝罕》封存于孟连县勐马镇勐啊村芒朗寨老人们独到的表述

* 本文系国家社会科学基金艺术学重点项目"澜沧江—湄公河跨界民族音乐文化实录"（11AD002）、云南大学国家社会科学基金培育项目"中缅南段交界地掸傣族群音乐文化跨境互动与当代变迁"（17YNUGSP11）的阶段性成果。

** 金红，云南民族大学民族研究所博士后，云南大学艺术与设计学院讲师，主要研究方向为音乐人类学和民族音乐学。

方式和记忆脉络中。通过挖掘芒朗寨地方人群的历史性表述,[①] 从口承历史叙述中论证境内《所婻窝罕》之源流问题,将是该艺术形式传播与传承问题探析的重要研究依据。[②]

二 地缘关系的个体互动与《所婻窝罕》的跨区域传播

在地方人群的历史记忆中,地缘关系导致的个体互动是《所婻窝罕》跨区域传播的关键因素。在国界线没有明确以前,以地理位置为联结纽带的中国孟连和缅甸景栋的傣掸民族,由于共同生活在同一地理范围内而构成了亲密的人际关系。

> 以前,在我们这个地方是分不清国界的,没有你是中国,我是缅甸的区分。老百姓们都是说这边、那边,不说中国、缅甸。由于两边相隔不远,紧紧挨在一起,所以串亲戚或走朋友时,我们这边的东西可以传到那边,那边的东西也会传到我们这边来。[③]

这样的地缘关系,使相邻的民族长期生活在一个共享的地缘整体之内,无可避免地促成了各种形式和不同程度的合作与互动。由地缘关系构成的傣掸族群合作互动自然成为《所婻窝罕》传播的有效途径。《所婻窝罕》境内流传地区主要集中在云南省孟连县芒朗寨傣族村寨,这里距离缅甸景栋地区仅 80 多公里的路程。这一相隔距离,恰好是边境地带族群跨境互动人际网络可以到达的距离范围。因此,作为同源民族,孟连傣族互动最频繁的群体主要是缅甸掸邦景栋一带的掸族。在群体交往中,每一个人都离不开与他人发生互动作用,从而达到交流并传递信息的目的。[④] 以地理位置为联结纽带的地缘关系而生成的人际关系,无疑成为《所婻窝罕》跨区域传播的有利条件。

然而,在实际的研究中,由于缺乏关于《所婻窝罕》跨区域传播的文字记载,因而,以口述的方式对个人或群体记忆的挖掘就成为对民族文化"原生纽带"的忠诚和继承,[⑤] 这也是《所婻窝罕》研究的一种必要视野。

> 《所婻窝罕》是几十年前从缅甸传过来的。记得那是我们还在小的时候,有位名叫乌依的人是我们寨子中一户人家的亲戚。他从那边也就是现在的缅甸景栋带回来了留声机和唱片,来放给寨子中的人听。[⑥]
>
> 这个留声机也就是我们说的唱片机,有个针头放在唱片上转,就能放出《所婻窝罕》的音乐。寨子里的人们都觉得好奇,大家都围着听。我们那时还是孩子,也跟着大人去听。[⑦]

---

① 彭兆荣:《论民族作为历史性的表述单位》,《中国社会科学》2004 年第 2 期。
② 彭兆荣:《论民族作为历史性的表述单位》,《中国社会科学》2004 年第 2 期。
③ 被访谈人:昆弄,男,1978 年出生,孟连县文化馆工作人员;访谈人:金红;访谈时间:2016 年 12 月 22 日;访谈地点:云南省孟连县文化馆。
④ 雷德鹏:《论个体互动中的符号》,《经济与社会发展》2004 年第 12 期。
⑤ 彭兆荣:《论民族作为历史性的表述单位》,《中国社会科学》2004 年第 2 期。
⑥ 被访谈人:岩奔,男,1952 年出生,孟连县勐啊村芒朗寨寨民;访谈人:金红;访谈时间:2016 年 12 月 23 日;访谈地点:云南省孟连县芒朗寨文化活动室。
⑦ 被访谈人:龙帅觉,男,1944 年出生,孟连县勐啊村芒朗寨寨民;访谈人:金红;访谈时间:2016 年 12 月 23 日;访谈地点:云南省孟连县芒朗寨龙帅觉家。

可见，人类群体由于毗邻而居产生的地缘关系，致使相邻的同源民族享有一种共同的文化而凸显出文化传播的便捷。[①] 在共同地缘带来共享文化的同时，个体互动在民间艺术传承中的重要作用也不可忽视。

> 当时，芒朗寨的队长（也就是当时的寨子头人）叫布显，喜欢音乐，喜欢搞文艺、乐器、唱歌、跳舞。在他的支持下，就请寨子里的两位器乐演奏的能手，也是两兄弟，一位名叫相宗布，另一位名叫相罕福，他们听着留声机放出来的音乐就知道里面的伴奏乐器是我们这里的多罗和省，于是就跟着留声机里的音乐自学演奏，也学会了演唱歌词。[②]
>
> 他们学习了以后，又教给愿意学习的寨民和年轻人。由于有了当时寨子头人布显的支持和相宗布、相罕福这两位乐器演奏能手的学习与传承，《所婻窝罕》这个音乐就在芒朗寨生根发芽了。[③]

在老人们的历史记忆中，乌依是把留声机和《所婻窝罕》唱片带到芒朗寨进行互动传播的关键性人物。在此过程中，个体互动弥补了地理空间阻隔造成的文化阻隔，从而成为传统文化交流和传播的中介与桥梁。[④] 当乌依把音乐带入村寨后，在芒朗寨当时的村寨头人布显的支持下，乐器能手相宗布和相罕福获得了学习该乐曲的契机，从而使该音乐形式得以在芒朗寨传承和发展。由此可见，任何一种民族民间艺术的发展与传承都脱离不了该艺术形式持有者的个体活动，而《所婻窝罕》的跨境传入自始至终都贯穿着个人因素的参与。乌依和布显在偶然事件中推动了《所婻窝罕》在芒朗寨的必然传播，而相宗布和相罕福兄弟两人通过自身具有的音乐技艺，促进了该音乐形式在当地的传承。《所婻窝罕》传播过程中的个体活动由于受到地缘关系的影响，使地处边境地区的孟连芒朗寨与境外缅甸景栋地区的掸傣民族超越地理空间的阻隔，呈现出文化传播中个体互动的跨区域性特点，从而促成了《所婻窝罕》作为同一地缘群体共享经验的传播。

三 基于官方制度的群体互动与《所婻窝罕》的境内传承

民间艺人在传承民间艺术的核心地位不仅体现在个体互动之中，也依附于与该艺术形式相适应的民间习俗或官方制度。孟连宣抚土司礼仪制度作为在孟连县盛行了数百年的官方制度，在岁月的洗礼中逐渐衍生为当地的一种民间习俗。这一习俗主要体现在：各个民族村寨可以通过差派本村寨有特色的并且被土司重视的民间艺术定期到宣抚土司署内表演的形式，替代每年村寨上交给土司的劳役地租。这一官方制度长期执行形成的惯例，势必导致土司统治群体与村寨民众群体之间的互动，从而促进《所婻窝罕》的境内传承。

首先，《所婻窝罕》的境内传承依附于历史上宣抚土司定期或不定期庆典活动的开展。相传元明之际，孟连县傣族民间一直活跃着一支傣族民间乐舞队。它们的历史与孟连宣抚司即刀氏土司统治密

---

① 庄孔韶：《人类学概论》，中国人民大学出版社 2006 年版，第 49 页。
② 被访谈人：龙三笼，男，1936 年出生，孟连县勐啊村芒朗寨寨民；访谈人：金红；访谈时间：2016 年 12 月 23 日；访谈地点：云南省孟连县芒朗寨龙三笼家。
③ 被访谈人：雅嫩，男，1940 年出生，孟连县勐啊村芒朗寨寨民；访谈人：金红；访谈时间：2016 年 12 月 23 日；访谈地点：云南省孟连县芒朗寨雅嫩家。
④ 张锦鹏：《拉祜族跨境迁徙与互动中的宗教因素》，《云南社会科学》2012 年第 5 期。

切相关。[①] 明永乐四年（1406）孟连傣族土司被朝廷封为"孟琏长官司"之后，在举行隆重的庆典时，这支傣族民间乐舞队的先辈被土司看好后册封为官府的礼仪乐舞队。每逢土司举行重要庆典、婚丧嫁娶仪式和节日庆祝活动，都差他们前去表演，表演活动等于这个寨子百姓每年的固定差事，亦代替向土司交付的劳役地租。[②] 随着时间推移，芒朗寨乐舞队渐渐变成了生存在民间，既用于群众性自娱自乐表演，也成为土司衙署派差表演的特殊演出队伍。[③]

> 《所蝻窝罕》在乌依、布显、相宗布和相罕福的努力下，在芒朗寨流传开来。新中国成立前的一次庆典，相宗布和相罕福弟兄两个带着这些乐器去宣抚司署演奏这些音乐，就得到宣抚土司的赞赏与喜爱。[④]
>
> 这是我第一次也是唯一的一次跟着相宗布和相罕福这两位师傅去宣抚司署表演，当时的宣抚土司非常喜欢我们弹唱的《所蝻窝罕》。[⑤]
>
> 自此之后，《所蝻窝罕》就成为芒朗寨民间乐舞队到宣抚土司表演的固定曲目。[⑥]
>
> 减免劳役地租这一官方制度，对传统演奏曲目、乐队编制、乐队组织、表演形式的保存和艺人递代传承等产生了有力的保障作用，因而使《所蝻窝罕》得以长期延传不灭，保留至今。[⑦]

《孟连娜允边地绿宝石》一书写到：每年除夕，孟连王族得按老规矩守岁祭印。祭印庆典举行三天，大年初二赶摆[⑧]的重头戏是来自勐啊芒朗寨土司宫廷乐舞队表演的《金莲公主》（即《所蝻窝罕》）。土司制度虽早已寿终正寝，但表演习俗仍流传至今。[⑨]《娜允傣王秘史》也提到：大年初二，在孟连傣族土司祭印仪式的赶摆活动上，来自勐啊芒朗寨的土司乐队献唱《所蝻窝罕》就是这个寨子的负担。[⑩] 从田野访谈与文字记载可见，《所蝻窝罕》在庆典活动中得到土司阶层的喜爱并以此冲抵劳役地租，使表演习俗流传至今。

由于孟连刀氏土司政治交往与生活礼仪的需求，当地各民族民间艺术得到了在官方层面展示的契机与平台。而这一艺术技艺的展示，也为村寨嫁接起从官方获取福利的渠道。这一福利渠道的嫁接，就体现在以艺术表演形式替代并减免劳役地租这一官方制度的制定和民间习俗的形成。这种具有互惠性质的官方制度与民间习俗的长久执行，不仅联结并稳定了土司群体与民众群体之间的社会关系，也引发了芒朗寨年轻人学习民族民间艺术的热情与愿望。

---

① 张海珍：《娜允》（第一辑），云南美术出版社 2009 年版，第 15 页。
② 《孟连傣族拉祜族佤族自治县概况》编写组：《孟连傣族拉祜族佤族自治县概况》，民族出版社 2008 年版，第 36 页。
③ 张海珍：《娜允》（第一辑），云南美术出版社，2009 年，第 42 页。
④ 被访谈人：岩若，男，1956 年出生，孟连县文化馆工作人员；访谈人：金红；访谈时间：2016 年 12 月 18 日；访谈地点：云南省孟连县文化馆。
⑤ 被访谈人：龙三笼，男，1936 年出生，孟连县勐啊村芒朗寨寨民；访谈人：金红；访谈时间：2016 年 12 月 23 日；访谈地点：云南省孟连县芒朗寨龙三笼家。
⑥ 被访谈人：周汉东，男，1943 年出生，孟连县文化馆工作人员；访谈人：金红；访谈时间：2016 年 12 月 20 日；访谈地点：云南省孟连县文化馆。
⑦ 被访谈人：陈志明，男，1956 年出生，孟连县文化馆工作人员；访谈人：金红；访谈时间：2016 年 12 月 20 日；访谈地点：云南省孟连县文化馆。
⑧ 傣族"赶摆"是集祭祀、集会、百艺、商贸于一体的庙会，如摆爽南（泼水节）、摆干朵、摆帕拉、摆拉罗、摆汗尚、摆奘、摆斋等。而参加这些活动，则都叫作"赶摆"。
⑨ 张海珍：《孟连娜允边地绿宝石》，云南美术出版社 2006 年版，第 26～31 页。
⑩ 召罕嫩：《娜允傣王秘史》，云南人民出版社 2004 年版，第 185～188 页。

　　其次，进入宣抚司署表演是一种个人荣耀，也是村寨的集体荣耀。现在已经 83 岁高龄的民间艺人龙三笼，是目前健在的唯一一位在新中国成立前到过宣抚土司署表演的芒朗寨民间艺人，也是省级非遗传承人。他的师傅就是相宗布、相罕福。新中国成立以前，龙三笼五六岁的时候，他就跟着这两位师傅学习。

　　　　当时，学习这些音乐年龄最小的就是龙三笼，而且他学得很好，学业有成。所以，相宗布和相罕福就带着他到宣抚司署表演。由于新中国成立以后土司制度的随即瓦解，这次表演成为龙三笼一生中唯一一次、也是最后一次到宣抚司署为刀氏土司献艺。①
　　　　但这仅有的一次表演经历也使龙三笼成为能够为村寨减免劳役地租做出贡献的荣耀者之一。②

　　普通人能进入宣抚司署是一种个人荣耀，也是村寨的集体荣耀。学好民间技艺，可以到宣抚司内进行表演，并且为村寨减免劳役地租做出贡献，这在村寨民众中是值得骄傲和称赞的大事。因此，学好土司重视并喜爱的《所媚窝罕》就成为获取福利及得到荣耀的便捷途径。这一途径自然也促成了该音乐艺术形式在当地的世代传承。在此过程中，以宣抚土司为代表的官方群体与民间艺人群体的互动，促进了《所媚窝罕》在超越芒朗寨地域范围更为广泛的区域进一步传播，也激发了年轻人和孩子们主动学习包括《所媚窝罕》在内的各种民间技艺的热情。这为当地民间文化艺术的传承起到了推波助澜的作用。在民间与官方的交往中，《所媚窝罕》作为彼此沟通的符号媒介，在群体与群体之间发生相互作用，从而形成当地特有的社会活动和社会关系。③ 土司群体通过芒朗寨艺人的表演不仅获得了审美享受，还达成了政治礼仪的官方交往目的。而芒朗寨民间艺人群体通过土司庆典时《所媚窝罕》的表演，得到以土司为代表的官方群体的认可。同时，通过土司群体对《所媚窝罕》的喜爱，获得减免劳役地租的优待与福利。在群体互动行为中，互动双方凭借《所媚窝罕》这一音乐符号发出的信息，在接受信息的过程中做出相应的反馈，有效地在互动中促进了艺术文化的传承。

　　村民们在自娱自乐的群体互动中实现着《所媚窝罕》的自然传承。从目前的传承情况来看，龙三笼说："我是在 5 岁时跟着相宗布和相罕福学习的。"④ "听以前的老人说，乌依把《所媚窝罕》带到芒朗寨是龙三笼刚出生那年的事。"⑤ 根据以上访谈，可以大致推算出《所媚窝罕》传入的时间在 20 世纪 30 年代，至今，《所媚窝罕》经历了四代传承人。

　　　　乌依把留声机带进寨子，相宗布和相罕福在头人布显的支持下学习了这些音乐，这是第一代传承人。然后又传给龙三笼、龙帅觉、雅嫩等人，这是第二代传承人。之后，他们一起把《所媚窝罕》传给了岩依、岩弄、岩帅、岩散，这是第三代传承人。现在的第四代传承人是叶章嫩和

---

① 被访谈人：岩胆，男，1949 年出生，孟连县勐啊村芒朗寨寨民；访谈人：金红；访谈时间：2016 年 12 月 22 日；访谈地点：云南省孟连县芒朗寨岩胆家。
② 被访谈人：岩依南波，男，1961 年出生，孟连县勐啊村芒朗寨寨民；访谈人：金红；访谈时间：2016 年 12 月 22 日；访谈地点：云南省孟连县芒朗寨岩依南波家。
③ 雷德鹏：《论个体互动中的符号》，《经济与社会发展》2004 年第 12 期。
④ 被访谈人：龙三笼，男，1936 年出生，孟连县勐啊村芒朗寨寨民；访谈人：金红；访谈时间：2016 年 12 月 19 日；访谈地点：云南省孟连县芒朗寨龙三笼家。
⑤ 被访谈人：岩撒，男，1950 年出生，孟连县勐啊村芒朗寨寨民；访谈人：金红；访谈时间：2016 年 12 月 25 日；访谈地点：云南省孟连县芒朗寨岩撒家。

昆弄。①

《所婻窝罕》的这四代传承人中，仅第四代传承人叶章嫩和昆弄是以专门拜师学艺的师徒传承方式进行传承的，而其他三代传承人都是以自娱自乐的群体交流互动方式进行的自然传承。

> 以前，生活经济条件不发达时，我们在田间地头劳动都会背着乐器去，大家在劳作间聚集在一起，升起火堆，开始演奏，相互学习。这就是我们的自娱自乐，也在自娱自乐中传承了这些民间音乐艺术，为村寨能减免劳役地租做好准备。②

在减免劳役地租、获得村寨及个人荣耀的利益驱使下，人们利用劳动闲暇时间以自娱自乐的形式彼此学习交流。在此过程中，演奏技艺高的民众成为《所婻窝罕》的传授群体，演奏技艺稍逊的民众成为学习群体。传授群体作为信息的发送者向学习的一方传递演奏和演唱的信息，而学习群体作为信息的接受者接收对方传授的音乐技艺，并进行理解、反馈与实践。此时，《所婻窝罕》作为除土司群体与芒朗寨民间艺人群体之外的又一个彼此沟通的符号媒介，在传授群体与学习群体之间形成了以自娱自乐形式为传承方式的社会活动。在这一特定的社会活动中，芒朗寨民众实现了演唱及演奏水平的不断提高，并最终促成了《所婻窝罕》的境内传承。

四 族群迁徙对《所婻窝罕》伴奏乐器传播的影响

音乐叙事诗《所婻窝罕》在孟连县芒朗寨的伴奏乐器分别是"多罗"［$to^{33}lo^{33}$］③ 和"省"［$\text{ş}\partial\eta^{35}$］④。这两种乐器在缅甸、泰国等东南亚国家的应用较为普遍。笔者在缅甸曼德勒、仰光进行田野调查时发现，仰光有私人开办的艺术培训班专门教授传统乐器"得优" ［$t\partial^{33}jou^{33}$］⑤。缅甸的"得优"就是《所婻窝罕》的伴奏乐器"多罗"（"多罗"为孟连地区傣语的发音汉译）。在缅甸景栋地区，"省"［$\text{ş}\partial\eta^{35}$］⑥ 作为民间艺人弹唱或独奏的重要乐器，在各类场合中应用十分广泛。在孟连县芒朗寨当地人的历史记忆中：

> 我们小的时候就有这两种乐器了，听老人们说，多罗和省都是从缅甸那边传过来的。寨子中的老人们早就学会了自己制作这两种乐器，现在的老人龙帅觉和雅嫩，也是在年轻时候就跟着他们的长辈学会制作乐器的。⑦

---

① 被访谈人：岩弄，男，1962 年出生，孟连县勐啊村芒朗寨寨民；访谈人：金红；访谈时间：2016 年 12 月 23 日；访谈地点：云南省孟连县芒朗寨岩弄家。
② 被访谈人：雅嫩，男，1940 年出生，孟连县勐啊村芒朗寨寨民；访谈人：金红；访谈时间：2016 年 12 月 23 日；访谈地点：云南省孟连县芒朗寨雅嫩家。
③ 此为国际音标注音，根据云南省孟连县芒朗寨的傣语发音进行注音，属德宏傣语孟耿土语音系。
④ 此为国际音标注音，根据云南省孟连县芒朗寨的傣语发音进行注音，属德宏傣语孟耿土语音系。
⑤ 此为国际音标注音，根据缅甸曼德勒掸族的掸语发音进行注音，属泰语大泰方言南次方言音系。
⑥ 此为国际音标注音，根据缅甸景栋掸族的掸语发音进行注音，属泰语大泰方言南次方言音系。
⑦ 被访谈人：岩依，男，1958 年出生，孟连县勐啊村芒朗寨寨民；访谈人：金红；访谈时间：2016 年 12 月 26 日；访谈地点：云南省孟连县芒朗寨岩依家。

在刀正昌的口述中，他也认为："孟连县这两种乐器来自缅甸，乐器'省'早期使用时要到缅甸景栋购入。"① 这两种乐器是从缅甸传入的，这在芒朗寨已经是一个不争的事实。而本文探讨的重点不仅仅局限于乐器的源流问题，更关注乐器传入境内的途径与方式。

从云南傣族九大支系的族群迁徙来看，有两支直接来自缅甸，即从西南往东北迁入云南的傣艮和傣绷支系。② 而在孟连县勐马镇勐啊村就有傣艮和傣绷支系的傣族，靠近勐啊口岸的村寨是傣绷支系，而芒朗寨是傣艮支系的傣族村寨。"我们是傣艮，只要是我们这个支系的傣族都流行多罗和省这两种乐器。"③"这两件乐器在东南亚傣艮支系的音乐演奏中经常使用。"④ 缅甸掸族和云南傣族在国境线没有明确以前，本就是生活在同一地理空间的民族。从文献资料获知，"缅甸的掸族和中国的傣族是一个民族，居住在缅甸掸邦的掸族自称傣族。傣族和掸族本是一家，但由于语言、边界等因素产生了两个不同的叫法"。⑤ 从地理位置上来看，云南孟连傣族地区位于缅甸掸族核心文化区的东北面，也就是属于掸傣民族核心文化区的边缘地带。傣艮和傣绷两个支系从缅甸向东北部的云南地区迁徙，形成了孟连傣族的聚居区域。在缅甸景栋地区的掸族常说："我们也是傣族。"⑥ 孟连的傣族民众也常说："我们与缅甸傣艮是同一个支系。"⑦ 因此，可以肯定，孟连芒朗寨的傣族是缅甸迁徙而至的傣艮支系。"多罗"和"省"在芒朗寨的出现就是傣艮支系从缅甸迁徙而至并伴随与之相依存的文化、习俗、器物等特征的同步迁徙的结果。这种逐渐远离民族核心文化圈的族群迁徙，造就了孟连当地的民族文化多样性，也使地处傣族边缘文化区域的孟连县芒朗寨以物质为载体呈现出同源民族音乐艺术的共性特征。乐器"多罗"和"省"在体现人类面对变化所做出的带有文化基因的共性选择的同时，⑧ 也随即凝固成为中缅傣艮支系的族群共有文化。⑨

虽然，族群迁徙是文化基因跨区域传承的途径之一，也是直接导致《所婻窝罕》伴奏乐器成为中缅共享乐器的重要方式。但是，同一支系的共有文化随着迁徙地点的不同，呈现出文化的点状分布，而相同的文化特征可以在不同地域的同一族群间存在并呈现。⑩这就是在中国、缅甸、泰国等区域的傣艮支系都能看到"多罗"和"省"这两类共有乐器的原因。只不过各国的乐器名称、形制，伴随着语言和制作工艺及材料等因素的不同而有所差异。这种差异，使"多罗"和"省"作为傣艮支系族群的共有经验，在不同的文化语境中呈现出独具特色的地方性知识，⑪并最终实现了新的文化认同。

① 此资料来源于笔者 2009 年在孟连进行田野调查期间，孟连县教育局刀建平老师赠送给笔者的其父（孟连勐马镇刀正昌老人）回忆并亲手书写的文本《孟连傣族土司府乐队的调查报告》第 3 页。
② 《孟连傣族拉祜族佤族自治县概况》编写组：《孟连傣族拉祜族佤族自治县概况》，民族出版社 2008 年版，第 24 页。
③ 被访谈人：岩弄，男，1962 年出生，孟连县勐啊村芒朗寨寨民；访谈人：金红；访谈时间：2016 年 12 月 23 日；访谈地点：云南省孟连县芒朗寨岩弄家。
④ 被访谈人：昆弄，男，1978 年出生，孟连县文化馆工作人员；访谈人：金红；访谈时间：2016 年 12 月 22 日；访谈地点：云南省孟连县文化馆。
⑤ 《孟连傣族拉祜族佤族自治县概况》编写组：《孟连傣族拉祜族佤族自治县概况》，民族出版社 2008 年版，第 75 页。
⑥ 被访谈人：陈兴横，男，1975 年出生，缅甸景栋国文学校工作人员；访谈人：金红；访谈时间：2017 年 4 月 15 日；访谈地点：云南省云南大学宾馆。
⑦ 被访谈人：岩帅，男，1955 年出生，孟连县勐啊村芒朗寨寨民；访谈人：金红；访谈时间：2016 年 12 月 28 日；访谈地点：云南省孟连县芒朗寨文化活动室。
⑧ 彭兆荣：《论民族作为历史性的表述单位》，《中国社会科学》2004 年第 2 期。
⑨ 赵旭东：《适应性、族群迁徙与现代的文化认同》，《广西民族大学学报》（哲学社会科学版）2012 年第 3 期。
⑩ 彭兆荣：《论民族作为历史性的表述单位》，《中国社会科学》2004 年第 2 期。
⑪ 彭兆荣：《论民族作为历史性的表述单位》，《中国社会科学》2004 年第 2 期。

五　宗教信仰对《所婻窝罕》民间口承文学的传播

《所婻窝罕》是音乐叙事诗的名称，"所"专指一种歌调，而这个叙事诗的故事内容来源于名为《婻窝罕》的佛教经文。在缅甸掸邦与云南孟连的掸傣同源民族中也长久流传着《婻窝罕》作为族群起源的共同历史记忆。在龙帅觉老人的记忆中，就清晰地记录着经文书中所记载的传说故事《婻窝罕》。他花了两个小时为笔者讲述了这个故事，以下是故事的简要内容。

> 婻窝罕出生在道士仙人法拉显家养的金莲花中，她是天上的神仙下凡投胎。婻窝罕 16 岁时，她把插满鲜花的小船放入水中并许愿，希望找到与她有缘的人。小船一反常态地逆流而上，最终被王子召苏宛拿到。怀着好奇，召苏宛骑上白马找到了婻窝罕。在道士仙人法拉显的撮合下，召苏宛和婻窝罕结为夫妻。可是，猎人贪恋婻窝罕的美貌，杀害了召苏宛，并抢走了婻窝罕。道士仙人法拉显救活了召苏宛，婻窝罕也从猎人处逃脱。可是，两人却就此天各一方，彼此失去联系。于是，人生的大半时间都在对彼此的苦苦寻找中度过。直到两人已经 50 多岁时，才因为大金塔的修建——婻窝罕把自己与召苏宛的爱情和遭遇绘画到大金塔的塔壁上，两人才得以相见。他俩用歌声把自己一生的爱情、目标、坎坷唱出来给大家知道，这一唱就唱了一个月，这就是我们现在听到的《所婻窝罕》。由于他们对爱情的忠贞打动了邻国，多个邻国纷纷归顺召苏宛的国家，所以傣族才日渐壮大。[1]

首先，《婻窝罕》经文故事的传播依附于南传上座部佛教信仰中的赕佛[2]念经活动。作为族群共享的历史经验，《所婻窝罕》的口承文学是一种地方人群的历史性表述，如果缺失了老人们对地缘历史和文化原生性和传袭性的表述，[3] 势必影响人们对《所婻窝罕》的完整性认识。75 岁的龙帅觉老人为什么能记住那么长的《婻窝罕》经文故事？这与傣族的宗教信仰与赕佛念经密切相关。

> 我们傣族关门节的 3 个月里，从关门节的第一天开始，每隔 7 天就赕佛一次，3 个月共赕佛 13 或 14 次。每年赕佛时，除了用物品、经书供奉佛祖，还有一个重要的仪式活动就是请村寨中德高望重的老人念经。由于以前的男性从小必须出家当几年和尚，所以老一辈的男性都会朗诵佛教经文。在赕佛活动时，当老人带领信众念完经后，也可以念经书中的经文故事。我最喜欢《所婻窝罕》的故事，所以，每年的赕佛仪式中，念完经文后，我就会给大家念《婻窝罕》的经文故事。每次赕经书都要念完一遍，一年就要念十几次，念了几十年了，所以记得很清楚。[4]

经文符号和故事情节所构成的历史记忆，强化着人们的事件性经验和知识。[5] 在年复一年的赕佛

---

① 被访谈人：龙帅觉，男，1944 年出生，孟连县勐啊村芒朗寨寨民；访谈人：金红；访谈时间：2016 年 12 月 20 日；访谈地点：云南省孟连县芒朗寨龙帅觉家。

② 向庙宇奉献财物以求消灾赐福的一种祈神仪式。

③ 彭兆荣：《论民族作为历史性的表述单位》，《中国社会科学》2004 年第 2 期。

④ 被访谈人：龙帅觉，男，1944 年出生，孟连县勐啊村芒朗寨寨民；访谈人：金红；访谈时间：2016 年 12 月 20 日；访谈地点：云南省孟连县芒朗寨龙帅觉家。

⑤ 彭兆荣：《论民族作为历史性的表述单位》，《中国社会科学》2004 年第 2 期。

念经过程中，《婻窝罕》这一经文故事被不断强化，从而增强了老人对故事的清晰记忆。老人的每一次念诵，不断地向芒朗寨村民传达着《婻窝罕》的故事内容，这正是宗教信仰为民族文化传承场域提供的机缘，也使《所婻窝罕》与族源紧紧地联系在一起，成为中缅傣掸族群历史记忆的重要物化载体。①

与此同时，《婻窝罕》故事的传播还依附于中缅同源民族相同的宗教信仰。共同的信仰使人们的交际边界不再以具体的居住与劳作空间为基础，而是强调在任何空间下对于共同信仰的认同和信守。②中缅掸傣族群依附共同信仰中的赕佛行为，在不依赖于共同空间的任何空间下实现着共同信仰的认同与坚守。每年傣历的六月十五至九月十五是掸傣民族关门节的时间，此时，要在佛寺中举行赕佛仪式活动。赕佛时，人们用鲜花、鲜果等供品供奉佛祖。其中，献经书也是赕佛活动中最为重要的供奉。经书通常是信众们平日里自己亲手抄写的经文。在关门节赕佛时，信众们把自己亲手抄写的经书送到寺院供奉给佛祖，以祈求佛祖的护佑。每当赕佛仪式活动结束，信众可以从佛台上请回别人供奉的任何供品，经书也是信众可以取回的供品之一。信众把请回家的经书反复阅读，又照样亲自抄写一本新的经书，待到第二年关门节时，再把亲自抄写的新的经书送到佛寺赕佛。这样，每一本经书在一个新的赕佛轮回中就从一位信众手中轮流到了另一位新的信众手中。在下一年的赕佛仪式中，这本请回家的经书将被重新抄写并被赋予新的样态再次参与到新一轮的赕佛仪式中。与此同时，当每一本经书通过被重新抄写而被赋予新的轮回使命时，同样的经书内容将通过赕佛这件事被不同的信众阅读并虔诚抄写。在这个过程中，经书的教义与内容就在不同信众间传播，而传播的人群数量和地域范围也就随着经书年复一年的抄写、赕佛、请回环节的不断反复而逐渐扩大。

云南孟连与缅甸景栋仅相隔80多公里的路途，在现代疆界和民族概念没有明显形成和划分之前，两边的民众由于地缘、亲缘和血缘等关系，往来十分密切。赕佛活动的频繁交往和节庆期间、佛寺活动期间相互走亲访友形成的群体互动，使经书的传播跨越现代疆界的划分而发生着传播速度快、传播范围广的效应。"那边信众抄写的经书可以随着人员的流动传到这边，而这边信众抄写的经书也会随着赕佛地域范围的扩大传到那边。"③因此，关门节赕佛活动使经书的传播范围不仅局限于孟连或景栋，而是在两地间甚至更广的范围内循环、互动和传播。从孟连县傣族村寨村民家中现在收藏的经书来看，许多经书是家中上几辈人就请回的经书，有相当数量的经书是从缅甸地区传入的。而在景栋地区的掸族家庭中，也有相当数量的经书从孟连地区传入。《婻窝罕》经文通过关门节赕佛活动而在中缅边境的族群互动中不断交换和流动，其口承文学的传播也通过宗教仪式活动的彼此交流而得以实现。④

六 结语

综上所述，经历过的历史，总会在群体的记忆中留下或隐或显的痕迹。⑤通过对孟连老人们历史记忆的挖掘与梳理，探讨地缘群体文化的互动关系可以得出结论：历史上《所婻窝罕》的传播与传承

① 高志英：《无翅而飞的弩弓——中、缅、泰、美傈僳族弩弓文化变迁调查》，《中国民族报》2017年12月1日，第8版。
② 赵旭东：《适应性、族群迁徙与现代的文化认同》，《广西民族大学学报》（哲学社会科学版）2012年第3期。
③ 被访谈人：岩三，男，1947年出生，孟连县勐啊村芒朗寨寨民；访谈人：金红；访谈时间：2016年12月20日；访谈地点：云南省孟连县芒朗寨岩三家。
④ 张锦鹏：《拉祜族跨境迁徙与互动中的宗教因素》，《云南社会科学》2012年第5期。
⑤ 高志英：《无翅而飞的弩弓——中、缅、泰、美傈僳族弩弓文化变迁调查》，《中国民族报》2017年12月1日，第8版。

并不存在跨境的问题，而是同一地缘群体的共享文化。同一地缘性人群共同体内的经验积累和经验分享过程，[①] 促成了《所嫲窝罕》的传播与传承。其中，族群迁徙是《所嫲窝罕》伴奏乐器跨区域传入的重要前提，由赕佛活动连接而成的宗教互动促成了《嫲窝罕》口承文学在更广范围的传播。与此同时，孟连历史上宣抚土司以表演替代劳役地租这一官方制度的长久执行，也为《所嫲窝罕》在孟连地区的世代传承提供了动力。虽然，孟连芒朗寨老人们共享的对过去的历史记忆并非某种绝对的、固定的"真实"表述，[②] 但它却给予跨境音乐文化研究一个重要启示，即我们的研究不仅要注重现代政治疆界形成后，共享文化受到不同社会环境影响的多样性变化，也要承认在现代政治疆界形式兴起前，该文化原本作为同一地缘群体共有文化的各类互动关系的存在对其音乐文化传播与传承所起到的作用。

---

① 彭兆荣：《论民族作为历史性的表述单位》，《中国社会科学》2004 年第 2 期。
② 海力波：《从村落记忆到族群史观——黑衣壮族群历史表述中的能动性》，《民间文化论坛》2009 年第 2 期。

《西南边疆民族研究》 第 27 辑

第 85～92 页

© SSAP，2019

以歌传信：传播学视阈下瑶族信歌试探[*]

——瑶族信歌研究系列之一

袁君煊[**]

摘　要　瑶族信歌是"歌"与"信"的有机结合体，包括信歌主人的自创、仿拟他作、请人代笔等生成模式。苦难岁月的沉痛记忆、辗转流离的播迁记忆、魂牵梦绕的故园记忆与有情人难成眷属的爱情悲歌是信歌书写的核心内容。信歌中"歌"的因素助推了信的传播，而其中强调的伦理道德、因果报应思想与苦情表达则有效地规避了信歌的传播风险。从信歌的传播过程来看，具有多主体性、渐进弥漫性、结构网状性与内容公开性等特点。信歌以其丰富的内涵与独特的传播方式为世人留下了一笔宝贵的文化遗产。

关键词　信歌；瑶族；传播

DOI：10.13835/b.eayn.27.09

一　信歌研究回顾

瑶民天性爱歌，并将这一天性运用到书信中，以诗歌的形式书写信件，传递信息，称为信歌。这在自称"勉""金门"的瑶人中尤为盛行。作为迁徙性民族，瑶族留下来的物质文化遗产不多，非物质文化遗产数量不少，却又面临保护与传承问题，因此如信歌之类的文献就显得尤为珍贵了。新中国成立后，为了摸清少数民族的历史状况，抢救行将消失的宝贵的历史文化资料，1956 年开始了少数民族社会历史调查，信歌也是其中的一项重要内容。至 20 世纪 80 年代，经多位学者在广西、云南瑶寨搜集，共得信歌 41 首，收入《广西瑶族社会历史调查》第七册，1986 年由广西民族出版社出版。2005 年国家民委开始对包括《中国少数民族社会历史调查资料丛刊》在内的《民族问题五种丛书》进行修订，2009 年出版了《广西瑶族社会历史调查》修订本，修订本修正了错误，增加了注释，这是笔者进行瑶族信歌研究的基本文献。

部分瑶族聚居地把瑶族信歌作为瑶歌之一类进行整理汇编，如冯成善、冯春金主编的《田林盘瑶民歌》（广西民族出版社 2001 年版）收录了寻亲信歌、诉苦信歌、迁徙信歌、求助信歌、爱情信歌、美国瑶歌等 6 种类型的信歌共 11 首，包括《九江歌》、《洞坡歌》、《交趾歌》、《警世歌》、《瑶族姐妹

---

　*　本文系教育部人文社会科学研究青年基金项目（15YJC730005）、国家社会科学基金项目（14BZJ037）的阶段性成果。

**　袁君煊，东华理工大学副教授。

歌》等。①

瑶族信歌的发现与搜集整理引起了学界的关注，部分学者撰文介绍瑶族信歌，如老一辈学者盘承乾、刘保元、谭秀芳等人就瑶族信歌的发现地、一般类型与思想内容、形式特点做了简要论述。其中谭秀芳对瑶族"放信歌""出信歌"习俗的探究颇有贡献，她把信歌比喻成"迁徙的路标　历史的足迹""异地同心的纽带　团结战斗的桥梁""生活的乐谱　爱情的信息"，从内容与功能的角度准确、概要地总结出瑶族信歌的三大类型，对信歌"信"的应用性与"歌"的审美性及其歌信合一的形式特点的归纳也是符合实际的。② 在信歌研究的第二代学者中，莫金山是代表性人物，他把信歌与历史研究结合起来，从世系、称谓、作者、村屯、人物、史事、文法、民俗、流传九个角度，经过缜密考证，基本廓清了中越瑶族往来信歌的主人、作者、创作的时间、所述事件等要素，为进一步研究瑶族信歌以及瑶族文化奠定了坚实的基础。③ 作为新生代信歌研究者，潘琼阁的研究视角与方法值得注意，作者将盘王大歌黄条沙曲和交趾信歌进行对比后发现，二者虽然分别演述族群和个体历史，但叙述线具有同一性，主题和母题高度一致。作者透过形式层面深入族群传统，挖掘出"一片乌云"程式本身源于生活经验，成为传承历史悠久的结构性程式；从二者中抽绎出的共同叙事模式，对应于极具瑶族特性的迁移历史规律。④ 潘文的深刻之处在于揭示了瑶族信歌的叙事结构与瑶族生产方式的内在关系。

综上可知，虽有部分学者对瑶族信歌进行了探究，但由于存在研究的学者少、成果单薄、研究视角单一等问题，尚有较多的挖掘空间等待学人介入。基于此，本文拟从信歌文本入手，以传播学的学科视角对瑶族信歌做一解读，以就教于大方之家。

二　信歌生成的一般模式

迁徙游耕是瑶族传统文化的重要特点。作为山地民族的瑶族，长期过着"吃尽一山过一山"的游耕生活，形成"大分散，小聚居"的分布格局，山间交通不便，彼此居住地空间距离越拉越大，时间一长，往往造成亲人朋友之间失去联络。唱歌、编歌、抄歌、传歌是瑶族传统文化的另一重要特点。瑶人思念亲人时，就发挥本民族爱"歌"的传统优势，把要向亲人倾诉的信息用诗的形式编写出来。瑶人文化水平普遍不高，信歌的创作也就五花八门。文化程度较高的或粗通文墨的自己编写，如主持各类法事的师公，编写信歌对于这个人群来说不算什么难事，作为瑶族文化的集大成者，他们不仅为自家编写信歌，同时承担起了为其他瑶族同胞编写信歌的任务。瑶族没有本民族的文字，信歌是用汉字书写记录的，一部分瑶人口头创作信歌能力较强，但不识汉字，无法将所思所想诉诸文字，这就需要求助于瑶人中文化水平较高者，因此信歌中存在为数不少的代拟之作。

仿拟他作、请人代写是瑶族信歌创作中较为普遍的现象。20 世纪 80 年代广西瑶族社会历史调查组收集到的信歌作品，经历了时间检验，不少作品应该算是瑶族信歌中的经典之作。这些信歌的内容大同小异，大多叙述迁离的原因，哭诉途中遭遇、迁居地的生活情况，邀请宗亲前来同耕共居。从信歌的叙述方式看，大部分信歌总体上都采用了按时间先后进行叙述的顺序叙述模式。此外部分信歌存在局部结构相似的痕迹，如来自越南的《交趾信歌》系列，信中反复运用"一片乌云"句法

---

① 郑慧：《瑶族文书档案研究》，民族出版社 2011 年版，第 117 页。

② 谭秀芳：《"飘文寄禀万般情"——论瑶族信歌》，《广西民族学院学报》（哲学社会科学版）1986 年第 4 期。

③ 莫金山：《瑶史考辨》，民族出版社 2014 年版，第 193 页。

④ 潘琼阁：《盘王大歌和交趾信歌的共有模式及其迁移实质》，《民族文学研究》2016 年第 1 期。

编排内容，形成类似于《诗经·国风》以来的复沓结构模式，也与在瑶族宗教仪式中所唱的《盘王大歌》的反复咏唱类似。这些情况表明，瑶族信歌存在仿拟现象。那些在传播过程中受到青睐的信歌作品会被大量的抄写留存与广泛传播，其人群覆盖面要大得多，也为他人的信歌创作提供了范本。从信歌作者的自述来看，仿拟传世的经典作品确乎为瑶族信歌创作的一大风气，如《交趾曲》信歌结尾照例说了一番客套话："从小未敬孔夫子，乱造三千初学情。照古老言抄上纸，后世人传莫笑单。"[1]所谓"照古老言"就是仿照传世经典作品而进行的"乱造"。不少作品系请人代笔之作。《查亲访故古根歌》云："信出泗城九美山，正是西河郡子题。"[2] 可见信歌是由以西河郡为郡望的人代写的。《复寄歌》是女方收到男方情信歌后，托人代笔写就的复信情歌："代笔之人依口造，言语不通莫笑羞。"[3]

信歌是由原作主导、接受与传递人协助共同完成的，是集体劳动的结晶，类似于口头文学，是开放活态的生成机制的产物。信歌传递出去后，信歌的创作并未结束，在传播过程中信歌处于开放的状态，瑶人收到信歌后可以进行再创作，这一点得到原创的许可，如《书诣交趾行土》中所云："慢念慢读放声音，慢思慢读改歌语，何语不成运改胜。贤师读听能不若，从便补填卷卷完，补庇返言成章满。"[4] 收到信歌的人慢慢读，边读边想，用语不当处改正，信息不全处补充，务使作品完美完整。实际上，读信歌、听信歌、思信歌、改信歌是历史时期瑶人风俗化了的文艺交流活动，是瑶族精神生活的重要组成部分。但这仅限于部分无关宏旨的字词修改、文学性润色等，不能篡改原作所要传递的关键性信息，否则就失去了信歌之为"信"的本质。信歌之所以成为开放的作品并允许读者、传者再创作主要出于两点考虑：一是瑶人对自己的汉字表达水平有清醒的认识。《查亲访故古根歌》云："祝报大贤慢谈看。""有字笔多字笔少，补得字真沾赖恩。"[5]《放信歌》说："祝报两边贤才子，话是不成用口添。""写字不良贱手艺，也是贱身手艺低。"[6] 二是信歌的信息完整正确有利于更快送达收信人，达到信歌创作的终极目的。

三 信歌传播的核心内容

（一）苦难岁月，沉痛追忆

学界一般将信歌按内容分为迁徙信歌、查亲信歌、诉苦信歌、求援信歌、爱情信歌五大类型，前四类的叙事重点大体倾向于对过往苦难生活的沉痛追忆。信歌苦难大致包括三方面的内容。

一是天灾人祸的惨痛记忆。瑶族是一个苦难深重的民族，苦难作为瑶族生活的伴生物已然沉淀为其情感基因与文化基因的重要部分。信歌对瑶族的苦难历史倾注了大量笔墨，集中表现为瘟疫、旱涝等自然灾害与战争、抢掠等人为祸患，以及由此引发的大面积饥饿、疾病、伤亡现象。《周玄柜信歌》的作者几乎遭遇了上述所有的天灾人祸。早年遭遇旱灾："天旱三年不丰收，岭头茅草自枯了。卯时日照无云篆，晒到午时泥土干。高田畲地不得种，斩杀广西国内人。"旱灾期间还发生了地震："辛巳那

---

[1] 广西壮族自治区编辑组、《中国少数民族社会历史调查资料丛刊》修订编辑委员会编《广西瑶族社会历史调查》第七册，民族出版社 2009 年版，第 97 页。

[2] 《广西瑶族社会历史调查》第七册，第 55 页。

[3] 《广西瑶族社会历史调查》第七册，第 146 页。

[4] 《广西瑶族社会历史调查》第七册，第 77 页。

[5] 《广西瑶族社会历史调查》第七册，第 58 ~ 59 页。

[6] 《广西瑶族社会历史调查》第七册，第 61 页。

年天地动，五月初九卯时惊。百姓人民慌心碎，不知前面转成何?"被迫迁往越南后，不久母亲病逝，留下四个几岁的孩子与父亲相依为命。己丑年父亲病重亡故。庚寅年发生鼠害:"六月咬秧到九月，到处乡人泪水流。打卦求仙不得好，饥饿喧喧瘦相形。山里野薯人尽挖，岭上蕉心斩尽根。渐渐推人各自苦，不怕贵人也受饥。"壬辰年发生蝗灾，信歌这样回忆蝗虫的阵势:"飞过天堂遮了云，遮过日头不见光，飞翳惊动胜雷声。"天灾未了，交趾官府进山征收赋税，摊派劳役，瑶民苦不堪言。苛政未了，安南政权反抗明朝的战争打响了。战争从七月持续到八月，瑶族头人被杀，侥幸存活者后悔迁居越南:"前生错步住安南。""每路回山有兵满，思良无路通天朝。""国敌返朝无路门，无路通流含泪住。"战争年代的婚事充满了屈辱与心酸:"半又婚到行路上，逢着贼兵夺取银。贼灼银练金钗了，思解衫衣灼槌停。空灼银钱万打紧，望留片袴庇门穿。鸳姑堂婆袴灼了，……新员行婚到路上，半路退回衫无衣，半灼蕉叶来包体。"① 迎亲队伍遭贼兵打劫，连衣衫都被扒光了，只好摘芭蕉叶遮羞。《复信歌》描述了来到泗城府的生活惨状:"千般思尽格断肚，不知何样度年饥? 思着挖药凑着顿，寻山日日挖野药……衫烂四边摆摆落，如象九州叫化儿。"②《书诣交趾行土》倾诉了清朝道、咸、同、光年间凌云县发生的种种变故、纷争、灾荒以及瑶人的苦难生活。《立前世地方清朝有乱语歌》历数了清末至民国时期政治黑暗、军阀横行以及由此带来的社会问题，其中卖儿一段哭诉令人断肠:"何个有田也若卖，何无田塘又卖儿。肚饥卖儿取饭吃，含饭饱肚不见儿。慢念肚肌伤心里，脉血砍断别人收。日夜吃饭填母肚，看儿不见泪双流。退生红珠东天别，肚饥必定断肝肠。父母养儿多受苦，银钱使命求年高。长大赖是孝父母，不知天分断爷娘。开口卖儿早伤肚，成河（何）咬舌宛亡身。前世造来女大卖，世今便是卖幼儿。烧香断香断一世，日日沉落不见烟。香炉必定断香烟烧，祖宗千年不见烟。怨亏怨地怨不尽，茫茫渺渺伤亏图。一步行前三不退，四步危危五步亡。图图茫茫断心里，念到卖儿愿死身。了条命，四角沉沉亏（跪）地嘘。何个卖儿有父养，卖到夫妻断鸳鸯。"③ 堪称瑶族版的《弃儿叹》。《元国歌》的作者回顾了早年在广西交银粮、被抓当兵、被盗窃、挖野菜、吃山薯、无药医等悲惨生活。

二是辗转流离的播迁记忆。迁徙信歌是现存信歌里数量较多、影响较大的一类，是瑶人频繁迁徙的文献依据。一般而言，除非地力耗尽瑶人不会轻易迁居他方，因为迁徙就意味着耗费巨资、拖家带口、肩挑背扛、跋山涉水、披荆斩棘、重建家园，世事难料、前途未卜，一切充满了风险与未知。信歌中叙述的迁徙一般在天灾、人祸或二者兼而有之的情况下发生。《交趾歌》的作者是黄通升，信歌是寄给广西瑶族亲人黄通鉴的。信歌回忆了当年在广西恭城的悲惨生活:水灾旱灾，政治黑暗，社会动荡，盗贼横行，无田地可耕，忍饥挨饿，辗转迁入越南。其间经历了"平乐府—象州—柳州—来宾—迁江—龙虎渡—田州—百色—云南富州—鸡犬街—高街—头塘路—开化—南溪（云南河口）—过红水河—曼金山—猛华山—南梁南柳—南华猛马—万言山"，住在猛洞山头。④ 其路途之遥远、过程之艰辛，非常人所能忍受。类似的远距离迁徙经历在《查亲访故古根歌》和《放信歌》中也有非常具体的书写。

三是魂牵梦绕的故园记忆。尽管当年离开故土迁居他乡有难言之痛，但故乡无忧无虑的童年时光、相依相伴的亲朋好友、熟悉亲切的乡音乡俗是背井离乡的瑶人刻骨铭心的乡愁。这部分内容在信歌中

---

① 《广西瑶族社会历史调查》第七册，第 79 ~ 87 页。
② 《广西瑶族社会历史调查》第七册，第 67 页。
③ 《广西瑶族社会历史调查》第七册，第 110 页。
④ 《广西瑶族社会历史调查》第七册，第 93 ~ 96 页。

反复咏唱，如遭遇重重变故迁居越南的周玄柜奔涌着家国之思："千般万念天朝地，贤若几多是不愁。"① 年纪越大，思亲之情越强烈，《信寄海南查亲》是发往海南寻找兄长的信歌，写信的时候作者年纪大了，同族兄弟去了越南，自己的同胞兄弟去了海南，感觉特别孤单："是为生来无兄弟，个丹（单）独自一人难"，因此"老了思来念兄弟，寸步难行放信飞"。② 一旦接到了家乡来信，如获至宝，更勾起了乡思之愁。《交趾曲》是清朝迁入越南的瑶民写给广西平乐府荔浦县瑶族的信歌。作者在越南接到故乡的来信，触发了强烈的思乡之情，写下此信歌作为回复。《一本交趾信批笔》的作者原住泗城府星兰村，因缺少田地耕种与祖父、父亲等人迁居越南，进入老年的作者思亲心切："不晓堂兄落何岭，慢望云儿里五中。一世闻传龙几任，鱼共太阳世不逢。"③ 故土难离，故土难回，迁居远方的瑶人将故国之思、故园之恋倾注到信歌中，颇能引起广大瑶族同胞的情感共鸣。

此外，爱情遭遇挫折、有情人难成眷属是爱情类信歌中关于苦难生活的重要内容。《回三妹信歌》叙述了一段凄美的爱情悲剧。男青年收到三妹信歌欣喜若狂，咬破手指写下血书，诉说自己对三妹爱慕已久，只因三妹太美不敢贸然追求，导致三妹"藤不缠树树牵藤"，并盟誓："妹争千秋桥上守，男牵妹手笑九泉。""何人先寿归阴府，奈何桥上等三年。龙血修书深情献，海枯石烂不变心。"④《怨恨歌》讲述了一对青年男女自幼由父母包办订下娃娃亲，长大后男青年反抗包办婚姻毁约另择佳偶。女青年不堪忍受被遗弃和世俗白眼陷入极度痛苦之中。歌中唱道："一怨生来命不好，错许鸳鸯配错郎。二怨皇天搭纸桥，小蛙变龙飞上天。怨天怨地怨爹娘，眼泪涟涟积成河。"⑤《圆珠信歌》是一首经典的爱情悲歌。青年圆珠与洒少姑娘自由恋爱，同村一个叫洒意的姑娘忌妒洒少而从中搬弄是非，一对恋人因此而分手。洒少父母逼婚将洒少另许他人，而洒意与圆珠恋爱不久便抛弃圆珠另攀高枝。圆珠醒悟写下血书呈给洒少，两人重归于好，但遭洒少父母反对，于是双双服毒殉情。⑥

（二）条叙宗支，查亲访友

瑶族散居各山头，交通闭塞，平时联系不多，为了便于收到信歌的人能快速有效地帮助查找亲人，除了在信歌里交代清楚收信人的姓名与居住地外，不少信歌还列出世系宗支，帮助接信者结合自己掌握的信息做出判断。《查亲访故古根歌》从泗城府凌云县九美山寄出，寄往广西、云南、越南的山子瑶（蓝靛瑶）查亲访故。因为年深月久，作者列出了本支五代祖宗名字，方便瑶人对应确定。《书诣交趾行土》的作者十二岁时父母病逝，成为孤儿。小时候曾见过堂叔公李璋文，不久他迁入越南，从此杳无音信。于是罗列了六代宗亲，分别是李经气、李玄学、李道海、李璋文，李璋文在越南共三代，查询李璋文和他的后人："点名六世查兄弟，何枝知名便是亲。""何枝同宗便是亲，便是族内亲情位。"⑦《放信歌》的作者同样梳理了自己的世系，交代了要查找的亲人姓名，以便收信人对照确定："祖根便是李开宝，诞生五男儿子孙。""太公便是妙联子，小是经半子曾孙。玄绥玄经同父母，显永玄色一根苗。叔公便是李玄玉，共小商量放信查。""此信查寻玄绥子，道荣妖二在何般？""又问法印

---

① 《广西瑶族社会历史调查》第七册，第 84 页。
② 《广西瑶族社会历史调查》第七册，第 101 页。
③ 《广西瑶族社会历史调查》第七册，第 66 页。
④ 杨永福主编《云南瑶族口传非物质文化遗产提要辑录》，天津古籍出版社 2013 年版，第 314 页。
⑤ 《云南瑶族口传非物质文化遗产提要辑录》，第 314 页。
⑥ 《云南瑶族口传非物质文化遗产提要辑录》，第 311 页。
⑦ 《广西瑶族社会历史调查》第七册，第 68 页。

共道照，法夔道定在何山？"①

（三）重建家园，邀亲同住

瑶人辗转来到迁居地后，经过一段时间的经营，生活安定下来了，但初到异乡，语言不通，风俗迥异，不免觉得孤单，于是写信歌邀请亲人前来同住。信歌中关于邀请亲朋前来同住的叙述存在一种有趣的书写模式，即先诉说对异文化的不适应，再做一番夸张性的物阜民丰的书写，最后邀请亲人前来同住，这成为"邀亲"书写的一般模式。这种书写模式在来自越南的信歌中有非常明显的反映。《一本交趾信批笔》作者以一位"闯入者"的视角描述了当时越南的风土人情："夏月看禾不愿去，云门如入火炉中。生意不同泗城地，土堆交趾话不同。出门不离佩张钗，坡头看面胜长毛。交趾女人不好看，彩衣庄整胜男人……"②迁居地处处异于家乡泗城，可以说作者人在越南，心却留在泗城，乡愁因此涌上心头。但这里"万顷青山看不尽，茫茫妙妙半天边"，③物质基础还不错，于是邀亲前来："青山从意各人心，恩位安生放心在，十分难活放心来。"④《跤信歌》向故乡亲友介绍了在越南的生活，刚到越南时遇上兵乱，甲子年才兵乱平定。此后过上了丰衣足食的幸福生活，于是写信告知亲友，用夸张性的笔法描述了当地丰富的物产，以此邀请亲友前来越南共同生活，以解作者"为无亲队同小争"的孤单。⑤《交趾歌》、《海南信》等作品同样有类似的书写。

四　信歌作为"歌"的传播力及其风险规避

信歌是信与歌的有机结合体，信息的传递、接受与反馈是信歌传播的完整过程，这一过程是通过"歌"的助力而完成的，甚至可以毫不夸张地说，"歌"的形式是信息成功传播的重要因素。也有部分信歌因"歌"美而广受传唱，随着时代与社会的变迁其信息传播功能逐渐弱化，而其文学性的诗与音乐性的歌的艺术感染力却日渐强化，瑶族民间传唱时只欣赏其苦难的咏叹，至于其创作者为何许人、要寄给何方人氏、有何重要信息等反倒沦为其次，甚至一概不追究了。正是在这个意义上说，信歌"歌"的艺术魅力助推了信歌"信"的传播。

"出圩探亲相传报。"⑥瑶族信歌借助众人之力传递，从逻辑上讲，中间环节多，投递风险大，成功概率就低。那么瑶人如何来规避此种风险，收到预期的投递效果？一是鼓励大量抄送，扩大投递网络。"书到州门便听读。""一村读了二村放，放满山人石（世）世传。"⑦号召瑶人朋友都来参与信歌的传递，由此可见，信歌的传递是瑶族全民性的传播行为。二是把信歌传送与伦理道德、因果报应思想相结合。"运音在保送书官，保福送书官员子，满处国中后世传。诞男五岁读书字，聪明朝内胜甘罗。养女比同观音影，画龙画凤胜天星。何枝贝书抄放满，命寿张姑彭祖长。寿能南山胜东海，……耕种求财也兴旺。""何枝能沉此书信，子孙后世不聪明。""何人替抄放满处，子孙世代受皇恩。"⑧

---

① 《广西瑶族社会历史调查》第七册，第 60 ~ 61 页。
② 《广西瑶族社会历史调查》第七册，第 65 页。
③ 《广西瑶族社会历史调查》第七册，第 65 页。
④ 《广西瑶族社会历史调查》第七册，第 66 页。
⑤ 《广西瑶族社会历史调查》第七册，第 89 页。
⑥ 《广西瑶族社会历史调查》第七册，第 111 页。
⑦ 《广西瑶族社会历史调查》第七册，第 78 页。
⑧ 《广西瑶族社会历史调查》第七册，第 78 页。

"保福送书才君子，……男子送得此书达，保中状元作监明，福种只员彭祖岁，人见抽手鬼低头。美娥送得此书达，世尘高楼作大明，寿能嫜姑容万岁，胜过观音尘庙门。"① 传递信歌作为一种积德行善之举，是瑶人必须主动作为之事，若有违背则会遭到报应，这种思想对瑶人传递书信起到了很大的促进作用。三是信歌中的苦情悲叹内容很容易触发瑶人的相似感情，从而自觉地加入信歌的传播队伍。

五　信歌传播的独特性

瑶族没有自己的文字，但瑶族的口头传统很发达，瑶人代代相传的民族史诗、民间传说、瑶族民歌体量庞大，承载了深厚的瑶族传统文化，对瑶人的精神涵养与气质塑造影响深远。当然，口头传播有其天然的缺陷，一是容易造成信息失真，且中间环节越多失真的可能性越大、失真的程度越深。二是不利于长期保存，口头传播的载体是人，人都有一定的生命长度且生理心理有波动，口头信息容易随传承人这一载体的变化而变化。当汉字传入瑶族地区后，瑶人发现了文字在传播与保存方面的优长，于是吸收汉文字记载瑶族文化。信歌作为一种汉文字记载的文体，自然在信息传播与保存方面继承了文字载体的优势，但信歌的传播还有其自身的独到之处。

其一是传播的多主体性。瑶族信歌的传播在接受对象上是有选择的，这既是"信歌"作为"信"的属性决定的，也是瑶族的民族特点决定的（限于瑶人）。但就其过程而言则具有多主体特征。信歌从初始主体出发后并非直接到达目标接受者，在其"飘""游""飞"的过程中，每一位中间环节的接受者同时也是下一阶段传播的主体。也就是说除一头一尾分别为传播的主体与接受的主体外，其中间阶段的每一位都兼有传播与接受的双重主体身份。

其二是传播过程的渐进弥漫性。信歌的传播过程可以被形象地比喻为水波从中心向外扩散的状态，每一位传播主体都可被视为丢入水中的石子，信歌从四面八方向外传递犹如水波向周围扩散。当然，这个过程是一阶段一阶段向外推进，渐进式地向周边扩张的。

其三是传播结构的网状性。信歌的传播属传统的人际传播类型，但远非线性的单向度传播那么简单。由于多数信歌传播的目标人群位置与方向不明朗、中间环节多，故传播过程非常复杂，包括正向传播、逆向传播、交叉传播等，由此构成网络状的传播结构。

其四是传播内容的公开性。信歌在传播过程中并不排斥特定接受对象之外的接受者，信歌接受对象的模糊性与传递过程的渐进性以及参与传递的广泛性决定了它的传播模式，这就是开放式的传播。开放式传播能有效利用圈内人力资源达到传播的目的，这一目的是在鼓励大众参与阅读、抄写、传唱、传递的基础上完成的，同时也是形成信歌大众化接受奇观的重要因素。每一位信歌的接受者都有权阅读信歌内容，从现存的信歌来看，信歌的原始作者一般会在信歌结尾谦虚地表示自己文化水平低，所作信歌语言不美、错误较多，请求收到信歌的人修改润色，并根据其所知信息改正或补充信息，以便信歌能准确快速传递给预期的最终传播对象。

六　结语

哈佛大学心理学教授斯坦利·米尔格伦（Stanley Milgram）提出六度分离理论，即任何两个陌生人

---

① 《广西瑶族社会历史调查》第七册，第86~87页。

都可以通过"亲友串亲友"的形式建立联系,且最多通过五个亲友就可以达到目的。这个理论在互联网时代具有普遍适用性,但对于历史时期靠传统的人际传播的瑶人来说,套用这个理论却有削足适履之嫌。瑶族特殊的生活环境是不利于信息传播的,但瑶族人民发挥自己的聪明才智,准确地抓住了"歌"这一民族共同爱好,将其作为信息传播的艺术载体,充分利用信歌的传播优势,有效规避传播风险,将特定的信息内容传递给受众。信歌的开放式传播客观上推动了信歌的大众化阅读、仿拟与传抄,形成了瑶族特有的信歌文化,给世人留下了一笔丰厚的文化遗产。

《西南边疆民族研究》 第 27 辑

第 93~100 页

© SSAP, 2019

缅族因果观念的人类学阐释[*]

蔡芳乐[**]

摘　要　佛教与神灵崇拜是缅族宗教文化的两个核心面向，两者相互独立，又相互依存。佛教中的业力观与神灵崇拜中的神力观是缅人因果观念的核心构成部分，在不同的情境中，缅人运用不同的观念来进行因果分析及逻辑推演。文章基于在缅甸长期的田野调查，关注缅人日常生活的具体场景，从而考察缅人因果观念的生成机制与实践规律，并最终揭示佛教与神灵崇拜在缅族文化体系中既彼此共生又存在着阶序差别的关系。

关键词　缅族；因果观念；业力；神力

DOI：10. 13835/b. eayn. 27. 10

关于因果观念，英国人类学家埃文思－普里查德（Evans – Pritchard）曾对阿赞德人的"粮仓坍塌问题"进行过经典分析，阿赞德人认为粮仓坍塌是白蚁蛀蚀粮仓支柱的结果，但粮仓坍塌时砸伤了某些人而非其他人却是巫术作用的结果，阿赞德人这种将生活经验与超自然认知相互混融的因果观念给普里查德以深刻的文化震撼。[①] 不难看出，因果观念因文化而异，分析特定群体的因果观念是透视该群体文化的一扇重要窗口。普里查德指出，人类基于如下三种观念进行因果分析和逻辑推演：神秘观念、常识观念、科学观念。[②] 一般而言，这三种类型的因果观念同时存在于每一种文化中，人们在不同情境中选择不同的因果观念作为逻辑推演的工具。

缅人亦是如此，如他们认为在太阳最毒的时候洗澡会得病，这是缅人基于常识观念得出的因果解释；在庄稼丰收或歉收时，他们会从种子、气候等因素出发进行解释，这是基于科学观念的因果分析。常识观念和科学观念都不是本文要探讨的内容，本文将聚焦于缅人如何运用神秘观念（与宗教相关的观念）来进行因果分析，但并不试图证明缅人更倾向于用神秘观念来看待因果。

在缅人的宗教体系中，南传上座部佛教（下文简称"佛教"）和神灵崇拜相互依存、相互渗透，佛教中的业力观和神灵崇拜中的神力观是缅人进行因果分析的重要依据。业（Kamma）是佛教中的核心概念之一，其在缅语中称为"敢"（Kan），业力（Kammatic）指一切具有道德后果的行动所启动的

---

　*　本文系云南大学民族学一流学科建设 2017 年招标项目（2017sylt0010）的成果。

　**　蔡芳乐，云南大学西南边疆少数民族研究中心 2015 级民族学博士生。

①　〔英〕埃文思－普里查德：《阿赞德人的巫术、神谕与魔法》，覃俐俐译，商务印书馆 2014 年版，第 116 页。

②　〔英〕埃文思－普里查德：《阿赞德人的巫术、神谕与魔法》，覃俐俐译，商务印书馆 2014 年版，第 36 页。

力，可理解为行动和意念所具有的后续影响力。① 神力在缅语中称为"纳德珂"（nat d-go），可直译为神灵的威力和权力，泛指神灵影响人类生活与自然界的能力。例如，在解释某人经济上的富裕或贫穷时，缅人往往会将此人前世积累的善业或恶业视为原因；当遭遇车祸、不知名的疾病等偶发事件时，缅人则会认为这是触犯神灵、被神力作用的结果。

然而问题在于：业力观和神力观各自在何种情境下被运用？两种观念在缅人日常生活中不同的实践方式反映了佛教与神灵崇拜之间怎样的关系？本研究以笔者最近三年来在缅甸多个地方的田野调查为基础，以缅人日常生活的具体场景作为主要内容，试图勾勒出缅人基于宗教派生出的因果观念的生成机制与实践规律，并最终探讨佛教与神灵崇拜在缅族文化以及缅人日常生活中的相互关系。

一　缅人宗教形态概述

在探讨缅人的业力观与神力观之前，有必要对缅人的宗教形态进行概述，以此来观察这两种因果观念是在怎样的文化土壤中被培植起来的。缅人宗教体系可被视为佛教与神灵崇拜的综合体，前者是外来宗教，后者属于本土性原生信仰。

自 11 世纪缅人统一缅甸后，佛教开始成为缅甸的主导性宗教，并一度取得"国教"的地位。② 佛教的主导地位在现行的缅甸联邦宪法中仍有体现："国家承认佛教是本国信徒最多的杰出宗教。"③ 对于缅甸的主体民族——缅族而言，佛教更是几乎被全民信仰。在考察缅人的佛教信仰时，仅依靠教义分析的路径是远远不够的，而应重点关注缅人日常生活中是如何认知和实践佛教的。缅人日常生活中的佛教与规范性佛教（normative Buddhism）并非一致，④ 正如美国人类学家史拜罗（Melford Spiro）所指出的那样："一些教义成为信徒的信仰甚至迷信，另外一些，甚至是核心的教义则被信徒忽视或者拒斥。"⑤ 通过田野调查发现，缅人日常生活中的佛教与规范性佛教的不一致性主要表现在缅人对于追求终极解脱——涅槃这一核心观念的抛弃，⑥ 而对佛教中的业力观念却深信不疑，奉为圭臬。通过修行摆脱轮回之苦并不被缅人认可，积累善业以换取来世美好的生活才是缅人普遍信奉佛教的动机。史拜罗认为："缅甸佛教的核心观念在于业力（Kammatic）而非涅槃（Nibbanic）。"⑦ 业力观成为缅人因果观念的核心构成部分正是在这种特殊的生活佛教基础上形成的。

缅人将神灵称为"纳特"（nat），缅人的神灵崇拜在中文世界也常常被音译为"纳特崇拜"。"神灵"这一概念对于缅人而言并非是一个单一的意义符号，而是一个包含多重意义的体系。通过对报道人关于神灵的描述进行分析，基本可以将缅族文化中的神灵概括为如下三种类型：第一种是自然神灵，缅人认为自然界的万事万物都有神性和灵性，并且可以对人类施加影响，由此引发他们对山川、河流、森林、石头、村落、土地、风、雨等事物都保持敬畏之心，缅人对该类神灵的崇拜可归结为"泛灵信仰"（animism）；第二种情形是非正常死亡（冤死、夭折等）的人转化为神，特别是那些非正常死亡的历史人物、神话人物会得到广泛的崇拜，这一类神灵中，以缅甸官方认定的 37 个神灵（37 Nats）最

① 褚建芳：《芒市傣族村寨的业力论信仰、道德财富观与社会秩序》，《广西民族大学学报》（哲学社会科学版）2016 年第 2 期。
② 钟智翔：《缅甸的佛教及其发展》，《东南亚研究》2001 年第 2 期。
③ 《缅甸联邦共和国宪法》，第三百六十一条，李晨阳、古龙驹译，《南洋资料译丛》2009 年第 4 期。
④ 规范性佛教指以教义为准则的佛教。
⑤ Melford Spiro, *Buddhism and Society*: *A Great Tradition and Its Burmese Vicissitudes*, University of California Press, 1970, p. 4.
⑥ 多数缅人认为涅槃是不可能达到的，只有极少数人（主要是一部分僧侣）会将涅槃作为信仰佛教的目标。
⑦ Melford Spiro, *Buddhism and Society*: *A Great Tradition and Its Burmese Vicissitudes*, University of California Press, 1970, p. 70.

为著名;① 第三种神灵单指天神（Sakka），天神居住在佛教天堂，是佛教的守护神，天神并非缅人本土性的神灵，而是佛教传入缅甸之后才被缅人崇拜的神。② 以上三种神灵在缅语中都被称为"纳特"，但是各自指称的意义却大相径庭，缅人在对具体事件进行因果分析，而不同类型的神灵所具有的神力存在着差异时，也会将以上三种神灵及其各自不同的神力加以区分。

二 作为因果观念的业力观

涅槃、法、苦、业是佛教教义中的核心概念，但在缅人对佛教的认知与实践中，业力观念的地位格外突出，他们将有价值的生活理解为缔造善业的过程，业力观念也由此成为缅甸社会秩序和道德规范的基石。下面将呈现缅人如何在因果分析时运用业力观。

（一）今生业，来世报

善业导致善果，恶业导致恶报，这是缅人经常提及的言语，也是他们对于业力在因果关系中如何发挥作用最朴素的表达。但几乎所有的报道人都指出，不管是善业还是恶业，其造成的结果不会立即显现，而往往会在来世（naut b-wa'）得到印证；今生（i b-wa'）的生活状态则是由于前世（shei：b-wa'）的业所决定的。所以在缅人看来，业与报（kan thin'hmu'）是一种隔世的因果关系。所以，业力的运作在时间维度上具有明显的特征。以下是笔者与一个缅甸僧人——吴卓明关于这一问题的对话。③

> 笔者：不管多大的善业在今生都无法得到回报吗？再大的恶也不会在今生得到惩罚吗？
> 吴卓明：是这样的。
> 笔者：有人作恶，被抓进监狱，这不是业力的结果吗？
> 吴卓明：这是法律对他的惩罚，跟业力无关。很多人作恶，逃过了法律的惩罚，却逃不过业报，只是业报会来得更晚一些。
> 笔者：有人作了恶，得到了法律的惩罚，那他来世的业报会减轻一些吗？
> 吴卓明：不会，不管今生有没有得到惩罚，来世的业报都是一样的。
> 笔者：来世无法验证，人们为什么会相信业力的存在？
> 吴卓明：相信轮回（than dh-ya），就会相信业力。

吴卓明所指出的轮回与业力的关系很好地说明了业与报是一种隔世的因果关系，如果没有佛教中循环往复的时间观作为基础，业力观念也就不复存在，正所谓"轮回"是"业报"的前提和基础。④ 对于缅人而言，前世已经过去了，所以前世的业也是既定的，无法改变。现世生活作为前世业的果，也意味着已经注定、难以改变，这种因果观念在某种程度上削弱了缅人改变现实的积极性，使他们相

---

① 缅甸蒲甘王朝的创建者阿奴律陀王在任期间，积极推行佛教，并一直致力于废除神灵崇拜，但是没有得到缅甸民众的支持，阿奴律陀因此选定 37 个最有影响力的神灵供于瑞喜光塔的背后，希望民众在供奉神灵的同时也拜佛，以此达到宣扬佛法的目的。这种做法使该 37 神灵的地位进一步提升，成为缅甸全国范围内崇拜的对象。

② Melford Spiro, *Burmese Supernaturalism*, Institute for the Study of Human Issues, 1978, pp. 41 – 55.

③ 吴卓明是曼德勒省巴登纪县的一座村落寺院的僧侣。

④ 卫彦雄：《论佛教"因果报应"观对老挝文学作品的影响——以老挝寓言故事集〈肖沙瓦〉为例》，《广西民族大学学报》（哲学社会科学版）2011 年第 3 期。

对更能够安于现状，并坦然接受失败。然而这并不意味着缅人对待生活是消极的，为了更为美好的来世生活，积极做功德（ku'tho）、努力追求善业是大多数缅人对待现世生活的态度。

（二）万业之中，意业最强

在缅人看来，业可分为多种类型。例如按照业的善恶属性可分为善业、恶业和无记业（无所谓善恶的业），三者将导致完全不同的结果。按照缔造业的行为方式的不同可分为身业（kaya' gan）、语业（w-zi gan）及意业（m-naw：gan），其中身业指身体行为所造就的业，语业指言语造就的业，意业指心理动机（意识、意念、想法、心地）造就的业。缅人认为意业的业力最强，没有动机（无心）的身体行为和言语只会造就很轻的业，甚至不会造就业；如果某种善或恶的想法很强烈，即使这种想法没有付诸行动，也将缔造深重的业。

一个缅甸村民曾以"杀生"为例向笔者解释意业的重要性，他说："走路时踩死了蚂蚁或虫子，这不是杀生，也不会产生业报，因为你是无心的；如果因为想吃肉而猎杀动物，这就是杀生，并且将产生恶业。动机是最重要的。"从缅人对布施（a-hlu）的看法中也可以看出他们对于意业的重视，布施是最主要的做功德的方式，但缅人普遍认为功德大小并不是由布施财物的数量来决定的，而是由布施者的诚心来决定的。如果布施的意愿很强烈，即使只奉献了数量很少的财物也会获得大功德；而如果某人布施的动机是为了炫耀或其他不纯的目的，那么他奉献再多的财物也不会转化为功德。

在业力发起的因果关系中，动机是产生结果的第一因。在一些不符合佛教规范的事件中，动机也往往成为缅人为自己辩解的工具。笔者曾与一个彬乌伦（缅甸中部城市）养鸡场的场主讨论杀生的戒律，他每天都要杀鸡去卖，我问他这种行为是否属于犯杀戒，他回答道："这很难说，我并不比那些种地的人更恨（mon：）鸡，我也不比他们更喜欢（kyait）吃鸡肉，这只是我谋生的方式，所以我并不觉得我比种地的人更恶。"他虽然承认他每天都在杀生，但他认为杀生的动机不是出于憎恨，也不是为了满足口欲，所以并不会造就恶业。类似这样的解释话语经常出现在缅人的日常生活中，例如某人在不明真相时说了与事实不符的话，这并不被认为触犯了"不打诳语"的戒律，也不会造就语业。

在田野调查过程中，笔者曾遇到一个经常购买彩票的僧人，这让笔者感到非常震惊，因为这相当于他在进行赌博，对于僧人而言这无疑是严重的犯戒行为。然而他给出的解释是："我希望中奖，然后将中奖得来的钱财用于修缮寺院，我买彩票是为了做功德。"在该僧人看来，如果动机是善的，那行为本身不符合佛教规范也是可以接受的。

佛教教义为信众界定了"理想型"的规范性生活，当现实生活与规范性生活出现偏差时，缅人常用动机或无动机来为自己的行为进行辩解和开脱，这也是业力观念被缅人广泛信奉的原因之一。

（三）不求一生无过，但求善业更多

按照佛教的教义，业一旦产生便不会消解，不同性质的业之间不能转换，也不会相互中和。一个人只要做过一次恶，就会在来世得到恶报，而不会因为他曾做过巨大的功德而将恶业抵消。[1] 但是在田野调查中发现，缅人对业力观念的理解并非如此，他们通常认为不同性质的业可以相互转换、抵消以及中和。恶业可以通过善业来消解，非功德可以通过功德来弥补。由此，业力观被缅人视为一种总

---

[1] Melford Spiro, *Buddhism and Society: A Great Tradition and Its Burmese Vicissitudes*, University of California Press, 1970, pp. 230 – 231.

体性的因果观念。即前世的生活成为总体性的因，后世的生活成为总体性的果，只要前世生活中的善业多于恶业，后世生活就能够成就善果。缅人的业力观念与佛教教义的规范性解释相去甚远。

将业力观理解为一种总体性的因果观念，这对缅人而言最大的意义在于塑造了日常生活的容错空间。生活并不会因为造就恶业变得毫无希望，而可以通过努力行善来进行弥补。正如一个报道人曾对笔者所说的那样："不管你以前的生活多么堕落，只要现在开始做功德就为时不晚。"在笔者长期进行田野调查的彬乌伦地区，笔者曾遇到一个僧人并问他为什么要出家（shin：pyu'）时，他的回答是："我以前嗜酒如命，喝醉之后经常恶劣地对待家人，出家是为了戒酒，用功德来弥补以前的过错。"①在缅人看来，每个人都会有做错事的时候，作为佛教徒做出一些不符合佛教规范的事情也是在所难免的，但如果能够做到知错就改，一心向善，来世的善果就有希望。

在田野调查过程中，许多缅人都会拿佛陀和目犍连（佛陀十大弟子之一）的例子来证明业力的可中和性。他们指出，佛陀在未成佛之时，曾经杀害自己的弟弟，但通过无量的功德最终成佛；目犍连曾以打鱼为生，犯下杀戒，并且还曾扮成强盗殴打自己的母亲，但通过善举和修行，最终证得阿罗汉（成就涅槃并接近成佛的果位）。但是缅人忽视了这两个故事中的核心部分，即佛陀和目犍连都因为前世的恶行而在后世遭受到了恶报，佛陀甚至因杀生而曾入地狱。佛陀成佛以及目犍连证得阿罗汉都是在遭到恶报之后才得以成就的善果，他们并没有因为功德无量而使恶业消失。缅人并非对这些佛教故事不熟悉，而是通过这种偏差性的理解来安抚自己的内心，建构生活的希望。

（四）业因我起，报在我身

霍尔（Harold Fielding Hall）在考察缅人的佛教生活时指出："佛教是一种自由的宗教，只有自己可以使自己解脱，除了自己，无人可以保护你，或诅咒你，相比其他宗教试图向上天索取权威和权力，佛教显得如此格格不入。"②霍尔的观点在缅人关于业力的认识中也有着清晰的体现，在他们看来，业力是完全自我的。业只能由自己缔造，业力导致的结果只能由自己承担。在这种观念的引导下，缅人对某一事件进行因果分析时，往往会从自我身上找原因，并更具独自承担结果的勇气。

在田野调查的过程中，一些生活极为贫困的报道人基本都表示艰难的生活状况是自己前世的业所造成的，很少有人认为政府要为此负责，也不认为其他任何主体是造成这种结果的原因。虽然这些人也渴望得到别人的帮助，有时甚至会主动寻求救助，但在得不到他人的回应时，他们也并不会因此气急败坏或抱怨连连。没有任何一个人需要为他人的业负责，也没有任何一个人可以为他人的业负责，包括佛陀、阿罗汉、一般的僧人都不具有这种的责任和能力。缅人经常给予那些困境中的人以帮助和施舍，这一点得到了世界各国的普遍认可，但缅人施助行为的首要动机并不是"利他心理"，而是为自己积累功德，缔造善业。业力所导致的因果关系都是基于自我的。

回向（patti-dana，功德分享）的观念在佛教理论体系中具有重要地位，缅人也都持有这种观念并将其付诸实践。最集中的表现就是在所有集体性的布施过程中都会举行滴水仪式，缅语称之为"液色恰"（yei zet khya'），布施的主人将水壶中的水慢慢地滴入盘子（或者杯子）中，象征着自己布施所得到的功德与他人分享。不难看出，回向的观念与业力完全自我的特征之间存在着矛盾和对立，既然所有业都只能由自我缔造，所有的果都只能由自我承受，那么某人的功德怎能与他人分享呢？对此，

---

① 在缅人看来，出家是功德最大的善行。
② Harold Fielding Hall, *The Soul of a People*, White Orchid Press, 1995, p. 117.

笔者的重要报道人吴卓明的解释是："功德分享只是象征性的，功德并不会因为滴水仪式而分给他人，与其说滴水仪式是分享功德，不如说滴水仪式是对布施者礼仪性的奖赏，因为在众人的见证下进行滴水仪式是一种荣耀（gon heit）。"可见，不管是善业还是恶业，都无法转移至他人。在业力主导的事件中，原因是自我，结果亦在自我。

三　作为因果观念的神力观

佛教是缅人精神世界与日常生活的最高准则，但佛教并不能对日常生活中的所有问题进行解答，特别是佛教中所表现出的强烈的来世关怀，使其对现世生活持相对冷漠的态度，而神灵崇拜恰好对此形成有益的补充。缅人运用神力观对特定事件进行因果分析时可以有力地证明这一点。

（一）人生无常，皆因神力

佛教主张"诸行无常"，认为世间万事万物都处于相续不断的生与灭的过程中，人生中的生、老、病、死皆无常。[1] 按照佛教的观念，无常并非外力作用的结果，而是人生的本质，是每一个人都无法逃避的事实。"无常"是缅人日常生活中频繁用到的概念，其在缅语中称为"穆么蛮"（mu m-hman）。但在缅人的观念中，无常并不是一个佛教概念，而普遍认为无常是神力作用的结果。例如在遭遇车祸、查不出原因的怪病、突如其来的挫折等情况时，缅人普遍会将原因归结为神灵作梗，神力所为，应对的方法也往往是供奉神灵（nat ko:），祈求神灵宽宥。

笔者在瑞保（缅甸中北部城市）田野调查期间，恰逢一位村民被蛇咬了，其在完成医疗救护措施之后，首先做的就是祭拜山神（taun nat），他认为之所以遭到蛇的攻击是因为上山砍竹子时冒犯了山神，而祭拜山神会使伤口快速痊愈，更重要的是可以避免再次受到山神的惩罚。当笔者问他具体是什么行为冒犯了山神时，他回答道："我不知道，没有人会故意冒犯神灵，都是无意的，所以冒犯了也觉察不到，大多数神灵的脾气（dh-baw）都很坏，睚眦必报。"田野调查的过程中，许多报道人都用"坏脾气"来形容神灵。正是因为神灵的坏脾气，及其对人类施加神力的不可预期导致人生中的种种无常。

神灵意图的不可捉摸以及神力运作的偶然性、随意性，促使缅人在做重要事情之前往往要供奉和祭拜神灵，祈求事情能够顺利进行，避免无常的出现。例如男孩在举行剃度成人礼时，其家人要准备专门供奉给神灵的食物，主持仪式的僧人要向神灵指明这些食物所在的具体位置。缅族女孩的成人礼是打耳钉仪式，耳钉在穿入女孩耳垂之前需要先放置在一个特定的盘子中，表示对神灵的供奉。[2] 缅人在建造房屋、乔迁新居、远行、播种庄稼时，都伴随着对神灵的祈祷。笔者曾问一个僧人："为什么不向佛祖（ph-ya:）祈祷，而要向神灵祈祷？"该僧人的回答是："也会向佛祖祈祷，但只是出于礼节，因为佛祖不会帮谁，也不会害谁，祈求是没有用的；但神灵有时会帮你，有时也会害你，祈求是有必要的。"从该僧人的回答可以看出，业力主导的因果关系是明确的、可预期的，正所谓"善恶终有报"，他人（包括佛祖）无法改变业力导致的因果；但神力主导的因果关系是偶然的、不可预期的，神灵保佑你并不是因为你行善，神灵加害你也并非由于你作恶。

---

[1]　Melford Spiro, *Buddhism and Society: A Great Tradition and Its Burmese Vicissitudes*, University of California Press, 1970, p. 92.

[2]　Jhon Brohm, "Buddhism and Animism in a Burmese Village, The Journal of Asian Studies", 1963, Vol. 22, No. 2, p. 163.

缅人并不接受人生的本质就是无常的观念，他们认为无常是人生中的意外。缅人选择神力观而非业力观来解释和面对人生中的无常，很大程度上是因为在业力观念下，人对于无常只能接受，而无法有所作为；但在神力观念下，人可以通过一系列的措施预防无常，或对无常进行补救。

（二）神力中的人为因素

通过前文对缅人业力观念的分析可以看出，业力是一种不受任何人为因素左右的客观现象，即使是佛陀这样最伟大的人物也无法改变业力所导致的因果。但在神力导致的因果关系中，常常可以看到人为的因素在其中起作用。一方面，神灵时常运用神力对人类施加影响；另一方面，人类也经常试图借用神力来达到特定的目的，而灵媒（nat g-daw，可与神灵沟通的人）的存在使人为操控神力成为可能。笔者在缅甸中部的瑞萨延村进行田野调查时，曾与村里的灵媒玛恩进行过深度访谈，下面是访谈过程中的一段对话。

> 笔者：请问灵媒有哪些特殊的能力？
>
> 玛恩：灵媒可以接收到神灵发出的信息，也可以向神灵传达信息，有时候神灵会直接附身（nat win）于灵媒身体中。
>
> 笔者：在怎样的情况下，人们会向灵媒求助？
>
> 玛恩：人们求助于神灵，而非灵媒，灵媒只是传话的人。人们求助于神灵的目的有很多，例如求财，祈求考试成功，祈求某人爱上自己，或诅咒某人交厄运，等等。
>
> 笔者：向神灵求助之后，这些愿望都会现实吗？
>
> 玛恩：时而有效，时而无效，这取决于求助者的供奉是否令神灵满意，当然，有时候灵媒也会出现传话失败的情况，致使神灵无法接收到求助者发出的祈求。

从上述对话中可以看出，缅人认为神力有时是神灵自发对人类施加的影响力，但也有可能是神灵在人的祈求、怂恿、蛊惑下而发出的超自然力量。笔者在彬乌伦的一个村落中田野调查时接触到一个与此相关的故事，当地一个村民与他侄子的妻子有私情，后来放弃家庭与其私奔，他们在外地共同生活了三年，并且生下一个女儿，之后这个村民又回到了村里，与原来的家人重新复合。当地村民一致认为是该女子借助了神力将这个男人蛊惑，致使他做出这种"不伦"的荒唐事，而后来该男人重新回到家人身边也是因为他挣脱了神灵的控制，而回归至正常的状态。笔者问村民为什么会得出这样的结论，村民都表示该男子向来"老实"，并且"正派"，而他侄子的妻子却素来"不检点"，并且有遇事求神的喜好。在缅人看来，神灵会帮助或加害人类，而人类也可以通过一些措施使神灵为自己服务。很多情况下，人为因素是发起神力的动因。

（三）神力观：因果观念中的"小传统"

如果将业力观视为一种总体性因果规律，那么神力观的地位则显得相对次要，甚至可以说，业力观是缅人因果观念中的"大传统"，而神力观是"小传统"。① 其作为"小传统"的特征不仅表现在它

---

① 关于"大传统""小传统"两个概念的提出与分析，参见 Robert Redfield，*Peasant Society and Culture*，University of Chicago Press，1956，pp. 70 – 71。

更倾向于对琐碎的偶然事件起作用,更表现在缅人对神灵及其神力所赋予的某种"负面价值"。

"纳特"(nat)一词在缅语中不仅有"神灵"的意思,同时还有"野的"、"自然的"、"未经文化驯化的"等意思,神力也时常被认为是一种野蛮的、非理性的力量。缅人对于神灵及其神力的情感主要表现为"惧怕",而很少有人对其"尊敬","坏脾气"、"喜欢使坏"、"睚眦必报"是缅人对神灵最为常见的描述。与其说缅人崇拜神灵,不如说是不得已要防备和安抚神灵。佛教规范下的生活是有序的,并且意味着道德的,而神力则往往是对这种生活的侵扰。曼德勒的一位大学教师曾经这样向笔者表述神灵和神力:"神灵是存在的,很多事情也是由神力引起的,但是我从来不敬神,也不会有求于神灵,神灵一般不会去骚扰那些真正的佛教徒。"在这位教师看来,只要一切以佛教的规范为准则,过真正向善的生活,神灵及神力就会退避三舍。

由于神灵被赋予了某种负面价值,所以那些热衷于敬神的人也容易招来非议。如果某人频繁地将事件的原因归结为神力,人们会叫他"纳佑"(nat yu:),意思是"疯狂迷信鬼神的人",带有强烈的贬义色彩。一般而言,防御性的敬神行为更能得到周围人的理解,人们对那些为了规避生活中的偶发灾难而去敬神的行为相对宽容,而对那些带有趋利性目的的敬神行为则往往表现出厌恶和鄙夷。例如那些求发财、求成功的敬神行为一般都会在非公开的状态下进行,而为这些行为保密也由此成为灵媒最重要的职业道德。在大多数缅人看来,神力确实是许多事件发生的原因,但是热衷于运用神力改变因果的行为不仅不被提倡,而且还会被认为是不道德的。

四　结论

特定的宗教信仰衍生特定的因果观念,佛教中的业力观与神灵崇拜中的神力观是缅人因果观念的核心构成部分。业力观以轮回观念为基础,是一种前世为因、后世为果的因果观念,其彰显了缅人宏观性的时间观念。在各种不同类型的业中,意业的业力最强,缅人认为心理动机的重要性远远超过行为本身。善业与恶业可以相互抵消、相互中和,缅人认为过去犯下的恶可以通过积极行善来进行弥补。业力观是一种客观规律,不受人为因素的影响,所有业力引起的果报都是自我意识及行动的结果,不受他人干涉。

神力观是一种与业力观极为不同的因果观念。缅人倾向于认为神力是一种非理性、无规律的影响力,人生中的诸多偶发性事件(无常)皆是由神力所导致的。神力可以对人类生活施加影响,人类也可以通过特殊的举措对神力进行操控,以达到特定的目的。虽然缅人普遍认可神灵与神力的存在,但神力观只是缅人因果观念中的"小传统",处于次要的位置,那些热衷于敬神以及频繁用神力观来解释日常生活的人往往会受到他人的歧视,处于社会的边缘。

通过对业力观和神力观的比较分析,可以透视佛教与神灵崇拜在缅族文化体系中的关系,并且各自在缅人日常生活中所扮演不同的角色。一方面,佛教与神灵崇拜在缅族文化中是相互依存的共生关系,佛教为缅人塑造了一种以来世为指向的规范性生活,而神灵崇拜则彰显了对缅人生活的现世关怀,对于缅人整体性的生活世界而言,两者都不可或缺。另一方面,佛教与神灵崇拜之间存在着一种阶序差别的关系,佛教作为缅族文化中的大传统,其为缅人"理想型"的日常生活提供精神指引,并且树立道德规范;神灵崇拜作为缅族文化中的小传统,其更表现为一种趋利避害的生活工具及行动策略。

《西南边疆民族研究》 第 27 辑

第 101～107 页

© SSAP, 2019

人际交往和社会联结的纽带：云南石林撒尼社会中的"小伴"研究[*]

史艳兰[**]

摘　要　面对日益个体化的世界，需要借助一种比较的视野，洞察纷繁复杂的人际交往。在人类学传统研究中，朋友是亲属关系的附属。在施耐德新亲属关系理论的关照下，人类学朋友研究从亲属关系视角分析友谊，逐渐发展出"文化亲缘性"、"融洽关系"等概念。从丧礼这一塑造小伴关系的特定文化空间出发，透过对小伴文化意涵和社会功能的梳理，可见朋友在撒尼人际交往和社会联结中重要的文化意义，友谊成为个人或集体联盟的一种主要形式。

关键词　人际交往；社会联结；撒尼人

DOI：10.13835/b. eayn. 27. 11

朋友是人们日常生活中非常重要的、不可缺少的一个群体，是村落人际交往的重要基础。但与亲属关系研究相比，朋友很少得到学界系统的关注。这部分源于人类学早期关于无国家社会的研究传统（亲属关系被认为在无国家社会中具有重要的组织作用），以及人类学试图"将民族学作为一门等同于物理或化学的科学"[①] 的愿景，因而，基于生物血亲的亲属关系掩盖了其他社会关系。在涂尔干、施耐德（David M. Schneider）、萨林斯、莫斯以及蔡华等关于亲属关系的讨论中，均围绕"为什么亲属关系人类学把生物维度作为研究人的亲属身份的基础"以及文化、社会在亲属关系中处于何种位置展开[②]，朋友等亲属关系之外的社会关系在社会结构中的意义被遮蔽，因而忽略了对"不同社会中塑造亲属关系、友谊等社会关系的文化空间、历史及意识形态的探讨"。[③] 本文拟从石林撒尼人丧礼中的小伴关系出发，就小伴与人际交往、社会再生产等关系展开讨论，认为朋友在撒尼人际交往和社会联结中具有重要的文化意义，并就个体化背景下撒尼传统社会关系提出新的思考。

---

　*　本文系国家社科西部项目"旅游发展与云南少数民族土地观念变迁的人类学研究"（15XWZ073）的阶段性成果。

**　史艳兰，女，人类学博士，云南财经大学社会与经济行为研究中心讲师，研究方向为人类学与旅游文化。

①　Bouquet，M，*Reclaiming English kinship：Portuguese refractions on British kinship theory*，Manchester：Manchester University Press，1993，p. 114.

②　David M. Schneider，*A Critique of the Study of Kinship*，Ann Arbor：The University of Michigan Press，1984；蔡华：《人思之人：文化科学和自然科学的统一性》，云南人民出版社 2009 年版；Marshall Sahlins，*What Kinship is and is Not*，Chicago：The University of Chicago Press，2013。

③　Evan Killick and Amit Desai，"Introduction：Valuing friendship，" In *the Ways of Friendship：Anthropological Perspectives*，Berghabn Books，2010.

一、朋友：亲属关系研究的一个延伸点

传统人类学的研究方法是在亲属关系中分析友谊。尽管随着施耐德批判人类学传统研究方法的新亲属关系研究的出现①，并被斯特拉森（Marilyn Strathern）、卡斯滕（Janet Carsten）等②进一步发展，但这一研究传统还是在很多方面被保留下来。因而，在亲属关系研究中，"冒充的、虚构的亲属关系模式以及亲属关系结构存在于特定的社会中"③。如努尔人因同一年龄组织成员子女被视为手足而禁止通婚④，乔丹（Jordan）对誓盟兄弟作为拟亲行为的讨论⑤，卡斯特罗（Viveiros de Castro）将亚马孙土著社会"正式的或仪式性的友谊"考虑进"亲属关系"的研究等。⑥ 不过，在传统"大亲属理论"（grand kinship theories）的关照下，朋友更多是作为一个边缘性角色出现的，特别由于对亲属关系的强调，牺牲了社会关系的其他方面。如坎贝尔（Campbell）透过在希腊山区的研究，指出 Saraktsani 牧民中亲属关系和姻亲的总体要求如何可以减少任何其他形式的关系；⑦ 罗杰斯（Rodges）和奥贝德（Obeid）在关于莫桑比克南部的村庄和黎巴嫩牧区的研究中，均分别谈到社会，认为这些关系类型不应被视为互相排斥，但奥贝德也指出，"友谊即使被认为是构成自主境界的一种单独的关系，也是一个包罗万有的社会心理意识形态一部分，其核心在于亲属关系"。⑧ 而在弗里德曼、林耀华等关于汉族世系村落组织（Lineage-village organization）的研究中，均强调血统和地域对社会交往产生了强烈影响，且由男系亲属占主导地位。⑨

当然，施耐德对生物决定论中血亲关系的彻底否定被贴上"盲目解构"⑩ 的标签，这也使得人类学的后续发展强调应尽量避免对亲属关系（基于生物性的）窄化的定义。在此基础上，卡斯滕提出可以涵盖朋友等关系的"亲缘性"概念，即与单纯强调生物性或文化性相比，更应该关注"文化亲缘性"。⑪ 因而，朋友、邻居、熟人之间的来往等成为没有血缘关系的人们开展人际交往的重要因素。⑫ 如，

---

① David M. Schneider, *A Critique of the Study of Kinship*, Ann Arbor：The University of Michigan Press，1984，pp. 194.

② Marilyn Strathern, *After Nature：English Kinship in the Late Twentieth Century*, Cambridge：Cambridge University Press，1992；Janet Carsten, *Cultures of Relatedness：New Approaches to the Study of Kinship*, Cambridge：Cambridge University Press，2000.

③ Evan Killick and Amit Desai，"Introduction：Valuing friendship", In *the Ways of Friendship：Anthropological Perspectives*, Berghabn Books，2010.

④ 〔英〕埃文思 - 普里查德：《努尔人》，褚建芳译，商务印书馆 2014 年版，第 293 页。

⑤ David Jordan，"Sworn Brother：A study in Ritual Kinship", in J. C. Chuang（eds），*The Chinese Family and its Ritual Behavior*, Taipei：Academia Sinica，1985.

⑥ Viveiros de Castro, E. "Pensando o Parentesco Ameríndio", in E. Viveiros de Castro（ed.），Antropologia do Parentesco：Estudos Ameríndios. Rio de Janeiro：Editora UFRJ，1995，转引自 Evan Killick and Amit Desai，"Introduction：Valuing friendship", In *the Ways of Friendship：Anthropological Perspectives*, Berghabn Books，2010。

⑦ Campbell, J. Honour, Family and Patronage：*A Study of Institutions and Moral Values in a Greek Mountain Community*, Oxford：Clarendon Press，1963.

⑧ Graeme Rodgers，"Friendship, Distance and Kinship – Talk Amongst Mozambican Refugees in South Africa"；Michelle Obeid，"Friendship, Kinship and Sociality in a Lebanese Town", In *the Ways of Friendship：Anthropological Perspectives*, Berghabn Books，2010，pp. 69 – 92，pp. 93 – 113.

⑨ 莫里斯·弗里德曼：《中国东南的宗族组织》，刘晓春译，上海人民出版社 2000 年版；林耀华：《金翼——中国家族制度的社会学研究》，庄孔韶等译，三联书店 2008 年版。

⑩ 蔡华：《人思之人：文化科学和自然科学的统一性》，云南人民出版社 2009 年版，第 67～77 页；张亚辉：《无父母的世界？——读施奈德〈亲属制度研究批判〉》，《西北民族研究》2006 年第 1 期。

⑪ Janet Carsten, *Cultures of Relatedness：New Approaches to the Study of Kinship*, Cambridge：Cambridge University Press，2000.

⑫ Santos-Granero, F, "Of Fear and Friendship. Amazonian sociality beyond kinship and affinity", *Journal of the Royal Anthropological Institute*（n. s.），2013，vol. 1，pp. 1 – 18；费孝通：《乡土中国·生育制度》，北京大学出版社 1998 年版，第 18、23 页。

斯塔福德（Stafford）透过对"来往"的关注，指出在中国任何地方，人们制造亲属关系并强调这些关系中的社会延展性，其目标是展示中国人各种形式的亲缘性怎样成为一个连续统一体，这其中包括了从父系社会到朋友之间的延伸。① 与斯塔福德不同，艾伦·斯马特（Alan Smart）则跟随杨美惠的关系学阐释，提出关系和友谊既有联系又有差异，友谊同时还是关系建立的基础。② 可以说，在一定程度上，亲属促进了朋友意识的形成。这也揭示了朋友和亲属概念在人们日常生活实践中的复杂性。除了亲缘，其他与亲密关系相关的概念也被提出来，如皮特·里费斯（Pitt - Rivers）提出了"融洽关系"概念。③

以亲缘性为基础的跨文化亲属研究，没有在生物和文化间进行武断的划分，没有随意地臆测什么构成了亲属关系，这对于理解人类学亲属经验中的文化多样性、思考亲属关系与更广泛的社会亲密性研究均具有重要意义。④ 但由于太过笼统，也暴露出不能区分不同关系中的人，以及其变化维度的重要性的缺漏。或者说其还是将亲属关系和朋友研究置于一个混杂的关系中，这对于探索特定社会中塑造亲属关系抑或友谊等社会关系的历史、文化空间或意识形态是不利的。

在对朋友、亲缘、亲属关系进行对比讨论的基础上，桑托斯（Santos）通过对中国南方农村汉人社会"同年兄弟姐妹"（Same - Year Siblings）的研究，认为友谊现象是形成人类亲缘关系的一种主要形式，与亲属和婚姻关系有清晰的区分。作者在厘清与中国誓盟兄弟的区别时，透过同年兄弟其后的实践与情感，试图拓宽中国农村亲缘关系研究，以超越男系亲属和地方性。最后，作者认为，对朋友核心的认识将启发当下关于亲属关系和亲密性的讨论。⑤ 在这篇文章中，朋友在社会结构中的意义开始凸显。

综上，人类学朋友研究从亲属关系出发，逐渐发展出亲缘、融洽关系等概念，虽然反映了朋友和亲属在人们日常生活实践中的复杂性，但不论"是分析亲属关系中的友谊"，还是"在亲属关系研究中纳入对友谊的讨论"，⑥ 均把友谊作为一个边缘性角色，朋友在社会结构中的意义并未得到重视。在对人的关系网络的研究中，亲属、姻亲等依然占据主导地位，很少看到关于友谊网络的讨论。此外，已有研究多聚焦于厘清朋友与亲属关系的范围与外延，或阐释朋友的分类与构成，忽略了对塑造友谊的特定历史、文化和意识形态的关注。最后，中国社会的友谊研究多建立在对汉人社会讨论的基础上，朋友在不同民族文化中表现出的多样性并未得到体现，这对于探讨中国农村社交模式是不全面的。

二 小伴与彝族撒尼丧礼

撒尼人是彝族的一个支系，主要居住在云南昆明市石林彝族自治县，并向四周辐射至宜良县、红

---

① Stafford，C，"Chinese Patriliny and the Cycles of Yang and Laiwang", in J. Carsten （ed.），*Cultures of Relatedness*，Cambridge：Cambridge University Press，2000.

② Smart，A. "Expressions of Interest. Friendship and guanxi in Chinese societies"，in S. Bell and S. Coleman （eds），*The anthropology of Friendship*，Oxford：Berg，1999.

③ Pitt - Rivers，J，"The Kith and the Kin", in Jack Goody （ed.），*The Character of Kinship*，Cambridge：Cambridge University Press，1973.

④ Holy，L. *Anthropological Perspective on Kinship*. London：Pluto Press，1996.

⑤ Goncald D. Santos，"On 'Same - Year Siblings' in Rural South China", in *The Ways of Friendship：Anthropological Perspectives*，Berghahn Books，2010，pp. 20 - 45.

⑥ Goncald D. Santos，"On 'Same - Year Siblings' in Rural South China", in *The Ways of Friendship：Anthropological Perspectives*，Berghahn Books，2010，pp. 20 - 45.

河哈尼族彝族自治州泸西县、弥勒县，曲靖市陆良县、文山壮族苗族自治州丘北县等地。撒尼人有民间叙事长诗《阿诗玛》，在 20 世纪 60 年代被改拍成电影，与《五朵金花》、《芦笙恋歌》等一同成为云南民族文化的典型。撒尼人能歌善舞，以撒尼文化为创作素材的民歌《马铃儿响来玉鸟唱》、《远方的客人请你留下来》等享誉全国。近年来，随着旅游业的发展，加之地方政府为推广旅游的宣传造势，石林及彝族撒尼人逐渐为外界熟知。但由于地处山区，历史上撒尼社会是一个传统的农业社会。农业生产是撒尼人的主业，并在农闲之余从事织麻、酿酒、木工、医药等兼业。副业并未给家庭经济带来创收，仅是自给自足生产的一部分。农忙时节，撒尼人以血缘亲属、朋友为中心开展劳动互助，日常生活所需也多通过社会互惠满足，特别在村落红白喜事等重大活动中，人或物的帮扶成为维系社会再生产的重要支撑。

　　丧礼在撒尼社会具有重要意义。人们认为，"人走了（过世），要高高兴兴地将其送走，这样过世的人来生才能过得更好。"因而，丧礼的隆重和热闹程度远远超过婚礼仪式。2012 年 9 月，笔者在 Y 村①偶遇丧礼，并在这丧礼中发现了撒尼人一种重要的社会交往形式——小伴。2012 年 9 月 2 日，房东小女儿（称五姐）带孩子回家吃晚饭。②饭后，家中成年女性均一同出门，晚上 10 点多才回来。如此连续两日，才知道是前几日村里病重的人过世了，她们去"作伴"。什么是作伴？大妈解释说："人过世后，家族里的人、家门、亲戚、朋友等从第一晚便要去守夜，关系亲密的还需带上被子住在那里。这是撒尼人老祖老代就有的（习惯）。"9 月 4 日，村委会工作人员前往商量协助操办丧葬请客事宜，青壮年则陆续奔赴外地报丧。当日傍晚，笔者随大妈、大嫂、五姐前往。

　　东家③房屋为庭院式结构，乍一看，门沿等并没有类似于汉族关于丧礼活动的特殊标识，只是屋外立起一根高大的纸钱柱子，高过房子许多。该柱子用纸钱黏糊，骨架部分用竹竿、竹片支撑，旁边堆一些下葬时送给过世者的（纸质）汽车、冰箱等。房屋面积不大，客厅被用作灵堂，屋外小天井（大概 10 平方米）作为暂时接待场地。白天人不多，只有少许帮忙者进进出出，并未有衬托丧礼氛围的仪式或活动，晚上则截然相反。晚饭后，村中亲友陆续前往聚集。辛劳一天的帮忙者还在小天井吃饭，天井一角摆起高高的没有清洗的餐具……客厅内，众多年长妇女围灵柩而坐。她们中只有极少部分人是东家请来守护过世者的，其余则是主动前来"作伴"的亲友，气氛并不凝重。在灵堂与天井过道间，坐满了众多中年、年轻的妇女。④她们或为家族亲戚，或为过世者子女好友，都是来作伴的。主人重点招呼帮忙的人，作伴者多随意而坐，偶尔拉住东家讲上几句，似乎以此提供智力或精神上的支持，关系较亲密者也参与到帮忙行列中，以实际行动为东家排忧解难。前来作伴的人依朋友和年龄关系自然分群。放眼看去，从灵堂到天井，小伴们依年龄形成一个差序格局，年纪较长者多靠近灵柩，年轻人则坐在过道或天井中，再外围是众多男性帮忙者，休息时忙着抽烟、喝酒……丧礼给人带来悲痛，但其间的井井有条却凸显一件大事等待集体协助完成的景象。因而，丧礼中的小伴既在第一时间提供精神和智力支持，也有具体的实际帮扶。

---

① 田野点 Y 村位于石林县城东郊 12 公里，地处石林县半山区，是一个以撒尼人为主的少数民族村落。由于地处喀斯特地貌发育地带，即今世界自然遗产地——石林核心景区。近年来，Y 村已逐渐从一个传统农耕村落演变为旅游社区。

② 房东夫妻有四个女儿、一个儿子，儿子排行老二。仅有儿子与小女儿住在本村，其余三个女儿均住在县城。夫妻俩平日单独居住，一般家里有要事或周末、年节时子女才回来相聚。

③ 村里一般将办丧事的人家称为东家。

④ 按撒尼传统社会分工惯习，守夜者多为女性，但小伴关系并非仅限于女性之间。

三 小伴、撒尼社会的人际交往与社会再生产

田野中，曾有报道人这样感慨："撒尼人是一个非常重视人际关系的民族。一个人在社会上，你把人际关系做好，生活就好，这就是生活中的一种智慧！"日常生活中，无论是平日劳动，还是婚姻、丧礼等大事，都可以看出撒尼人对人际交往的重视。这其中，婚礼、葬礼等人生"大事"是检验人际关系的重要标尺，而人际交往又是以作为朋友的小伴为媒介实现的。

关于小伴，在云南少数民族社会是一个常见的概念。虽然卢成仁等通过对云南怒江傈僳族"伴"观念的研究，曾提出"伴"是非血缘个体社会结合的方式。① 马腾嶽关于白族"帮辈"的研究与小伴在社会功能上有部分相似，但帮辈是作为年龄组的社会组织，在概念界定上与小伴相异。② 总体来看，已有研究对云南少数民族社会中"伴"的概念进行相关分析和讨论相对较少。与上述不同的是，石林撒尼人主要将"伴"作为朋友，甚至在日常用语中，朋友可以和小伴直接互换。只是朋友似乎是汉族的表达，而"小伴"则更贴近于朋友对撒尼人的意义。那么，撒尼社会中的小伴是怎么来的？其仅出现在葬礼中吗？

小伴的出现与传统撒尼社会舅权关系密不可分。旧时，舅舅在撒尼社会具有重要的社会地位，日常生活中，凡分家、婚丧等一切纠纷或事务，都必须经舅舅处理和解决。如彭兆荣教授在《西南舅权论》中所述："传统社会的舅权获得了当代社会'公'、'检'、'法'相加的全部职能范围。"③ 在丧葬活动中，舅舅也是最重要的参与者。据说，较早前如有人病重，须第一时间通晓舅家；过世者入殓，舅舅须在场；过世者入棺下葬，第一颗钉子需由舅舅来钉。由于撒尼人多居住在山区，路途遥远，在遇到丧事需要远赴外地、外村吊唁时，便约小伴一同前往。小伴成员有邻居、亲戚，但多为朋友。除了陪伴之意，小伴还在具体的丧葬活动中扮演着重要的角色。

撒尼丧葬活动主要由三个环节组成：manyue④、送葬和脱孝。manyue 一般在东家选定请客日期后举行，是丧葬活动的核心和重点，类似于汉族丧礼仪式中的吊唁，具体程序如下。请客当日下午，各地亲友组队前往凭吊。每支队伍均配有鼓乐队（或舞狮队）、哭丧者、吊唁者及小伴。队伍到达后，先在村口鸣放鞭炮通晓东家，并在帮忙者引导下有序进入灵堂。其间，鼓乐争鸣，哭丧者如泣如诉，声音抑扬顿挫，过世者子女在门口跪迎，待凭吊者（主要是舅舅）牵扶方可起身。随后，亲友上前跪拜，鼓乐舞狮队分别在灵堂及东家门口表演一番方才结束。manyue 仪式遵循血缘亲属优先的原则，舅舅家族最先凭吊，其次是嬢嬢、姑妈、家门等。从地缘关系来看，一般外村优先，本村最后。manyue 结束后，当日晚上毕摩开始念经，与此同时还要进行文艺表演。表演队主要由过世者子女、亲友出钱邀请，多为本村按不同年龄段自行组建的文艺队⑤（也有部分是从邻村请来的），全村村民前往观看。远方亲友团随意借住在村民家，待第二日举行盛大的送葬活动后才各自返回。透过 manyue 和送葬仪式，撒尼丧礼被营造出一种热闹而又隆重的氛围，以彰显对过世者的敬重，及其与东家的人际交往和

① 卢成仁、史艳兰：《村落社会结合中的个体——怒江傈僳人"伴"之地方概念的人类学研究》，《吉首大学学报》（社会科学版）2013 年第 6 期。
② 马腾嶽：《鹤庆白族年龄组织"帮辈"文化的人类学初探》，《西南边疆民族研究》第 16 辑。
③ 彭兆荣：《西南舅权论》，云南教育出版社 1997 年版，第 85 页。
④ 关于 manyue，有研究将之称为"闹灵"。见李琳、王玲《云南少数民族村寨日志选登：石林圭山大糯黑村》，《民族艺术研究》2006 年第 5 期。
⑤ 彝族撒尼人是一个热爱歌舞的民族，每村至少有三至五个文艺表演队。

社会地位。据在 Y 村做客的外来汉族的感受，"撒尼人的丧礼热闹，更能体现人情味"。而这热闹程度的决定者，则是前来参加丧礼的小伴的数量。因为血缘亲属是固定的，而作为朋友的小伴则可以无限增多，因此，小伴的加入使得撒尼人对于丧礼中"人越多，越好，队伍越壮观！"的期待成为可能。小伴的多寡成为彰显东家人际交往和社会关系的重要表征。

此后，小伴逐渐渗透进撒尼社会生活的诸多层面，如当下人过世后帮忙、守夜，日常生产劳作中的帮扶等。丧礼活动期间，大妈一家除了第一时间作为小伴的陪伴，大哥也是奔赴外地报丧的主力成员，而五姐作为东家亲家，除了给予东家精神支撑，在丧葬各环节积极帮忙，还有比一般亲友更多的财力帮扶。在文艺表演中，五姐出钱邀请的文艺队给她的亲家争了面子。此外，因为"怕别人说闲话"，在每一个义务环节均可以看到大妈对五姐的敦促。透过小伴，可以看出人际交往已成为形塑村落社会秩序的一种隐形内聚力。

当然，作为一种人际交往形式，小伴所体现的还是传统社会所延续的互惠，其最主要的意义是在社会再生产中。这是因为在传统农村社会，尤其是前工业社会，人们很难独立地面对自然及生活的挑战，因而，常常在社区中发展出一些特别的社会组织和人际关系网络。如施坚雅关于成都平原的农村研究中就指出："成都平原所形成的以基层市场为基础而非以村庄边界为基础的基层社会结构，导致村民无法通过稳定的血缘关系与地缘关系的重合来形成强有力的合作与互惠网络，为了获得有力的救助网络，农民就不得不求助于哥老会等帮会组织，及求助于结拜兄弟等义缘组织的力量。"[1] 据民族学家李有义 1940 年代在石林尾则的调查，在其"夷汉杂区经济"中就已提及，"死亡对夷民（撒尼）是一个严重的经济损失，一方面由于死亡消减了一个工作分子，另一方面葬礼又是一个很大的支出，而死亡的发生又常是不能预料的，这种意外的负担对普通夷民家庭实在是一个很大的威胁。"[2] 在此背景下，社会互助成为撒尼人维系社会再生产的重要基础。一方面，吊唁者奔丧要带上米、鸡、羊等送给东家，以示帮扶之意。[3] 另一方面，除了营造热闹氛围，小伴也是重要的帮忙者，是帮助东家恢复生活秩序，重新实现社会再生产的人力的有力支撑。

四 小伴与撒尼人的社会联结

在对社会关系的讨论中，拉德克利夫－布朗曾指出，在世系群、氏族或年龄组等"亲属关系"之外，还有一种包含许多不同类型的关系，这种关系也许可以称为联盟关系或同伴关系。例如，在许多社会中都有一种极为重要的联盟，联盟中的两人或两个群体通过交换礼物或劳务而联成一体。[4] 而莫斯通过对互惠机制的系统分析和讨论，认为所谓礼物流动是在人的结合的基础上，形成的社会连带和团结。[5] 在 Y 村，撒尼人对小伴的分类是模糊的。小伴如同布莱恩（Brain）在《朋友和爱人》中的讨

---

① 施坚雅：《中国农村的市场和社会结构》，史建云等译，中国社会科学出版社 1998 年版。
② 李有义：《夷汉杂区经济》，载刘世生选编《汉夷杂区社会研究：民国石林社会研究文集》，民族出版社 2008 年版，第 201 页。
③ 现这一习俗虽已大大简化，但传统习制所表达的意义在记账中得以延续。记账是当下白事客（丧事）间对所收礼金的记录。撒尼人白事客记账与红事客（婚礼）及周边汉族丧礼记账均有很大差异。在白事客记账本上，一般分"放"和"还"两部分。"放"有借出、资助之意，以后东家在亲友丧礼中必须还上。"还"则是对"放"的归还。在一个记账本上，来客可以单独"放"，也可以单独"还"，亦可以"又还又放"。可以说，"放"与"还"是传统撒尼社会互助的延续，保障农村社会再生产得以顺利开展。
④ 拉德克利夫－布朗：《原始社会的结构和功能》，潘蛟等译，中央民族大学出版社 1999 年版，第 112 页。
⑤ 莫斯·马塞尔：《礼物：古式社会中的交换形式与理由》，汲喆译，上海人民出版社 2005 年版。

论，既有朋友，也有邻居、亲属。[1] 但作为一个宽泛的概念，小伴所体现的是撒尼人人际交往中的社会互助，并在此过程中凝聚情感，形成人的社会连带和团结。因此，在 18 世纪法国传教士保罗·维亚尔到石林撒尼地区传教时，就曾强调撒尼人是一个团结的民族。[2] 这其中，小伴等作为人际交往所形成的社会联结成为形塑撒尼社会结构的基础。

但需要指出的是，当下，撒尼社会关系表达中习惯将亲戚和朋友进行二元划分，小伴在日常生活中近乎等同于朋友。朋友作为一个泛化的概念涵盖了撒尼人亲属关系之外人际交往的一切元素。毋庸置疑，现代社会经济发展对撒尼社会传统关系带来剧烈冲击。近年来，随着旅游的发展以及外来人口的涌入，Y 已逐渐从一个传统农耕村落演变为旅游社区。据 2012 年 8 月户籍统计，在 Y 村 1060 人中，有 95% 以上适龄劳动人口均在景区从事旅游生意，旅游收益成为全村最重要的经济来源。村民经常为了争取有限的客源吵架，旅游生计似乎已凌驾于传统人际交往之上，也使得外界认为当下"Y 村人只会'做生意'，人情关系淡漠"，已不是纯粹的撒尼村落。但另一面，撒尼人以朋友为中心开展劳动互助，发展小伴关系，频繁地开展朋友聚会等，其繁密程度远远超过本地汉族朋友间的人际交往，朋友已然是撒尼社会生活的重要内容。这表明，在新的社会背景下，撒尼人选择用朋友这一涵盖更广、更现代性的关系来表达撒尼社会关于个人或集体联盟[3]的诉求，以形成社会联结。

在对社会转型时期中国农村的讨论中，阎云翔试图通过探究经济与社会分层、更广泛的亲属关系、消费主义以及个体主义的出现等众多领域的变迁，揭示转型时期中国社会的变革。[4] 并发展出"中国社会的个体化理论"[5]，试图通过个体化现象来理解中国农村当下的社会变革。当然，随着全球化带来的冲击，经济变迁有可能影响各种不同关系的构成方式，如亲属关系缩小到核心家庭而朋友关系的重要性增加。[6] 但在 Y 村，朋友作为撒尼亲属关系之外的一切社会关系总和并非等同于一般意义中的个体化现象，撒尼人以朋友的名义延续传统撒尼社会关于个人或集体的联盟的诉求。因此，撒尼社会的朋友关系表明，在建构关系的过程中，可替代方式的出现可能与个人意识形态有关，这在某种程度上或者须以对地方的理解为重。[7] 石林撒尼个案为重新认识朋友在社会结构中的意义、探索友谊中的网络关系，以及进一步探讨中国农村社交模式提供了素材。

① Brain，R，*Friend and Lovers*，London：Paladin，1977.
② 黄建明等编译《保罗维亚尔文集——百年前的云南彝族》，云南教育出版社 2003 年版。
③ 拉德克利夫 - 布朗：《原始社会的结构和功能》，潘蛟等译，中央民族大学出版社 1999 年版，第 112 页。
④ 阎云翔：《私人生活的变革：一个中国村庄里的爱情、家庭与亲密关系（1949 - 1999）》，龚小夏译，上海书店出版社 2006 年版。
⑤ 阎云翔：《中国社会的个体化》，陆洋等译，上海译文出版社 2012 年版。
⑥ 安东尼·吉登斯：《失控的世界——全球化如何重塑我们的生活》，周红云译，江西人民出版社 2001 年版。
⑦ 安东尼·吉登斯：《失控的世界——全球化如何重塑我们的生活》，周红云译，江西人民出版社 2001 年版。

《西南边疆民族研究》第 27 辑
第 108～115 页
© SSAP，2019

两两相连：西盟佤族父系继嗣群的"德巴"关系[*]

叶黑龙[**]

摘　要　西盟佤族以男性为中心的世系组织，通过一种叫"德巴"的关系得以表达和维护。一个男子，上与兄长成"德巴"，下与弟弟成"德巴"，通过"上连长、下连幼"的方式与直系或旁系男子结成"两人三足"似的兄弟关系，这种关系通过在仪式中传递实物来表达和维护。"德巴"关系"礼随人走"，因此是超越地域的，甚至是超越家族的，是佤族社会得以联结的核心原则。

关键词　佤族；世系组织；德巴

DOI：10.13835/b. eayn. 27. 12

亲属关系与仪式是人类学、民族学研究的经典领域，其中继嗣法则又是亲属研究的基础之一。佤族的亲属文化有其独特性和典型性，父系继嗣群是其亲属关系的重要组成部分，父系继嗣群体之间的关联、联结，构成了佤族社会重要的关系结构。

一　何为"德巴"？

"德巴"指佤族父系继嗣群的 [taɯh ba][①] 关系及其 [tɔʔ ba] 行为。[taɯh] 即相遇、遇见、相连；[ba] 为大腿，特指仪式上赠予的牺牲的腿；[tɔʔ] 即送、给、赠予。佤族父系继嗣群亲属关系的表达与维护，主要通过两两送"腿"的仪式得以完成，[taɯh ba][tɔʔ ba] 也由此得名。

（一）父系继嗣群

[taɯh ba] 关系与 [tɔʔ ba] 行为，与佤族的亲属关系相关。佤族的亲属观念，严格区分血亲/姻亲、家族内/家族外等范畴。家族内的亲属关系佤语称 [piuʔ ȵiaʔ pɔuʔ ʔik]。[piuʔ ȵiaʔ] 表示同属一个家族，[pɔuʔ ʔik] 即兄弟，既指同胞兄弟，也可指旁系兄弟、同家族的兄弟，[piuʔ ȵiaʔ pɔuʔ ʔik] 即指以男性为核心的家族内亲属关系。这种亲属关系，在西盟佤族社会中发挥着重要作用。家族内亲属之间具有共同的权利和义务：内部禁止通婚；相互帮助且互助代偿债务；相互继承财产；相互抚孤；

　＊　本文系云南大学民族学一流学科建设规划项目"中缅佤族的社会交往与文化交流研究"的阶段性成果。
＊＊　叶黑龙，女，佤族，云南大学西南边疆少数民族研究中心、民族学与社会学学院讲师，云南民族大学民族学博士后流动站博士后。
　①　本研究的语料来源于佤语阿佤方言马散土语代格拉话。

内部过养子女；等等。其中，由父亲这一系延展的人们或家庭间的亲属关系，即同胞兄弟、旁系兄弟之间形成的血亲亲属关系更为密切，是真正意义上的［pɔuʔ ʔik］关系，在行使以上权利和义务时，具有更高的优先权和责任。

这种以男性为中心的世系组织，注重子嗣承继，通过家族中的男性来追溯上下延展的血亲谱系。这个血亲谱系通过"德巴"联结，成为体现、维持和强化佤族以男性为中心的家族世系的显赫表现形式。在西盟佤族自治县新厂镇代格拉村，每到建新房、丧葬、招魂仪式，甚至获取猎物，男性会通过向兄、弟赠予实物的方式表达、践行这种关系。建新房、丧葬仪式中以赠予猪腿表达，招魂时则赠予芭蕉、甘蔗、钱、毛巾等其他实物。

（二）"两两相连"的关系

一个男子举办仪式时，如丧葬仪式中，要把献祭的猪的右前腿赠予哥哥，右后腿送给弟弟，这样就形成了以他为中心，与哥哥、与弟弟"两两相连"的关系。此处的"哥哥"和"弟弟"，不局限于同胞兄，如果本人为长子，"哥哥"则指父亲的哥哥或父亲哥哥的幺儿……如果父亲为长子，则指祖父的哥哥或祖父哥哥的幺儿或祖父哥哥幺儿的幺儿……以此类推。如果本人为幺儿，"弟弟"则指父亲的弟弟或父亲弟弟的长子……如果父亲为幺儿，则指祖父的弟弟或祖父弟弟的长子或祖父弟弟长子的长子……同样以此类推。总之，上与长者或长者之幺儿成"德巴"，下与幼者或幼者之长子成"德巴"，通过"上连长、下连幼"的方式与直系或旁系男子结成"两人三足"似的兄弟关系。"长""幼"在直系血亲内以出生先后为序，先出生者为"长"、后出生者为"幼"；扩展到旁系血亲，则以父辈的出生先后为序；出了父辈则以祖辈的出生先后为序；依次类推，呈现某个祖先子嗣的"两两相连"，形成"上连长、下连幼"的连续体。年幼者向年长者送牺牲（通常为猪、牛）的右前腿，佤语叫［ba］或［ruaŋ］，即顺的、主的方向；年长者给年幼者送牺牲的右后腿，佤语叫［dʑaɔh］，指回的方向。仪式过程叫［tɔʔ ba］，即送腿；人们将这种仪式上送的实物称为［ba dʑaɔh］，包括了右前腿、右后腿。"两两相连"的次序事例见图1。

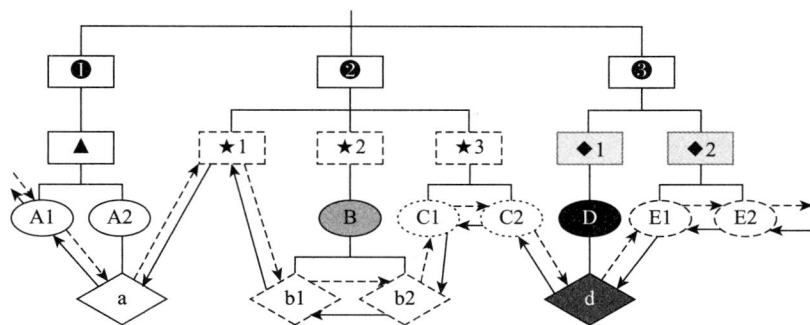

图1 "德巴"次序

说明：同一个图形（包括线型和内部填充符号）表示同胞兄弟，以实线相连；数字1、2、3表示长幼次序，1表长，依次递减，无数字标记的表示单传；上排为长辈、下排为晚辈。

图1中，实线箭头是送右前腿的方向，即E2给E1，E1给d，d给C2，C2给C1，C1给b2，b2给b1，b1给★1，★1给a，a给A1；虚线箭头表示送右后腿的方向，即A1给a，a给★1，★1给b1，b1给b2，b2给C1，C1给C2，C2给d，d给E1，E1给E2。传递次序主要用于说明两两相连的次序，而非同一实物的无限传递。假如★1家建新房，他把献祭的猪的右前腿送给a，把右后腿赠予b1，a

家、b1 家分别煮食并妥善留存扇骨；同理，下次 a 家建新房，他再分别给 A1 家、★1 家送献祭的猪的右前腿和右后腿。实线箭头、虚线箭头在头尾均有进有出，说明这种关系的延伸和扩展，即一定有某人给 E2 右前腿，A1 的右前腿一定要送出；一定有某人给 A1 右后腿，E2 的右后腿一定要送出。"阿佤理"认为，这种联结必须始终顺畅、连通，就某个人来说，不能有上家无下家，也不能有下家无上家，缺了任何一方，建新房、丧葬、招魂等仪式即无法顺利进行，也最不合礼数。在代格拉人的观念里，[tɔʔ ba] 是最大的"阿佤理"。如此看来，同一祖先的后代子嗣通过这种两两相连的关系得以联结。

二　佤族继嗣法则

佤族继嗣法则的确定，与两个重要的组织单位相关，一个叫 [duaŋ]，我们姑且借用"家族"表述；一个是家庭 [ŋiaʔ]，作为祭祀单位的房屋，必须有父系男性成员才有仪式意义，其存在才合乎"阿佤理"。

（一）以男性为世系的家族形式

家族，即一个父系继嗣群，佤语叫 [ŋiaʔ duaŋ]。家族名称的构成，在意义上大多以 [ŋiaʔ]"家"和表示家族核心的词组成，即用 [ŋiaʔ ××] 表示。[①] 例如 [ŋiaʔ ʔa miaŋ] 这个家族，[ŋiaʔ] 是家的意思，既指房屋，也指家庭，是家族组织的通名；[ʔa miaŋ] 才是与其他家族相区别的核心。有时候也可用 [kuan]（"子嗣，后代"）代替 [ŋiaʔ]，表示某某家族的后代。

家族内部又有 [gɤiŋ]（佤语代格拉话叫父亲为 [kɤiŋ]，[gɤiŋ] 表示量词，指一个父系）的分化，即历史上几个兄弟直系后代的分化。比如代格拉的 [ŋiaʔ pɔi] 这个家族，家族名称取用祖先 [ŋi pɔi][②] 之名。[ŋi pɔi] 及其子 [xan] 均单传，其孙 [khiet] 有两个儿子，即 [ʔai leŋ]（长子）和 [ŋi lon]（二儿子），二儿子又有四个儿子，即 [ʔai seŋ]（长子）、[ŋi si]（二儿子）、[ʐuok sɤs]（三儿子）、[ʐai sɤk]（四儿子），所以 [ŋiaʔ pɔi] 家族内部又划分为 [ŋiaʔ leŋ]、[ŋiaʔ seŋ]、[ŋiaʔ si]、[ŋiaʔ sɤs]、[ŋiaʔ sɤk] 五个分支，分别是这五个祖先的后代子嗣，关系示意如图 2。

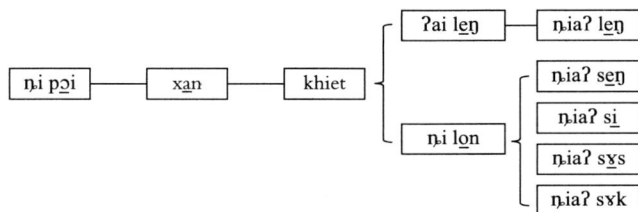

图 2　[ŋiaʔ pɔi] 家族关系

家族是佤族传统社会的核心组织，一个家族包括若干个小家庭，他们是同一祖先的后代，但在经

---

① 具体参见叶黑龙《西盟佤族的亲属称谓》，《普洱学院学报》2013 年第 4 期。
② ŋi 为第二个儿子的排行。佤族家庭里的每个孩子都有排行，男女有别，以出生先后为序各自排行，男子有 ʔai"长子"、ŋi "次子"、sam/ʐuok"三子"、ʐai"四子"、ŋɔʔ"五子"、luok"六子"、tɕɔi"七子"、tɕiet"八子"等，女子有 ʐieʔ"长女"、ʔi "次女"、ʔam "三女"、ʔuok"四女"、ʔiau"五女"、ʔip"六女"、ʔu"七女"、ʔiʔ"八女"等。称呼时排行在前，名字在后。为了区别同名现象，习惯以父亲的名字做修饰、限定，形成"排行 + 名字 + 父亲的名字"的人名构成形式，久而久之，即形成了佤族的子父连名家谱。

济生活中各立门户。在分布地域上，同一个寨子内一般成片分布，当然，一个家族也可分布在不同的寨子，但过去他们同属一个祖先，这是佤族认祖归宗的依据之一，通过"子名连父名"的形式由己往上推，形成"顶针续麻"似的家谱。在日常生活中，家族内部有相互帮助、代还债务和抚养孤儿的义务，也有相互继承财产的权利。同一个家族内严禁通婚，也就是佤族常说的"同姓不婚"。

（二）家庭

家庭是佤族社会最基本的生产生活单位，村寨的大小、规模，往往取决于它的家庭户数和人口。传统的佤族家庭，以男性世系为中心，遵循从夫居。

按照佤族的分家习俗，独子在"老房子"即父母的房子娶妻生子，与父母同住，在父母去世后继承他们的一切遗产。如果有两个以上的儿子，一般由长子或最年幼的儿子留在"老房子"，到底是长子还是幼子留在"老房子"，除父母的意愿外，更多的还取决于家族的传统，其他儿子则要另立家庭，自成经济单位，并分得父母部分土地、生产工具和其他财产。如果是长子留在老房子，则由父母带着其他儿子另立家庭；二儿子成家，其他儿子再分家出去；依此类推，直到最小的儿子成家。同理，如果是小儿子留在老房子，大儿子成家以后要分立出去，其他儿子依次分家。

（三）仪式法人

根据《中华人民共和国民法总则》的规定，法人是具有民事权利能力和民事行为能力，依法独立享有民事权利和承担民事义务的组织。我们将此概念移植到"阿佤理"中，说明一种仪式身份的确立、拥有，关系到仪式过程的执行。"德巴"既是一种日常的社会关系、亲属关系，又是一项严肃的、神圣的仪式行为，双方仪式身份的合理性是关键基础。

首先，是个体仪式法人身份的确立。"德巴"关系是男人们的事情，儿子们长到十六七岁，父亲认为他们已经成人，就可以逐渐将接送腿仪式的任务转交给他们，从仪式意义上看，父亲退位，儿子上位。同胞兄弟分家以后即成为"德巴"，以出生先后次序两两构成"德巴"，父亲不再送腿、接腿，在仪式上依附于某个儿子。年幼丧父的独子即成为仪式法人，若有兄长，则先由兄长承担，兄弟分家以后再各自承担。

成为"德巴"的两个男人联接的是两个家庭①，每个家庭里有且只能有一个男性代表，即本文所说的仪式法人。两个或多个兄弟成年以后必须分家，即使未婚也必须另立门户，成为独立的仪式法人；儿子成长了，父亲即没有仪式法人的身份，除非儿子不在，父亲方可代为送、接"腿"。从这个意义上看，男子是佤族"家"存在的意义，一个家庭如果没有男子，房子就没有仪式意义，人们会拆掉房子，然后由其他兄弟分"养"女人们（包括母亲、妻子、未嫁的姐妹和女儿），或者为她们重建一个住所，仅仅作为生活起居的场所，不再举行任何仪式，代格拉寨不乏这样的案例。

> 上文所述的 [ȵiaʔ pɔi] 家族，有一笔者的父辈男性叫 [ȵi son]，他育有四个女儿，无子，1998 年去世。下葬祭仪完结后，人们即拆除他家的房屋，然后在原址上为他的妻女重筑了新屋，从此这个居所再无仪式意义，他的"德巴"也不再送"腿"到这个新的居所里，两人直接成为新的"德巴"。

---

① 此处的"家庭"，特指具有佤族仪式意义、作为仪式单位的家庭。

其次，是两个仪式法人的关联问题，他们如何从身份上建立"德巴"关系。由图 1"德巴"次序图可以看出，成为"德巴"的两人，是出生次序紧邻的两人。如，❶❷❸均尚无子嗣，❶❷是"德巴"，❷❸是"德巴"；三人的子嗣依次相连，❶长则其子嗣为长，❸幼则其子嗣为幼。若★1 无子嗣，他去世后 a 和 b1 即成"德巴"。

三 "德巴"关系的延伸：佤族社会的联结

由两两相连的规则看，"德巴"关系似乎能一个不漏地把佤族每个成年男子（也可以说是每个佤族家户）联结起来，形成一头一尾的亲属链。在一个封闭的地域内，这种关系可以顺畅联结。当遇到挑战时，人们主要通过几种办法维持这种关系的稳定。

（一）收养：延续香火、维持"德巴"关系的重要补救

本文所谈佤族社会的"收养"，主要指为了延续香火、维持"德巴"关系而发生的收养儿子的行为。如上文所述，父系男性成员是佤族"家"、仪式存在的必要条件。无子嗣者"得子"，主要有两种办法，养子均要完成仪式上"入户"，即通过献祭的方式向祖先、神灵说明养子已成为某一户的家庭成员，排行即为长子。

较为常见的办法是过继兄弟的子嗣。如图 1 中，★1 无子嗣，他可以过继 A2 或 B 的儿子，但受"德巴"关系联结次序的约束，他只能过继哥哥或父之兄长的子嗣后代中的幺儿，或弟弟或父之弟弟后代子嗣中的长子，在此关系图中，★1 可以过继 A2 的幺儿或 B 的长子，但因为 A2 单传，★1 只能过继 b1，这样才不会影响★1 去世后 a、b1 成为"德巴"的次序。过继后，b1 的仪式关系即转到★1，B 家做仪式即不再念诵 b1 的名字。

还有一种办法是收养，收养较为少见，主要原因是条件合适的人较少。被收养者必须在"德巴"链之外，正常佤族家庭生育的子嗣都是"德巴"链中的人，因此被收养者要么是父亲不明的私生子，要么是流落异乡的身份不明者。而且人们相信，越小"入户"，身份越纯正。

（二）"掉链子"："德巴"关系的中断

过去因为买卖子女、战乱等原因，兄弟失散的案例也不少见，由此导致"德巴"关系的中断，如以下几个案例。

案例一： 代格拉［ȵiaʔ pɔi］家族排在"德巴"链最末的人叫［ʐuok prai］，他送右前腿的对象是他的哥哥或哥哥的儿子，但递送右后腿的对象已经失联。应该和他相连的人，是他第八代祖上的弟弟的子嗣，他们分散在普洱市澜沧拉祜族自治县雪林乡和西盟佤族自治县中课乡。20 多年前，他与雪林乡的亲戚结成"德巴"，尽管要翻山越岭，但两家之间的往来也非常多。后来雪林的这户人家遭遇变故，占卜师和村寨中的老人指出是因为他们的"德巴"关系有问题，男主人的父亲已经"入户"别的家庭，其"德巴"关系即入了别的家族，现在按照其父亲生父的身份缔结"德巴"，有违"阿佤理"。他们由此切断了与代格拉亲戚的联系。［ʐuok prai］家因为没有找到"合理"的下家，没有送后腿的对象，他们建新房、祭祀几乎无法进行。在迫不得已的情况下，如遇到白事，必须杀猪献祭，他们只好请人把后腿送到去往雪林方向的一棵树上，视为仪式的完

成。很多年以后，他的哥哥通过念诵家谱找到了中课乡的亲人，两家之间的"德巴"关系才得以修复，仪式脉络得以通畅。

案例二：代格拉［n̠iaʔ ʔa miaŋ］家族的一个男子一直流浪在外，十多年没有返乡，他的上家和下家做任何仪式都遇到很大的麻烦。传言他已去世，但是在"生不见人、死不见尸"、不知其有无子嗣的情况下，他的上家和下家不能贸然越过他而直接结为"德巴"。他们出资邀约亲人到处寻找无果，目前两家的关系仍处于进退两难的境地。

案例三：代格拉［n̠iaʔ loi］家族，其中一男子于1958年边境动乱期间去了缅甸的一个村子，而后随村寨南迁佤邦南部地区，和妻子育有两个儿子。后来他们离异，妻子带着两个儿子改嫁到西双版纳傣族自治州勐腊县。为了维系家族的"德巴"关系，整个家族排除万难把两个儿子带回代格拉，为他们建新房，以后他们即将接替他们的父亲，成为"德巴"关系链中的重要一环。

由以上案例可见，一旦"掉链子"，佤族会千方百计地"拾子儿"，建立"合理"的新的联系。在最无奈、最没有办法的情况下，会把象征物送到路上的某棵树上，献与神灵，以确保某种仪式的完整。

（三）出圈："德巴"关系的延伸

从人类、民族的起源和发展规律看，每一个族群理论上应有共同的始祖，但是佤族村寨同姓不婚的约定，家族内/家族外、兄弟/亲家的关系，似乎把村寨里的人分成了两大集团，即不可婚配的亲属集团和可以婚配的他族集团。"德巴"首先连续的是一个父系继嗣群，但从我们的田野材料看，"德巴"关系最终是超越家族的，否则每一个家族的"头"将无上家、"尾"将无下家，但可以婚配的两大集团的联结又不是显性的、直接的联结，通常要到别的村寨转一圈才回来。

代格拉目前有11个家族，分别是［n̠iaʔ pɔk］、［n̠iaʔ pɔi］、［n̠iaʔ kui］、［n̠iaʔ lus］、［n̠iaʔ loi］、［n̠iaʔ kuan ka］、［n̠iaʔ ʔa miaŋ］、［n̠iaʔ si raiŋ seh］、［n̠iaʔ si raiŋ lauŋ］、［n̠iaʔ ʔa kiŋ mhɔm］、［n̠iaʔ ʐoŋ muik］。其中，［n̠iaʔ pɔk］、［n̠iaʔ pɔi］、［n̠iaʔ kui］、［n̠iaʔ lus］、［n̠iaʔ loi］是兄弟家族，尤其前三个家族，［pɔk］、［pɔi］、［kui］是三兄弟，从［n̠iaʔ pɔi］的子父连名家谱来看，他们分开了12代。从两两结成"德巴"的关系看，五个家族的现世所有家庭是相连的。以［n̠iaʔ pɔk］（ʔai pɔk 即大儿子的后嗣）、［n̠iaʔ pɔi］（n̠i pɔi 即二儿子的后嗣）两个家族的承接为例①，其关系如下。

1. n̠iaʔ pɔi（n̠i pɔi 的儿子单传，其孙 khiet 有两个儿子：大儿子 ʔai leŋ 和二儿子 n̠i lon）

（1）n̠i lon（n̠i lon 有三个儿子：大儿子 ʔai seŋ、二儿子 n̠i si 和三儿子 ʐuok sɤs，他们的子嗣形成了三个分支）

①三儿子 ʐuok sɤs 的后人目前有21家，其两两"德巴"关系如下（箭头指右前腿的方向，即由幼至长，下同）：

ʐuok prai xan（即案例一的主人公）→n̠i pian xan→n̠i siu pao→ʔai tɕian pao→ʐai tɕhiʔ si rɤiŋ→ʐuok tɕiu si rɤoŋ→ʔai kap si rɤiŋ→ʔai tɕhiŋ ka→sam paŋ tau→ʔai saŋ tau→n̠i pan pri→ʐuok lon krin→

---

① 三个音节的音标都是男性的名字，以"排行＋名字＋父亲的名字"的形式记录，以便观察其中的长幼关系、直系和旁系关系；上一段段尾与下一段开头的粗斜体字是同一个人，是两个分支或者两个家族的连接点。

n̯i saŋ krin→ʔai san krin→ʔai wui ris→ʐuok khuai ruaŋ→n̯i faŋ ruaŋ→ʔai ʐɔŋ ruaŋ→ʐai tɕhiŋ saŋ→n̯i rai saŋ→*ʔai mɤaŋ saŋ*

②二儿子 n̯i si 的后人有 13 户，其"德巴"关系如下：

ʔai mɤaŋ saŋ（n̯i si 的弟弟 ʐuok sɤs 的子嗣中最长者）→tɕoi ka son（已于 2018 年 6 月去世，无子，即可越过）→n̯i ruaŋ pui→ʔai krin pui→ʔai paŋ suan→ʔai siaŋ lauŋ→ai fian tɔi→ʐuok tɕian taŋ→n̯i tɕiaŋ rai→ʔai paŋ rai→ʔai klaŋ nam→ʔai thai ka→ʔai ka si rɤiŋ→*ʔai kap suan*

③大儿子 ai seŋ 的后人均分布在缅甸北佤邦[①]勐冒县田斯龙乡一个叫〔luok lhaʔ〕的寨子，二儿子 n̯i si 的子嗣中最长者 *ʔai kap suan* 与他们成"德巴"关系。

（2）*ʔai leŋ* 的后代子嗣比较分散，他弟弟 n̯i leŋ 的子嗣中最长者 *ʔai seŋ* 的子嗣，即分布在缅甸〔luok lhaʔ〕寨的人联结他子嗣中最小者，关系如下：

【从 *luok lhaʔ* 开始】→ʐuok tɕam sian→ʔai paŋ sian→ʔai kaɔm si rɤiŋ ka（在新厂镇新厂村〔ʔu ʔak〕寨）→ʔai ruaŋ khuat（以前在一个叫〔krɔŋ kran〕的北佤邦寨子，现已迁到南佤邦地区）→ʔai saɯ kap→ʔai siaŋ khuat→ʔai paŋ rai→n̯i kaɔm pan→ʔai krin pan→【新厂镇永广村五组的 n̯iaʔ pɔk 家族】→*ʔai li pi*（代格拉 n̯iaʔ pɔk 家族"德巴"链中最末者）

2. n̯iaʔ pɔk

ʔai li pi（代格拉 n̯iaʔ pɔk 家族排在最末者）→n̯i paŋ son→ʔai taŋ son→ʔai kat so→ŋɔʔ reʔ tau→sam liŋ tau→n̯i ruaŋ tau→ʐai saŋ tau→ʐai tɕhɤi kap→sam tɕhɔm kap→ʔai taŋ saɯ→ʔai tɕhiŋ krin→ŋɔʔ kat lau→ʐuok plɤk lau→pri【在一个叫〔laɯʔ giaʔ〕的北佤邦寨子，现已迁到南佤地区】→【krɔŋ kran，已迁到南佤邦】→*ʔai tɕhŋ krin*【si raiŋ seh 家族】

至此，我们可以很清楚地看出，"德巴"关系在家族内父系子嗣间以及超越家族的联结。〔n̯iaʔ pɔk〕、〔n̯iaʔ pɔi〕、〔n̯iaʔ kui〕、〔n̯iaʔ lus〕、〔n̯iaʔ loi〕五个家族是兄弟家族，按照传统的婚配规则，他们内部禁止通婚；其他六个家族是他们的婚配对象，理应是无血缘关系的他族。但是从"德巴"关系来看，〔n̯iaʔ pɔk〕家族的"德巴"对象在佤邦的两个村寨传了之后，又回到了〔si raiŋ seh〕家族，由〔si raiŋ seh〕再连〔si raiŋ lauŋ〕，这些都是他们可以婚配的家族。从人们的认识看，"德巴"是家族内的联结，但实际又是超越家族的。

四 由"德巴"看佤族的跨国交往

"德巴"关系遵循的是血脉相连、兄弟相结，所以随着人口的流动与迁徙、新寨的开拓，"德巴"关系超越地域性的特点越来越凸显。由于佤族跨国分布，跨越国界的"德巴"关系也就不足为奇。1999 年底至 2004 年，佤邦以禁毒之名，通过劝告、强迫相结合的方式将北部高寒山区靠种植罂粟为生的近 10 万农民分批迁往南部的缅泰边境地区。不论是与中国地域相连的北佤邦佤族，还是迁移南部的南佤邦佤族，都与中国的佤族有同根同源的血脉。不仅血脉相连，而且是一个仪式连续体，由北佤邦南迁的佤族常常不远万里、长途跋涉回到故乡寻找亲人；中国的佤族也不辞辛劳，甚至冒险远赴南佤

---

① 佤邦，即缅甸掸邦第二特区，其实际控制区域由南、北两个地区组成。北佤邦位于缅甸东北部，与中国的佤族在分布区域上连成一片，辖邦康特区、南邓特区、勐冒县（原北佤县）、勐波县（原景北县）、温高县（原南佤县）两特区三县。南佤邦与泰国接壤，设南部地区管理委员会。

邦寻找南迁的“德巴”。

由于跨境分布状态，佤族的民族认同、国家认同、跨境往来与国家安全等课题尤其引人关注。人口的跨境流动、跨国婚姻、边民互市，包括探亲访友、文化联谊在内的跨境互动，都引起了人们的关注，这些都是跨境民族社会交往、文化交流的重要形式，主要基于地缘特征。这种情况下，跨境交往与跨境分布格局有某种地缘上的一致性。随着佤邦南迁北部农民，边民的互动、互市、流动、交往对象和范围都在发生变化，但有一种没有改变，就是南迁佤族与北部地区同胞和中国边境佤族同胞的仪式联系、亲属实践，这种跨越地域的交往最根本的是受血缘和族内结构特征的引导。

本尼迪克特·安德森把民族定义为“想象的政治共同体”，“它是想象的，因为即使是最小的民族的成员，也不可能认识他们大多数的同胞，和他们相遇，或者甚至听说过他们，然而，他们相互联结的意象却活在每一位成员的心中”。[①]然而，通过对“德巴”关系的观察，整个佤族社会似乎可以连成一头一尾的连续体，“德巴”关系使人们环环相扣，形成佤族社会的内部联结机制。从纵向看，人们通过子父连名家谱追根溯源；从横向看，人们以传递实物的方式连成一体。超越国界的互动除了同胞感情、利益博弈，更多的还是出于仪式的需要、秩序的维护。因此，中缅佤族的交往，不仅仅是跨越边境的，即使没有相邻的地域，人们也在尽力维护这种结构的相连。

当然，这种文化面临着很多挑战，其中最大的危机来自城镇化，尤其是人的“城市化”、“现代化”和“无仪式化”。“德巴”关系是佤族文化的根，其中有很多禁忌和讲究。比如确定上下联结的兄弟，在特殊情况下，为确保这种联结的顺畅，诵记家谱是最起码的要求；要有具有仪式意义的老房子，没有男人的家不能成为有仪式意义的家；佤族社会里的男人都要有“合理”的身份，即世系承继，离婚的女人不能带儿子……人们在“解放”和“被解放”的过程中，慢慢地褪去“迷信”，成为“现代人”“城市人”，放弃了仪式，也就无所谓“合理”或者“不合理”，无所谓“忤逆神灵”。但是至少，目前佤族的主体还在农村，根和文化还在农村，村寨里的家家户户都是“德巴”关系的直接践行者和维护者。

---

① 本尼迪克特·安德森：《想象的共同体——民族主义的起源与散布》（增订版），吴叡人译，上海人民出版社 2011 年版，第 6 页。

《西南边疆民族研究》 第 27 辑
第 116～124 页
© SSAP，2019

资源－情感－互动：招婿婚中的代际冲突逻辑

——基于石林县彝族村落的调查研究[*]

刘　燕[**]

摘　要　招婿婚中的代际冲突有其固有的复杂性和特殊性，对招婿婚的婚姻认知、嵌入在家庭内部被赋予不同意义和价值的家庭资源及共享情感构成了代际互动的基本要素，也是影响代际和谐程度的关键。本文基于资源－情感－互动假设的分析视角对招婿婚中代际冲突的过程及实质做了深入分析。通过个案研究发现，乡民文化中生活着自我谋利的理性农民，而市场经济逐渐渗透的村落也保留着传统家庭情感的承诺。代际关系的发展一方面通过重塑代际的行动方式以调整代际资源和权力的占有与分配；另一方面也会引起某些文化要素的修正与延续。家庭的维系不仅是通过保留传统，更是通过对传统的再确定实现的。

关键词　代际冲突；招婿婚；资源；情感

DOI：10.13835/b.eayn.27.13

中国社会经济和结构的转型，特别是城镇化、农村人口流动以及老龄化等问题带来的人口结构的变化，不断冲击着传统农村家庭代际关系，并使之再次引起社会学和人类学的关注和讨论。在传统与现代不断交融的民族地区，其家庭代际关系有其固有的复杂性和特殊性，一方面通过代际传承保持民族传统家庭情感文化的延续，另一方面又受现代经济理性的影响。代际如何建立和谐的沟通空间，这不仅直接影响民族地区家庭代际关系的发展，也会影响通过代际传承而产生的文化变迁过程。

一　资源－情感－互动假设——代际冲突的分析视角

（一）情感－互动－资源假设——行动要素

林南关于社会资本理论论述的重要基础即行动要素：资源、动机与互动，该行动基础的假设性分析则是情感－互动－资源假设，而对互动的理解又是基于霍曼斯从小群体行为研究中抽象出的三个基

---

[*]　本文受云南省教育厅科学研究基金研究生项目"社会秩序视野下的少数民族农村家庭代际关系研究"（2018Y162）和云南大学第九届研究生科研创新基金项目（YDY17003）资助。

[**]　刘燕，云南大学民族学与社会学学院民族社会学专业博士研究生。

本概念：活动、互动与情绪，其中"活动指的是'一种行为类型，而不是一个具体的行为体现'；情绪是'内在的态度或感情表达或象征'"。① 活动、互动与情感因素之间存在相互影响的作用关系，即共享情感越丰富，行动者越有可能参与活动并产生互动；行动者的互动越频繁，越容易产生共享情感。在情感－互动假设基础上发展出"似我假设"的同质原则，即"社会互动倾向于在有相似性的生活方式和社会经济特征的个体之间发生"。② 若假定社会经济特征和生活方式反映了嵌入在行动者内部的资源，这样情感－互动假设就变成了情感－互动－资源假设，并在此基础上分析了同质性和异质性互动。林南关于行动基础的论述是将其置于行动者的结构位置和社会网络中。

借用林南关于行动基础的分析概念，且结合本文的研究问题，笔者将资源－情感－互动假设的范围主要界定在家庭内部，并重新赋予部分基本概念以新的研究意涵。这里的资源指的是嵌入在家庭内部被赋予不同意义和价值的人力、物力或象征物品，如土地、房屋、牲畜、金钱及体力等；互动是家庭成员之间的相互作用，主要表现为友好型或冲突型；情感是家庭中个人之间所具有的认知、评价与兴趣，如赞同与反对、好感与反感等。代际的互动和行动选择也主要是建立在资源的占有与分配及情感基础上，当资源、财富的占有、交换和分配不平等时，代际共享性的情感联系就难以建立，代际互动也因此呈现为紧张型或冲突型关系；共享情感越多，代际的互动越积极，家庭资源在此基础上的分配就越趋于平等，资源、情感与互动三者是相互作用的有机整体。

（二）互动中的代际冲突综述

"代"或"代际"一词本身隐含的"变化"和"差异"之意涵表明代与代首先成长于不同的时代背景和社会文化环境中，而不同的时代背景和社会文化环境显然会塑造隔代之间不同的生活方式、思维方式、价值观念和行为模式，甚至是不同的自我表达和认知，这些差异则会以协商性和冲突性方式体现在代际互动过程和事件中。因此，代际冲突作为代际关系的表现内容有其客观存在的必然性。

近些年国内学者有关代际冲突的研究主要集中于两个层面：家庭层面和社会层面。在社会层面，有消费选择、公共资源配置和文学领域中的代际冲突以及职场代差和上下级冲突等内容。如陶东杰等人研究表明居民年龄与公共教育支出的主观支持力度呈负相关，而与医疗卫生和养老金等公共支出的支持力度呈正相关；③ 雷鸣认为"多种文化范式的转型和叠加型塑了文学领域中作家的代际冲突"；④ 在择业标准等职场价值观上"80后"和"90后"存在相互包容性，但是在核心价值观上"90后"表现出更强的主观能动性。⑤ 在家庭层面，首先，理论视角的典型化运用莫过于玛格丽特·米德的"三喻"文化理论，如吴小英在此理论架构内对代际冲突和青年话语空间的论述，指出代际关系呈现"控制、疏离与对话"三种形式的历时性特征，与米德的三种文化类型——前象征文化、互象征文化和后象征文化相适应。⑥ 靳小怡、崔烨⑦，马春华⑧，黄庆波等人⑨运用本特森的"代际团结"理论和潜在

---

① 〔澳〕马尔利姆·沃特斯：《现代社会学理论》，杨善华等译，华夏出版社 2000 年版，第 75 页。
② 〔美〕林南：《社会资本：关于社会结构与行动的理论》，张磊译，上海人民出版社 2004 年版，第 38 页。
③ 陶东杰、张克中：《人口老龄化、代际冲突与公共教育支出》，《教育与经济》2015 年第 2 期。
④ 雷鸣：《新世纪以来作家代际冲突的文化诠释》，《山东社会科学》2016 年第 3 期。
⑤ 吴小云、杨国庆：《代际冲突视野下 90 后员工管理初探》，《中国人力资源开发》2012 年第 12 期，第 28～32 页。
⑥ 吴小英：《代际冲突与青年话语的变迁》，《青年研究》2006 年第 8 期。
⑦ 靳小怡、崔烨等：《城镇化背景下农村随迁父母的代际关系——基于代际团结模式的分析》，《人口学刊》2015 年第 1 期。
⑧ 马春华：《中国城市家庭亲子关系结构及社会阶层的影响》，《社会发展研究》2016 年第 3 期。
⑨ 黄庆波、杜鹏等：《成年子女与老年父母间代际关系的类型》，《人口学刊》2017 年第 4 期。

类别分析法，通过统计分析测量家庭代际关系模型，疏离型代际关系类型即为其中一种表现形式。其次，基于日常生活的社会事实又有两种主要的切入视角，即变迁背景下的青年群体和人口老龄化过程中的老年群体。以青年群体为视角的研究倾向于论述当代青年的择偶观、婚姻观和生活观及由此产生的代际差异。"老年歧视"成为代际冲突的一种重要形式，且"与老年人互动较为密切的人群对老年歧视的程度相对更高"。[①] 婚事、分家、土地和赡养通常成为引发代际冲突的日常事件，贫困老年人在代际冲突的行为选择上较被动，在日常生活中被"污名化和边缘化"。[②] 社会养老保险制度的建立与家庭代际互动具有一定的相关性，陈华帅、曾毅的研究表明"老人领取的养老金在均值基础上每增加 1 元时，其子女提供的代际支持将减少 0.808 元"[③]；而"政府适当降低社会统筹部分的缴费率能够缓解代际冲突"[④]。

上述研究从不同层面和视角分析了代际冲突问题，但就引致家庭代际冲突的婚姻实践指的是一般意义上的嫁娶婚，缺少招婿婚的研究视角。同时，已有研究对家庭代际冲突中行为选择的阐释忽视了家庭系统内生性情境的分析，即代际行动选择的基础：家庭资源与情感联系。另外，人类学有关招婿婚的研究集中于分析不同民族、不同地区该婚姻形式的具体形态、称谓、礼俗与意义，并未涉足招婿婚中的代际关系。因此，本文立足于资源－情感－互动假设的研究框架对招婿婚中代际冲突的运作逻辑进行深层性分析。

（三）田野点概况和当地招婿婚情况

1. 田野点的社会特征

该彝族村落是位于云南省昆明市石林县圭山镇的一个自然村落，迄今已有 600 多年的发展历史，形成了自己的语言文字、饮食文化、婚恋习俗、传统节日及原始宗教崇拜与信仰等。全村 2 个大队，8 个村民小组，272 户，共 1038 人。村落居民以务农为主，人均耕地 2.4 亩，主要以玉米、洋芋等粮食作物及烤烟、小米辣、雪莲果、三七等经济作物为主，少数居民经营农家乐从事乡村旅游，外出务工的年轻人较多，且以"90 后"为主。从村落内部社会结构和村民之间的关联程度来看，实际上该彝族村落形成了一种"大宗族、小家族"的社会形态。2017 年 12 月和 2018 年 2 月、6 月，笔者曾先后三次前往该村落进行了近两个月的田野调查，其中以参与观察和深度访谈为主收集有关代际关系的经验材料。

2. 当地招婿婚情况

通常发生于纯女户家庭的招婿婚在该彝族村落被视为与嫁娶婚并行的一种婚姻形式而非一般意义上的补充形式。当地招婿婚发生的家庭结构除了纯女户家庭外也有部分发生于一儿数女家庭（数量较少），其中根据儿子的空间距离和家庭关系特征又可进一步细化为三种情况。一是儿子在县城及以外的地方工作且定居，此受访家庭的父母表示留一个在家里的原因是自己年龄越来越大，儿子常年在外且村里公共事务又多。二是儿子（未婚）去世，有未婚姊妹的选择招婿；姊妹均已婚的则通过协商，其中一个女儿被约定为招婿婚形式，但这种情况有时会造成紧张的亲子关系。

① 吴帆：《代际冲突与融合：老年歧视群体差异性分析与政策思考》，《广东社会科学》2013 年第 5 期。
② 仇凤仙：《农村贫困老人日常生活中的代际冲突分析——皖北李村调查研究》，《中国农业大学学报》（社会科学版）2014 年第 4 期。
③ 陈华帅、曾毅：《"新农保"使谁受益：老人还是子女？》，《经济研究》2013 年第 8 期。
④ 彭浩然、陈斌开：《鱼和熊掌能否兼得：养老金危机的代际冲突研究》，《世界经济》2012 年第 2 期。

一受访家庭，儿子意外身亡，两个姑娘均已结婚，其中大姑娘嫁到了外镇村，二姑娘在外务工时认识了现在的贵州籍丈夫（水族），2012 年结婚后丈夫仍在外当兵（2018 年初退伍后被安置在县城工作），已育一子，怀有二胎，由于结婚前男方父母均已过世，故婚后一直住在娘家，在村里经营一家米线店。访谈中二姑娘表示弟弟去世后，根据姐妹情况，父亲坚持让丈夫上门，自己倒是无所谓，上不上门都要管父母，但是丈夫不是很同意这种上门说法，因为丈夫跟她是一样的想法，父亲却一直很坚持，所以关系就不是很好；第一个孩子随丈夫姓，现在第二个孩子随自己姓。

三是已婚儿子与父母及其已婚姊妹关系不和的，其中一个女儿即是所谓的"两边管"。

该受访家庭中，父亲表示儿子和其他姐妹想法不一致，活不到一起，大姑娘是招婿婚（目前无子）。第二次去受访家庭时，正好大姑娘的婆婆也在，母亲说大姑娘现在是"两边管"，因为两边都有房子、农地；亲家母笑着说是这边的。大姑娘本人也表示两边都要管。

就招婿婚的具体婚姻形态和礼俗而言，婚前双方协定同意，婚礼中并没有特殊的仪式以确认双方的招婿关系（调查过程中笔者参加了招婿婚的婚礼过程），婚后年轻夫妇与女方父母同住。同时，男方没有"改名更姓"和"还宗"习俗，只是要求其子女跟随母姓并以"孙子"身份而非"外孙"身份参与女方亲属关系网的称谓。

二　个案分析：招婿婚中的代际冲突过程

在调查过程中发现该村落家庭代际冲突最为激烈的两个家庭均是招婿婚形式，村民也反映村里最不和谐的也就是这两家了。随后便就招婿婚中的代际冲突事实进行了重点访谈。

案例 1：LLF，女，72 岁，育有 3 女，大姑娘和二姑娘都嫁在外村，小姑娘（LHY）是招婿的，但是姑爷和老伴挨不着（合不来），老伴性子怪，姑爷也怪。以前一起生活过，但是矛盾太多就分开了（分开做活、做饭等）。小姑娘两口子经常嚷架，开始时老人也跟着和姑爷吵，后来管不了也就随他们了。老人说现在她和老伴还能做得动农活的时候就挨不着，等到做不动了更是挨不着，日子还是难过的。

说到具体因为什么事情造成关系不和时，LHY 表示自己也说不清楚，无缘无故都会吵。父亲"事情太多了"，好的时候就是三分钟，不好就是随时跟你翻脸，这也不好那也不好，不知道怎么做才好，随他们（父亲和丈夫）怎么闹吧。父亲脾气不好又嗜酒，母亲不敢说，随时都被他打骂，丈夫脾气也不好。父母亲的农地也都是他们自己种的，不给 LHY 夫妇种（夫妇只有 LHY 一个人的四五亩地），不打工完全不够一家人生活。房子也不准盖新的（父亲不准）。LHY 说现在父亲嘴上说不用她管，没办法的时候还不是她管，因为自己在父母身边，病的时候就喊，没病的时候就不要你。半夜不好过的时候还不是自己起来给喂药，三更半夜请人拉着去医院，那些车费、查病那些钱还得自己一个人承担，就是住院费他们自己出（盘着地，玉米他们自己卖），但是哪一次自己都得花五六百，就这样也没有一句好话。大姐夫太厉害了，和父亲一条心，父母卖玉米、卖牛也都是大姐夫张罗。她喊大姐他们回来管管，他们说管但还不是在一边不回来，大小事都得自己操心。她人生得丑（兔唇），他们瞧不起自己，一出生就瞧不起。什么都是父亲一个人对，别人就都是错的。嫁远一点还好过，在父亲身边就是受罪，没有一天安宁的日子。就是看着母亲太可怜了，实在过不下去了。她姑娘带着孩子回来住两天，父亲还骂说都嫁出去了还回来！不管怎么样都做不活他们的心（不和父亲的心意），这会儿他们会做点吃嘛随他们，以后做不得了还不是要做给他们吃。

据了解，本村调解员多次出面调解无效，甚至惊动了派出所。一开始是二姑娘招亲，老两口和夫妻俩合不来，二女婿就带着二姑娘回男方家了。后来又让 LHY 招亲，LHY 一开始嫁了一个当地人，生了一对双胞胎儿子，后来离婚后（一边带了一个孩子）招了现在的丈夫（现任丈夫是父亲给找的），育有一女。

案例 2：ZGZ，女，73 岁，育有 2 女，其中老大是抱养的，两个姑娘都是招婿婚，老大与老人毗邻而居，小姑娘在昆明某厂工作（顶了父亲的职）并定居于昆明。（当被问及顶职的事情时，老人说老二姑娘毕竟是亲生的，那时候她和老伴都是这么想的。老大可能也就主要是因为这个事情……老大没顶，怎么小的那个顶，老大平时会这样说）老人表示其 33 岁的时候生了第二个姑娘，以前不能生育就抱养了老大，哭诉并重复着白养了、老大不要她的话。两个姑娘没结婚前关系都是好的，2006 年分了家（大姑娘提出来的），但也就是分了房子，老人现在住的一间老房子是分给小姑娘的，农地基本上都给老大种了（近两年好几亩地都包给外地老板种三七了，租金一分没给过老人；以前老人养过一对牛，被老大卖掉后也没给过老两口钱），现在自己只种两小块苞谷地（这两天刚从小姑娘家回来准备收苞谷），分家后老大就不要老人也不养老人。去年二月份老人生病期间和老伴发生口角后，老伴就被大姑娘接到了自己那边，现在老人独自居住。老大修现居新房时双方也发生过争吵，老人表示老大不养她就不允许老大在老房子基地上盖新房，发生冲突后亲戚过来帮忙调解，说修好房子后老两口住一楼，老大他们住二楼。现在也只有老伴过去住了。老人哭诉说老伴有工资，自己没有钱，老大就只养老伴。说 1997 年还是 1998 年的时候老大女婿那边来了六七台拖拉机，十几个人一起下来搬东西，老人挡挡么倒没有搬走什么好东西，住了两年就自己回来了。其实从 2006 年分家开始，老大就表示不养老人，自此基本日日吵架（喊骂、打架）。两姊妹的关系现在也不好。2017 年 5 月份经村委会正式调解，达成的基本协议是老人和老伴（跟着大姑娘）分别跟着一个姑娘住，并负责其日常开支；老人的农业补贴金需如数交给其本人，之前由老人种的两块苞谷地仍由老人耕种。

2018 年 6 月份再次前往该村时，大姑娘的儿子（27 岁，已婚）表示村里人都知道他们家的情况，走在村里都觉得丢人，也都知道他奶奶是什么人。分家的时候只分了村里面的东西，现在村里分给小姨的房子实际上也是父亲盖起来的。小姨在市里有两套房子，也不知道是她自己买的还是两个老人买的。两个老人的关系也不好，奶奶太强势，爷爷又太善良，这也是受不了了，爷爷去年才过来父母这边。现在爷爷的工资也是他自己掌握，父母都不干涉。奶奶基本上每天都在骂，路过父母这边也要骂，有的没的都在骂，不知道老人到底想怎么样！就因为母亲是抱养的，所以奶奶就偏向那边（小姨家）！自己小的时候有一次奶奶找来她娘家人把母亲打了一顿，他到现在都记得很清楚。最近奶奶写了个断绝关系的文书到村委会，还要十万块的赡养费。6 月初奶奶要求到镇上司法所调解，之前已经签字的村委会调解结果老人又不认同了！每次都是奶奶想怎么调解就怎么来。小姨的态度就是奶奶怎么高兴怎么来，回来的时候和爷爷连声招呼都不打。

（一）代际婚姻认知与角色调配缺位

人们的所思所想影响着他们在行动中角色的运用和实现过程，就某一社会事实而言个体所持有的有关该事实的基本判断和自身能力及努力结果的信念在很大程度上影响着个体将来行为的方式。合乎意愿的认知表征和倾向促进行为过程和角色的实现，在涉及行为主体的互动过程时，若认知表征相近或互补，角色互动及将来行为则有可能实现；反之，且互动双方缺乏调适时就会出现角色失调甚至冲突行为。上述两个冲突案例中，亲代和子代首先就招婿婚事实的整体认知存在偏差，尽管代际双方关于招婿婚的一般家庭意义和社会意义即传宗接代、养老送终有基本的认识，但是双方就此权利和义务的享有与承担并不对等。按照地方家庭生活逻辑，与女方父母共同居住的招婿家庭中招婿子代则是亲代的主要赡养责任主体，参与并享有亲代家庭的全部社会生活、劳动及家庭资源，若代际双方就此无法形成一致且合乎意愿的整体性共识，在代际互动过程中则会造成角色失调现象，进而引发代际冲突。其次，家庭代际冲突与一般性社会冲突相比由于主体关系的特殊性，其冲突诱因烦琐且具有"连带性"，如案例1中子代提到的造成关系不和的具体原因"说不清楚，无缘无故也会吵"；冲突持续时间相对较长、影响深远，波及代际双方的将来行为和招婿婚意义的实现以及隔代之间的紧张关系，代际冲突中的角色调配过程也因此更为复杂。上述案例中冲突程度较为激烈时主要由第三方如亲戚、村落调解员、村委会甚至派出所出面协调，调解的理想状态则是如案例2中双方达成某种协议。但是，考虑到家庭代际冲突的特殊性，在代际主体本身缺乏沟通与自我调适时代际实际上仍然处于角色失调状态，潜在的代际冲突仍有可能发生。

（二）家庭资源的占有与交换不平等

发生在两代行为主体之间的共时性交换关系主要体现为成年（老年）亲代与成年子代之间进行的持久性服务资源与物质资源的交换，与历时性抚养－赡养关系并存。代际的交换关系伴随农村经济结构的转型和农民现代理性意识的增强越发明显，它与一般意义的市场性交换的最大不同在于其交换发生的异时性和非等价性，而互惠性交换意义的存续也因此在很大程度上影响代际主体之间的互动和关系走向以及家庭同辈群体之间的关系。就案例中所涉及的嵌入在家庭内部被赋予不同意义和价值的资源主要有农地、房屋、牲畜、金钱和职位等，案例中与父母共同居住且负主要赡养责任的招婿亲代相对于其他嫁娶及招婿但并不共同居住的姊妹来讲，共享或占有亲代家庭资源被认为是理所当然的事情。案例1中招婿女儿表示其他姐妹都嫁在外村，平时父母生病都是自己在照顾、喂药、包车、看护，并承担部分检查费用。但是，出售玉米和牲畜的既得利益却被大姐夫享有。父亲还不同意他们盖新住房，除了个人口粮地没有分到其他农地。案例2中与父母共同居住的大女儿没有享有顶职待遇，母亲表示因此造成了分家后的一系列矛盾。大女儿的儿子则认为小姨也是招亲，理应承担一个老人的赡养义务。农地租金、卖牲口的钱都是大女儿享有，因为其表示不赡养母亲，也因此出现后续被阻拦搬东西和盖新房的事情。亲代和子代之间以及同辈子代之间由于资源的占有和交换出现不平等现象，造成代际的一系列矛盾和冲突。

（三）共享情感难以建立

家庭除了基本的血缘和姻缘关联外更重要的是基于融洽的感情组成的情感共同体，其中纵向家庭情感主要是代际的表达与交流，且这种表达与交流具有双向互动性，既包括亲代对子代的关爱和扶助，也包括子代对亲代的敬爱和回报，扶助和回报情感尤其表现在成年或老年亲代与成年子代之间。案例中，代际尽管体验趋同的家庭生活经验，但是，由于家庭资源的占有和交换的不平等以及对婚姻认知的偏差和角色失调等原因使代际互动中充斥着矛盾与冲突，难以建立和谐、共享的情感联结，情感沟通和认同受阻。恰如村民对案例 1 家庭的评论一样，"老的（亲代）没有老的样子，小的（子代）没有小的样子"。亲代和子代坚持各自的情感体验，以至于向对方传出的情感和行为均没有得到支持性反应。招婿子家庭认为没有得到母家庭的物质和经济支持；母家庭则以子代没有尽到赡养责任而拒绝帮扶甚至阻碍诸如建新房等子代家庭的发展需求，以至于表现出"日日嚷架"的行为状态。代际无效的情感沟通不仅影响家庭日常生活需求的满足，还在一定程度上阻碍了家庭内部合作和家庭再生产，甚至波及隔代之间的情感表达。家庭稳定的关键在于建立和谐的情感关系，亲代对子代的关爱和扶助会影响子代自身情感构建，并激起子代对亲代的敬爱和回报情感，情感接受的双向性是实现情感沟通的基础，有效的情感沟通和良好的家庭关系是共生的。

（四）赡养问题成为冲突升级的显化结果

家庭赡养仍然是当前农村地区主要的养老模式，只是随着家庭权力结构的下移，家庭赡养原则由传统无条件的孝道转变为当前有条件的回报。代际关系成为老年亲代获得赡养资源的关键性因素，是养老行动发生的构成性条件。因此，养老成为代际关系的一项功能性内容，良好的代际关系直接影响子代对老年亲代的赡养行为，代际矛盾和冲突的结果也通常会落脚在家庭赡养问题上。案例 1 中原本与父母共同居住的招婿小女儿负责赡养父母亲，但是由于姑爷和老丈人合不来，矛盾频繁导致分家，现在由嫁在外村的大女儿承担了家庭赡养的主要责任。案例 2 中家庭潜在矛盾造成与父母共同居住的招婿大女儿不赡养母亲，引起后续发生的一系列家庭冲突，最后经村委会调解达成两个女儿分别负责一位老人的赡养协议。家庭赡养成为案例中矛盾冲突升级的显化结果。和当地普遍的多（儿）子轮养相比，纯女家庭必须通过招婿方式确定家庭赡养责任人，负责给亲代养老送终，但更重要的是完成传宗接代的家庭责任。因此，和儿子承担的传统先赋性质的家庭责任相比，当地招婿女儿承担的家庭赡养责任具有后致性，赡养关系也受到多重复杂因素的影响。

三 招婿婚中代际冲突的实质

（一）民族地区农村家庭传统情感文化在现代社会的连续性

"传宗接代"、"养老送终"的伦理价值在当地彝族民众中具有很强的家庭影响力，并成为家庭延续和婚姻组织的基本原则，尤为体现在纯女家庭中通过招婿来履行传宗接代的家庭责任上。因此，当地民众在生育性别上并没有表现出明显的倾向性，招婿婚得到普遍性认同。招婿婚都在女方家中举行，女方亲朋好友及男方近亲属前来女方家祝贺，男方家中通常不摆酒席。该招婿婚属"养老型"，即上门女婿一辈子生活在女方家中。调查过程中，当笔者表示自己是纯女家庭且姊妹都会选择出嫁，父母亲也没有招上门女婿的意愿时，被访成年及老年亲代则表现得很诧异，他（她）们的第一反应是无一例外地说道"那你的父母亲谁来管"！"嫁出去的女儿泼出去的水"，她没有权力继得娘家财产，也没有赡养娘家父母的义务。按照当地民众的说法，"不管儿子还是女儿，至少要留一个在身边来养老"，村中的"70 后""80 后"成年亲代及"90 后"纯女子代大都具有此家庭本位意识。招婿婚作为传统婚姻形式的一种，它是社会经济发展到一定阶段的产物，有其历史发展的合理性。但是，和古代社会中"家贫子壮则出赘"的社会认同观不同，现在的上门女婿无论是在女方家庭还是整个村落都得到和嫁娶婚一样的尊重。作为古老的婚俗文化，招婿婚的具体形式、礼俗及招婿的家庭和社会地位均在现代文明进程中发生了不同程度的变化，但就其传宗接代、延续香火的家庭及社会意义在现代社会仍具有其连续性。因此，招婿婚在家庭延续方面的意义连续性使其成为民族地区农村现行的重要婚姻形式之一。

（二）市场关系折射自我谋利的理性农民

市场经济向农村地区的逐步渗透使得乡土社会的发展呈现不同程度的开放性，同时，村落内部的竞争性也日益凸显，人们在维持传统乡风民俗的基础上呈现多元化的价值选择和判断，生活及社会需求随之扩大。"民族团结示范村"和"民族文化生态旅游村"的政策规划拓宽了村落的经济基础，农业和手工生产商品化、村落民居和民俗活动市场化。民族地区自上而下的发展战略激发了乡民的能动性和创造性，农民的实践和沟通理性也从村落内部逐渐渗入其家庭生活中，尤其表现在对家庭资源的占有和分配上。而村落家庭经济的发展差异及发展竞争性一定程度上催生并加剧了家庭内部的矛盾关系，特别是成年子代对家庭资源的占有及分配要求更加平等，家庭权利和义务的享有与履行也更明确。在农村市场发展的起步阶段，当成年子代面临较大的生活和发展压力而又缺少外在支持时，他们只能从亲代那里寻找资源，这事实上意味着子代将其发展压力转嫁在了亲代身上，在"一碗水难以端平"的情况下必然引起代际紧张与冲突。调查中发现，和多子分家或独子持家不同的是招婿家庭中亲代通常会掌握较长一段时间的家庭财产支配权（一女招婿家庭），这种情况下若其他外嫁姊妹不同程度地参与亲代家庭的财产支配，则很容易造成代际甚或平辈子代之间的紧张关系。

（三）老年亲代权威的自我维持

目前关于家庭内部权力结构的研究得出的一个一般化的结论是"横向夫妻关系日益取代纵向的父子关系而成为家庭的轴心"，父权逐渐衰落。然而，受传统家庭观念的影响，部分招婿婚家庭中亲代仍然是家庭权力结构的轴心，掌握家庭主要财产的控制权。家庭权力的一个重要面向即是对家庭财产的掌控和支配，包括农地和牲畜的经营性收入、房产的占有及其分配等，如案例中出现的"阻止子代建新房"的现象。民主观念的渗透及市场经济的改革一方面影响亲代的家庭权威和地位，但是并没有直接导致亲代失去家庭权力结构中的核心位置，失去对家庭财产的控制；另一方面其影响了子代的家庭权力和家庭财产观念，子代和亲代之间原有的单向顺从关系变成了有条件的回报和"讨价还价"。子代希望看到甚至明确其对家庭财产积累的贡献和享有的权利，而亲代为了维持家庭自我权威仍保持对家庭财产的控制权，甚至直接干涉隔代的自我发展和选择。老年亲代通过对家庭财产的支配和控制来维持其家长权威的做法在影响代际关系的同时一定程度上限制了子代的发展需求。

（四）家本位基础上子代自主发展的现实需求

作为传统民族村落，其经济基础和文化规则对家庭代际关系产生了重要的维系作用。传统农耕劳作对家庭劳动力的数量要求一定程度上是当前招婿婚发生的现实条件之一；民族家庭传统伦理道德，特别是祖先崇拜的信仰增生了当地民众家本位的思想意识，传宗接代的家庭观念也更为凸显。但是，在传统地方文化规则基础上，随着社会物质生活及家庭结构的变迁，子代日趋追求独立自主及自我发展，强调家庭成员的个体化。这种关系变化显现在家庭生活的诸多方面，如婚居形式、家庭权力观和财产观、亲代赡养等。子代开始对家庭共有资源产生明确的权利意识，并要求权利的享有与家庭义务履行的对等性，特别是在家庭赡养问题上。招婿婚家庭事实上也确立了明确的赡养责任人，但是和多子轮养及独子赡养的家庭相比有其固有的复杂性。在多子或独子家庭中，亲代对外嫁女儿的帮衬行为所引起的子代家庭不满态度的强烈程度通常要弱于招婿婚家庭中亲代对外嫁女儿的帮衬所引发的招婿子家庭的不满程度。子代自主性还体现在情感的感知与表达上，和亲代相比，子代对家庭成员的支持与反对或是家庭情感的表达更加外显和主动，代际合作与互惠原则成为这一时期代际关系发展的基本准则。

四　小结与讨论：代际沟通空间与传统文化的代际传承

和一般嫁娶婚相比，招婿婚中的家庭代际关系有其固有的复杂性和特殊性，对招婿婚的婚姻认知、嵌入在家庭内部被赋予不同意义和价值的家庭资源及共享情感构成了代际互动的基本要素，也是影响代际和谐程度的关键。招婿婚作为一种传统家庭情感文化事实，通过代际传承其在民族地区仍然是家庭延续和婚姻组织的基本原则，且传宗接代的一般家庭及社会意义在现代社会得到了延续。随着物质生活水平的提高及市场关系在农村地区的不断渗透，农民的家庭及社会实践理性日益显现，对家庭资源的占有和支配、家庭情感的表达更加积极和主动，特别是家庭子代开始强调个体化和自我发展需求；同时，亲代权威在整体性衰落过程中部分家庭亲代仍然通过对家庭财产的控制来维持其自我权威。在这一过程中，资源的占有与交换的不平等、亲代权威的维持与子代个体化发展需求之间的张力以及共享情感的破裂引起代际关系失衡并最终导致代际冲突。代际和谐首先要求有一定的代际沟通空间，该空间中亲代和子代之间的关系是互惠、合作与沟通，而非传统社会意义上的控制与顺从。因此，亲代应当适时调整在老一辈影响下构建的话语权，而子代在逐渐掌握主流话语的同时不能将其个体化意识强加于亲代至降低代际互动的主体间性。两代之间通过家庭角色的自我调适来保证沟通空间的有效性。

转型时期的家庭代际关系是社会制度、地方文化规则体系等结构要素与代际主体之间相互协商和选择的结果。代际关系发生的具体情境则是家庭及其成员所处的社会及村落环境，民族地区在其历史和实践中所形成的家庭传统伦理道德对代际关系具有重要的维系作用；同时，代际主体会在制度和文化规则所提供的行动空间中进行判断和选择。此时，代际主体在其能动选择基础上所产生的行动后果可能是有利于代际关系和谐发展的，也可能为代际互动带来意料之外的矛盾和冲突。代际关系的发展过程，一方面通过调整和重塑代际的行动方式以调整代际资源和权力的占有与分配；另一方面也会引起某些文化要素的修正与延续，在这个意义上，传统文化通过代际传承获得其在现代社会的连续性与变迁过程。家庭的维系不仅是通过保留传统，更是通过对传统的再确定实现的。

《西南边疆民族研究》 第 27 辑
第 125~134 页
© SSAP, 2019

旅游业与香格里拉的地方建构[*]

Åshild Kolås[**] 著

邓云斐[***] 译

摘　要　"香格里拉"的民族旅游发展及其伴随而来的对该地作为"藏族"地方的再建构,表现出了三个方面的策略,即在将其整合进佛教西藏的"神圣领域"的过程中进行的"神圣化",与迪庆藏族自治州成立相联系的"民族化",以及随着近期将其作为旅游目的地推广,特别是将其中的中甸县更名香格里拉县而进行的"异域化"。在这几种不同的"地方建构"策略之间,是对"地方"的再发明。

关键词　旅游业;族性;地方建构

DOI:10.13835/b.eayn.27.14

前　言

本文讨论了香格里拉(云南迪庆藏族自治州)的旅游业发展与地方表述及其藏族认同概念之间的联系。迪庆的旅游业发展为旅游开发公司提供了将藏族文化商品化和资本化的机会,同时也为当地藏民将迪庆再发明为"藏族"地方提供了途径。2002 年中甸县更名香格里拉县,由此引发的关注吸引了越来越多的游客。同时,此次更名也可以被理解为重新争取之前占主导的"藏族性"表述的手段。宗教场所如松赞林寺和卡瓦格博圣山等,已成为热门的旅游景区。这种时兴的对该地区"神圣地理"的兴趣,对当前迪庆的地方认同及民族认同的再建构也有着至关重要的影响。

20 世纪 80 年代后期以来,部分人类学家和文化地理学家就已将"地方建构"作为研究的重点,并调查了地方性、认同和归属感之间的联系。如 Bender(1993c)、Tilley(1994)、Hirsch 和 O'Hanlon(1995),以及 Abramson 和 Theodossopoulos(2000)等相关研究都关注了作为认同和定位的重要来源的"景观"或"土地",而 Keith 和 Pile(1993)、Gupta 和 Ferguson(1997)、Lovell(1998)以及其他一些学者的研究则分析了"地方"、归属感以及容纳与排斥的政治。在其他领域,如在政治地理学和政治科学中,"领土"的概念被重新审视(Connolly,1996;Newman,1999),对国家间的边缘、边境和边界的研究兴趣也不断增加(Rumley & Minghi,1991;Anderson,1996;Paasi,1996;Shapiro & Alker,

---

[*]　原文刊载于 *Tourism Geographies*, Vol 6, No. 3, August 2004, pp. 262 - 278。

[**]　Åshild Kolås, 供职于挪威奥斯陆大学社会人类学系、奥斯陆国际和平研究所。

[***]　邓云斐, 女, 云南省社会科学院东南亚研究所副研究员。

1996；Donnan & Wilson，1998；1999；Newman，1999）。

与此同时，西藏的"宗教地理""神圣空间"以及朝拜等话题也在藏学研究领域内获得了相当的关注。一些学者主要根据文献资料，如传统地理学、堪舆资料以及"曼陀罗"中描绘的神圣领域的"地图"等讨论了西藏的"地方建构"（如 Gyatso，1987；Buffetrille，1998）。还有学者研究了与崇拜地方护法神相联系的当代仪式活动（Karmay，1994）。值得一提的是，近期出现了一系列基于朝拜"指南"（gnas yig 或 lam yig）的有关朝拜的研究著作（Filibeck，1990；Buffetrille，1994a；1994b；Huber，1997；Kapstein，1997）。

本文力图综合以上提及的理论视角，在云南省境内这个如今被叫作迪庆藏族自治州的藏区，来考察"地方"的建构或更确切地说是多重建构。基于这一个案，本文将讨论三种"地方建构"的策略。首先，本文描述了在将其整合进佛教西藏的"神圣领域"的过程中该地如何被"神圣化"；其次，本文将交代迪庆如何在国家构建中"民族化"；最后本文描述了随着近期将其作为旅游目的地推广，特别是将其中的中甸县更名香格里拉县后，该地如何被"异域化"。本文讨论了这几种不同的"地方建构"策略之间的张力以及内在联系，考察了近期该地如何被重新发明为"藏族"地区。本文还进一步讨论了"香格里拉"的旅游业如何为该地的"藏族性"支配表述提供了机会。

现在被称为迪庆的区域，就坐落在西藏高原的边缘，是几个世纪以来西藏和内地政治影响力博弈的地方之一。自从佛教在藏区占据主导，并随着佛教僧侣的政治影响力的增强，佛教就逐渐成为西藏政治的一个特征。随着 14 世纪和 15 世纪格鲁派在西藏中部的崛起，寺院作为行政管理的中心获得越来越重要的地位，这在西藏文化区的边缘地带更为明显。较大的寺院不仅仅作为教育和宗教生活的中心具有重要地位，它们更是将西藏高原的边缘地区与拉萨联系起来的重要纽带。现今迪庆地区最大的格鲁派寺院是噶丹·松赞林寺，始建于 1679 年。当地资料显示噶丹·松赞林寺由五世达赖喇嘛赐名，众所周知，正是五世达赖喇嘛，在 17 世纪时为达赖喇嘛世系的政治角色，也为格鲁派的宗教-政治势力打下了基石。除了松赞林寺，还有另一座重要的寺院东竹林寺也建于 17 世纪，位于今德钦县境内。随着松赞林寺和东竹林寺等格鲁派寺院的建立，当地藏族上层和拉萨的达赖喇嘛政权之间的联系得到了加强。

1949 年中华人民共和国成立之前，在处理结塘地区，也就是汉文中的中甸厅的行政事务方面，松赞林寺扮演了重要的角色。18 世纪初到 1949 年之间，在清廷及之后的国民政府指派的官员统领下，寺院僧侣与村庄老人和世俗官员共享权力。20 世纪 50 年代，新的行政管理体系被引进。在这个过程中，很多旧的行政区划被重新划分，土地革命为实行公社制度铺平了道路。中甸县内设立了 8 个或 9 个人民公社，以代替之前"千总"（藏族中为 dada）管辖的五个境，而把总（藏语为 gyu）管辖的区域则被改为"乡"，每个村庄都成为一个"生产队"（汉语中为"小队"）。

20 世纪 70 年代末，新的政治气候带来了影响深远的经济改革，其中包括私有制的回归，以及对"少数民族"及其宗教活动的新政策。在迪庆，诸如朝拜以及对山神（藏语中为日达，ri bdag）的崇拜等得以复兴，几乎全部的寺院都得到重建。随着旅游业在经济发展中的重要性增强，尤其是在 1998 年的禁伐天然林措施之后，卡瓦格博和松赞林寺等宗教场地成为重要的旅游景点。如今，中外游客都对这些地方的"圣地"表现出浓厚的兴趣。这一地方被确认为"香格里拉"，特别是 2002 年中甸正式更名，成为拉动当地旅游业发展的重要动力。尽管这一切可以被描述成官员和企业家所进行的一个"造神"游戏，但更名对人们如何看待迪庆作为一个少数民族地区，特别是"藏族"地区，有着重要的影响。

为了从更深的角度理解当代旅游业发展中"地方"如何被再发明和被争夺，本文从历史的角度探讨了"地方"的建构，并讨论了目前旅游景点宣传与"地方建构"的策略之间的联系，这里包括政府代表和迪庆当地居民的策略。通过对"地方"的讨论，文章试图厘清旅游业、族性的再生产以及文化和宗教传统的复兴之间的联系。

一　山神崇拜与佛教西藏

几个世纪以来，礼敬日达（山神）的仪式表演一直作为维系结塘地区民众群体意识的手段而存在。每年的特定时候，各家的男子都要去当地的山脊处煨"桑"，做供养并在箭刹上插彩箭。夏天的赛马节期间，他们也会去赛马场上方的山坡上做供养。因为这种供养是村里很多或者说几乎所有家庭都要去做的，所以这也起到了增强家庭纽带以及家庭之间纽带的作用，而各个家庭又构成了村落。

在中心镇，也就是香格里拉县府以及迪庆州府所在地的附近，有一座可以供养本镇"日达"的寺庙宗拉（dzong lha），就坐落在五凤山（藏语中为那多，nag rdog）的斜坡上，俯瞰着下面的赛道。庙里供奉着护法神日达那多（gzhi bdag nag rdog，字面意思是"黑驼背护法神"）骑着黑马的像。紧邻着庙有一个插满彩箭的石堆。与礼敬其他"日达"一样，藏民通过念经、焚香和在箭刹上插彩箭来供养宗拉。

早在敦煌发掘出来的 7~10 世纪的藏文文献中就提及了地方神域拉（藏语为 yul lha）（Buffetrille，1998：20），多数学者都认可对域拉的崇拜早在佛教进入西藏前就存在。与域拉有关的年度活动，通常包括具有竞赛性质的赛马和箭术比赛等，以及唱歌、跳舞和在常位于山坡上的箭刹上插彩箭（Karmay，1994）。

迪庆境内一个重要的地理场所是卡瓦格博山，它是藏民信众的八大圣山之一（藏语中为奈热，gnas ri），吸引着整个藏区的信众前来朝拜。除了朝拜山坡上的寺庙，更多人还会花费 4 天或 5 天沿内转经路线环绕大山，也有部分人会选择一条花费至少两周的外转经路线。朝拜卡瓦格博圣山最好的年份是羊年，届时，附近的、远道而来的朝拜者，都聚集在一起做供养并转经。当地僧侣讲述卡瓦格博是胜乐（bde mchog）本尊的宫殿，而在时轮金刚法会中，也会向该本尊做供养。将卡瓦格博与西藏佛教众神中举足轻重的一位本尊联系起来，是另一种将这一地区整合进西藏领域以及"神圣化"该地区的新途径。

在西藏佛教经典中有无数描写印度佛教大师，特别是莲花生大师如何通过引进佛教制服地方神和其他前佛教神灵的故事。佛教僧侣所写的朝拜指南，通过口述传播于未受教育的信徒中，对传达这种新的对神圣空间的理解非常重要。根据 Buffetrille 的观点（1998：23），这些描述说明佛教上层既不能接受地方神也无法压制他们，解决的方案就是"佛教化"，也就是将域拉整合进佛教的体系并将他们转化成"护法神"。在这个过程中，域拉被重塑为"日达"或朝拜的圣山，当地民众在山坡上的拜祭，被佛教朝拜活动的转经行为所替代或覆盖。同时，崇拜这些地方神的社区也象征性地被整合进佛教西藏。

笔者在迪庆收集的信息似乎也证实了 Buffetrille 的分析。如在一次访谈中，笔者得到解释说"远古时候"住在卡瓦格博的是"绒赞"，后被白玛炯涅（莲花生大师）转化为佛教护法神。

"绒"意为河谷，"赞"指属于人界的一个神灵。白玛炯涅从印度而来时，在卡瓦格博山上的一个洞穴中观想，住在卡瓦格博上的"赞"就在那时候被转化为佛教护法神。这个护法神所住的宫殿叫作丹曲（gdan mchog），意为"达摩之宫殿"（却吉颇章，chos kyi podrang）。卡瓦格博护法神穿白衣骑白马，一手持雷电，形象和佛教寺庙大门外面所绘的北方护法神一样。

在环绕卡瓦格博山的转经路上有多处展示了卡瓦格博护法神的形象。其中确丹协伽（Chorten Shego，镜子佛塔）对前来朝拜的信徒来说具有特殊的意义，因为所有朝拜卡瓦格博山的人都要首先朝拜这里。人们相信这么做是为了从精神上"够格"朝拜，因而非常有必要，如果不先拜这座庙，那整个朝拜之旅也不会有任何益处。

当被问及朝拜"日达"和卡瓦格博护法神的区别时，一些人回答说朝拜"日达"是苯教行为，与前佛教时期的宗教信仰有关，而转山则是一种"佛教"行为。但这种区分在实践上似乎并不重要。例如，就算是佛教寺院所在社区也会为当地"日达"举行仪式。更为重要的是，如果说"日达"对崇拜他的当地社区来说很重要的话，那住在奈热上的护法神如卡瓦格博则对所有藏族佛教徒来说都很重要。不过，鉴于这是两种很不相同的实践，前往佛教圣山的朝拜并不能代替为"日达"举行的仪式。这就是为什么尽管有着长期"佛教化"的历史，两种形式的朝拜还能持续并存。为"日达"举行的各种仪式，主要功能是确认家庭以及社区的重要性，而对卡瓦格博护法神的崇拜则意在重申"藏族性"并将该地区及其居民象征性地整合进西藏境域。

20 世纪 80 年代中期，十世班禅喇嘛（作为西藏宗教领袖和政治人物仅次于达赖喇嘛）曾几次造访迪庆，卡瓦格博正是他到访的地方之一。分别有几个人向笔者讲述了班禅的这次造访，特别是关于当时拍摄的著名的照片。人们说，那天的天气本来十分阴沉，因此不可能见到卡瓦格博圣山。但是经过几个小时的诵经和仪式，当班禅喇嘛拿起一个容器将圣水倾倒出来时，云层突然间像幕布一样退开了，山峰显现。一些人告诉笔者，只有班禅喇嘛能使山峰"自现"，因为他和圣山就像"兄弟一样"。

要理解如此表述的意义，以及他们如何将卡瓦格博与"藏族性"的再确认相联系，就有必要先弄清楚班禅喇嘛的到来对迪庆的藏族来说意味着什么。班禅喇嘛造访迪庆的时候，对外开放政策的前景及其带来的政治气候还有诸多不确定性。那时寺院还没有得到重建。正是在那个时候，班禅喇嘛给当地的藏族带来了一个让人印象深刻的信息。

> 班禅喇嘛造访时，问我们的藏语老师会不会读藏文，是否每天都讲藏语。他们的回答是否定的。当他询问某人的名字时，有时他们会告诉他一个汉语名字。班禅喇嘛感到失望和生气，问他们为什么不用藏名而用汉名。他整整一天都在户外广场上为信众摸顶。班禅喇嘛是智慧的佛陀。他在迪庆时跟大家说："看看我，我懂马克思主义也懂藏传佛教。我们应该尽量向别的传统学习，但是不能失去自己的传统。我们必须学习诵读和书写藏文，我们必须说藏语。我们必须让母语活着，同时我们也必须向其他的传统学习。"

班禅喇嘛在卡瓦格博圣山前的留影对当地藏族来说意义非凡。部分原因是这同时响应和复制了藏族认同和圣山信仰之间的联系。但是，这种联系一般不是公开宣称的。如果你询问一个藏族人朝拜某一"日达"和朝拜卡瓦格博护法神的区别，得到的也许是更为务实的回答：如果你去五凤山，你是为了求平安和富足，如果你去卡瓦格博，你是为了来世好的投身，以及为了净化灵魂。

二　构建共和国的人民和地方

近年来对边境和跨境群体的研究，有助于我们了解国家如何施加实际的以及象征性的权力（如

Passi，1996；Donnan & Wilson，1998）。在本文语境下，象征性的权力指国家划定其国土范围和对其境内居民进行归类的权力。制作地图是国家根据领土的空间规模重构"地方"时采用的最重要的一种手段。如果我们将"地方"理解为"被赋予意义和机构的空间"的话，有人可能要说国家的领土空间实际上是"无地方"的，并且实际上国家是以"替换"本地建构而行"去地方化"的……或者这么说更确切一些，就是当国家重新划出边界，建立起新的行政单位时，实际上达到了"去"本地（原有）建构并"代之以"国家建构的双重目的。

新中国成立后政府有一套自己的办法赋予空间意义和力量。首先，新政权宣传的一个信息是中国是"多民族"国家，在这个国家每个少数族群或民族在其领土范围内被给予"自治权"。其次，当宗教活动和"旧文化"遭到抨击，"土地改革"开始，公社建立起来时，政府也试图将其领土转换成"新中国"，这就意味着扫除一切能让人想起"旧社会"的东西。这在一系列新地名的创造中得到反映。在迪庆重新划定行政区划的时候，很多新的行政单位，尤其是村落，都被命名为当时流行的如"和平"和"团结"等，还有一些村名干脆就是汉语的"一村"、"二村"等。中心镇的主干道就被命名为"长征路"以纪念 1936 年长征经过中甸的红二方面军。

20 世纪 50 年代，中华人民共和国境内的地理学研究追随的是苏联模式，该模式下地理学科被当作自然科学，其"唯一的目标"就是"帮助开发自然资源"（Hsieh，1959：543）。伴随着中华人民共和国领土的重新测量，政府同时发起了一场大规模的"民族化"项目，以便识别居住在境内的少数民族群体。在 20 世纪 50 年代开始的民族识别过程中，中国的民族学家要确定境内的少数族群或"民族"。和苏联一样，识别少数族群或"民族"的一个主要目的是给"少数民族"居住的区域以"自治"身份，在这个框架下制定有利于少数民族的具体政策。

中华人民共和国建立的"自治区"制度，基于这样一个共识，即在中国某些具体的可识别的区域内，居住着由于具有明显的共同的文化特征，而与占大多数的"汉"民族区分开的"少数民族"。仅云南一个省，就识别了 25 个不同的少数民族。根据 1980 年人口普查的数据，迪庆境内人口超过 1000 的少数民族群体有 8 个。尽管该地被定为"藏族"自治州，其治下的三个县的少数民族构成却差异很大。在德钦县，"藏族"人口约占 80%，中甸县（今香格里拉）的这一数字约为 40%。而在维西，仅有 6% 的人口登记为"藏族"，当地大部分人口都是"傈僳族"。1985 年维西县终于根据 20 世纪 50 年代就被确定并应该遵守的自治原则被重新确定为"傈僳族自治县"。不过，维西的一部分村落在设立自己的村民委员会时又登记为"藏族"村委会。

对民族划分的争议在中国并不鲜见。在全国的民族地区，民族身份和自治区域的边界常有争议，并仍处于持续的再协商中（如 Harrell，1995；1996；Wellens，1998）。不在可协商范围内的是划分"民族"的方案和作为划分依据的通常被称为"科学的"思想前提。

理论上来说，"自治"地区的分界应该能反映少数民族的分布。现实中则常常不尽然，其原因超出了民族划分的范畴。就藏区来说，政府的一个公开目标就是沿着国家的政治 - 经济路线重建这一地区。更重要的是，重划边界的一个主要目标是重新组织生产系统，就这方面来说，公社和生产队是核心单位。1957 年迪庆藏族自治州正式成立时，划分境内人口的工作已经开展良好。紧接着就是被称为"土地革命"的没收富裕地主田产的运动，很快公社建立起来，村庄被组织成一个个的生产队。

公社制度终止了朝拜，因为生产队的工作时间表严格限制了一切活动。在"土地革命"中，寺院也失去了土地，当公社制度被引进时，和尚和尼姑已被迫离开寺院。至 20 世纪 80 年代初朝拜以及其他宗教活动被允许时，其不仅作为宗教表达具有重要意义，也是与无神论及政府的"地方建构"策略相竞争的主要途径。换句话说，本文认为有关"日达"的仪式，特别是转山的复兴，是在当前的语境下呈现传统以重申地方为"藏族"地方的手段。

三 找到"香格里拉"：旅游目的地的建构

历史上，"少数民族"的形象是社会进化阶梯中不够"先进"的、更"原始"的阶段的代表。"民族识别工作"还导致了用具体民族标记，如服饰、艺术、工艺、建筑、典型生计、节日和宗教实践来识别不同"民族"的结果。这些老观念目前正因旅游业而被商品化，其主要载体是少数民族艺术和工艺品、少数民族歌舞的舞台创作，以及在当地、民族主题公园和民族村营销的其他旅游产品（如 Oakes，1997；1998；Schein，2000）。因此，旅游业起到了增强关于"少数民族"及其居住区的支配性表述的作用。不过，这里要指出的是，向旅游市场营销少数民族的过程，可能也会为"民族"认同及其"少数民族地区"的内涵创造再协商的空间。在像迪庆这样的藏区，游客在该地区神圣地域中至关重要的地点，尤其是卡瓦格博圣山和松赞林寺聚集，赋予了"地方"以新的意义。

一些研究旅游的著作描述了有关旅游目的地的神话创造（参见 Selwyn，1996）。例如，拉普兰被浪漫化地称为"欧洲最后的荒野"（Pedersen & Viken，1996），而太平洋中的很多岛屿则被贴上"乐园"的标签（Burns，1999）。随着迪庆旅游业的发展，相似的策略也被采用。现在这一地区以"香格里拉"的名字得到推广，詹姆斯·希尔顿曾以该地名写作了其最畅销的小说《消失的地平线》（1933），并在 1937 年由弗兰克·卡普拉拍摄成电影。自 20 世纪 90 年代中期起，在云南北部的很多地方，对小说中香格里拉原型的寻找一直在进行。为找到"真正的香格里拉"，云南省政府经济技术研究中心甚至在 1997 年委托了一项课题研究，结论显示证据有利于迪庆。与希尔顿小说中描述的一样，三条大江——湄公河（澜沧江）、萨尔温江（怒江）以及金沙江在这一地区交汇。经过"深入细致"的研究，调查组发现的确有一架美国运输机在中甸坠毁过，这使得他们确信迪庆就是希尔顿小说中香格里拉的原型。2002 年 5 月，中甸县正式更名香格里拉县（有关更名过程的详细描述参见 Hillman，2003）。

1998 年禁止商业采伐天然林后，旅游业成为迪庆税收的主要来源。被"认证"为香格里拉无疑意味着巨大的经济利益。受访的州旅游局领导向笔者展示了近期游客量的数据，表示"这是中央对我们藏区的大力支持"，强调了得益于更名他们受到的广泛关注。他进一步解释说"这是更大的计划中的一部分，所有涉及的区域都会从经济上受益"。

在旅游发展计划中，州以及县一级的政府官员扮演了重要的角色。

自 20 世纪 90 年代起，当地官员就开始积极地恢复迪庆的"藏族文化"了。1998 年他们制订了一个五点计划，其中首要的一条就是"抢救藏文化"，藏文化被理解为为了发展旅游业需要投入的资源。其中民歌、舞蹈和音乐被特别单列作为供游客消费的文化"产品"。寺院等宗教场所也被政府看作可以吸引游客的"文化资源"。与过去寺院向所有朝拜者开放的传统相悖，当地最大的寺院松赞林寺已经引进门票制度，入口处也建起了一个礼品店。在论及发展旅游业的途径时，文化局的官员认为有必要将寺院作为景点进一步"开发"，并帮助其恢复传统的宗教艺术。旅游局的领导也强调了保护藏文化的重要性，他说就他的理解而言，"香格里拉意味着保护自然环境和文化"，他还认为"游客喜欢异域风情，回归自然，他们不喜欢现代化，将来到这里的游客大部分会是外国人，其他地方开发太多了，这个地方会吸引他们"。

从这些表述可以看出本地官员对于迪庆面对游客的吸引力有较为深入的认识，他们知道将迪庆与香格里拉视为一体是推销这一区域给旅游消费的重要途径。

到访迪庆的游客数量不断增加已证明了这一营销策略的成功，同时也揭示了"游客凝视"的另一面。游客，主要是中国内地的人，他们显然认为这一地区作为旅游目的地对他们具有吸引力。问题是，为什么？正如一个记者评论的，解放前的西藏社会"很难说得上是那个启发希尔顿1933年小说的现实版乌托邦"（Korski，1997）。然而，现在人们似乎很赞成迪庆是一个"人间天堂"的看法。本地学者宣科在很多报道中被认为是第一个认定迪庆为香格里拉的人，他对此有自己的看法。

"这不是为了游客"，宣科笑辩道，"这是真实的人在寻找真实存在的和谐之地。如果香格里拉只是旅游业和三星酒店，我要说不，这里有蓝天"，他并且补充说"人们在寻找一个新世界，没有金钱、权力、政治。这是人们在书籍和电影中寻找的向往之地"（Korski，1997）。

Selwyn（1996：3）认为游客对旅游目的地的看法会被先行印象形塑，如提到尼泊尔就会联想到和谐的人际关系和社区等。相似地，Graburn（1995）也指出前往温泉和遗产地等乡村旅行的日本人，是在一个现代化、城市化的社会中生活面临越来越多的问题的背景下，希望找到一种怀旧之情。可以说吸引中国的城里人前往香格里拉这个常常被冠以"宁静与和谐"、"水清天蓝"以及生活着"淳朴的人们"的地方的，也正是这些相同的因素。迪庆的特别之处在于，过去西藏社会的形象和香格里拉所代表的形象之间有着鲜明的对比。直到现在还被描述为"原始"和"落后"的社会一夜之间不仅变得有异域风情，甚至还成了乌托邦。

在当代中国，旅游业已成为协商族性内涵的重要载体。中国政府将推广团结、多文化、多民族的国家形象作为一个重要目标，"少数民族"构成了其文化中更丰富多彩和奇异的部分，而汉民族则代表着更"现代"和国际化的文化。Swain（2001）认为中国的"国际化"的游客主要致力于"现代性的尝试"。他认为游客去云南是去"消费"自然和文化景观："自然被打包并被缆车线路、水泥栈道和车厢限定，文化被客观化，汉民族遗产被视作过去的遗留，多彩的少数民族实践则好像是被时间凝固了的，是原始的。"

Oakes（1997：42）认为"锦绣中华"等主题公园的建设代表着国内的一种趋势，在其中，旅游业与不断强化的市场商业主义合力创造了"用来建构国家认同的怀旧景观"。在当代中国认同的建构中，"少数民族"显然还有另一个角色要扮演，即作为怀念"过去"的对象。对一些人来说，"香格里拉"可能正是"怀旧景观"中的一个。对另一些人来说，"香格里拉"代表着当代中国社会缺失的部分。这可能就是Petersen（1995）提到的中国国内旅游具有的强烈的"文化朝圣"色彩。中国旅游业的这种怀旧色彩，表达的不仅是人们对"传统中国"的向往，还有想要体验未被污染的自然环境和"自然的"生活方式的渴望（参见Graburn，2001：82）。

迪庆的个案表明，随着中国的城里人在诸如香格里拉这样的地方，在未被破坏的自然环境中寻找梦想之地和"少数民族地区的"简单生活方式，就算是"原始的"少数民族和"现代的"汉族之间的比较，现今也具有了新的意义。旅游开发者们利用这一潮流将迪庆打造为"人与自然和谐相处"的理想地，香格里拉成了"人类追求一个完美、和平的世界"的象征，在那里"人与自然、人与人和谐相处"（Liu & Liu，1997）。

四 "地方"的创造、再发明与争夺

Bender（1993a：2-3）准确地指出景观是"多意义"的，并补充说"每个人看到的景观都有多个充满张力的面"（each individual holds many landscapes in tension）。他认为人们不只身处景观之中，也在改写、占用和争夺景观。简而言之，景观是一个充满张力的概念（Bender，1993a：3）。从人们如何体验地方和景观，以及地方的概念怎样催生出归属感的意义上来探讨地方的含义显然很重要，但批判性研究还应该探寻地方的概念怎样被确立为"真实的"，谁有权力去创造、再发明和争夺景观？对参与这些实践的人来说这又意味着什么？过分强调对景观和地方的主观建构，可能会模糊土地同时作为一种重要的资源而存在的意义（Abramson & Theodossopoulos，2000）。要批判性地审视"地方建构"，我们必须探讨地方和认同的概念如何不仅与财产权相联系，而且与对重要的经济和政治资产的社会控制能力相联系，这些控制能力包括税收权、军事防守的战略重要性以及从旅游业中获利等。

质疑领土的一个重要途径是质疑其被表述的方式，这也是一个介于经验/象征和政治/经济视角的问题。在大部分第四世界，尤其在北极地区和澳大利亚正是这样的情况，在这些地方，政府和原住民关于土地的争议就涉及对土地的表述方式的冲突，"地方"的不同概念也被置于争论的中心。并非只有原住民质疑"地方"的主流含义，比如在英国，嬉皮士就一直在争取将巨石阵作为其"自由节日"的景物的权利，还有公路抗议者，他们将自己绑在树上，通过这种极端方式重新定义"地方"以对抗权威。[1]

在迪庆，对"地方"的再发明和争议也许没有上面提到的例子那么极端。无论如何，地方的含义可以通过更艰深的途径改写，其中的一种做法就是借用传统，唤回表述地方的"古老"做法，正如朝拜和山神崇拜的恢复，尽管这种表述可能在过去也不乏争议。

当游客走上朝拜的路线，旅游业可能在事实上支持了对地方的"传统"表述。旅游业的发展也在将场地用于旅游目的地和保留地方的"神圣化"概念之间制造了新的张力。一些寺庙可能会面临被越来越多的游客"侵入"的危险。如松赞林寺每年都接待大量的团队游客，向游客出售门票所得的收入目前是寺院的主要收入来源，也是县财政的来源之一。在经济考量下，从早到晚不论寺内正在举行什么仪式，寺院都向游客团队和导游开放。游客团队和他们的导游在房屋四处游荡有时候也会对寺院造成困扰。寺院就相关问题向地方政府提出了投诉意见，但就目前来说问题还远没有得到解决。

另一个改写"地方"的含义、推翻支配性表述的途径，是通过中甸更名"香格里拉"得以实现的。将中甸更名为"香格里拉"，毫无疑问其主要目的是商业的。不过，更名对人们如何看待这一地方产生了影响。就被吸引到这个"人与人、人与自然和谐相处"之地来的城里人来说，"香格里拉"是对他们梦想的回应。不论出于什么原因，迪庆的居民已经意识到这一点，这进一步影响了他们赋予自己居住的地方的意义。

参考文献

Abramson，A. & Theodossopoulos，D.（Eds），2000，*Land，Law and Environment. Mythical Land*，Legal Boundaries（London：Pluto Press）.

Anderson，M.，1996，*Frontiers. Territory and State Formation in the Modern World*（Cambridge：Polity Press）.

---

[1] 参见 Bender，B.，"Stonehenge-Contested Landscapes（medieval to present – day），" in B. Bender（Ed.）*Landscape，Politics and Perspectives*（Oxford：Berg），1993，pp. 245 – 280；Durman，P.，"Tract：Locke，Heidegger and Scruffy Hippies in Trees，" in A. Abramson & D. Theodossopoulos（Eds）*Land，Law and Environment. Mythical Land*，Legal Boundaries（London：Pluto Press），2000，pp. 78 – 92。

Bender, B. , 1993a, "Introduction. Landscape-meaningandaction," in B. Bender (Ed.) *Landscape*, *Politics and Perspectives* (*Oxford*: *Berg*), *pp.* 1 – 19.

Bender, B. , 1993b, "Stonehenge-contested landscapes (medieval to present-day)," in B. Bender (Ed.) *Landscape*, *Politics and Perspectives* (Oxford: Berg), pp. 245 – 280.

Bender, B. (Ed.), 1993c, *Landscape. Politics and Perspectives* Oxford: Berg.

Buffetrille, K. , 1994a, "The Blue Lake of Amdo and Its Island: Legends and Pilgrimage Guide," *Tibet Journal*, 19 (4), pp. 2 – 22.

Buffetrille, K. , 1994b, "A Bonpo Pilgrimage Guide to Amnye Machen Mountain," *Lungta*, 8 (1), pp. 20 – 24.

Buffetrille, K. , 1998, "Reflections on Pilgrimages to Sacred Mountains, Lakes and Caves," in A. McKay (Ed.) *Pilgrimage in Tibet* (Richmond, VA: Curzon Press), pp. 18 – 34.

Burns, P. M. , 1999, *An Introduction to Tourism and Anthropology* (London: Routledge) .

Connolly, W. E. , 1996, "Tocqueville, Territory, and Violence," in M. Shapiro & H. Alker (Eds) *Challenging Boundaries. Global Flows*, *Territorial Identities* (Minneapolis, MN: University of Minnesota Press), pp. 141 – 165.

Donnan, H. & Wilson, T. M. , 1999, *Borders*, *Frontiers of Identity*, *Nation and State* (Oxford: Berg) .

Donnan, H. & Wilson, T. M. (Eds), 1998, *Border Identities. Nation and State at International Frontiers* (Cambridge: Cambridge University Press) .

Durman, P. , 2000, "Tract: Locke, Heidegger and S cruffy Hippies in Trees," in A. Abramson & D. Theodossopoulos (Eds) *Land*, *Lawand Environment*, *Mythical Land*, *Legal Boundaries* (London: Pluto Press), pp. 78 – 92.

Filibeck, E. D. , 1990, "A Guide-book to Tsa-ri," in L. Epstein & R. F. Sherburne (Eds) *Reflections on Tibetan Culture: Essays in Memory of Turrell V. Wylie* (Lewiston, NY: Edwin Mellen Press), pp. 1 – 10.

Graburn, N. , 1995, "The Past in the Present in Japan: Nostalgia and Neo-traditionalism in Contemporary Japanese Domestic Tourism," in R. Butler & D. Pearce (Eds) *Change in Tourism: People*, *Places*, *Processes* (London: Routledge), pp. 47 – 70.

Graburn, N. , 2001, "Tourism and Anthropology in East Asia Today: Some Comparisons," in T. Chee-Beng, S. Cheung & Y. Hui (Eds) *Tourism*, *Anthropology and China* (Bangkok: White Lotus Press), pp. 71 – 93.

Gupta, A. & Ferguson, J. (Eds), 1997, *Culture*, *Power*, *Place. ExplorationsinCritical Anthropology* (London: Duke University Press) .

Gyatso, J. , 1987, "Down with the Demoness: Reflections on a Feminine Ground in Tibet," *Tibet Journal*, 12 (4), pp. 38 – 53.

Harrell, S. (Ed.), 1995, *Cultural Encounters on China's Ethnic Frontiers* (Seattle, WA: University of Washington Press) .

Harrell, S. , 1996, "The Nationalities Question and the Prmi Problem," in M. J. Brown (Ed.) *Negotiating Ethnicities in China and Taiwan* (Berkeley, CA: Institute of East Asian Studies, University of California, Berkeley), pp. 274 – 296.

Hillman, B. , 2003, "Paradise under Construction: Minorities, Myths and Modernity in Northwest Yunnan," *Asian Ethnicity*, 4 (2), pp. 175 – 188.

Hilton, J. , 1933, *Lost Horizon* (London: Macmillan) .

Hirsch, E. & O'Hanlon, M. (Eds), 1995, *The Anthropology of Landscape: Between Place and Space. Oxford Studies in Social and Cultural Anthropology* (Oxford: Clarendon Press) .

Hsieh, C. – M. , 1959, "The Status of Geography in Communist China," *The Geographical Review*, 49 (4), pp. 535 – 551.

Huber, T. , 1997, "Guidebook to Lapchi," in D. S. Lopez (Ed.) *Religions of Tibet in Practice* (Princeton, NJ: Princeton University Press), pp. 120 – 134.

Kapstein, M. T. , 1997, "The Guide to the Crystal Peak," in D. S. Lopez (Ed.) *Religions of Tibet in Practice* (Princeton, NJ: Princeton University Press), pp. 103 – 119.

Karmay, S. , 1994, "Mountain Cults and National Identity in Tibet," in R. Barnett & S. Akiner (Eds) *Resistance and Reform in Tibet* (London: Hurst), pp. 112 – 120.

Keith, M. & Pile, S. (Eds), 1993, *Place and the Politics of Identity* (London: Routledge) .

Korski, T. , 1997, "Could This Be Utopia?" *The South China Morning Post Review*, 29 November.

Liu, J. & Liu, X. , 1997, "Hilton's Mythic Shangri-La Alive and Well in Diqing," *China Daily*, 1 November.

Lovell, N. (Ed.), 1998, *Locality and Belonging* (London: Routledge) .

Newman, D. (Ed.), 1999, *Boundaries, Territory and Postmodernity* (London: Frank Cass) .

Oakes, T. S. , 1997, "Ethnic Tourism in Rural Guizhou," in M. Picard & R. E. Wood (Eds) *Tourism, Ethnicity, and the State in Asian and Pacific Societies* (Honolulu: University of Hawai'i Press), pp. 35 – 70.

Oakes, T. S. , 1998, "Tourism and Modernity in China. " *Routledge Studies on China in Transition* No. 6 (London and New York: Routledge) .

Paasi, A. , 1996, *Territories, Boundaries and Consciousness. The Changing Geographies of the Finnish-Russian Border* (New York: John Wiley & Sons) .

Pedersen, K. & Viken, A. , 1996, "From Sami Nomadism to Global Tourism," in M. F. Price (Ed.) *People and Tourism in Fragile Environments* (London: John Wiley & Sons), pp. 69 – 88.

Petersen, Y. Y. , 1995, "The Chinese Landscape as a Tourist Attraction: Image and Reality," in A. A. Lew & L. Yu (Eds) *Tourism in China. Geographical, Political and Economic Perspectives* (Boulder, CO: Westview Press), pp. 141 – 154.

Rumley, D. & Minghi, J. V. (Eds), 1991, *The Geography of Border Landscapes* (London: Routledge) .

Schein, L. , 2000, *Minority Rules. The Miao and the Feminine in China's Cultural Politics* (Durham and London: Duke University Press) .

Selwyn, T. (Ed.), 1996, *The Tourist Image: Myths and Myth Making in Tourism* (London: Wiley) .

Shapiro, M. J. & Alker, H. R. (Eds), 1996, *Challenging Boundaries. Global Flows, Territorial Identities* (Minneapolis, MN: University of Minnesota Press) .

Swain, M. B. , 2001, "Cosmopolitan Tourism and Minority Politics in the Stone Forest," in T. Chee-Beng, S. Cheung & Y. Hui (Eds) *Tourism, Anthropology and China* (Bangkok: White Lotus Press), pp. 125 – 147.

Tilley, C. (Ed.), 1994, *A Phenomenology of Landscape: Places, Paths and Monuments* (Oxford: Berg) .

Wellens, K. , 1998, "What's in a Name? The Premi in Southwest China and the Consequences of Defining Ethnic Identity," *Nations and Nationalism*, 4 (1), pp. 17 – 34.

《西南边疆民族研究》 第 27 辑

第 135 ~ 146 页

© SSAP，2019

哈尼梯田历史溯源及景观价值探析[*]

马翀炜　　罗　丹^{**}

摘　要　以哈尼族为主的多族群在红河南岸的哀牢山脉顺应山川形变、流水趋向，因地制宜地创造出了山地梯田稻作农耕文明。哈尼梯田景观集群包括：汇水的森林、聚人的村寨、储水的鱼塘、配水的沟渠、产粮的梯田等要素。独具特色的景观样态和丰富多元的人文内涵，使哈尼梯田具备稀有性、多样性、功效性、和谐性、美学性和宜人性等价值特性，因此符合世界文化遗产的多重标准并具有"突出的普遍性价值"。梯田稻作灌溉垦殖技术并非仅在红河水系南岸为梯田稻作族群所独有，但就其集中连片的规模性、农耕技术传承的历史经验性、人文意涵的丰富性而言，其在世界范畴内都具有典型的代表意义，故堪称世界多样性文化系统的重要资源板块之一。

关键词　哈尼梯田；历史溯源；景观价值

DOI：10.13835/b.eayn.27.15

哈尼梯田是哈尼族、彝族等民族的先民历经千年的辛勤劳作而创造出的山地稻作灌溉文明奇迹，具有重要的景观价值。哈尼梯田主要分布在滇南红河水系南岸红河州的元阳、红河、金平、绿春等县区，在哀牢山脉向西延伸的澜沧江水系沿线的哈尼族散杂居地区也有分布。世界文化遗产意义上的哈尼梯田位于元阳县，该县境内的梯田总面积为 46104.22 公顷，其核心区面积为 16603.22 公顷，缓冲区总面积 29501 公顷，包括 I 类缓冲区 13700 公顷、II 类缓冲区 15800 公顷。[①]

哈尼梯田遗产地世居哈尼、彝、汉、傣、苗、瑶、壮 7 个民族，梯田遗产核心区内的人口共计 5.41 万，缓冲区人口共 5.94 万，哈尼族人口最多，约占总人口的 70%。遗产区内共有 82 个村寨，它们通常是拥有 50 ~ 100 户村民的小规模村寨。[②] 其中老虎嘴、坝达、多依树 3 个文化景观区内的梯田分布最集中、养护最完善。哈尼梯田文化景观是以哈尼族为主的各族人民因地制宜，利用"一山分四季，十里不同天""山有多高，水有多高"的特殊地缘优势共同开创的农耕文明，它体现了当地世居民族在人居环境选择、生态环境保护、社会结构建构、水资源支配利用、生产方式管理等方面的独创经验。

---

* 本文系云南大学民族学一流学科建设项目"世界文化遗产哈尼梯田多元水文化与民族交融研究"（项目编号：2017sy10062）、云南省哲学社会科学规划项目"国家级非物质文化遗产哈尼族'四季生产调'活态传承机制研究"（项目编号：QN2017028）、云南省社会科学院哲学社会科学创新工程项目"云南民族团结进步示范区建设研究"的阶段性成果。
** 马翀炜，云南大学西南边疆少数民族研究中心教授，博士，博士生导师；罗丹，云南大学民族学与社会学学院博士生，云南省社会科学院民族学研究所助理研究员。
① 云南省人民政府：《红河哈尼梯田保护管理规划（2011—2030）》。
② 云南省人民政府：《红河哈尼梯田保护管理规划（2011—2030）》。

红河哈尼梯田所展现的生产生活方式反映了人与自然相处的和谐性，展现了人类在极限自然条件下的顽强生命力、伟大创造力和乐观精神。"红河哈尼梯田文化景观"在 2013 年 6 月 22 日被联合国教科文组织列入世界遗产名录之前，其重要的生态文化价值就已经不断被识别和发掘：除"世界文化遗产"之外，它还拥有"国家湿地公园"（2007）、"全球重要农业文化遗产"（2010）、"中国重要农业文化遗产"（2013）和"国家级文物保护单位"（2013）等称谓。

一 哈尼族的迁徙

哈尼族是北来氐羌系统南向迁移分化后形成的主要民族之一，自春秋战国时期以"和夷"一名始见于汉文史籍以来，一直是"西南夷"的重要组成部分，史籍中出现过和夷、和蛮、哈尼、和泥、窝泥、倭泥、斡泥、俄泥、阿泥、阿木、卡堕等称谓。哈尼族是一个历史悠久、支系众多、文化多元的民族，其语言属汉藏语系藏缅语族彝语支，无本民族传统文字。民间宗教信仰内容丰富。学界认为哈尼文化滥觞于长江上游和黄河上游地区的今甘青川藏接合部[①]，后沿纵贯甘青川藏的"民族走廊"南向位移并跨境而居，主要分布在我国云南省，以及境外东南亚的越南、老挝、缅甸和泰国北部山区等地。中国境内的哈尼族主要居住在云南"三江两山"地区，即红河、把边江、澜沧江、哀牢山和无量山。其分布范围东起我国云南省红河、金平、屏边等县区，延伸到越南北部山区，西至泰国北部的清莱、清迈等府，北至云南省昆明、楚雄、玉溪等地，呈扇形椭圆状分布。当前中国境内哈尼族人口为 163.0 万（2010 年），属云南省 15 个特有少数民族之一，占云南省总人口的 3.55%，居云南省少数民族人口的第 2 位。

迁徙和稻作农耕生产这两大社会历史活动是哈尼族形成与发展过程中的核心内容。迁徙活动和山地农耕活动孕育了哈尼文化，形成了哈尼族传统哲学思想。[②] 一整套"以农耕文化为主要内容，以梯田文化为核心标志，以原始宗教为信仰，崇尚族规祖训、吸收了以儒家思想为中心的汉文化，但又不同于汉文化"[③] 的文化体系在迁徙的过程中被创造性地形构出来。哈尼族长达 5500 行的迁徙口述史诗《哈尼阿培聪坡坡》"系统地描述了哈尼族从诞生、发展到迁徙各地，直至今日所居之地的路线、历程，各迁居地的生产、生活、社会状况以及与其他民族的关系，包括各次重大争战等历史状况"[④]。《哈尼阿培聪坡坡》全文七章提到了哈尼族迁徙史上八个重要的地理区位：虎尼虎那—什虽湖—嘎鲁嘎则—惹罗普楚—诺马阿美—色厄作娘—谷哈密查—红河南岸哀牢山[⑤]。哈尼族迁徙的历史时间轴分别与八个空间区位相对应："虎尼虎那高山"[⑥] 章节讲述的是哈尼先祖的创世神话，此时的哈尼先民尚处洪荒时代，在历史时间定位上无据可考；"什虽湖"[⑦] 章节描述了哈尼先民完成第一次迁徙之后到达的湖滨之地，在这里，粗放式的原始农业开始作为一种辅助的生存手段，与采集狩猎生计方式并存，后因"哈尼先祖在此放火烧山撵猎物时，不幸引发山林火灾，七天七夜的大火让什虽湖从人间天堂变

---

① 白玉宝、王学慧：《哈尼族天道人生与文化源流》，云南民族出版社 1998 年版，第 363 页。

② 李少军：《论哈尼族传统哲学思想》，载云南省民族学会哈尼族研究委员会编《哈尼族文化论丛》（第四辑），云南民族出版社 2008 年版，第 25 页。

③ 赵玲：《全球化进程中哈尼文化的适应机制》，《云南社会科学》2002 年第 4 期。

④ 史军超：《哈尼族文学史》，云南民族出版社 1998 年版，第 356 页。

⑤ 李路力：《试论〈哈尼阿培聪坡坡〉所载各迁徙阶段的历史分期》，《红河学院学报》2008 年第 6 期。

⑥ "虎尼虎那"具体位置，一说是巴颜喀拉山口两麓之黄河长江源出地区，一说是昆仑山。参见陈燕《哈尼族迁徙研究的回顾与反思》，《思想战线》2014 年第 5 期。

⑦ "什虽湖"具体位置，一说在川西北高原与青南高原隼合之纵谷地区，一说是青海湖，学界多倾向于后者。参见陈燕《哈尼族迁徙研究的回顾与反思》，《思想战线》2014 年第 5 期。

成了地狱,哈尼先民第二次踏上了迁徙之路"①;"嘎鲁嘎则"② 章节记载了哈尼族与"阿撮"③ 人交往交流的和谐民族关系;"惹罗普楚"④ 是哈尼族迁徙史上的重要转折点,"在这里哈尼先民的社会形态发生了巨大的变化,掌握了稻作生产方式,并且正式开始农耕定居生活"⑤,同时,哈尼族最典型的建筑形制——蘑菇房也开始出现;"诺马阿美"⑥ 章节在哈尼族集体记忆中尤为重要,它是哈尼族世代口耳相传的圣境密地和灵魂归栖之所,哈尼先民在第四次迁徙抵达圣地"诺马阿美"之后,"在这块土地上整整生活了十三辈"⑦;"色厄作娘"⑧ 被描述为先民短暂停留的一片滨海平坝地区;到了"谷哈密查"⑨,哈尼族的族群文化、经济和社会发育程度都达到了历史的高峰时期;当哈尼先民最终迁往山高林密的红河南岸哀牢山区定居后,与其他民族一起创造了哈尼梯田稻作农耕文化景观。

二 哈尼梯田的创造

梯田稻作农耕种植方式并非仅在红河水系南岸为当地哈尼族所独有,但就其规模、历史、人文内涵而言,哈尼聚居区的梯田具有典型的代表性,故形成哈尼梯田文化。宏伟壮观的哈尼梯田之创造经历了漫长的发展变迁过程。

就哈尼梯田出现的具体时间上限和确切空间位置而论,学界给出了不同的理解。大多数学者援引《尚书·禹贡》中的记载"'和夷'所居的大渡河畔,其土青黎,其田下上,其赋下中三错"⑩,倾向于推断哈尼族在3000多年前的春秋战国时期已掌握梯田垦殖技术。也有学者对相关史料持更加谨慎的态度,在考证《尚书·禹贡》相关文字的基础上,结合《释名·释地》、《玉篇·田部》、《乐府诗集·相和歌辞七·君子行》等典籍,指出我国古代对"田"的释义是包含"水田"含义的,但多指旱地;而"下上"则是指土地等级高低,而非指地势方位概念。因此,将《尚书》的记载与哈尼梯田联系在一起是不合适的。哈尼族何时开始耕种梯田,史无明确记载。⑪ 在汉文史籍中,对云南出现梯田的明确记录始见于唐《蛮书·云南管内物产》⑫:"从曲靖州已南,滇池已西,土俗惟业水田。种麻豆黍稷,

---

① 李路力:《试论〈哈尼阿培聪坡坡〉所载各迁徙阶段的历史分期》,《红河学院学报》2008年第6期。

② "嘎鲁嘎则"位于青甘川交界处,参见陈燕《哈尼族迁徙研究的回顾与反思》,《思想战线》2014年第5期。

③ "阿撮"是哈尼族先民在迁徙过程中建立了良好互动往来关系的一个族群,按照迁徙史对该群体相关文化、族群特质的描述,应该是指今天傣泰民族的先民。

④ "惹罗普楚"具体位置,一说位于岷江上游,一说在今甘肃天水市一带。参见陈燕《哈尼族迁徙研究的回顾与反思》,《思想战线》2014年第5期。

⑤ 李路力:《试论〈哈尼阿培聪坡坡〉所载各迁徙阶段的历史分期》,《红河学院学报》2008年第6期。

⑥ "诺马阿美"具体位置争议颇多,主流观点认为"诺马阿美"在今四川省雅砻江、安宁河流域;第二种观点认为"诺马阿美"在今四川凉山礼州一带;第三种观点认为"诺马阿美"在西昌邛海湖滨或西昌之西的安宁河"阿泥河"河谷平坝;还有一种观点认为"诺马阿美"在成都平原。参见陈燕《哈尼族迁徙研究的回顾与反思》,《思想战线》2014年第5期。

⑦ 李路力:《试论〈哈尼阿培聪坡坡〉所载各迁徙阶段的历史分期》,《红河学院学报》2008年第6期。

⑧ "色厄作娘"具体位置在哈尼族不同的迁徙古歌中所指不同,在《哈尼阿培聪坡坡》中的"色厄"当指大理洱海地区。

⑨ "谷哈密查"具体位置在哈尼族历史中不确定,有观点认为"是一个随着民族迁徙而移动的地名,不同哈尼族地区所称的谷哈可能确有不同所指,但《哈尼阿培聪坡坡》中的'谷哈'当属昆明"。参见陈燕《哈尼族迁徙研究的回顾与反思》,《思想战线》2014年第5期。

⑩ 《哈尼族简史》编写组:《哈尼族简史》,民族出版社2008年版,第113页。

⑪ 古永继:《哈尼族研究中史误的三点辨正》,《民族研究》2007年第3期。

⑫ 笔者注:樊绰撰的《蛮书》(或称《云南志》)原文谬误颇多,故学界多引注后人校注和补注(释)版作为参考。目前《蛮书》(或称《云南志》)较常用的校(补/释)注版有三种,分别为:向达校注版[(唐)樊绰撰,向达校注《蛮书校》,中华书局1962年版],赵吕甫校释版[(唐)樊绰撰,赵吕甫校释《云南志校释》,中国社会科学出版社1986年版],木芹补注版[(唐)樊绰撰,向达原校,木芹补注《云南志补注》,云南人民出版社1995年版]。本文选取较新的木芹补注版(1995年)作为参考,下文内容也原文引自木芹补注版。

不过町疃。水田每年一熟。从八月获稻，至十一月十二月之交，便于稻田种大麦，三月四月即熟。收大麦后还种粳稻。小麦即于冈陵种之，十二月下旬已抽节，如三月小麦与大麦同时收刈。其小麦麴软泥少味。大麦多以为麨（达案：麨，《文津本》作麲，疑误。），别无他用。醖（达案：醖，《文津本》作酨。）酒以稻米为麴（达案：麴，《闽本》误作参米。）者，酒味酸败。每耕田用三尺犁，格长丈余，两牛相去七八尺，一佃人前牵牛，一佃人持按犁辕，一佃人秉耒。蛮治山田，殊为精好。悉被城镇蛮将差蛮官遍令监守催促（达案：催促，《文津本》误作催足。）如监守蛮乞酒饭者，察之，杖下捶死。每一佃人佃，疆畛连延或三十里。浇田皆用源泉，水旱无损，收刈已毕，蛮官（达案：蛮官，原作官蛮，《琳琅本续校》云，官蛮依上文当作蛮官。其言是也，因据改。）据佃人家口数目，支给禾稻，其余悉输官。"[1] 在宋、明、清三代相关文献中亦分别能找到云南、梯田、哈尼族梯田等关键词的相关论述，故有学者总结道："说哈尼族清代才耕种梯田，显然太晚；但如仅根据问世于春秋战国时的《尚书》之《禹贡》篇中有'田'字即认为始于春秋战国，则未免失之武断，有'以今人之心度古人之腹'的嫌疑。"[2]

自新石器时代到元明清时期，西南氐羌族群系统贯穿着"同源异流与异源同流"的发展主线，经历了 5 次大规模的分化和发展。今天西南地区包括哈尼族在内的十数种氐羌后裔民族的形成和发展历经数千年历史，纷繁复杂，而中原王朝政权对西南地区的实质性控制仅发生于一千多年前，且在此过程中，汉文史料记载断代层出，系统性不全，对西南地区各少数民族及其文化现象的著述难免有缺漏或谬误，严格按照汉文典籍记载的时限来考证哈尼梯田历史源流是有困难的。因此，有学者认为"在可以借用的汉文历史文献资料、民族学田野调查资料、哈尼族古歌资料中，只有古歌资料包含着较为丰富而详细的梯田形成史信息。因此，对古歌的解读就成为一种必不可少的基础性工作"[3]。在借用汉文文献史料、民族学田野调查资料及哈尼族古歌资料中关于梯田的口传史内容的基础上，学者推论"红河哈尼梯田最早出现的时间为唐代或稍前（距今约 1500 年），在类似的中央王朝政令影响微弱的少数民族地区，依赖平整的梯田提供生活之资，形成具有垂直地带特征的红河哈尼梯田社会，属于我国历史上少数民族合理而巧妙地利用自然之利的一种典型"[4] 也不失偏颇。

当然，关于哈尼梯田出现的时间上限，无论是通过汉文历史典籍查证剖析，还是从在哈尼族各支系互异的迁徙口述史中寻找蛛丝马迹，都需要注意几个问题：首先，哈尼族是一个经历过漫长迁徙的民族"从先秦以来不断南迁的西北氐羌系统民族，经过秦汉魏晋南北朝和唐宋时期的发展，历经了同源异流即民族分化、异源同流即民族融合的发展途径"[5]。因此，哈尼族包括梯田文化在内的传统哲学宇宙观都是在迁徙过程中形成的。其次，作为北来氐羌后裔民族的哈尼族在很长的历史时期内是作为一个"人们的共同体"而存在的。在中国西北的甘肃、青海、宁夏与西南的西藏、四川、云南之间，自公元前 2000 年以来就存在着一条"民族走廊"古道，氐羌部落就是通过这条"民族走廊"在数千年间逐渐南迁的。在迁徙分化中，由于地理区位条件的变更，哈尼先民有可能在江河流域就完成了从逐水草游牧状态向平坝农耕半定居状态的转型。而"哈尼族"这一统一的族群称谓则成型于 18 世纪中叶，"元明清时期是氐羌系统民族分化发展的最后时期，通过这一时期的融合，特别是分化与重组，中

---

① （唐）樊绰撰，向达原校，木芹补注《云南志补注》卷 7《云南管内物产第七》，云南人民出版社 1995 年版，第 96 页。

② 古永继：《哈尼族研究中史误的三点辨正》，《民族研究》2007 年第 3 期。

③ 侯甬坚：《红河哈尼梯田形成史调查和推测》，《南开学报》（哲社版）2007 年第 3 期。

④ 侯甬坚：《红河哈尼梯田形成史调查和推测》，《南开学报》（哲社版）2007 年第 3 期。

⑤ 王文光、段丽波：《中国西南古代氐羌民族的融合与分化规律探析》，《云南民族大学学报》（哲社版）2011 年第 5 期。

国西南地区氐羌系统民族及其分布格局最终形成"①。无论梯田出现的具体时间为何，哈尼梯田都应该是先民在迁徙过程中因地制宜创造的文明成果，同时不排除吸收和采借其他民族优秀稻作农耕经验系统的可能性。

哈尼族的迁徙史诗不断表述着先民坚持在滨湖平原、崎岖山地探索稻作农耕经验的历史。在"惹罗普楚"和"诺马阿美"时期，哈尼族传统社会中的平坝田制农耕文化首次出现。"哈尼忘不记惹罗——那头一回安寨定居的地方！那头一回开发大田的地方。"建寨安家之后的先民要开始沿着地势开挖水田，水田并非胡乱没有章法的肆意开垦，而是沿着"水路"开挖，在哈尼族口述史《哈尼古歌》第七章"湘窝本"②中描述道：

> 最先挖田的是哪个？是先祖三兄弟。他们的帮手是哪个？是尖蹄平角的水牛。水牛不愿去挖田，被人穿通了鼻子，拉着细细的牛索，抵得拉着水牛的命。最先引水的是哪个？是先祖三兄弟。他们的帮手是哪个？是多脚多手的螃蟹。凹塘里的螃蟹啊，引水累得凸出了眼睛。高能的先祖三兄弟，兴下了挖田的规矩。没有规矩不会挖田，后人要把这些规矩听清。挖田像盖房子吗？不是哟，兄弟，盖房倒着朝上盖，挖田顺着朝下挖，房子盖了在百年，大田挖了吃千年。挖田不像盖房子吗？也不是哟，姐妹，盖房房脚要伸直，不直的房脚啊，墨线斧子会扯直；挖田田脚也要直，田脚不蹬直啊，锄头兄弟来拉直。水田挖出九大摆，田凸田凹认不得，哪个才会认得呢？泉水才会认得清。挖田要挖水的路，没有水路不会成，水不够到山坡上去短，水不够到石崖里去引。石崖中间去挖沟，崖神阿松的肝子啊，挖出来三朵；陡壁上头去开沟，壁神巴拉独姿的腰花啊，挖出来三斤。挖水路啊，水源头上不给它积沙土，水源脑上不给它出壕沟，水源身上要拿石头铺平，水源脸上不给枯叶遮眼睛。一月不到日已到，一年不到月已到，到了打埂犁田的日子啊，要动手动脚地去打埂了，要跳手跳脚地去犁田了。打埂要望一望锄头，犁田要望一望犁耙，望望锄头逗正，瞧瞧耙口逗紧。逗不正的要拿牛筋木逗正，逗不紧的要凿九个孔逗紧。逗正逗紧了，才能拿起赶牛棍，才能把牛索扯紧。到了田边不要忙，先拿眼睛望一望。望望自家的田里，像不像水碗一样满；望一望兄弟的田里，像不像水缸一样满。又把犁耙棕索支好，犁沟不直，用棕索挡直；水田不平，拿耙子耙平。热烘烘的一月到了，是挖田埂的时候了。砍埂子的短把锄头，好玩一样老实轻。上边埂头薄薄地挖，不要怕把土狗挖绝种；下边埂脚薄薄地铲，不要怕砍断蚯蚓的脖颈。③

哈尼先民在"惹罗"大寨开垦大田并开始了系统的水田稻作活动，积累了丰富的地方性水资源支配及管理知识。当然，这里的水田是否就是今天的梯田却无从考证。

哈尼族的水田稻作农耕文化始于"惹罗"建寨时代，但滨湖农耕经验的主要成就则在"洼水"之畔，"洼水"很可能位于今川滇交界处河川纵横的平坝谷地之间，即史诗中的"诺马阿美"及之后的"谷哈密查"等地。因为在富庶的家园"惹罗"遭遇自然灾害，哈尼先民带上了稻种和农耕生产工具，再次南迁到达两条河水环绕的"诺马阿美"平原，继续开展稻作农耕生计。先民在"诺马阿美"建寨

---

① 王文光、段丽波：《中国西南古代氐羌民族的融合与分化规律探析》，《云南民族大学学报》（哲社版）2011年第5期。
② "湘窝本"："湘"在哈尼语哈雅方言区中是水田"xaldei"的意思，"窝"意为"耕种"，这一章在口述史《哈尼古歌》中主要是讲述哈尼先民开沟造田的起源。
③ 西双版纳民族事务委员会编，朱小和演唱《哈尼古歌》，卢朝贵译，史军超、杨叔孔采录，云南民族出版社1992年版，第58~59页。

开荒，把记忆中的稻作经验移植到土肥水丰的江河平原地区，并掌握了套种和休耕技术，将稻作农耕技艺发展到一个新的高度。之后，由于不断遭遇自然和社会战争灾害，哈尼先民继续向东南、南、西南三路迁徙，其活动遍及川、滇、黔三省安宁河、大凉山、乌蒙山、六诏山和哀牢山广大地区。[①] 其后进入今云南省境内的哈尼先民，最初主要活动于滇东北、滇西北直至洱海、滇池岸边的广大地区，之后在"色厄作娘"短暂停留后，再迁徙到滇中腹地"谷哈密查"。

从"惹罗普楚"到"诺马阿美"至"色厄作娘"再到"谷哈密查"的集体历史记忆，都表明哈尼先祖从未停止过对河湖平坝这类稻作宜耕的地理环境的追求，他们将起源于"惹罗"的稻作经验不断地移植到迁徙沿途各地，继续总结和更新平坝农耕经验，在"谷哈密查"时已经培育出了至今为人所称道的哈尼红米，"寨脚开出了块块大田，一年的红米够吃三年，山边栽起大片棉地，一年的白棉够穿三年"[②]。今天红河南岸的梯田里依旧大面积地种植着传统的红米稻种。

之后，因人地矛盾和族际矛盾的激化，哈尼先民不得不告别"谷哈"平坝，继续向滇南方向迁移，寻找适合的生存空间。学者认为"这次南迁活动路向不只是沿今昭通、曲靖一带至滇东南六诏山区和由洱海岸边至巍山、景东、镇沅、墨江、元江、普洱、西双版纳……两条，还应有经今安宁、易门、峨山、石屏、建水等地，直至红河（礼社江）南岸哀牢山区这样一条哈尼族南迁路线"[③]。在公元 7 世纪的唐代早期，仲牟由（措莫耶）成为哈尼族的共祖。唐宋以后仲牟由及其部落集团后裔在今元江流域（包括今普洱市全域）形成了强大的和尼路集团。至明朝，部分哈尼族逐步迁到今越南、老挝、缅甸等地。最晚在清代初期，哈尼族已成为一个具有"他我之别"的明确差变化叙事边界的单一民族。

红河水系南岸是哈尼梯田景观的集中分布区。哈尼族进入哀牢和无量山区后，把江河稻作生产技术运用到山区，创建了梯田农耕生态系统，在此生息繁衍近千年。"在元阳县绿蓬渡傣族中流传有这样的传说：'女人做皇帝的时候'哈尼人将已开垦的河坝梯田和村寨慷慨地赠予了傣族人。"[④] 如果口述史翔实，那么，在唐中叶武周时期（武则天在位的公元 685～704 年），今元阳地区的哈尼族和其他世居民族可能就已经开始了梯田稻作农耕活动。之后陆续见诸文献的有：南宋范成大的"岭阪上皆禾田，层层而上至顶，名梯田"[⑤]；明徐光启的"梯田，谓梯山为田也。夫，山多地少之处，除磊石及峭壁，例同不毛"[⑥]，并将哈尼梯田列为七种田制之一；清初吴应枚《滇南杂咏三十首》的"梯田百级计双耕，曲直高低地势成。芒种未过秧出水，山农日日听雷鸣。梯田以高下形似名，候雷雨而栽，故又曰首鸣田"[⑦]；清嘉庆《临安府志》的"临属山多田少，土人依山龙平旷处开作田园，层层相间，远望如画。至山势峻极，吸坎而登，有石梯磴，名曰梯田。水源高者通以略构，数里不绝"[⑧] 等。

就地理空间而言，一些学者认为哈尼先民在"长江和珠江上游地区完成了由原初的游牧文化向农耕文化的嬗变转型"[⑨]，并在迁徙和定居的各个历史时期逐渐与其他民族发生经济和社会上的交往、血

① 《哈尼族简史》编写组：《哈尼族简史》，民族出版社 2008 年版，第 28 页。
② 王清华：《哈尼族的迁徙与社会发展——哈尼族迁徙史诗研究》，《云南社会科学》1995 年第 5 期。
③ 毛佑全：《哈尼族历史源流及其南迁活动》，《玉溪师专学报》1996 年第 3 版。
④ 冯铁宏：《红河哈尼梯田的见证价值》，载中国民族建筑研究会《首届中国民族聚居区建筑文化遗产国际研讨会论文集》，2010 年未刊稿，第 29 页。
⑤ （南宋）范成大：《骖鸾录》（丛书集成初编），中华书局影印本 1985 年版，第 10 页。
⑥ （明）徐光启：《农政全书》（上册）卷五《田制》，中华书局点校本 1956 年版，第 101 页。
⑦ 古永继：《哈尼族研究中史误的三点辨正》，《民族研究》2007 年第 3 期。
⑧ 古永继：《哈尼族研究中史误的三点辨正》，《民族研究》2007 年第 3 期。
⑨ 白玉宝、王学慧：《哈尼族天道人生与文化源流》，云南民族出版社 1998 年版，第 363 页。

缘上的交流和渗透，不但形成了自身的一套文化系统，而且在滇南红河与澜沧江之间"和其他兄弟民族一起创造出了人与自然和谐相处的梯田文化生态系统"①。尽管哈尼族稻作农耕文化发展各阶段的具体时间尚无法精准确定，但可以肯定的是哈尼族经历了从游牧文化向农耕文化的转型之后，又在南迁活动中将平坝农耕经验转换为山地梯田稻作灌溉垦殖方式。哈尼梯田文化景观最终形成于滇南红河、澜沧江水系的哀牢、无量山脉。

三　哈尼梯田景观的价值

景观概念在不同时期的不同领域中具有不同的界定方式，通常涉及"视觉美学意义上的概念（与'风景'同义）、地学意义上的概念（与'地形'、'地物'同义）、作为生态系统功能的结构"②等学科内容。自景观生态学作为独立的学科出现以来，生态学意义上的景观概念也随之确立，这类景观概念融合了地理学及相关学科的提法，运用生态学语言系统进行阐述。景观生态学意义上的景观概念"作为一个由不同空间单元镶嵌组成，具有明显视觉特征与功能关系地理实体，它既是生物的栖息地，更是人类的生存环境，从而具有经济、生态和文化的多重价值"③。

典型的哈尼梯田景观包括：涵养水源的森林、人群集聚的村寨、粮食生长的梯田、水流涌动的沟渠、阡陌纵横的小径等有机要素，它是"处在生态系统之上具有明显视角特征的地理实体，兼具经济、生态和美学价值"④，同时，梯田又是人类对自然精心雕琢形成的文化景观，是"居住在其土地上的人的集团，为满足某种实际需要，利用自然界所提供的材料，有意识地在自然景观之上叠加了自己所创造的景观"⑤。要客观综合评价哈尼族梯田景观，既不能流于景观生态结构的简单归纳，也不能陷于对景观区内人类活动的具象描述，而是要着重研究其空间结构与形态特征，以及这些特性给生物与人类活动所带来的影响，在价值评价中强调梯田景观的"整体性及其空间异质性"⑥，通过对哈尼梯田景观的经济价值、生态价值、文化价值、美学价值等展开多角度的分析与探讨，可以在科学合理评价的基础上探寻其深刻的价值意义。

哈尼梯田景观的稀有性价值。梯田景观外在的结构形态、形成过程、所表现出的地质年代结构的稀有性，是它区别于一般景观文化的重要特征，这些稀有性和重要性又决定了其世界级的价值意义。哈尼梯田首先符合"存在的罕见文化和自然价值超越了国家界限，对全人类的现在和未来均具有普遍的重要意义"的世界遗产总体价值标准。此外，能够从世界各地的同质梯田文化事象中脱颖而出，主要因为它还承载了"突出普遍价值"⑦的几项要素。

① 马翀炜、王永锋：《哀牢山区哈尼族鱼塘的生态人类学分析——以元阳县全福庄为例》，《西南边疆民族研究》2012年第1期。
② 俞孔坚：《论景观概念及其研究的发展》，《北京林业大学学报》1987年第4期。
③ 肖笃宁、解伏菊、魏建兵：《景观价值与景观保护评价》，《地理科学》2006年第8期。
④ 李少军：《论哈尼族传统哲学思想》，载云南省民族学会哈尼族研究委员会编《哈尼族文化论丛》（第四辑），云南民族出版社2008年版，第25页。
⑤ 江金波：《宁夏区域西夏建筑文化景观及其开发利用》，《资源开发与市场》2003年第1期。
⑥ 肖笃宁、解伏菊、魏建兵：《景观价值与景观保护评价》，《地理科学》2006年第8期。
⑦ 关于"突出普遍价值"，国际公认的六项标准为：（1）代表一种独特的艺术成就，一种创造性的天才杰作；（2）能在一定时期内或世界某一文化区域内，对建筑艺术、纪念物艺术、规划或景观设计方面的发展产生过重大影响；（3）能为一种已消逝的文明或文化传统提供一种独特的或至少是特殊的见证；（4）可作为一种建筑或建筑群或景观的杰出范例，展示人类历史上一个（或几个）重要阶段；（5）可作为传统的人类居住地或使用地的杰出范例，代表一种（或几种）文化，尤其在不可逆转之变化的影响下变得易于损坏；（6）与具有特殊普遍意义的事件或现行传统或思想或信仰或文学艺术作品有直接和实质的联系（只有在某些特殊情况下或该项标准与其他标准一起作用时，此款才能成为列入《世界文化遗产名录》的理由）。

第一，哈尼梯田景观既代表着地球演化主要阶段的突出事件或有意义的地貌或自然地理特征，又是包含有不同寻常的自然美和美学重要性的地区，并且对生物多样性就地保护具有活态意义。哈尼梯田景观处于云南境内哀牢山脉（呈"东南－西北"走向，是区分云南东、西部的重要地理分界线）西侧的横断山纵谷区。哀牢山南部水系丰富，纵横交织的山区径流多为江河源头，横断山的断面层河床的流水速度大、势能强、下蚀力剧烈，哀牢山南部众多的 V 形河谷由此形成。V 形谷内降水充沛，光热条件优越，哈尼先民与当地世居民族充分利用高山谷地的水热资源气候优势，在半山开垦梯田，利用沟渠引深山活水浇灌旱地，通过长时间的灌溉活动把"这一地带的景观改造为半山区（海拔 500～1500 米）为人居村寨，下半山区（海拔 500～2000 米）为梯田，上半山区（海拔 1500～2800 米）为旱地和森林"[①]。红河哈尼梯田独特、系统的稻作灌溉技术，支撑了云贵高原红河流域的高山峡谷地区特有的稻作文明。哈尼梯田反映了梯田农耕族群在有限的资源空间内支配和利用土地、水热光照等自然资源，并将原始丛林改造为服务人口再生产的庞大生产机器的集体智慧。

第二，哈尼梯田景观集"规模、集中、险峻"等特性于一身，在世界同质文化事象中同样具备稀有性和不可替代性。全球梯田文化景观的分布广涉整个太平洋沿岸，形成了环太平洋梯田文化圈。[②]从西太平洋的末端开始，有格尔茨笔下久负盛名的印度尼西亚巴厘岛以及邻近爪哇岛上的"尼加拉"梯田文化景观；向北有菲律宾吕宋岛北部伊富高省科迪勒拉山区的巴纳维水稻梯田群；到了中南半岛，因为山水相连，越南老街的沙巴梯田与中国广西的龙胜梯田在垦殖方式上较为相近；再到东亚地区幅员相对辽阔的中国本土，沿海地区较著名的有广西的龙脊龙胜梯田群、江西上堡梯田群、浙江云和梯田群等，内陆地区分别有湖北的紫鹊界梯田群、贵州加榜等五大梯田群、川南高坎梯田群、甘肃的庄浪梯田群、云南元阳梯田群等；沿着西太平洋继续北上，东北亚日本的北部有面向日本海的千叶县鸭川大山"千枚田"、石川县轮岛"白米千枚田"、三重县丸山"千枚田"等，以及面向北太平洋的和歌山兰岛梯田群；到了东太平洋南部，在南美洲面向太平洋的狭长地带，秘鲁古老而神秘的古印加梯田赫然坐落在安第斯山脉间。在这些同质的梯田文化事象中，红河哈尼梯田则以其气势恢宏、民族文化丰富多彩、气质内涵独特而独树一帜。哈尼梯田集中展现了人类挑战和合理运用自然条件并结合自身文明发展所缔造的"四绝"文化奇观：一绝为面积庞大，形状各异的梯田连绵成片，每片面积多达上千亩；二绝为地势险峻，从 15 度的缓坡到 75 度的峭壁上都有梯田；三绝为级数众多，一面坡上最多能开出 3000 多级梯田；四绝为海拔落差大，梯田由 200 米左右的干热河谷地区一直延伸到海拔 2000 多米的高山，创造了水稻生长的至高海拔极限。

第三，景观所蕴含的独特社会文化意义是其稀有性价值评级的标准之一。哈尼梯田景观能够成为世界遗产不仅在于它具备了世界稀有的高等级地貌遗产特征，还因为其内蕴深刻的人文机制。"人与景观是相互作用和相互影响的，景观的外在形式和我们人类的个性、信仰及目标密不可分。"[③]哈尼梯田是伫立在岚霭氤氲的哀牢群山之间的人文景观杰作，也是哈尼文化的典型物化形式。哈尼梯田景观"直观地展现了哈尼族祖先在自然与社会双重压力下顽强地生息繁衍的漫长历程"[④]。哈尼先民在艰辛的迁徙过程中不断总结人与自然的最佳相处模式，以最小的环境代价对山地立体环境进行了最大限度

---

① 李少军：《论哈尼族传统哲学思想》，载云南省民族学会哈尼族研究委员会编《哈尼族文化论丛》（第四辑），云南民族出版社 2008 年版，第 25 页。
② 付广华：《环太平洋梯田文化圈论》，《广西民族研究》2008 年第 1 期。
③ 张敏：《哈尼族聚落景观的美学思考》，《贵州大学学报》（艺术版）2005 年第 1 期。
④ 白玉宝、王学慧：《哈尼族天道人生与文化源流》，云南民族出版社 1998 年版，第 367 页。

的开发，集约利用了山地资源。作为哈尼族的传统哲学和文化思想的重要介质，哈尼梯田"反映了哈尼先民对自然、社会、人生的根本看法、根本观点和根本态度，即哈尼族传统的世界观和人生观"①，历经数千年迁徙活动的哈尼先民在红河南岸梯田稻作生计空间内与自然长期相互作用，积累了生态智慧并内化到族群社会经济宗教文化系统中。同时，梯田景观也折射出梯田稻作族群在极限条件下求生存的顽强意志，是他们对自然规律的成功把握和超高心智水平的卓越外化。

哈尼梯田景观的多样性价值。"景观多样性是指景观单元在结构和功能方面的多样性，它反映了景观的复杂程度。"② 哈尼梯田景观结构的多样性表现为空间格局的多元同构，"景观组分类型多样性与物种多样性的关系呈正态分布，景观多样性的评定对于生物多样性研究具有直接和重要意义"③。丰富的生态组分类型更成为哈尼梯田多样性特征的典型代表。

哈尼梯田景观区处于云南境内哀牢山脉西侧的横断山纵谷区，受东南暖湿气流和地形抬升的影响，形成以湿润多雨的季风气候为主的垂直气候特征，"一山有四季，十里不同天"。从山麓至山顶分别跨热带、亚热带、温带、寒带等数种气候类型。哈尼族与当地世居民族充分利用哀牢山区的气候和地理条件，通过神灵信仰体系和民族惯习法相结合的二元约束力保护山顶的林木系统，使海拔较高的山巅成为天然森林"蓄水池"，同时在"冬暖夏凉、气候适中的山腰地带建寨，而将村寨之下炎热湿润的山坡开垦为梯田，利于稻谷生长和农业生产"④，构筑了上下联结左右关联的多样生态循环系统，该系统又包含若干相互影响、互相依存的生态子系统。

其一是"森林–村寨–梯田–水系"生态系统多样性。就涵养水源的森林系统而言，动物和植物品种丰富，自成一个生态系统。山顶的水源林既供应山腰村寨的生活用水，又经过沟渠系统的串联保障了村庄下方梯田的灌溉用水，地表径流通过沟壑水渠在集水线上顺势有序流淌，滋养了村寨和稻田。高山流水在低地江河中交汇，再通过蒸腾作用将水分搬运回森林和山川地表。"这套系统在千年的历史中，使哀牢山这样一个深山峡谷地带，人口密度达到了 300 人／平方公里，而同时又维护了有效的生态循环。"⑤ 就村寨而言，大村寨的人口多达几百户、上千人，小村寨十几户、不到百人，大小村寨错落分布，人们根据山水形变合理利用着各种生产生活资源；就梯田来说，大的田块大到七八亩，小的田块小到只能让牛在里面打个滚；就水系来看，大的可称河，小的只能叫沟。传统地方性知识维系下的梯田生态系统至今仍体现出苗壮的生机与科学的实践意义，2010～2013 年云南省四年持续旱灾，红河哈尼梯田依然能够保产增值，得益于其"四素同构"的多样性水体自循环所支撑的强大灌溉功能。

其二是围绕梯田灌溉水资源支配的"神山圣水"多样性民俗文化子系统。神山圣水信仰是梯田稻作农耕民族坚守适合自己的生态文化传统的象征。各梯田稻作族群按照自身的传统文化及稻作实践逻辑，在生产和生活大小周期中维系着一套与稻作活动相适应的仪式庆典。当地哈尼族、彝族、壮族、傣族等民族的许多传统民俗文化都是与梯田稻作活动相呼应的，例如哈尼族有一套因四时节令不同而开展的节庆祭祀活动，"一月份祭寨神（即昂马突），三月份开秧门，六月份是苦扎扎节，七月份撵鬼节（把寨子中的瘟神撵出去），八月份祭田神和吃新米节，九月份祭仓神，十月份是传统的十月年"⑥；

① 李少军：《论哈尼族传统哲学思想》，载云南省民族学会哈尼族研究委员会编《哈尼族文化论丛》（第四辑），云南民族出版社 2008 年版，第 35 页。
② 肖笃宁、解伏菊、魏建兵：《景观价值与景观保护评价》，《地理科学》2006 年第 8 期。
③ 肖笃宁、解伏菊、魏建兵：《景观价值与景观保护评价》，《地理科学》2006 年第 8 期。
④ 高凯：《红河哈尼梯田文化景观的形与神》，《昆明理工大学学报》（社会科学版）2013 年第 6 期。
⑤ 张瑾：《哈尼梯田的价值》，《森林与人类》2012 年第 8 期。
⑥ 江南：《美丽的民族符号：哈尼梯田》，《资源与人居环境》2010 年第 21 期。

彝族在稻作生产的节令周期中还保持着传统的"米嘎豪"[1] 祭祀仪式,某种意义上也象征着一个生产大周期的终结和一个新周期的开始;而自上而下共饮一川水的哈尼族、彝族、傣族迄今还保存着突破族群边界的、共同祭祀"诸水之源"的集体仪式。这些传统祭祀和节庆活动融合了哈尼族等各民族的历史农事经验和宗教哲学,在宗教意义上祈愿天佑神助、风调雨顺、五谷丰登、农耕生产顺畅,彰显了梯田稻作农耕族群追求人与自然和谐共生的生态观。

哈尼梯田景观的功效性价值。"景观的功效性指的是其作为一个特定系统所能完成的能量、物质、信息和价值等的转换功能。"[2] 哈尼梯田除有较高的观赏体验性价值外,其功效性价值主要体现在经济和生态功能层面。

近千年来,哈尼梯田支撑了当地世居民族的人口与社会再生产。随着人口膨胀与生产生活资源相对衰减之间的人地矛盾逐步凸显,梯田农耕族群通过开垦新的土地和兴建新寨的方法来分流人口以缓解人地压力。以哈尼族为例,"村寨的不断裂变,既是自然资源有限带来的迫力使然,同时也是哈尼人的文化选择。村寨不断裂变的结果既避免了对某一个地方的过度开发,又避免了许多地方没有开发,从而造成土地资源利用不均衡的情况"[3]。哈尼族对梯田垦殖数量、村寨大小、森林面积、水源流量等子系统,村寨和人口比例等方面的有效控制深受其传统生态观的影响。发展至今,传统的梯田垦殖土地利用方式已经将适宜的垦田土地完全利用。而人口数量的不断增长意味着单位面积的土地要面对更多的产出压力,面对单位面积的梯田产量急需有效提升的现实问题,在维系传统生态理念的同时,梯田农耕族群"逐步接受了现代农业的科学种田与管理、改良新品种、革新生产工具及调整产业结构等一系列旨在提高现有梯田面积的内在潜力,增加梯田耕作的科技含量等新举措"[4]。在技术结构层面,传统生态理念的规约作用依然有效。

伴随着全球化的发展,梯田生态景观及其所蕴含的文化精髓为越来越多的人所理解和欣赏,并成为供人观光游览的景观。"哈尼梯田,一个是产品、一个是文化,这个产品生产的过程是一个文化创造和享受的过程,它的产品消费也是一个文化享受的过程。"[5] 世界文化遗产符号身份使梯田景观和相应的文化获得了更大的发展机遇,同时也面临着较多的挑战。旅游业的逐步兴盛使世代垦殖梯田的淳朴山地农耕民族突然被推向一个陌生、开放、价值取向多元的舞台,"伴随遗产地商业旅游活动的兴盛及交通、通信等基础设施的配套,外来文化对其原生的生态智慧体系造成了严重的冲击"[6],面对强大外来异质多元文化的冲击和影响,固守传统反而面临原生文化加速消失的威胁。哈尼人作为梯田景观文化的主要持有者,又一次体现出历史选择的智慧,在持续使用梯田生态文化结构的同时积极参与景观的开发与维护,确保梯田景观经济社会文化功能的持续发展。

梯田景观的功效性价值还在于它对景观的主要创造者——哈尼族内在的精神文化和外显的物质文化具有很强的表达能力。世界遗产诸如"金字塔和万里长城已经完全丧失了原初的世俗功能,成为文物古迹,其价值仅限于文化心理上的象征意义",而哈尼梯田景观却因为是"全体哈尼人赖以生存的物质基础"[7] 而具有活态遗产的性质,故其依然具有生动的表达能力。随着哈尼梯田旅游文化的逐步

① "米嘎豪"在当地彝语中意指在竜树林中祈求风调雨顺的祭祀仪式。
② 肖笃宁、钟林生:《景观分类与评价的生态原则》,《应用生态学报》1998 年第 2 期。
③ 马翀炜、王永锋:《哀牢山区哈尼族鱼塘的生态人类学分析——以元阳县全福庄为例》,《西南边疆民族研究》2012 年第 1 期。
④ 黄绍文:《哈尼梯田:蛮荒高原的乐章》,《时代潮》1998 年第 7 期。
⑤ 史军超:《哈尼梯田文明价值》,《世界遗产》2012 年第 2 期。
⑥ 〔加〕Geoffrey Wall、孙业红、吴平:《梯田与旅游——探索梯田可持续旅游发展路径》,《旅游学刊》2014 年第 4 期。
⑦ 白玉宝、王学慧:《哈尼族天道人生与文化源流》,云南民族出版社 1998 年版,第 363 页。

开发，梯田农耕族群的生态文化、筑居艺术、宗教哲学观、传统民俗内涵将面向更开阔的空间，景观文化持有者的生产生活也将发生巨大变迁。

哈尼梯田景观的和谐性价值。哈尼梯田是各农耕族群社会内部及与外部能量流动和物质交换的重要保障，这是哈尼梯田景观和谐稳定性的基本前提。

以梯田文化事象的主要持有者哈尼族为例，在理解人与自然的关系逻辑上，哈尼族有一套"天地人神"相统一的哲学世界观，哈尼梯田景观高度凝练了哈尼族对"自然属性"和"天人关系"的认知态度与思路。红河南岸的哈尼人依照四季时令顺序不同，举行相应的祭祀礼仪、节日庆典和祈祝活动，祈盼人与自然的平衡以及社会和谐。这套世界观同样影响着哈尼人对"人人关系"的处理，在哀牢山哈尼梯田景观核心区内尚有其他六个民族与哈尼族毗邻而居，各民族在这片乐土上和睦相处，较早建构了交往交流交融的互嵌共生格局。

梯田农耕族群在红河水系南岸所积累的卓有成效的水利资源运用、配置经验也是和谐的表征，他们在河谷纵横的群山之间，开凿主沟辅渠，充分利用地方性水利知识创造了古老的民间配水机制"刻木分水"制度，保证山顶到山麓的田地都有充足的水源，确保公正公平，避免了水源纷争问题，这一机制在当今的红河哈尼地区依然发挥着民间规约功能。各梯田农耕族群对梯田环境的用心呵护、精心垦殖，通过灌溉活动将山地稻作农业变得精致化，维护了梯田景观生态环境的和谐，开拓了更加可持续的生产生活空间。

哈尼梯田景观的美学价值。哈尼梯田景观生动地诠释了刚柔并济的极致美感，苍劲雄浑的壮丽之美和毓秀温润的空灵之美完美结合，毫不违和。

哈尼梯田宛如一部恢宏的历史画卷，悬挂在云雾缭绕的哀牢山中，铭刻着哈尼族等梯田农耕族群创造的世界农耕文明奇迹，浓缩了哈尼族迁徙文化精髓，成为哈尼族与各世居民族的精神象征。梯田景观之美在于神形兼备，丰富的文化内涵令其富有神采。壮美是哈尼梯田景观最为重要的特色。在大山上开凿出上千级的、数千亩甚至上万亩连成一片的梯田景观具有宏大、奔放、雄浑的特性。梯田景观壮美所蕴积的强盛的力量和磅礴的气势，表征的动态劲健之力，在无形中激发了观赏者的浩然之气、英雄襟度和宽广壮伟的胸怀，提示观赏者去思考景观文化持有者的内在精神特质，这也是哈尼梯田能被人们称为"中华风度"的原因。

哈尼梯田景观的毓秀温润之美表达在其精致玲珑的田埂曲线形态之中。梯田景观的优美，以感性形式的和谐为主，其四时幻化的线条总体呈现出秀丽、妍雅、清新、明媚、轻盈之美，小巧、纤细、平缓、圆润的诸多形式因时令各异。梯田景观在四季时令变幻中频繁地更迭着自身的景致画面，"春天，哈尼梯田像一首歌，布谷鸟呼唤哈尼人播种希望的种子，哈尼人以手绣春色，歌声荡漾山谷；夏天，哈尼梯田像一首诗，群山碧绿，稻花十里飘香，生机盎然；秋天，哈尼梯田像一幅画，黄金铺地，金阶玉宇，郁香醉人；冬天，哈尼梯田像一个梦，云蒸雾绕，变幻万千，宛如仙境"[①]。梯田景观的优美常常就存在于村寨的一角，田边地头或林间的一隅。在云海梯田的大背景下，这些景致常常像一幅幅水墨画。农人赶牛耕田、村妇田中插秧等都是非常典型的优美画面。

哈尼梯田景观的宜人性价值。哈尼族依然遵循迁徙记忆中"惹罗古规"和《普祖代祖》等的相关描述，选择植被葱茏、沟渠流畅的山区建村建寨并垦殖他们的梯田。梯田文化景观中哈尼人的房屋建筑和总体居住格局比较特别，土木结构草盖顶形式的蘑菇房点缀于森林梯田和潺潺沟渠水流之间，蘑

---

① 雷兵：《哈尼族文化史》，云南人民出版社2002年版，第91页。

菇房冬暖夏凉，十分宜于人居。蘑菇房周围种植翠竹、果木和各种蔬菜，寨内的人畜用水，多源自高山密林中的活泉水。森林和水田两大子系统形成的天然湿地有效调节着气候，使得哈尼村寨湿度充分，气候四季宜人。

总体而言，哈尼梯田景观是一个由森林、村寨、梯田、水系等要素或者说四种不同空间单元镶嵌组成的一个宏大的文化生态系统，是具有明显视觉特征与功能关系的地理实体，它既是多种生物的栖息地，更是人类的生存环境。红河哈尼梯田具有经济、生态和文化等多重价值。

四 结语

在世界上，美丽的自然景观并不罕见，但像哈尼梯田这样由人的劳动创造而形成的以崇高美为主要特色的景观却不多见。哈尼梯田景观的美是人在实践过程中既改变世界又改变自己的一种结果。马克思曾经指出："实际创造一个对象世界，改造无机的自然界，这是人作为有意识的类的存在物的自我确证……人则懂得按照任何物种的尺度来进行生产，并且随时随地都能用内在固有的尺度来衡量对象，所以，人也按照美的规律来塑造。"[1] 哈尼梯田农耕族群在通过劳动去创造梯田的时候，他们的直接的再生产的需要，他们的情感、思想和信仰，他们理解人与自然的关系以及他们驾驭自然的能力都得到了充分的体现。

如果从审美分类的角度来看，哈尼梯田景观的壮美或者说崇高美是最突出的。哈尼族、彝族等民族开垦的梯田随山势地形变化，因地制宜，坡缓地大则开垦大田，坡陡地小则开垦小田，最能使人产生震撼并感受到崇高美的是那些坡度在 15 度至 75 度之间级数达几千级的成千上万亩的梯田。崇山峻岭中一座座的田山给人带来冲击感是毫不奇怪的，而当人们意识到那些使人在其中显得渺小的壮阔的景致恰好是在大自然面前渺小的人的伟大的力量创造的时，豪迈之情油然而生，对创造了这样的人间奇迹的民族产生深深的崇敬之情也是十分自然的。同时，哈尼梯田的优美景观也是值得人们去细细品味的。村寨一角、田畴阡陌、一林小树、一汪清泉等都可以成为让人驻足凝思的小品景观。

哈尼梯田在现代社会中日渐成为世界所凝视的文化符号，其景观价值在于可以满足来自异域的他者认知新的世界以及新的生态文化系统的需求。这一景观遗产其实也就是当地生态文化系统的具体体现。哈尼梯田生态文化系统也必然有丰富的社会文化作为基础。人们已经将这一文化生态系统归结为"森林－村寨－梯田－水系"四素同构，这样的生态文化系统是人们在长期的生产劳作过程中创造的，人与自然和谐相处的境界是人们不断地认知世界，总结生产生活经验，不断调适人与自然的关系以及人与人的社会关系的结果。人们如何维护森林、如何取用有度、如何选址建寨、如何建构神圣性的村寨空间、如何开垦梯田、如何深耕细种、如何引水灌田、如何合理配水和退水，以及如何将这四个要素整合为一个有机的系统，都蕴含着大量的地方性知识。这些人类智慧的结晶能够为观览者做出有意义的提示，促使他们去思考哈尼梯田景观"图像"背后那些不为世界所敞视的朴素事实，这对增加观览者对未知世界的认知而言也是十分有价值的。

---

[1] 〔德〕马克思：《1844 年经济学—哲学手稿》，刘丕坤译，人民出版社 1979 年版，第 50～51 页。

《西南边疆民族研究》 第 27 辑
第 147～157 页
© SSAP，2019

边境民族旅游村寨空间生产与地方认同研究*

——以西双版纳勐景来村为例

王丽丽　明庆忠　冯　帆**

摘　要　边境民族旅游村寨是微观层面上的边境旅游与民族文化旅游的结合体，其"边缘性"和"民族性"为旅游发展提供了有利条件。民族旅游村寨的空间生产是一种包含了外生性内化与内生性外化的双向互动实践过程，在外部性物质空间与内生性感知空间之间谋求"效率、质量、公平"三者的平衡，既能使空间生产及利用更加合理，又能使各权力主体走向共生和谐，更好地建设美丽宜居的乡村家园，从而促进边疆地区的团结稳定。

关键词　空间生产；边境旅游；认同倾向；社会变迁；民族旅游
DOI：10.13835/b.eayn.27.16

习近平总书记在党的十九大报告中提出要实施乡村振兴战略，报告中特别指出"三农"问题是关系国计民生的根本性问题，必须始终把解决好"三农"问题作为全党工作重中之重。《云南省美丽宜居乡村建设行动计划（2016—2020 年）》也明确指出要建设美丽宜居乡村，加快乡村旅游业发展。国家对乡村地区的土地承包期、生态环境整治、脱贫攻坚以及地方治理等方面给予高度重视。云南是一个多民族汇聚的边疆省份，沿边 8 个州市集中分布着壮、苗、哈尼、彝、傣、景颇、傈僳等 23 个少数民族。多民族聚居村落往往分布在国家边界线上，远离政治经济中心，开发程度相对较低，也是云南生态环境保持相对较好的地区，有利于通过开展旅游活动来推动边疆地区的精准扶贫、脱贫攻坚工作任务。边境少数民族地区与周边国家经济互通、文化血脉相连，研究边境民族村寨的社会变迁、地方认同，有助于更好地建设美丽宜居的乡村家园，从而促进边疆地区的团结稳定。

在社会经济转型的大背景下，边境民族旅游地的文化生态发生了巨大改变，旅游开发使其原有空间在垂直维度上经历了从"封闭空间"到"流动空间"再到"社会空间"的转变③，旅游为边境少数民族村寨带来新的生产方式和生产关系，同时地域文化冲突、利益分配不均、社会关系紧张等一些社会问题也逐渐涌现。空间生产理论为研究旅游发展对目的地社区的影响提供了一套新的价值评判标准，

---

* 本文系国家自然科学基金项目"西南陆疆边境跨境旅游发展空间格局、机制及模式研究"（41671147）、云南财经大学研究生创新基金项目"边境民族旅游村寨空间生产及其机制研究——以西双版纳勐景来村为例"（2018YUFEYC029）的阶段性成果。

** 王丽丽，女，云南财经大学旅游文化产业研究院硕士研究生，主要研究区域旅游开发与管理。明庆忠（通讯作者），男，云南财经大学首席教授，博士生导师，主要研究区域旅游开发与管理。冯帆，女，云南财经大学旅游文化产业研究院硕士研究生，主要研究民族文化旅游。

③ 郭文、王丽、黄震方：《旅游空间生产及社区居民体验研究——江南水乡周庄古镇案例》，《旅游学刊》2012 年第 4 期。

学界对此也做了一些积极尝试。

社会学领域的"空间转向"以及地理研究的"文化转向"都是为了适应现实社会变化情况的需要。马克思对资本主义总体性内在的不平衡发展剖析为空间理论的发展奠定了基础，紧接着法国思想大师列斐伏尔从政治层面论述了国家空间生产的悖论，最早提出了空间生产理论以及空间的三元辩证法①。哈维则继承发展了马克思和列斐伏尔的理论思想，更将列斐伏尔对空间的三元划分进行了扩展而形成了"绝对空间—相对空间—关系空间"和"物质空间—空间表征—表征的空间"的空间性矩阵②。福柯则围绕空间中的权力－知识与身体和主体性关系进行深入分析，为空间生产提供了另一种技术性的分析视角和研究方法③。国内的研究主要涉及空间生产概念及相关理论的深层解读④、经济发展的同质化与差异化问题⑤、空间正义⑥，以及在微观层面的城市空间⑦、历史文化街区⑧以及基层社区等⑨进行的初步的案例研究尝试。此外，还有学者基于空间视角分析了日常生活消费空间的文化框架及其内在运作机制⑩。空间生产理论与其他学科理论结合进行应用研究已较为广泛，但在旅游学科中的应用仍处于探索起步阶段。从空间理论视角分析旅游社区的社会变迁，旅游发展背景下民族旅游村寨的空间转向对地方社区产生怎样的影响，不同主体对其空间转向的认同是怎样的，对当地旅游开发有何启示，这些问题都是值得关注的热点。

本文基于空间生产理论，以边境民族旅游村寨的空间实践为分析对象，揭示了旅游介入后边境民族旅游村寨的物理空间、社会空间、文化精神空间等多维空间生产的过程，以及旅游发展过程中市场主导者、村民、游客等不同主体对地方空间的认同，期望以此丰富旅游发展中边境民族旅游地的空间生产研究成果，并且为边境民族旅游村寨的发展提供借鉴。

一　研究区域与研究方法

（一）边境民族村寨"中缅第一寨"勐景来

"中缅第一寨"勐景来景区位于西双版纳傣族自治州南部勐海县打洛镇，位于昆洛公路附近，距离打洛国家级口岸 5 公里、打洛镇 2 公里、勐海县城 70 公里、景洪市 133 公里，与缅甸掸邦第四特区的首府、著名的旅游城市小勐拉仅一江之隔。打洛口岸历史悠久，据《勐海县志》记载，"打洛"系傣语地名，意为不同民族共居的渡口。勐景来景区是由云南 JKQ 旅游集团投资打造的一处集农耕文

---

① 孙全胜：《论列斐伏尔的国家空间生产理论》，《河南科技大学学报》（社会科学版）2017 年第 5 期。
② 王丰龙、刘云刚：《空间生产再考：从哈维到福柯》，《地理科学》2013 年第 11 期。
③ 郑震：《空间：一个社会学的概念》，《社会学研究》2010 年第 5 期。
④ 孙全胜：《列斐伏尔社会空间辩证法的特征及其建构意义》，《浙江理工大学学报》（社会科学版）2017 年第 5 期；庄友刚：《何谓空间生产？——关于空间生产问题的历史唯物主义分析》，《南京社会科学》2012 年第 5 期。
⑤ 李彦虎：《马克思主义视野下的空间生产理论和城市空间资本化研究》，云南大学硕士学位论文，2013 年；郭文：《"空间的生产"内涵、逻辑体系及对中国新型城镇化实践的思考》，《经济地理》2014 年第 6 期。
⑥ 任政：《空间生产的正义逻辑——一种正义重构与空间生产批判的视域》，苏州大学硕士学位论文，2014 年；杨芬：《城市空间生产的重要论题及武汉市案例研究》，《经济地理》2012 年第 12 期。
⑦ 刘珊、吕拉昌、黄茹、林康子：《城市空间生产的嬗变——从空间生产到关系生产》，《城市发展研究》2013 年第 9 期。
⑧ 叶丹、张京祥：《日常生活实践视角下的非正规空间生产研究——以宁波市孔浦街区为例》，《人文地理》2015 年第 5 期；胡志强、段德忠、曾菊新：《基于空间生产理论的商业文化街区建设研究——以武汉市楚河汉街为例》，《城市发展研究》2013 年第 12 期。
⑨ 李雪萍、曹朝龙：《社区社会组织与社区公共空间的生产》，《城市问题》2013 年第 6 期。
⑩ 张敏、熊帼：《基于日常生活的消费空间生产：一个消费空间的文化研究框架》，《人文地理》2013 年第 2 期。

化、少数民族宗教文化、生产生活习俗和边境探秘为主题的综合性生态旅游景区。它是在景来寨（古称勐景来）的基础上建设和开发的，是国家 AAA 级旅游景区。景区一度被评为"中国傣族文化保护传承示范基地"、"中国文化旅游示范基地"、"中国美丽休闲乡村"、"全国民族团结进步创建活动示范村"①。2016 年，景区全年总入园人数达到 55.59 万人次，实现经营收入 1471 万元。目前勐景来村共有村民 113 户，常住人口 478 人，基本上都是傣族人，哈尼族仅有 1 人、汉族有 6 人。勐景来村早期生产活动以农业为主，主要种植水稻、玉米、橡胶等农作物；现以旅游业为主、以农业生产为辅，主要种植火龙果、香蕉、橡胶等经济作物。

（二）数据来源与研究方法

本文使用的相关研究数据主要由勐海县打洛镇打洛村委会以及 XSBN 勐景来景区有限公司提供。笔者于 2017 年 7 月 23～29 日跟随研究团队前往勐景来村进行了为期一周的实地考察，专门就勐景来村旅游开发、村民生计模式以及社会变迁等问题进行了深入调研，重点对景区管理人员、景区工作人员、村干部、村民等进行深度访谈，其中重要访谈对象 9 名（见表 1），均有录音记录且进行了编码处理。访谈记录是在获得受访者同意后对访谈内容进行全程录音，随后将录音内容整理为 Word 文档作为研究资料，出于对受访者个人隐私保护的需要，在文中受访者的名字均简化为其首字母的缩写。

表 1 访谈者基本信息

编号	姓名	性别	年龄	职业
F01	玉 YK1	女	37	制陶技艺传承人
F02	玉 Y	女	30	造纸技艺传承人
F03	玉 EY	女	50	造纸技艺传承人
F04	玉 YK2	女	27	酒店员工
F05	玉 YY	女	22	景区导游
F06	岩 WH	男	42	食宿接待经营者
F07	岩 YL	男	55	村干部
F08	岩 WD	男	21	和尚
F09	—	男	—	景区办公室工作人员

二 勐景来村的多维空间生产

（一）自然物理空间

1. 空间功能属性异质化

历史上勐景来村的物理空间是农业文明时期经济基础与上层建筑有机融合、相互作用下衍生出的实体产物。"山神树的故事"、"追击金鹿的故事"等故事传说都是傣族早期农事活动的体现。傣族人早在两千多年前就开始习作种稻②。20 世纪 90 年代，旅游活动还未正式介入勐景来村的生产空间，村

① 王丽丽、明庆忠：《少数民族妇女在边境旅游发展中的角色变迁——以西双版纳州勐景来村傣族妇女为例》，《广西民族研究》2018 年第 1 期。
② 蔡鹏顺主编、云南省勐海县地方志编纂委员会编纂《勐海县志》，云南人民出版社 1997 年版，第 151 页。

民以种植水稻、玉米、橡胶等农作物及经济作物为主，村庄物理空间的主要功能属性是农业生产，兼具民族聚居、祭祀等功能。2003 年，旅游活动开始介入原始村落空间，政府与 JKQ 旅游公司联手对村落原始的自然空间进行改造，重点对佛寺、佛像、塔林、寨神、寨心、神树以及村中道路进行了修复和整改，村容村貌焕然一新，游客接踵而至。同时，勐景来村的空间功能属性开始发生一些新的变化，佛寺、佛像、塔林等宗教活动场地不仅是村民进行宗教祭祀的重要场所，也成为游客参观游览、休闲游憩的公共领域。勐景来村的空间改造工程不仅是一个景观环境重塑的过程，本质上也是对社会空间再生产的过程，早期的农业空间逐步向旅游空间过渡，勐景来村成为集生产生活、旅游参观等多种功能于一体的综合性空间。

2. 土地换效益促成的空间矩阵及资本积累

西双版纳土地肥沃、地广人稀，傣族人多选取水草丰美的坝子作为聚落栖息地。勐景来村坐落在打洛江的坝地上，人均耕地面积大。20 世纪 90 年代以前，边疆发展相对闭塞，勐景来村基本上是一个远离城市中心的自给自足的传统农业村落。从 90 年代开始，随着外来商户的陆续进入，村民开始以租地收取地租兼以打工的方式进行社会生产，如 1993 年 ×× 工会商行租地每年地租为 4 万元/亩。2003 年，JKQ 旅游集团租用部分寨内土地（主要涵盖村民住宅区、寨门等）进行商业投资与旅游开发。2016 年，JKQ 集团引进西双版纳 BCXL 有限公司，为提高景区承载力以及扩大景区再生产，双方合作租用村寨外围的土地（北起 320 省道，南至打洛江）开发旅游新项目，进行景区升级改造。

> 以前大家都种田。1993 年 ×× 工会商行就来租田种田的。2000 年也有人来租地，以前我们都不会种香蕉，都是后来外来的老板租地教的。我们都没有本钱就出租地，一年 400～1000 元/亩，给他们打工刚开始 70～80 元/天，后来涨到 100～120 元/天，总的算起来比我们自己种地挣得多，我们以前自己种地大约 1000 块钱一亩的收入，扣除成本之后也就四五百元。后来租地价格越来越高了，年租金涨到大约 2000 元/亩，就和人家签 5～6 年的长期合同。
>
> ——F07，岩 YL

> 没有景区的时候，就在家种田、种米，也割胶。现在地都租出去了，家里十亩地都包给公司了，现在胶也不割了，烂在田里都不割了，（橡胶的价格）太便宜了。之前在上面家里做饭煮饭，现在人手不够就来这里（做纸）。一个月 900 块钱。
>
> ——F03，玉 EY

表 2　勐景来村生产方式与收入来源变化

	1993 年之前	1993～2003 年	2003 年至今
生产方式	种田	租地、打工	旅游开发
收入来源	农业收入	农业收入兼有地租、打工收入	旅游经营收入、地租与景区门票分红

3. 外来资本对空间的强势嵌入

每种空间形态的结构模式都是在其特殊的时空背景下产生的。在旅游活动兴起、政府的帮扶以及外来资本的推动下，勐景来村在旅游活动介入后，对整体空间环境进行了加工生产及整改。2016 年，勐景来景区投入景区提升改造的资金总计 1160 余万元，其中争取到的国家政策扶持资金总额为 658 万元。这些资金主要用于停车场、游客中心、旅游厕所、消防管网、电网等基础设施改造，以及村寨预留宅基地土方回填、村寨傣楼换瓦工程（主要涉及游览主干道两侧 43 户）。2016 年初，勐景来公司与西双版纳 BCXL 有限公司合作引进了香水莲花稻田农庄项目，项目总规划近 1600 亩，并进行功能型模块化布局，分三期进行建设，总投资额约为 1.8 亿元，一期规划投资约 5573 万元，至 2017 年底一期工程已基本竣工。

为突出傣族文化多样性，勐景来公司在村寨游览道沿线租赁村民楼下空闲地段，完善房屋、展示台等基础设施建设，并聘请有相关技能的人员进行傣族传统手工艺品制作过程展示及成品的销售，销售收入全部归村民自己所有，同时公司还用一定的工资补助聘请人员开展制陶、造纸、染布、竹编、打铁、酿酒、榨糖、高升、织锦、纺线、二代傣楼展示等十余个传统手工艺的展示项目。

（二）社会空间

1. 多主体社会/权力关系逐渐凸显

随着物理空间的改变，勐景来村的社会生活空间也发生了变迁。社会空间是由以社会关系为基础的社会生活领域、社会生活层面以及社会生活方式等方面构成的。勐景来村从农业空间向旅游空间转变的过程中伴随着多权力主体格局的形成。早期农业空间是以村民为主导者、以政府为引导者，外来商户的土地租赁行为在一定程度上改进和提升了农业空间生产力，但在实质上并未改变农业空间的生产关系；旅游介入后，村寨的空间性质从农业场域向旅游场域转变，空间内的各主体通过对空间转型不断的自适应调整，逐渐形成了政府、企业、村民、游客等多权力主体并存的空间格局。

早期，村民主要以农业生产劳动者的身份支配着空间内大部分土地资源、生产生活资料等；外来商户进入后，村民通过租赁土地的方式将较少部分用于物质资料生产的土地使用权向外来者转让，加快了空间内资本的流速，同时也进一步提升了空间生产力，村民的主体性功能开始出现弱化。2003 年，随着 JKQ 旅游集团对村寨农业生产空间的改造以及旅游活动的介入，地方政府和企业对村落的整体景观进行外嵌式的约束及改造完善，村民的大部分土地资源作为旅游开发的生产资料被公司征用，村民与其拥有的农业土地资料相分离，传统的农业生产关系也随之转变。为适应新的生产关系，村民从农业劳动者向旅游经营者和企业员工身份转变，村民的角色从"空间的主导者"向"空间的依附者"转变①。

2. 社区社会流动性不断增强

农业空间向旅游空间的转变过程中伴随着资本、人员以及信息的快速流动，空间生产的不同形式的流动要素构成了"流动"的共生需求。勐景来村与缅甸小勐拉一江之隔的地缘优势，以及傣族聚居地的民族特色吸引了大量游客，2004 年景区试营业期间游客蜂拥而至。2005 年打洛—小勐拉口岸受国家政策影响封关，游客出入量急剧下降。旅游开发后，企业和游客的进入打破了原来相对封闭的空间，村民也从最初的凝视观望过渡到亲身参与到旅游相关活动中。

> 我搞（旅游）搞得早了嘛，其他人都比我靠后。早期的话，最开始我搞的是民居参观，就是二代竹楼那种老房子，那时整个寨子没有人做这个。后面才出现搞餐厅、饭馆、住宿这些东西，都是看我先搞了这些，他们后面才想做的。
>
> ——F06，岩 WH

---

① 郭文、王丽：《文化遗产旅游地的空间生产与认同研究——以无锡惠山古镇为例》，《地理科学》2015 年第 6 期。

村寨也逐渐成为勐景来村民获取生计资料的重要场所，政府及企业资本的注入衍生出了大量的就业机会，一方面部分管理人员和技术人员被派驻到村寨从事相应的管理及技术工作，另一方面周围村寨的村民前来务工者不断增加，其中还有少部分非本地人。此外，因村寨自然生态与少数民族文化保护得当，前来学习考察的学者、媒体工作者以及政府工作人员等也在不断增长。人员的流动伴随着大量的外部信息交换、场域内资本流动，致使社区社会流动性不断增强，社会关系更加复杂多样。

> 一般每年都会来几个学生了解我们的文化，去年就有一个来了解做糯米饭。有的人每年都会回来。还有一个学生研究怎么盖傣楼。
>
> ——F02，玉 Y

> 我们家住过两批外来包工头。有一批是来建游客中心的，大约住了 21 天；后来的一批是来做污水工程的，要了两间房，住了三个月。
>
> ——F01，玉 YK1

3. 主体泛化下社会关系网络的重构

旅游开发后，政府以及开发商的介入使原本以本地村民为主的权力空间逐渐向多权力主体空间演化，旅游的介入打破了原有农业空间的相对封闭性和私密性，使得村寨空间从村民的生产生活空间向游客参观游览体验的共用空间转化。早期，农业空间的社会关系网络主要以寨内村民的族群亲属关系为主，旅游活动的介入使得空间内的主体泛化，也为社区内关系网络的拓宽与延展提供了更为广阔的交往平台基础。

村寨内的社会关系网络的重构过程既是村民面对社会交往环境日益复杂化以及权力主体逐渐多样化进行自适应调整的过程，也是外来人员入乡随俗以及功能性迁移的过程。勐景来村的旅游发展与边境口岸密切相关，2004～2011 年打洛口岸关闭在很大程度上对边境旅游造成了强烈冲击，景区在短暂的一年盈利后便长期亏损，直至口岸再次开放，"边境一日游"逐渐恢复。村民也从开发初期的"不关心不参与"甚至"抵抗"状态，发展转变为"人人参与"、"和睦相处"的相对融洽状态，游客以及公司管理人员也在此过程中逐渐融入社区的交际网络。在谈及与景区管理公司、政府、游客等外部人员的关系时，岩 YL 说："有一些公司老板还是好接触的。有时候我请他们（吃饭喝酒），有时候他们请我。每家每户有事情也会请他们，他们也会随一两百的份子钱。我们把他们当成一个寨子的人。"玉 YK1 表示："这些照片都是游客拍的，后来送给我的。他是学画画的，从北京过来我们家看了。他们三个人来了好久呢。他每年都来，在景洪植物园那边画画，现在回北京了。"岩 WH 说："我们家的名片是一个学画画的女生给我设计的，她来我家里住过一段时间。"

（三）文化精神空间

1. 传统文化的地位更加彰显

旅游场域内的空间生产实践使得少数民族文化形态从生产生活后台走向了前台的大众视野，如佛教文化（贝叶经文化）、傣族节庆、傣族手工艺文化（制陶、造纸、榨糖等）、象脚鼓等。在他者凝视的视角下，傣族的一些传统文化被赋予象征地方性、民族性的符号标签，在迎合旅游者审美兴趣的过程中，少数民族歌舞、节庆祭祀、传统手工艺等也逐渐衍生出了旅游参观体验的功能属性。在他者凝视的指向性作用下，传统文化承载的象征意义成为民族地区旅游发展的核心吸引力，其发挥的功能性作用不仅仅局限于历史意义与地方传承，更附加了旅游者及旅游从业人员的地方情怀寄托。在此基础之上，本居于主体位置的傣族传统文化越发得到重视。

2. 外来文化强势入侵，与本地文化嵌入式并存

外来资本的强势嵌入以及旅游者在空间范围内的不间断流动在一定程度上也带来了外部性的新兴文化，这些外来文化在年青一代人中更具有广泛的接受性。主要体现在大部分年轻人的服饰着装、闲暇娱乐活动等，据导游玉 YY 说："像我们年轻人的话，我们平常都是穿像你们一样的。像老人的话他们平常都是穿傣装；年轻人的话就少了，现在都是穿汉装。"再如酒店员工玉 YK2 提到下班以后的娱乐活动，"我们这边一般喜欢下班之后，6~7 点以后喜欢出去聚一聚吃烧烤、铁板烧，然后去包房里唱唱歌"。据笔者的观察，寨内多数农家乐、餐馆等主要客流点设有无线网络，最初目的是满足游客与外界联系的需求，后期智能手机与无线网络逐渐成为村民进行社会交往以及获取外部信息的重要工具，尤其是年轻人中"低头族"的现象越发明显，微信、QQ 等即时通信工具的使用也在年轻人中极为普遍。网络信息技术的发展更加促进了旅游空间内外新兴文化的传播速度与广度，本地文化在一定程度上受到冲击与挑战。外来文化在传播过程中与本地文化相互交融，为满足游客需求且满足村民生活实践需要，本土文化先后经历了内容上的"去地方化"与形式上的"再地方化"进程。导游玉 YY 还提到，"我们上班要求头戴簪花，穿傣装。有些时候要出去拜佛，或者上新房、结婚，我们也穿傣装打扮一下"。本地文化的"生态系统"在外来文化的冲击下并未完全瓦解，传统文化在进行"再生产"的过程中对外来事物保持着高度的敏感性，呈现出良好的主客文化互动且嵌套并存的现象。

三 不同主体对勐景来村空间生产的认同

（一）市场主导者

1. 空间是资本逐利的工具

资本的本性就是增殖，即创造剩余价值。资本是不断运动变化的，这也使得资本形态不断创新；资本的实现方式是不断变化的，但是资本的本性并不会随之改变。资本的本性决定了资本不断扩张，其扩张过程则表现为资本空间化的过程，即资本需要通过不断地占有空间进行空间扩张。根据笔者对勐景来景区管理公司管理人员的访谈记录，为扩大景区的空间生产力，景区管理公司通过引进外来资金和项目，采用双方合作的方式，共同对景区空间资源进行配置与开发，以最大限度实现对空间的有效利用。

> 租地的租金主要是中间合作方（BCXL 公司）在投入，我们这边租的土地主要是寨子内老百姓房屋用地，但周边二期、三期用于景区详细规划的资金、土地租金都是他们在承担。我们两个公司之间的合作关系现在还没谈好，现在只是租地。这个土地是我们和他们共同向村民租下来的。他们想把公司做大，不能有太多私人的想法，土地都是一家一户凑起来的，不是一家的，也不是村主任的。
>
> ——F09，景区办公室工作人员

在资本全球化和市场经济的语境下，空间作为资本生产循环的重要媒介在于从使用价值进入了交换价值，最为突出的是土地换效益促成的空间矩阵①。土地本身就是一种生产资料，资本投入土地便产生了土地资本，其实质上是土地被资本化，土地转化为资本。开发商为了追求剩余价值，通过大规模垄断空间内的土地所有权在极大程度上占有和支配空间内的一切资源，再通过人为因素将空间片段化、碎片化、私有化来提高空间附加值，将空间内可利用的资源商品化来获取高额利润。民族村寨旅游资源的开发就是通过资本运作来提高空间附加值的一种手段②。

2. 空间转换创造剩余价值，促进资本循环

为实现经济效益最大化，勐景来村在空间生产过程中由居住功能转变为商业功能，功能的转变导致空间主导者也发生了变化。绝大部分空间改造提升计划与决策都是由政府主导的，开发商参与投资开发建设以实现资本的空间化，政府与开发商的资本运作都是为了实现空间内的资本积累，通过空间内各类生产要素的再分配与重组产出具有使用价值和交换价值的旅游空间产品，进而推进空间范围内的资本化进程。一位景区管理人员谈及公司的长远战略时提到，"景区的发展是要看长远的，如果只看近期是不行的。当然近期我们也可以做很多项目，短时间的游客收益还是可观的，有一些项目也可以带给村民收益。但是从长远来看，景区将来取消门票是必然的，我们还会向外扩展做一些其他的项目来转型升级。我们不会跟村民抢收益，只是通过吸引外来投资向外扩，做外来项目"。因此，村寨空间的改造不仅仅是简单的物理改造，更是通过改变资本在空间内存在的形态来达到资本空间扩张的目的，进而促进资本的再生性循环。

（二）社区居民

1. 集体认同与民族性格

少数民族社区是基层民主自治的重要载体和基本单元③。少数民族社区与普通社区的本质区别在于其民族性，与一般社区相比更加具有凝聚力。由于傣族人集体信仰南传上座部佛教，村规民约都是在长久的历史积淀和佛教教义中衍生而来的，已经完全内化于村民的生产生活实践当中，因此，同一村寨内村民的集体认同感极强。正如村主任岩 YL 所说，"我们这边的村规民约都是口头的，我们傣族都信佛，一开始就是有传统的，有偷东西的或者其他不好的就撵走了"。在问及旅游开发后的邻里关系时，岩 WD 则表示，"团结是团结，但也不是全部。还是看个人吧，人跟人还是不一样的。毕竟现在是经济社会，肯定还是看钱，影响很大"。

此外，傣族人在生活中也有自身的民族性格，热情好客、温和处世又不乏民族气节。傣族人对外来开发商具有极强的包容性却不失原则性，村主任岩 YL 在谈到与 JKQ 集团以及 BCXL 公司的关系时表示："村委会和公司之间会有相互配合的地方，也会有一些冲突，不过现在没有了。以前我们没有门票提成，他们光占着地也不做大的投资，想搞旅游就要搞好，如果不想搞我们可以找别人。"同时，傣族人讲究饮水思源、知恩图报，岩 YL 还说道："本来 BCXL 公司要跟我们单独签一份合同的，但是我们不想签，因为 JKQ 集团也跟我们合作了 10 多年，营业后一直亏钱也对我们不离不弃的。"

---

① 刘昆：《空间生产机制下城市景观的拼贴》，《人文地理》2015 年第 1 期。
② 任政：《空间生产的正义逻辑——一种正义重构与空间生产批判的视域》，苏州大学硕士学位论文，2014 年。
③ 王茂美：《多民族社区自治：互嵌式族际关系构建的实践场域——基于云南农村多民族社区的实证分析》，《西北民族大学学报》（哲学社会科学版）2016 年第 1 期。

2. 文化自觉与民族自信

在经济全球化大背景下，全球文化面临着同质化的趋势，地方文化与民族文化正遭受着前所未有的颠覆冲击，面临着分崩离析与融合瓦解的危机与挑战①。随着 2011 年底打洛口岸再次开放，边境旅游的恢复带动了勐景来景区的旅游发展，旅游活动的日渐频繁意味着空间更加开放、信息更加流通，因此本土文化受外来文化冲击而出现文化交融与文化变迁是在所难免的问题。与此同时，村民与游客在"观察与被观察"的互动过程中，地方文化的稀缺性与特殊性被外来游客赋予"生态环境好"、"淳朴"、"心灵净化"等多种饱含赞美之意的标签，这使傣族人越发认识到本土文化的重要性。在长期的旅游交互过程中，傣族人保护传统文化的意识越来越强烈，同时增强了民族自信心。

> 有时候给游客讲解的时候，他们就说我们这里空气好、环境也好，想要留下来。我把我们这边的习俗文化讲给他们听，他们会说："哇，原来是这样啊。"我们也会感到有点自豪吧，觉得我背的这些知识没有白费，就还蛮开心的。
>
> ——F05，景区导游玉 YY

3. 经济增长与"有感发展"

"有感发展"是指社会经济以及公共服务真正惠及民生，人民能切实感受到经济增长给自己生活品质所带来的提高②。2015 年底，勐景来景区管理公司与村寨签订了合作经营《补充协议》，采取"村寨 + 企业 + 农户"的村企合作模式，让村民参与企业的日常管理，并进行利益共享。除必须支付村民土地租赁租金之外，自 2016 年起前三年以景区门票收入 8% 反哺村民，第四年起以每年门票收入的 12% 进行反哺。景区管理公司现有职工 120 人，其中 82.6% 为勐海县居民，75.9% 为打洛镇居民，60.2% 为勐景来村居民。据统计，2016 年景区直接给村民带来的人均年收益为 32500 余元。景区的旅游开发建设为当地提供了大量就业岗位和经济效益，解决了当地劳动力剩余问题，对维护边境地区的安全稳定起到了至关重要的作用。在笔者的实地访谈中，部分村民关于旅游发展的实际感触也再次印证了"有感发展"这一观点。

> 跟其他寨子相比，我们寨子收入就比较平均，大家都差不多。其他寨子就是有富的，穷的也很多。
>
> ——F06，岩 WH

> 旅游开发带给我们有一些好的方面，就是现在经济增长了嘛，生活也好了。
>
> ——F02，玉 Y

> 以前公司收益也不好，村民也就没当回事，公司可能也没想过要给（门票）钱。2014 年我当村主任以后，就跟公司提出这个申请，签了协议。从 2016 年开始，每年分两次，年中、年末各一

---

① 黄文炜、袁振杰：《地方、地方性与城中村改造的社会文化考察——以猎德村为例》，《人文地理》2015 年第 3 期。

② 郑杭生、黄家亮：《从社会成员"无感增长"转向"有感发展"——中国社会转型新命题及其破解》，《社会科学家》2012 年第 1 期。

次，都按公司收入的 8% 给村民分成，2020 年以后就是 12%。去年到手的分红总共是 70 万，分到每户就是几千块。那再往后就是看效益，现在门票也上涨了嘛，又涨到了 70 块钱。以后如果没有门票收入的话，可能就要重新协商拿其他收入来分红。

——F07，岩 YL

（三）游客

1. 地方性与情感联结

地方性即地方的独特性，是自身固有的、区别于另一地方的根本属性[①]。地方性在很大程度上是被复杂的意义、话语和实践所定义的主观建构，承载了个人或群体一系列的情感、价值与意识形态[②]。地方性形成于人地互动过程中，并强调地方的个人或集体通过亲身经验、记忆与想象而发展出来的对于地方的深刻依附[③]。人对地方的感知和认同亦是建构地方性的重要因子。社会成员所建构和体验的地方性并非稳定不变的，地方性的建构是普世文化对地方文化渗透并相互交融而产生多元化反应的过程。

2. 对现代性的逃离，对原真性的渴望

资本全球化模糊消融了地理空间的既有边界，打着"现代主义"和"进步主义"的旗号倡导个人自由，带来的却并非是自由与解放，而是人的精神层面更深层次的束缚和压抑。资本主义与商品经济占据了城市统治的至高地，金钱至上的城市价值观使人际关系越发紧张，也限制了人们之间的倾听与交流。毋庸置疑，现代性有效地打破了传统社会秩序对于人性的束缚，给人类社会带来了巨大的自由与平等。然而从现实情况来看，现代性并没有带给人更强烈的幸福感[④]。

因此，前往陌生地旅行或徙居成为城市人群逃离现代性的最有效选择。他们在旅游过程中希望寻找与"现代主义"、"进步主义"站在对立面的一种时间和空间凝固的、具有一定稳定性的人类本真生存状态。处于较为偏远地区的民族旅游地恰好满足了旅游者对于原真性的想象与渴望，其主要原因是城市人群在物质方面取得满足后继而寻求精神层面的依托。

四 结论与讨论

列斐伏尔对空间生产理论的发展在于从"空间中的生产"转向"空间本身的生产"，其范畴本身展示了空间生产的辩证法。勐景来村作为边境旅游与民族文化旅游的重要载体，依托其特殊的边境地缘优势和少数民族文化进行旅游开发，这一过程本质上也是对民族村寨原有空间本身进行改造、设计以及使用的过程。勐景来村的空间生产在一定程度上影响着不同主体的认知，反之，不同主体对地方的感知与认同对地方空间及文化的重构也发挥了极为关键的作用，其空间生产的过程亦是一定时空条件下物质空间的客观生成与空间内不同权力主体主观建构的双向互动过程。本文通过分析勐景来村在

---

① 唐顺英、周尚意：《浅析文本在地方性形成中的作用——对近年文化地理学核心刊物中相关文章的梳理》，《地理科学》2011 年第 10 期。

② 钱俊希：《地方性研究的理论视角及其对旅游研究的启示》，《旅游学刊》2013 年第 3 期。

③ 黄文炜、袁振杰：《地方、地方性与城中村改造的社会文化考察——以猎德村为例》，《人文地理》2015 年第 3 期。

④ 钱俊希、杨槿、朱竑：《现代性语境下地方性与身份认同的建构——以拉萨"藏漂"群体为例》，《地理学报》2015 年第 8 期。

不同维度的空间生产以及空间内不同主体对地方空间的感知与认同，得出以下结论。

第一，勐景来村自20世纪90年代至今，经历了传统农业村落到民族旅游村寨的空间变迁，本地村民逐渐放弃传统农业耕作的生产方式，以土地作为生产资料换取效益，进入了与原有的农业生产资料相分离的资本积累过程。原有空间的功能与属性也随之发生改变，从农业场域向旅游场域逐步过渡。

第二，随着空间性质与生产关系的变迁，外来投资商逐渐取代本地村民在空间中的主体地位，本地村民的角色从"空间的主导者"向"空间的依附者"转变，空间内多权力主体的格局基本形成。旅游开发使空间内的社会流动性不断增强，从而使空间内各主体之间的社会关系网络愈加错综复杂。与此同时，在全球化语境与旅游视野下，传统文化的社会经济价值与历史文化价值越发得到重视，在与外来文化的交互过程中呈现出嵌套式并存的现象。

第三，在新的空间生产背景下，市场主导者、本地村民、游客等不同主体对勐景来村的空间生产表现出了不同的地方感知与认同。由于主客关系的差异，主要表现为内生性认同与外部性建构：本地村民与游客主要侧重于主观性实践过程中的内在化认同，强调以人为本的"有感增长"与情感联结；市场主导者因其逐利的本质更偏向于外部性的客观建构，强调创造剩余价值、促进资本循环。不同的地方认同来源于主体所处位置的差异，不同主体的感知与认同无法割裂开来，如何消除壁垒、促进融合、共建和谐是值得进一步探讨的议题，这将有利于探索如何将村寨构建为"效率、质量、公平"三者平衡的典型性民族社区，对地方发展也具有极强的指导性意义。

《西南边疆民族研究》 第 27 辑

第 158～167 页

© SSAP，2019

从乡村市集到都市村庄

——对社会学、人类学中国城镇化研究的一个反思性考察

吕付华 *

摘　要　与地理学、经济学等学科不同，社会学、人类学早在 20 世纪 30 年代便已开展对中国城镇化的研究，并形成了直到今天的研究脉络：杨庆堃与费孝通对乡村市集与城乡关系的研究体现了新中国成立前的杰出水平。新中国成立后，施坚雅的市场结构研究在理论和方法上极大开拓了中国城镇化研究的视野；改革开放后，对中国小城镇发展与城乡生活的研究成果丰富；伴随 90 年代中国的市场转型，越来越多的乡村城镇化专题与微观研究逐渐涌现。新世纪以来，中国城镇化研究一方面呈现出国际化趋势，另一方面以对都市村庄进行探讨为代表的本土研究更加深入。对这些研究加以反思性考察，既能清楚看到迄今为止社会学、人类学城镇化研究取得的成绩，也能深刻察觉到尚存的不足，意识到未来努力的方向。

关键词　城镇化；城乡关系；市场结构；小城镇；乡村城镇化；都市村庄

DOI：10.13835/b.eayn.27.17

一　引言

众所周知，在今日中国，城镇化已经成为最深刻影响和改变我国人民生活的主要社会过程，并被众多学者视为当今与未来中国面临的最重要机遇与挑战[①]。地理学、经济学等学科的流行看法以为，中国城镇化研究始于 1979 年吴友仁《关于中国社会主义城市化问题》一文的发表[②]。但从社会学、人类学学科讲，有关中国城镇化的许多重要研究其实早在 20 世纪 30 年代就已开展起来，并对学术界产生了深刻影响。新中国成立后，由于社会学、人类学学科被取消，国内学者停止了对中国城镇化的研究，但国外学者此一时期却完成了具有开创意义的研究。所以，自 20 世纪 80 年代社会学、人类学重建以来，研究者一方面沿着这些既有学术传统并结合中国改革开放后城镇化社会变迁的经验，进行了大量实证性研究；另一方面，又开始植根中国社会实际，摸索具有独创性的中国城镇化发展道路和本

---

* 吕付华，云南大学民族学与社会学学院社会工作系讲师。

① 参见斯蒂格利茨《中外经济体制转轨比较》，《经济学动态》2001 年第 5 期；顾朝林、于涛方、李王鸣等《中国城市化：格局·过程·机理》，科学出版社 2008 年版，第 i 页。

② 这种看法主要来自地理学与经济学界。参见吴友仁《关于中国社会主义城市化问题》，《城市规划》1979 年第 3 期；顾朝林、吴莉娅《中国城市化研究主要成果综述》，《城市问题》2008 年第 12 期；何念如《中国当代城市化理论研究（1979—2005）》，复旦大学博士学位论文，2006 年，第 2 页。

土理论。尤其是伴随新世纪前后我国社会的市场转型与城镇化的高速发展，社会学、人类学对中国城镇化的研究逐渐走向更加国际化同时又更加贴合中国实践的局面。由此，成果越来越多，想要全面、系统地对其做出评价也越来越难。

本文主要目的即在于对社会学、人类学有关中国城镇化的研究进行一个全面、系统的回顾。迄今，有关中国城镇化研究的综述大多聚焦于人口、地理、经济等学科的成果[①]，对社会学、人类学的关注相对稀少。而在笔者所见较深入的有关社会学、人类学研究成果的论述中，更多的仍是对国外学者成果的讨论，对国内学者研究成果的探讨明显不足[②]。并且，很多综述性研究仍停留在对相关研究的简单介绍与罗列水准上。因此，本文另一重目的是尽可能深入、细致地述评社会学、人类学有关中国城镇化的研究成果。为此，笔者将以时间为序展开讨论，并尝试对相关研究提供一种既能对其思路与逻辑进行深入分析与阐释，又能把它们放在中国社会城镇化变迁与学科发展脉络中对其贡献与局限进行评估的反思性考察。

二　乡村集市与城乡关系：1949 年以前的研究

1934 年，在来华讲学的芝加哥大学城市社会学泰斗派克指导下，杨庆堃完成了被施坚雅誉为"第一流"[③] 的关于山东邹平市集的研究。与 30 年代前后大量以村庄为中心的研究不同，杨庆堃有意识地把研究单位转向了市集。他认为，在中国社会即将步欧洲后尘进入工业革命与城市化阶段前期，市集最集中体现了变迁之中的中国农村经济结构与组织的形态。运用芝加哥学派的人文区位学方法，杨庆堃对自己实地调查过的邹平县十个市集，依次从地理、交通运输系统、区位配置、货物、交易、卖者、组织及自然历史八个方面进行了描述与分析。杨氏对邹平市集的研究，不仅如他所言，"假若用科学方法采集起来，令这些事实的记录，能够和世界其他各部的工业化历程的辙迹相比较，则这种工作实具有科学的价值"；[④] 而且，由于这一工作是对中国乡村城镇化的雏形——乡村市集的第一批真正有影响的研究，无疑具有开创意义。

在杨庆堃研究前后，乔启明和杨懋春同样注意到了市场体系对中国乡村经济结构及其变迁所具有的重要意义，并分别对江苏、山东的乡村市场进行了实地调查[⑤]。这些调查与杨庆堃的研究一起，形成了近代中国沿海一带乡村城镇化萌芽的最早记录。

无独有偶，40 年代中期，费孝通在完成了江村、禄村的实地研究后，也把注意力转向了城镇[⑥]。费孝通发现，在经历了一百多年与西方乃至世界经济的接触后，中国农村未来的变迁不可避免地要与城镇紧密联系起来。因此，只有弄清楚了中国城乡之间的关系，才能指明农村经济的出路。面对当时

① 例如，顾朝林、于涛方、李王鸣等：《中国城市化：格局·过程·机理》，科学出版社 2008 年版；顾朝林、吴莉娅：《中国城市化研究主要成果综述》，《城市问题》2008 年第 12 期；何念如：《中国当代城市化理论研究（1979—2005）》，复旦大学博士学位论文，2006 年。
② 这类综述的代表，可参看陈向明《中国城市化研究：理论上的"西学中用"与实证中的"特殊模式"》，载涂肇庆、林益民主编《改革开放与中国社会：西方社会学文献述评》，牛津大学出版社 1999 年版。
③ 施坚雅：《中国农村的市场与社会结构》，史建云、徐秀丽译，虞和平校，中国社会科学出版社 1998 年版，第 56 页。
④ 杨庆堃：《邹平市集之研究》，燕京大学研究院社会学系硕士毕业论文，1934 年，第 4 页。
⑤ 乔启明：《江宁县淳化镇乡村社会区之研究》，金陵大学《农林丛刊》1934 年新编号 23 号；杨懋春：《一个中国乡村：山东台头》，张雄、沈伟、秦美珠译，江苏人民出版社 2001 年版。
⑥ 费孝通：《乡土重建》，载《费孝通全集》（第九卷），内蒙古人民出版社 2009 年版。费孝通：《中国士绅》，赵旭东、秦志杰译，三联书店 2009 年。

关于中国乡村和城镇关系的两种观点———一种认为乡村与城镇互补互利，另一种认为两者相互敌对———费氏以为："两种观点都有其正确性。第一种指正常经济机构中的经济关系，第二种指中国目前的经济结构。本应为双方都带来利益的二者之间的关系失败了，甚至在乡村引起了灾难。"① 追根究底，费孝通指出，造成中国城乡畸形关系的原因在于，中国的市镇、县城与都会往往只是衙门围墙式的政治中心与层次不同的大小地主居住地，而非真正的生产与消费中心。在自给自足经济情况下，地主们在收租后，一方面住在城镇中消费来自农村的各种农副产品和市镇附近的手工产品，另一方面从事部分商业和金融业务；而租地农民一边从事农业另一边从事副业，因此即使在缴纳了一半收成的地租后，依靠副业和农闲时的手工业收入，依然可以维持起码的"不饥不寒"的最低生活。然而，1840 年后，在西方列强与机械化工业品的双重夹击下，传统城乡间的有机协调开始衰退，造成了由通商口岸发展起来的中国现代城市只不过沦为出口原材料、进口消费商品的"经济鼠洞"，而住在市镇与县城的地主们逐渐转向洋货消费，从而驱逐乡村工业的城乡分离局面。那么，怎样才能恢复城乡关系呢？费孝通提出了"根本问题是如何将都市和城镇转变成可以维持自己的生产中心而不用去剥削乡村。对于乡村来讲，问题是如何通过发展乡村工业或专门经济作物来增加收入"② 的观点。

可以说，费孝通的研究代表了当时最为成熟的关于中国城乡关系与乡村城镇化方向的思考，这种思考不仅因在新中国成立前就明确指出了中国乡土复兴的根本道路在于工业化与城镇化而具有前瞻性，而且它在 80 年代"小城镇研究"中又再度被费孝通提出，也说明这一思考的深刻性。可惜的是，一方面由于时局，费孝通拟议的对城镇的研究没有得以实际开展；另一方面，因为社会学与人类学在新中国成立后被取消，国内学者对城镇化的研究也暂时中断了。

三　西方学者眼中的中国市场结构与城镇化：1949 年至 1979 年的研究

1949 年后，由于社会学与人类学的取消，关于中国城镇化的研究主要是由国外学者完成的。其中，最有代表性的研究是美国人类学家施坚雅（G. William Skinner）进行的。

基于 1949 年 7 月到 1950 年 9 月在成都特别是成都郊外高店子市场的田野调查，施坚雅 1964 年、1965 年分别在哈佛《亚洲研究杂志》上发表了影响深远的《中国农村的市场和社会结构》③。追随着杨庆堃等人的脚步④，施坚雅通过把地理学的中心地理论巧妙应用在传统中国社会分析中，明确提出了以市场结构作为中心来研究中国城镇经济自然生态发展雏形——农村市集的观点。在依中心地与市场类型对中国传统社会区域进行划分基础上，施氏指出，按中心地类型，中国每个地区都可相应找出小市、基层集镇、中间集镇、中心集镇、地方城市与地区城市这样的中心地层级；按市场类型，也相应存在小市、基层市场、中间市场与中心市场的市场层级；最后，按最大属地的类型，前两者又可分别归属于小市场区域、基层市场区域、中间市场区域、中央市场区域、域市贸易区域与地区贸易区域。

---

① 费孝通：《中国士绅》，赵旭东、秦志杰译，三联书店 2009 年版，第 89 页。
② 费孝通：《中国士绅》，赵旭东、秦志杰译，三联书店 2009 年版，第 100 页。
③ Skinner, Marketing and Social Structure in Rural China：Part Ⅰ. *The Journal of Asian Studies*, 1964, Vol. 24, No. 1, pp. 3 - 43；Skinner, Marketing and Social Structure in Rural China：Part Ⅱ. *The Journal of Asian Studies*, 1965, Vol. 24, No. 2, pp. 195 - 228；Skinner, Marketing and Social Structure in Rural China：Part Ⅲ. *The Journal of Asian Studies*, 1965, Vol. 24, No. 3, pp. 363 - 399；施坚雅：《中国农村的市场与社会结构》，史建云、徐秀丽译，虞和平校，中国社会科学出版社 1998 年版。
④ 这可能也是施坚雅如此推重杨庆堃的原因之一。见施坚雅《中国农村的市场与社会结构》，史建云、徐秀丽译，虞和平校，中国社会科学出版社 1998 年版，第 8、9、56 页。

通过这一系列的分类，以及对市场区域的数学模型论证与统计分析，施坚雅最终认为，以市场结构为中心，不仅能够从空间上阐明中国社会的经济体系与社会结构，也有利于通过市场体系，对中国社会的城乡结构进行有别于传统以行政体系分析为主的研究。因此，对 1949 年后中国农村经济与社会结构变迁、城镇化发展的任何研究，都需要考虑相应的市场结构的变化。

1974 年、1977 年，施坚雅分别主编了《两个世界之间的中国城市》①与《中华帝国晚期的城市》②，这两部书汇集了当时从事中国研究较有影响的美国历史学家、社会学家、地理学家、经济学家与政治学家关于中国城镇化研究的观点。前者把视角投向从鸦片战争到新中国成立前这一时段，分别讨论了通商口岸、宁波帮会、商会、农民暴动、教育、移民等主题，比较有代表性地描述了一百多年来中国城镇的特点与变化。后者不仅把视野扩展到了中华帝国时代，而且从历史、空间与社会结构三方面对中国城镇形态、结构、发展与变迁做出了精彩论述。尤其在《中华帝国晚期的城市》一书中，施坚雅在早年以市场结构为分析中心的基础上，进一步提出了中国城镇化研究的区域理论。施氏认为，第一，有鉴于中国历史的长期延续性、广袤疆域在地理上的多样性，与地区发展上的不平衡性，城镇化研究必须以"城市化的程度和城市居民生活方式的特点，随着地区的不同已经起了系统的变化"为前提，从而"根据地区发展的历史来研究城市的历史，对每一个地文区的城市化分别作出分析"③。第二，施坚雅将中国分为八个地文区——西北、华北、长江上游、长江中游、长江下游、东南沿海、岭南、云贵④，提出应该对各个地区逐个进行分析而不应该把中国作为一个整体进行城镇化研究的基本原则。第三，施坚雅把引发并促进中国地区城镇化的动因归纳为两条，一条是因帝国官僚政治为实施地方行政而建立并加以调整的城镇化，另一条是因经济活动特别是集市和贸易体系的需要而形成和发展的城镇化。由此，施氏既充分考虑到了中国社会的复杂性与多样性，又实现了把市场结构理论应用于中国整体社会分析的目的。正因此，施坚雅对中国城镇化的研究具有了"典范"的地位⑤。

当然，学术界对施坚雅的研究有很多批评。从城镇化研究而言，我们以为，施氏的研究至少有一点值得商榷：施氏在论证他所持的中国乡村的实际社会边界是由基层市场区域边界决定的重要观点时，有意地把自己的观点推向了极端，他甚至假定"一个农民对他的基层市场区域的社会状况有充分良好的了解，而对基层市场区域之外的社会区域却全无了解"⑥。显然，施坚雅的观点既与中国社会实际有所出入，也会导致以市场结构为中心的分析有意无意忽略村庄范围内以及基层市场区域外的政治、经济与社会结构，而这种结构对新中国成立后发生了巨变的中国城镇与乡村来说，是至关重要的。⑦

回顾以施坚雅为代表的西方学者的研究，会发现几个突出的特点。一是偏重采用西方的理论观点与研究假设作为基本出发点。二是比较注重对影响中国城乡关系的地理、空间与人口等生态学因素的探讨。由此，这些研究取得了国际性的声望。然而，随着施坚雅等学者在 50 年代离开中国，国外学者

① Skinner, Mark Elvin (ed.), *The Chinese City between Two Worlds*. Stanford：Stanford University Press, 1974.
② Skinner (ed.), *The City in Late Imperial China*. Stanford：Stanford University Press, 1977. 中译文见施坚雅《中华帝国晚期的城市》，叶光庭等译，陈桥驿校，中华书局 2000 年版。
③ 施坚雅：《中华帝国晚期的城市》，叶光庭等译，陈桥驿校，中华书局 2000 年版，第 243 页。
④ 施坚雅虽认为满洲构成了中国第九个地文区，但鉴于到 19 世纪 90 年代它的城市化体系还在萌芽阶段，因此他的研究并不涉及这个地区。见施坚雅《中华帝国晚期的城市》，叶光庭等译，陈桥驿校，中华书局 2000 年版，第 244 页。
⑤ 甚至在历史学界都有学者认为："美国学者施坚雅的市场理论在中外学术界影响巨大，几乎到了凡研究中国市镇史、集市史者都无法回避的程度。"见史建云《对施坚雅市场理论的若干思考》，《近代史研究》2004 年第 4 期，第 70 页。
⑥ 施坚雅：《中国农村的市场与社会结构》，史建云、徐秀丽译，虞和平校，中国社会科学出版社，第 45 页。
⑦ 实际上，这也是施坚雅的市场结构理论在第一部分分析 1949 年前的中国传统社会时，比在第三部分分析人民公社时期更有说服力的根本原因所在。

几乎无法对中国社会进行实地的调研与观察。所以，相关研究日渐凋敝。

四　中国的小城镇发展与城乡生活：1979 年至 90 年代初期的研究

1979 年后，一方面中断了二十多年的社会学、人类学研究得以恢复，另一方面，国内外学者逐渐获得了深入中国内地进行实地调研的机会。因此，1979 年后，各种研究文献在数量与类型上远远超越了前述时期，要想无所遗漏加以述评已无可能。所以，后文将按研究者及其研究主题与方法分类，选择一些最有代表性的文献加以评述。

第一类文献集中反映了社会学者对城镇化道路的思考。费孝通关于小城镇发展的研究即是最重要的代表。面对改革开放后农村、城市经济社会发展的新局面，费孝通重拾 50 年代后中断了的城乡关系研究思路，1982 年首倡小城镇研究①，1983 年进一步发表了《小城镇，大问题》的长篇报告②，接着又连续发表了《继续开展江苏小城镇研究》、《及早重视小城镇的环境问题》、《小城镇，再探索》、《小城镇的发展在中国的社会意义》、《小城镇——苏北初探》、《小城镇　新开拓》③ 以及《小城镇研究的新发展》④ 等一系列发言、报告，从而形成了较完整的对中国独特城镇化道路——小城镇发展的探索。

概而言之，费孝通的小城镇研究主要包含了以下几个方面内容。一是对小城镇在四化建设中的地位和作用进行了分析，明确指出“小城镇是一个大问题”，整体上提升了小城镇在理论研究中的地位。二是对 80 年代初期中国乡村苗生的小城镇化特征进行总结，提出小城镇是农村政治、经济与文化中心，建设小城镇是发展农村经济、解决人口出路的重要途径的思路。三是对中国的小城镇化进行新探索，提出中国的小城镇建设应该大力发展乡镇企业，带动农业剩余劳动力转移的观点。四是对中国小城镇化过程中出现的环境问题、结构问题，以及小城镇发展在中国的社会意义进行思考。五是反思苏南、温州“离土不离乡”城镇化模式的利弊与可持续性，指出未来研究方向。

可以说，费孝通的研究是这一时期真正植根于中国社会实际并具有独创性的研究。因此，在他的带动下，学术界对小城镇的研究一度十分活跃，并形成了一个以此命名的“小城镇派”。而且，这种研究还促进了其他学科从不同观点出发，对中国城镇化道路、阶段、特点与发展趋势的思考与辩论⑤。不过，由于各种原因，费孝通此一时期的研究在调查的深入与系统上并没有达到他三四十年代的水平。

第二类文献来自人类学界对都市人类学研究的探索。相较而言，国内外学者关于我国城镇化的人类学研究起步较晚，这种局面直到 1991 年才开始改观。这年，随着第一届都市人类学国际会议在北京召开，人类学界开始逐步接触国外都市人类学的相关理论，思考中国都市人类学的任务与发展问题，探索面向中国实际的城市化与城市文化的具体研究。这种趋势最明显地体现在《都市人类学》⑥ 一书中。该书中，国外学者、非洲城市化研究巨擘索撒尔（Aidan Southall）探讨了西方城市化理论与中国

---

① 费孝通：《小城镇在四化建设中的地位和作用》、《谈小城镇研究》，载《费孝通全集》（第九卷），内蒙古人民出版社 2009 年版。
② 费孝通：《小城镇，大问题》，载《费孝通全集》（第十卷），内蒙古人民出版社 2009 年版。
③ 费孝通：《继续开展江苏小城镇研究》、《及早重视小城镇的环境问题》、《小城镇，再探索》、《小城镇的发展在中国的社会意义》、《小城镇——苏北初探》、《小城镇　新开拓》，载《费孝通全集》（第十卷），内蒙古人民出版社 2009 年版。
④ 费孝通：《小城镇研究的新发展》，载《费孝通全集》（第十卷），内蒙古人民出版社 2009 年版。
⑤ 比较有代表性的是周一星、许学强与叶嘉安等人的讨论。见周一星《关于我国城镇化的几个问题》，《经济地理》1984 年第 2 期；许学强、叶嘉安《我国城市化的省际差异》，《地理学报》1986 年第 2 期。
⑥ 阮西湖主编《都市人类学》，华夏出版社 1991 年版。

城镇化研究关系问题；介绍了自己的非洲城市研究经验。匈牙利社会学家泽林尼（Ivan Szelenyi）系统分析了东欧社会主义国家的城市化经验与教训。顾定国（Gregory Guldin）则对香港、广州与珠江三角洲的乡村城市化进行了比较研究。国内学者方面，阮西湖提出了中国都市人类学的研究任务，纳日碧力戈、麻国庆与周大鸣等人分别对城市民族通婚、民族文化变迁与适应问题进行了专门研究。

以《都市人类学》为镜，可以看到，中外人类学界此一时期对中国城镇化与城乡生活的研究尚处于起步与探索的阶段，还没有出现比较有代表性的民族志专著。

五　市场转型与乡村城镇化：90 年代初期到新世纪初的研究

20 世纪 90 年代以后，两个客观时代因素对我国城镇化研究产生了巨大影响。第一，1992 年邓小平南方谈话与十四大的召开，确立了社会主义市场经济体制的改革方向。自此，中国进入了激烈的市场经济转型与城镇化加速发展阶段。第二，在 1997 年亚洲金融危机影响下，1998 年国家发展计划委员会正式把城镇化列入第十个五年计划编制，1999 年发布的《国民经济与社会发展"十五"计划》明确提出城镇化将成为我国推进现代化的新动力源，2002 年党的十六大报告再次突出"实施城镇化战略"的重要性。我国政府一系列的政策、计划使城镇化研究进入到政府推动研究的新时期。

在此背景下，国内外社会学、人类学研究这一时期显现了两个主要的重点。一是在 80 年代小城镇研究基础上，继续深化对中国城镇化道路的思考，并反思、总结中国城镇化特征与战略。其中，除了费孝通将观察思考视角推向乡镇企业[1]与区域发展[2]的研究外，王春光、孙晖总结了中国城镇化发展滞后的历史原因，并从社会变迁层面探讨了未来适合中国的城镇化道路[3]；王堡畬、罗正齐全面总结了我国城镇化经验教训，系统分析了各种城镇化道路的利弊，并预判了城镇化未来的发展趋势[4]。刘传江概括了我国"自下而上"的城镇化特征，探讨了制度安排与创新在城镇化进程中的作用[5]。辜胜阻论述了农村城镇化的四大要素：工业化、农业现代化、劳动力非农化与人口迁移，分析了城镇化滞后的原因，提出了未来中国城镇化发展的一系列战略构想[6]。

二是越来越多的以乡村城镇化为主要对象的专题研究、社区研究开始涌现。社会学领域，第一方面也是成果较突出的是以黄宗智、折晓叶等为代表的研究[7]。其中，黄宗智依据他 1983～1985 年间在上海近郊松江县华阳桥种子场六个自然村的实地调查，描述了一种不含城市化的"半工半农的村庄"——农民仍被限制在村庄里，农民受雇于工厂并不意味着迁居到城镇[8]——类型，提出了中国乡村工业化与城镇化并不必然具有同步性的见解。进一步，折晓叶、陈婴婴等在对高度工业化的广东、苏南等多个村庄系统分析基础上，提出了一些"半工半农的村庄"已经成长为"超级村庄"，并经由

① 费孝通：《展视中国的乡镇企业》、《乡镇企业的发展与企业家面临的任务》，载《费孝通全集》（第十四卷），内蒙古人民出版社 2009 年版。
② 费孝通：《农村·小城镇·区域发展》，载《费孝通全集》（第十五卷），内蒙古人民出版社 2009 年版。
③ 王春光、孙晖：《中国城市化之路》，云南人民出版社 1997 年版。
④ 王堡畬、罗正齐：《中国城市化的道路及其发展趋势》，学苑出版社 1993 年版。
⑤ 刘传江：《中国城市化的制度安排与创新》，武汉大学出版社 1999 年版。
⑥ 辜胜阻：《非农化及城镇化理论与实践》，武汉大学出版社 1993 年版。
⑦ 黄宗智：《长江三角洲小农家庭与乡村发展》，中华书局 1992 年版；折晓叶：《村庄边界的多元化：经济边界开放与社会边界封闭的冲突与共生》，《中国社会科学》1996 年第 3 期；折晓叶：《村庄的再造：一个超级村庄的社会变迁》，中国社会科学出版社 1997 年版；折晓叶、陈婴婴：《社区的实践——"超级村庄"的发展历程》，浙江人民出版社 2000 年版。
⑧ 黄宗智：《长江三角洲小农家庭与乡村发展》，中华书局 1992 年版，第 291 页。

内源性发展完成了"自然城镇化"——人口聚集达到一定规模，社区的产业结构和居民职业以非农为主，相应的居民的生产方式和生活方式也发生了向城镇的转移①——过程的新见解。最后，王晓毅、王颖与陆学艺等，也分别对华东、华北地区初步工业化村庄的城镇化进行了探讨②。这些研究，由于敏锐跟踪了小城镇之后我国乡村城镇化出现的新现象、新问题，从而大为丰富了费孝通之后的乡村城镇化研究。第二方面比较有代表性的是王春光、项飚、王汉生与孙立平等对农村人口进入城市的特殊方式——"浙江村"的研究③。通过对"浙江村"形成过程和基本状况的生动描述和深入分析，这些研究探讨了农民进入城市的一种独特方式——产业社区型流动，阐述了一种新形式的中国大陆农村人口向城市的流动过程，从而进一步丰富了我们对中国乡村城镇化的认识。

在人类学领域，这一时期的研究大多来自间接性地涉及中国乡村城镇化的研究。其中，一批比较有影响的著作聚焦于苏浙、东南沿海一带乡村，透过对个案村庄社会与文化变迁的分析，探讨了城镇化对农民家族、地方社会与农民心理的影响④。另一批主要运用人类学田野方法的著作则将研究范围集中于四川、湖南、湖北等中西部地带，主要通过研究乡村治理、政治结构和权威秩序等在八九十年代以后的变迁，从而间接反映出这些地区乡村城镇化的蛛丝马迹⑤。

总结而言，这一时期的乡村城镇化研究在对象上逐渐转向社区，内容上更加关注微观的社区运作机制与家族、生活、文化变迁逻辑，方法上更注重社会学、人类学学科的特点与传统，研究者也更加有意识地开展了与西方相关理论的对话。然而，正如某些批评所尖锐指出的那样，一些研究还存在着概念先行、理论对话生硬与调查研究仍需更加深入、严谨的毛病⑥。而从城镇化研究角度讲，上述研究也普遍存在着研究主题不明的问题：乡村城镇化只是作为农村非农化、工业化或者社会与文化变迁的剩余范畴出现，并没有成为真正研究主题。

六　全球化与都市村庄：新世纪以来的研究

新世纪以来，不仅在国家发展战略上，城镇化的地位日益重要——2005 年我国"十一五"规划确定了"积极稳妥推进城市化的战略"，2011～2015 年的"十二五"规划纲要又明确地把"促进区域协调发展，积极稳妥推进城镇化"确立为我国"十二五"时期最主要任务之一。而且在事实上，中国各

---

① 折晓叶：《村庄的再造：一个超级村庄的社会变迁》，中国社会科学出版社 1997 年版，第 272～273 页。

② 王晓毅：《农村社会的分化与整合：权利与经济》，《社会学与社会调查》1991 年第 2 期；王晓毅：《血缘与地缘》，浙江人民出版社 1993 年版；王晓毅、朱成堡：《中国乡村的民营企业与家族经济：浙江省仓南县项东村调查》，山西经济出版社 1996 年版；王颖：《新集体主义——乡村社会的再组织》，经济管理出版社 1996 年版；陆学艺主编《内发的村庄》，社会科学文献出版社 2001 年版；毛丹：《一个村落共同体的变迁》，学林出版社 2000 年版；刘倩：《市场因素下的"共产主义小区"》，载贾德裕等主编《现代化进程中的中国农民》，南京大学出版社 1998 年版。

③ 王春光：《社会流动与社会重组：京城"浙江村"研究》，浙江人民出版社 1995 年版；王汉生等：《"浙江村"：中国农民进入城市的一种特殊方式》，《社会学研究》1997 年第 1 期；项飚：《社区何为：对北京流动人口聚居地的研究》，《社会学研究》1998 年第 6 期；项飚：《跨越边界的社区——北京"浙江村"的生活史》，三联书店 2000 年版。

④ 王铭铭：《社区的历程——溪村汉人家族的个案研究》，天津人民出版社 1997 年版；庄孔韶：《银翅：中国地方社会与文化变迁（1920－1990）》，三联书店 2000 年版；周晓虹：《传统与变迁——江浙农民的社会心理及其近代以来的嬗变》，三联书店 1998 年版；曹锦清、张乐天、陈中亚：《当代浙北乡村的社会文化变迁》，上海远东出版社 2001 年版。

⑤ 于建嵘：《岳村政治》，社会科学文献出版社 2001 年版；肖唐镖：《村治中的宗族：对九个村的调查与研究》，上海书店出版社 2001 年版；吴毅：《村治变迁中的权威与秩序：20 世纪川东双村的表达》，中国社会科学出版社 2002 年版；项继权：《集体经济背景下的乡村治理》，华中师范大学出版社 2002 年版。

⑥ 最有代表性的批评可参看曹树基对王铭铭研究的书评。曹树基：《中国村落研究的东西方对话——评王铭铭〈社区的历程〉》，《中国社会科学》1999 年第 1 期。

地也经历了前所未有的"造城"运动。在这种时代背景下，城镇化研究进入了空前繁荣时期，相关成果也呈现出爆炸性增长。因此，下面仅就比较有代表性的文献，做一简要评述。

这个时期，中国城镇化研究日益引起国际顶尖学者的注意，相关研究也日渐呈现出了国际化的特点。罗根在 2001 年出版《新中国城市：全球化与市场改革》[①] 后，2008 年又推出了《转型中的中国城市》[②] 论文集。弗里德曼继 2005 年的《中国的城市转型》[③] 专著后，近年又相继发表了多篇有影响的论文[④]。麦基等 2007 年出版了《中国城市空间》[⑤]。卡斯特近年也开始关注中国城镇化[⑥]。他们的研究，既包括在全球化与市场化双重背景下中国城镇化逻辑的探讨，也有对中国城镇化的政治经济、空间过程分析，还囊括了我国社区建设、社会控制、邻里管理的历史与演变，以及正在形成的都市生活方式等各种内容。总之，国外学者的强烈关注证明了中国城镇化具有的世界意义，同时他们的研究也带来了新颖的理论视野与国际视角。但是，这些研究尚缺乏对中国城镇化过程与城乡社会生活的深入体验与感同身受。所以，真正有血有肉的城镇化研究依然等待国内学者们完成。

李培林、蓝宇蕴与周大鸣对广州城乡接合部与城中村的研究则代表了国内社会学、人类学学者对有血有肉的城镇化研究的积极探索。通过对广州一个城中村的实地调研，李培林探讨了城镇化进程中村落经济生活的社会规则[⑦]，乐观地预言了"村落的终结"，并且认为可以找到一种"具有普遍解释力的村落终结类型，建构村落城市化整个链条的最后一环，以便能够在理论上复制中国改革开放以后村落非农化、工业化、城市化的全过程"[⑧]。李培林通过"羊城村"——一个城中村理想类型的构建，最终得出结论：村落的终结和农民的终结不是完全同一的过程，村落的终结更加艰难与漫长，且必然伴随产权的变动和社会网络的重组。而基于同一城中村的调查，李培林的博士生蓝宇蕴进一步构建了"新村社共同体"与"都市里的村庄"的概念，认为都市村社共同体是"村民"群体及其所在社区谋求生存发展、实现城市融合的重要社会网络，是"末代农民"逐渐"脱胎"为市民、"农村社区"逐渐转变为城市社区最便捷的中介与"桥梁"[⑨]。在此前后，周大鸣也在对广州南景村 50 年变迁的社区研究基础上，发表了开拓性论文，出版了专著《凤凰村的变迁》[⑩]，并提出了"城乡接合部是最早开始城市化的地区，又是最难彻底城市化的地区"[⑪] 的著名观点。

在李培林、蓝宇蕴与周大鸣等人的带动下，近年涌现了一系列关于城中村与城乡接合部地带城镇化的专题研究[⑫]。他（她）们的研究，在小城镇、半工半农村庄、超级村庄与浙江村之后，发现了另

① John R. Logan, *The New Chinese City*：*Globalization and Market Reform*. London：Blackwell Publishers Ltd，2002.

② John Logan, *Urban China in Transition*，London：Wiley-Blackwell Publishing ltd，2008.

③ John Friedmann, 2005，*China's Urban Transition*，Minneapolis：University of Minnesota Press.

④ John Friedmann, Four Theses in the Study of China's Urbanization, *International Journal of Urban and Regional Research*，2006，30. 2，pp. 440 – 451；John Friedmann, Reflections on Place and Place-making in the Cities of China. *International Journal of Urban and Regional Research*，2007，31. 2，pp. 257 – 279.

⑤ McGee T. G. , George C. S. Lin, Andrew M. Marton, Mark Y. L. Wang and Jiaping Wu, *China's Urban Space*：*Development under Market Socialism*. London：Routledge Press，2007.

⑥ 卡斯特：《都市理论与中国的城市化》，许玫译，《国外城市规划》2006 年第 5 期。

⑦ 李培林：《村落的终结——羊城村的故事》，商务印书馆 2004 年版。

⑧ 李培林：《巨变：村落的终结——都市里的村庄研究》，《中国社会科学》2002 年第 1 期，第 168 页。

⑨ 蓝宇蕴：《都市里的村庄——关于一个"新村社共同体"的实地研究》，三联书店 2005 年版。

⑩ 周大鸣：《凤凰村的变迁》，社会科学文献出版社 2006 年版。

⑪ 周大鸣：《城乡结合部社区的研究：广州南景村 50 年的变迁》，《社会学研究》2001 年第 4 期，第 100 页。

⑫ 万向东：《都市边缘的村庄——广州市北郊廖江村的实地研究》，中国社会科学出版社 2005 年版；郑孟煊主编《城市化中的石牌村》，社科文献出版社 2006 年版；谢志岿：《村落向城市社区的转型》，中国社会科学出版社 2005 年版；陈映芳：《征地与郊区农村的城市化——上海市的调查》，文汇出版社 2006 年版。

一种城镇化类型——东部沿海发达地区已经完成工业化但仍保留村落特征的城中村，从而进一步推进了城镇化学术研究的发展。

应该说，新世纪以来，以李培林、蓝宇蕴与周大鸣等人的成果为典型，社会学、人类学关于城镇化的研究取得了很大成绩。首先，突出了城中村、城市结合部等都市村庄研究的重要性与意义；其次，深入实地的方法补充了之前研究依靠文献、模型与数据进行分析的缺憾；最后，体现出在经验研究基础上抽象一般概念和理想类型得出研究结论的优点。然而，这些研究的缺点也不少。第一，一些研究的概念和思路明显源自西方城市社会学、人类学著作，但研究者对这些著作非但不求甚解，反而借宣称西方经典理论没有着意涉及如中国城中村等社会形态的城镇化的由头，有意把中国的城镇化研究特殊化。第二，因为把中国城镇化当作一种特殊的本土过程，许多研究放弃了对西方城市化相关理论的参考与对话。第三，由于放弃对话，导致这一时期大多数研究既缺乏有包容性和理论想象力的研究框架，也缺乏和其他国家和社会城市化的有益比较。

七 对社会学、人类学中国城市化研究的总评估和未来研究的新展望

总体回顾社会学、人类学有关中国城镇化的研究，有三个特点或者说局限非常鲜明。其一，中国城镇化的社会学、人类学研究虽然形式多样、成果丰富，但城镇化的基本概念与研究主题依然模糊。在国内外学者的相关研究中，可发现既有单从人口、产业结构或户籍、行政体系狭义定义城镇化，又有视城镇化为无所不包社会变迁过程的混乱情形，这种局面说明我们对城镇化还缺乏明晰的概念和清楚的定义。而在研究主题上，无论是施坚雅从市场结构、费孝通从城乡关系与小城镇出发的研究，实质上仍只关注了现代中国城镇化这一复杂过程的某个侧面，它们不仅不够全面与系统，而且其间还缺乏有机的内在联系，难以进行知识的整合。尤其值得注意的是，在近年社会学、人类学聚焦于村落、社区与城中村等的专题研究中，城镇化研究有日益沦为剩余范畴，或等于社会组织及其变迁研究的趋势。总之，城镇化基本概念与研究主题上的模糊要么导致研究狭隘化，要么使得城镇化研究失去真正的理论与现实主题。

其二，回顾那些至今仍被广泛引用与参考的社会学、人类学中国城镇化研究，它们无不具有系统借用西方城市化相关理论来归纳、总结与分析中国城镇化实际经验的优点。譬如，杨庆堃关于邹平市集的研究的框架来自派克的人类生态学；费孝通有关城乡关系的思考明显受到雷德菲尔德等芝加哥学派代表人物关于"乡村—城市连续统"理论的影响；施坚雅对中国市场结构和中华帝国晚期城市化的论述是系统应用中心地理论和芝加哥学派城市化理论的结果；即使费孝通 80 年代后的小城镇与中国城镇化道路研究表面上似乎与西方城市化理论无关，但仔细深究，仍可以看到它们和费氏早期城乡关系研究的内在联系，以及受到的芝加哥学派的深刻影响。然而，在西方城市化理论经历了从芝加哥学派人文生态学到当代的政治经济学的范式转移，以及中国城镇化最近二十年在政府主导下高速推进的双重背景下，上述这些优秀研究的理论参考框架难免有过时之嫌。因此，如果我们想要再次达到前辈的研究高度，势必需要采用更能概括与分析当代中国城镇化现实的理论系统。

其三，最近二十年来，中国城镇化的相关社会学、人类学研究从数量上虽呈井喷之势，但在质量上尚未达到前辈学者的高度。究其因，晚近的研究要么因"为理论而理论"从而导致田野不够深入与严谨、理论对话生硬，要么有意把中国城镇化特殊化从而放弃与西方城市化相关理论的对话。两种倾向，都不利于我们研究水平的提升。

回顾历史，如果说社会学、人类学有关中国城镇化的研究尚存在一些不足的话，那么，未来我们能不能对此有所改变呢？如果能，我们又该如何改变呢？尽管笔者知识与能力有限，但仍斗胆在结尾之际提几点个人的想法。

第一，未来中国城镇化的研究需要更清晰的定义和适切的主题。我们对城镇化的理解既不应过分狭隘，也不宜无所不包。或许，像弗里德曼那样的——视城镇化为国家或区域空间系统中的一种复杂社会过程，它既包括非农人口与活动向规模不同的城市地域的集中过程，以及非城市景观逐步转化为城市景观的物质空间转化过程，还包括城市文化、生活方式和价值观念的生成与扩张过程[①]——综合性定义，值得研究者借鉴。同样的，有关中国城镇化的研究主题既要有现实的包容性也要有理论的想象力。实际上，无论是人文生态学还是政治经济学，虽然他们在立场、理论架构与方法上有诸多分歧，但他们在研究主题上仍有一致的地方：城市化过程（the process of urbanization）和城市生活的性质（the nature of urbanism）迄今仍是大家共同探讨的对象[②]。这是否值得中国研究者参考与反思？

第二，近二十年来，我国城镇化的高速发展更多受到国家政策调整、地方政府主导以及地方经济进入世界经济体系等因素的综合影响，旧有的以芝加哥学派为主导的把城市化与工业化、现代化、市场的自由调节等紧密联系在一起的理论框架与分析思路已有力不能逮之势。而从 20 世纪七八十年代兴起至今仍在发展的政治经济学研究范式则看到了芝加哥学派没有看到或看到了却无力解释的方面——社会生产方式与资本动态过程与城市化之间的本质联系。他们从集体消费、建造环境的生产或者是地方政治、经济增长机器等概念出发，赋予了城市化新的含义；并通过对城市化过程中国家及其政治经济结构与阶级斗争、社会运动间复杂作用的分析，全新而深刻地解释了现代西方社会的城市化过程与城市生活本质[③]。虽然政治经济学理论范式目前仍是主要针对西方国家城市化建构的一种分析框架，但我们也不难看到它们对中国城镇化过程与特点进行研究的某些适用性和指导性，尤其是对最近二十年我国的高速城镇化而言。

第三，未来社会学、人类学的中国城镇化研究既需要更加植根本土以归纳、总结能深刻解释中国现实的系统理论，也需要把提炼自中国城镇化独特过程与特点的理论和源自西方以及其他发展中国家城市化经验的理论做全面的比较分析。即使一些现象为中国所特有，但现象背后的理论逻辑却可能是全世界普遍存在的。因此，中国城镇化研究者既无须妄自菲薄，也不能闭门造车，既然中国城镇化为我们提供了如此绝佳的社会实验室，相信我们也能在未来将中国城镇化研究推向新的高潮。

[①] Friedmann, John, *Regional Development Policy: A Case Study of Venezula*. Massachusetts: MIT Press, 1966.

[②] 这两个主题最早出现于沃思的经典论文，之后无论是卡斯特还是哈维，都接受了这一看法。参见 Wirth, Louis, 1938, *Urbanism as a Way of Life. American Journal of Sociology*, Vol. 44, No. 1, pp. 1 – 24. Castells, M., 1977, *The Urban Question: A Marxist Approach*. Cambridge, MA: MIT Press. Harvey, D., 1973, Social Justice and the City. Baltimore: Johns Hopkins University Press。

[③] 西方城市化理论范式从人文生态学向政治经济学的转移是一个十分复杂的过程，其中关系到很多理论问题与争论，笔者将另文探讨。至于政治经济学派的理论观点，重点可参看：Castells, M., The Urban Question: A Marxist Approach. Cambridge, MA: MIT Press, 1977; Harvey, D., Social Justice and the City. Baltimore: Johns Hopkins University Press, 1973; Mollenkopf John, *The Contested City*. Princeton University Press, 1983; Logan John, Molotch Harvey, Urban Fortunes: The Political Economy of Place. Berkeley: University of California Press, 1987。

《西南边疆民族研究》 第 27 辑

第 168～173 页

© SSAP，2019

浅谈云南回族的生存适应机制*

李红春**

摘　要　有关族群社会文化的研究范式中对于生存适应的微观认知长期处于被忽视状态，往往将族群文化变迁、经济发展的历史微观过程视为一种自然而然的状态，忽视了不同族群主体的能动性以及历史生存场域的特殊性。地处西南一隅的云南回族社会，呈现出文化多样性、经济调适等方面典型的生存适应内容，从而充分显现出生存策略的文化内涵。

关键词　云南回族；生存策略；主体性

DOI：10.13835/b.eayn.27.18

区域性回族研究的传统研究范式中往往忽略了对生存策略的关注，回族的社会演化与文化实践是一个文化适应、政治意识提升、经济模式调整的过程。文化多样性与和谐的族际关系是云南回族伊斯兰信仰历史的主线，由此显现了云南回族对于文化适应与生存智慧的完美统一。学术界对云南回族生存策略的研究还较为罕见，传统的学术圈惯于关注人物、历史、经济、民俗，而对于一个民族历史与生存密切相关的重大议题"生存策略"视之惘然。实际上云南回族呈现出文化多样性、经济传统的调适，这些都充分显现出生存策略的文化内涵。

一　云南回族简况

回族是"回回民族"的简称。云南是除宁夏、甘肃、河南、青海、新疆等省区以外，回族人口较多的地区之一。据 2000 年第五次人口普查数据，云南省回族有 643238 人。在区域分布上，全省各市县（区）几乎都有回族居住。有 5000 以上回族人口的市县（区）为滇东、滇东北的昭通、鲁甸、会泽、宣威、曲靖、寻甸；滇中的嵩明、西山、盘龙、五华、禄丰；滇南的个旧、开远、建水、弥勒、泸西、砚山、文山、通海、华宁、澄江、峨山、玉溪；滇西的巍山、永平、大理、腾冲、洱源等地。在分布特点上，回族有"大分散、小集中"和围绕清真寺"聚族而居"的显著特点，居城则聚为街区，居乡则自成村落。另外，和其他兄弟民族相比，云南回族主要居住在交通沿线、坝区、河谷（约占 75%）、城镇（约占 18%），居住山区的较少（约占 7%）。

---

* 本文系 2018 年云南省社会科学院创新工程"云南民族团结进步示范区建设研究创新团队"及院立项目"云南散杂居回族民族交往交流交融研究"的阶段性成果。
** 李红春，男，云南省社会科学院民族学研究所副研究员，主要从事族群认同与民族关系研究。

云南回族先民分几个历史时期来自阿拉伯、波斯、中亚、西亚和我国的西北、中原、江南等地。唐代，回族先民，即阿拉伯、波斯等地的信仰伊斯兰教的商人已进入云南；元代，1253 年蒙古军、西域回回军 10 万人进入大理；此后百余年间，又有不少回回兵士被派驻云南。明清时期陕甘、江南、中原各地的大批回族军士继续进入云南。在落籍云南的过程中，回族与各兄弟民族团结友爱、和睦相处。在云南的历史上出现过许多回族的杰出人物，如赛典赤、郑和等。由于政治、经济、文化广泛交往的需要，汉语这一全国通用语言逐渐为回族采用，成为回族群众的日常用语。同时，在回族用语中，仍保留一些阿拉伯语或波斯语词（如"穆斯林""朵思梯""色俩目"等），并形成了一些特殊的民族词语，如"归真"（逝世）、"知感"（感恩）等。回族在宗教活动中使用阿拉伯、波斯语，平时则普遍使用汉语文。云南回族的伊斯兰传统文化不断有新的发展，以清真寺为中心的经堂教育不断完善，一批闻名全国的杰出伊斯兰学者相继涌现，他们的著述对中国伊斯兰文化及中国文化发展具有重要促进作用。

在长期的历史发展进程中，云南回族人民同各兄弟民族人民团结一致，开发边疆、建设云南、保卫祖国，在各方面都做出了重大贡献。《中华人民共和国民族区域自治实施纲要》颁布后，在回族人口相对集中的地方建立了寻甸回族彝族自治县和巍山彝族回族自治县，在杂散居地区成立回族乡（镇）9 个，与兄弟民族共建的民族乡 4 个。回族人民的政治、经济、文化和平等权利方面受到了尊重与保障。党的十一届三中全会后，在党的改革开放政策指引下，回族人民勇于开拓、善于经商、擅长种植经济作物和手工业的特点及优势在社会主义市场经济中得以大力发挥。回族地区的经济文化得到了迅猛发展，回族人民的物质生活和精神生活水平得到了空前提高，回族地区发生了翻天覆地的变化。

二 云南回族的经济策略

云南回族秉持了民族擅长经商的传统，在不同历史时期开展灵活多样的经济活动，从事边疆多民族地区的土特产品与外来物资贩运交易。在现代旅游蓬勃发展的新时期里，由于有长期的商品意识与市场把握，回族商业主动调整，以新的经济模式适应市场经济规律，开拓出清真餐饮、清真食品、旅游服务、地产等新兴产业，在现代经济中逐渐占有一席之地。传统上对回族经济的研究常视其为回族文化的一个附体，即从其他视角来解读回族经济，无形之下将回族经济视为一般的经济行为，忽视对回族经济的价值判断和功能界定。

事实上，回族经济的运作过程中的利益互惠与族际共享是一个较为主要的内容，具有广泛的社会功能。其中一个典型的案例便是回族"打赛"的运用。"赛"（也作"赊"）是西南地区流传较广的一种民间融资互助的传统文化，参与者自愿组合成赛，定期拿出一定数量的"赛金"，由赛友们根据需要轮流使用，以达到解危济困、共渡难关的目的。其中以云南丽江纳西族"化赛"较为盛行和著名，如今纳西族社会中的赛演变为一种具有深刻文化内涵的小群体生活模式，成为纳西族一种对传统文化资源所进行的再生性改造。[①] 邓川坝打赛历史上曾经较为普遍地流行于汉、白、回等民族社会，早期世居于大理邓川坝的白、回、汉等民族在农事、婚丧之时临时为缓解粮食、货币、劳动力不足而集结成赛；而如今确在士庞、鸡鸣和三枚三村回族之间流动盛行，发展为运用民间资金融资，进行货币信

---

① 和立勇、和少英：《"化赊"：丽江古城纳西人社会整合中的文化自觉》，《思想战线》2007 年第 6 期。

贷，发展交通运输业。在地方农业生产调整、经济产业结构变化的背景下，[1] 打赛这一民间经济形态和文化传统在形式、内容、运作方式、流行区域、主体对象、功能作用等方面都发生了一系列变化，呈现出打赛形式单一化、程序简约化、主体关系复杂化及功能经济化几个较为突出的变化。

经济属性是邓川坝民间打赛流行的首要原因。一方面，在打赛过程中互利互惠是建立赛的先决条件，每个赛头或赛子都能够从中获利或者享受赛金使用权。如今的打赛强化利息的合理性，打赛运行及收益的结果都已与现代经济学的一些理论相吻合，使得打赛彰显出经济特性与功能。另一方面，现今打赛在邓川坝回族村寨的盛行与有效运行又受到地方人际关系、传统道德、宗教规劝、民族认同等社会力量的制约，而非完全纯粹的货币交易。经济性是打赛的外在形式，而文化性和社会性则是打赛存在与发展的根本原因所在。打赛是经济利益诉求与地方文化实践的复合体。

现今邓川坝回族打赛呈现为民间金融信贷融资发展特点，充分利用民间闲散资金进行融资发展，缴纳本金，轮转使用，附加利益。赛金一个月从几百元至几万元不等，赛子数十余人至几十人不等，总赛金每月数千元至几十万元不等，一般轮转两年半（30 个月）。赛金记账缴付，本金利息金额、轮转顺序清晰明了，完全符合现代金融经营模式。赛金使用上，第一次为赛头使用，只需缴纳当月本金；第二次使用的赛子也只需缴纳当月本金；之前使用过赛金的赛子从第三次开始缴纳本金与利息，利息交由下一个人使用，以此类推，直到轮转结束。以每赛每月交纳本金 1 万元为例，人数 30 人，利息按每月本金的 5% 来计算，如表 1 所示。

表 1　赛的运作周期及利息示例（士庞村）

赛期	使用赛金者	个人缴赛金	周期缴纳利息	获得赛金
1 个月	赛头	1 万元	无	30 万元
2 个月	赛子 1	1 万元	29 × 500 = 14500 元	30 万元
3 个月	赛子 2	1 万元	28 × 500 = 14000 元	30.05 万元
4 个月		1 万元	27 × 500 = 13500 元	30.1 万元
⋮	⋮	⋮	⋮	……
28 个月	赛子 27	1 万元	3 × 500 = 1500 元	31.35 万元
29 个月	赛子 28	1 万元	2 × 500 = 100 元	31.4 万元
30 个月	赛子 29	1 万元	500 元	31.45 万元

由表 1 可知，赛运转中赛金使用顺序及收益的正比关系满足经济学中风险与收益关系。使用赛金优先的赛子必须以之后每次上赛附带一定利息为代价，较后享受赛金者会获得一定利息作为补偿。[2]

打赛实现了地方经济的快速发展，还带动了民族文化等的发展。据调查得知，士庞村目前成立了老年协会，修建了价值 20 万元的活动场所（室内门球场），自筹资金 10 万元；每年清真寺善款收入有 15 万 ~ 20 万元。另外，近期地方民间力量对于地方历史修撰迎来了一个高潮，出现了《士庞概况》（1990）、《洱源回族》（2005）、《士庞村志》（2011）、《鸡鸣村志》（2013）等，而周围其他经济相对落后的村寨却还没有修史发生。

---

① 改革开放以来，邓川坝地区的农业生产获得极大发展，土地承包、转租、流转等使农业生产也较多与市场经济接轨。表现为现代化生产、雇工、出售，传统的民间生产互助已逐渐居于次要地位。另外，在农业生产基础上，进行了现代交通运输、外出务工、服务业等产业调整。

② 李红春：《藏彝走廊邓川坝回族"打赛"的经济人类学解读》，《中央民族大学学报》（哲学社会科学版）2015 年第 5 期。

三 云南回族的文化策略

任何一种外来文化能够在其传播的社会生活中长期存在，必然发生了一定程度的文化变迁，自身文化和外来文化因子重新组合成了二元或多元结构的文化，新兴文化往往是身披本土文化外衣而进入到民族文化生活之中的，即发生了本土化过程。

居住在边疆民族地区的云南回族形成了文化上别具特色的新族群，如迪庆"藏回"、勐海县"傣回"（"帕西傣"）、大理"白回"、文山"壮回"等，同时回族分布还延伸至东南亚各国，泰国、缅甸北部多个省（邦）分布着一些云南籍回族的村落，其族属被称为"秦和人"和"潘泰人"，呈现了多民族文化交融的特征，众多的边疆多民族地区回族因为文化变迁而形成了新的回族文化群体。云南边疆回族的现状成为边疆回族与周围其他民族兄弟和睦相处、文化互动的鲜活典范，在研究云南边疆民族关系领域中越来越成为一个极具说服力的生动案例。

从历史记忆与族源追溯上来看，云南边疆藏族、壮族、彝族、傣族地区的回族多为清中后期才出现的，且多为咸同年间云南回民大起义后由大理、楚雄、玉溪、红河及陕西等地区迁移而来。而白族地区的回族早在元季已有史料记载，明清不断延续和发展原有的移民规模。这些回族文化新族群的社会文化概况如下。

藏族地区的回族文化：云南迪庆藏区均有"藏回"分布，由于这些回族都不同程度地受到了藏族文化生活的影响，而在文化生活上大多表现为藏族特征，如日常用语中有一部分为藏语，饲养牦牛、喜吃酥油茶、着藏服、喜好藏族歌舞等，故被其他民族称为"藏回"，藏族则其称为"古格"（意思是"戴白帽的人"）。

彝族地区的回族文化：云南玉溪市新平县的扒枝里和高粱冲两个彝族村内居住着一部分回族。这些回族与周围的彝族生活极为接近，讲彝语，住房为土掌房，服饰也与彝族完全相同，经济、生活几乎一致，大部分回族保留了回族的认同，外界习惯称呼他们为"彝回"。

傣族地区的回族文化：云南西双版纳傣族自治州勐海县的两个村寨居住着文化特征近似于当地傣族文化的回族。两村回族是内地回族因经商等流入该地区发展起来的。这里的回族身穿与当地傣族一样的服饰，住竹楼或平房。说着当地语言又不完全同于当地语言，婚丧嫁娶等节日仪式也同于傣族。但信仰伊斯兰教，寨子里有清真寺，严格遵守穆斯林的生活习惯。当地人把他们称为"帕西傣"，意为"信奉伊斯兰教的傣族"，又被称为"傣回"。

壮族地区的回族文化：云南文山壮族苗族自治州文山县内的务路（新寨和老寨）和母鲁白三个村寨居住着说壮语、着壮服、养水牛等生活文化习俗接近壮族（侬支系），不食猪肉，不养猪，部分皈依伊斯兰教信仰，民族身份确认定为壮族的"壮族穆斯林"。而追溯族源，这类"壮族"的祖先为清末云南回民起义失败后逃难至此的回族，所以周围回族及学术界称他们为"壮回"。

白族地区的回族文化：云南大理白族自治州的大理市及洱源县内的白族聚居区均有着大量的回族居住，历史上回族与周围的白族在生产互助、生活往来、经济交换等方面关系密切，所以白族的住房、服饰、语言、习俗都在很大程度上影响了这一地区的回族。因为具有白族与回族两个民族的文化特征，学术界称他们为"白回"。

四 地方性知识转换为生存策略

地方性知识概念源自美国当代著名人类学家格尔兹对土著人理性思维的承认和尊重，对地方性知识的把握，就是注重研究"文化持有者的内部眼界"，运用地方性知识分析也成为人类学对"他者"社会文化进行"深描"、从而接近事实的一种捷径。福柯的"知识考古学"或许可以为我们提供一种解读的方式。福柯认为解释、辨伪文献已经不再是最重要的了，"知识考古学"要发掘的东西，是一定历史时期性质各异的话语是如何形成的，即"话语的构成规则"。① 生存策略这一地方性知识是云南穆斯林面对主流社会存在的排斥力所构筑的一个融汇通道，是破解话语体系阻力的一种努力。

在漫长的历史里，以文化是否"华夏"的特征来辨别华夏与诸夷，实现了华夏化，或把接受了儒家教化的中原乃至边疆不同人群都可以统统归括在"文明"的行列，反之无论居住何处，如若没有吸纳华夏文化，即使血统历史追溯是华夏，但是依然因为文化的非华夏异化而堕降为夷狄蛮戎。可见，在中国历史上通常确立了一个以文化为标准来划分人群、文化、社会状态的传统。虽然历史证明华夏文明或文化是一个不断吸纳新文化元素的体系，其文化特征或传统也是相对可以明确的，存在一定的松散性，但是这样的过程并没有影响华夏文化与其他文化（内外）那种泾渭分明的独立性。正是以华夏为主流、先进、标准、文明等一系列的强势政治理论和现实集合为中国境内乃至境外不同文化、人群、传统关系的核心驱动力。在没有民族识别和民族平等等政治保护下，中国各非华夏或没有完全华夏化而保持族群特征的各族群都在政治、经济、文化等方面被边缘化和驱赶。借用法国现代社会学者福柯创立的"话语－权力"理论，与众多的境内少数族裔一样，回族尽管在语言、习俗、心理、种族、社会等方面的高度"汉化"（华夏特征），然而因为浓厚的伊斯兰教信仰，作为华夏穆斯林或汉语穆斯林的回族在双轨式（张中复语）社会调适的实践中也终究扮演着在历史与现实中与正统华夏、汉人有所区分的"熟悉的陌生人"（李普曼语）。

不同少数民族在面对政治压力时，首先是充分以地方性知识加以处理应对，考虑民族生存生活基础，寻求对话，消除误解，放弃一些利益以保全群体生存。通过一系列的寻找和努力，相对弱势、被动的少数民族一次次把握住了与中央、主流政治实体的对话，消释误解冲突，从而凝聚为民族地方性知识对生存理念的提升，汇集为一种难能可贵的生存智慧，同时也消融了政治压力、话语－权力坚不可摧的坚冰。

五 结语

在中国西南民族社会中，民族村寨的传统组织、习惯法、宗教文化等成为民族文化的主要内容，这些方面的研究也长期成为学术界对民族社会文化研究的中心领域。但是，在历史及现实生活中作为地方力量的民族村寨往往因为外界文化及经济的介入而发生急剧的社会转型与文化变迁，尽管如此，民族主体仍能在突如其来的危机时刻，充分运用民族智慧和地方文化传统与外来力量进行接触、对话、协调，寻求化解政治压力与危机的契机，这一过程无疑延续了民族社会文化功能的存在空间。同样，处于多元文化包裹的社会环境之中，回族群体采用了文化借用、文化涵化的形式实现了文化适应，形

---

① 〔法〕米歇尔·福柯：《知识考古学》，谢强等译，三联书店出版社 1998 年版。

成具有文化多样性的回族文化新族群，"同而不化"的认同实践显现出回族群体的文化生存策略。传统经济互助的賨并没有废弃，通过强化内部族群賨传统的经济属性，以族群文化、熟人圈关系网络加以维系，实现了传统文化向社会经济的转换，最终强化了地方回族群体的经济生存策略。

云南回族社会的经济、文化历史与现实，充分再现了族群生存策略的内容，应该看到在色彩斑斓的民族传统文化中一直蕴藏着其自身对环境、社会、族群的一套思维方式与行为模式，并转换为推动民族自身与外界社会、他者之间经济、文化交往的经济方式与文化模式。生存策略作为民族群体处理与强势群体经济、文化关系的重要产物，蕴含了民族群体对于自身历史记忆、社会经济、宗教文化传统与成果的珍视、认知、定位与抉择。从历史人类学视角来看，对民族生存策略的关注是更好理解民族社会演化与文化实践的一个途径。

《西南边疆民族研究》 第 27 辑

第 174~186 页

© SSAP, 2019

东南亚的 "边界" 观念及其实践[*]

罗伯特·L. 所罗门[**] 著

袁 剑 洪安娜[***] 译

摘 要 东南亚地区是中国周边重要区域，东南亚地区的边疆治理与实践对于构筑中国的边疆学具有重要借鉴意义。本文以具体的事例和详尽的理论分析，叙述了东南亚"边界"观念在近代如何在西方殖民话语和东南亚本土知识的相互冲撞下逐渐成形，并成为当代东南亚国家边界体系的共同认知基础。这一分析对于我们理解东南亚"边界"观念的发展历程有所助益，也有助于我们更好地理解东南亚国家和地区的边疆理论发展状况。当然，对于文中一些观点，我们也要有批判性的视角。

关键词 东南亚；边界；观念；实践

DOI：10.13835/b.eayn.27.19

一 西方的边界观念与实践

领土对于人们来说是很重要的，而划分它的方式往往十分关键。针对领二问题，欧洲的处理办法主要依据欧洲的历史经验，而在地理和历史领域的传统著作中，很少提及非西方的边界概念和实践。事实上，欧洲和东南亚对领土问题的处理方法很明显是不一样的。总的来说，这些差异虽然有些抽象，但仍然十分明显；在细节方面，在前景和行政实践方面一直存在的差异跟当前的决策存在相当大的关联。

人们试图通过分析历史上的例证，来发展出基于西方和东南亚经验的模式。其目的是表明地方环境对发展造成的影响，以及关于"边界"（boundaries）、"领土"（territory）和"主权"（sovereignty）的两种截然不同的思维方式之间的互动关系。

近代西方边界概念的一些主要共同假设可以总结如下。

每个国家都必须并应该具有能够以线条形式绘制在地图上的边界。除了不可到达或者不重要的偏

---

[*] 本文原题为 "Boundary Concepts and Practices in Southeast Asia"，刊载于《世界政治》（*World Politics*），Vol. 23，No. 1（Oct.，1970），pp. 1-23。本文系国家社科重大项目 "'一带一路' 沿线各国民族志研究及数据库建设"（17ZDA156）、中央民族大学 "十九大" 精神研究专项课题资助项目 "新时代边疆治理：历史、资源与中国的当代实践" 的阶段性成果。

[**] 罗比特·L. 所罗门（Robert L. Solomon），时任美国著名智库机构——兰德公司（RAND Corporation）研究员。

[***] 袁剑，历史学博士，中央民族大学世界民族学人类学研究中心副教授，研究方向：边疆研究、跨界民族研究；洪安娜，中央民族大学历史文化学院硕士研究生，研究方向：历史地理。

远区域，这些边界应在相应的地形上加以恰当标定。边界应该由条约加以确定，并受法律制约。如果边界不存在，或旧的边界不再适用，则应重新绘制，就像没有地图或者地图破旧了，我们需要画新的地图一样。因此，有一种关于近代国家间边界作用的说法是："近代国家的特性使其需要建立其权威和组织领域的明确界限。所有的措施都要求……其领土必须明确有界，不再只有模糊的边疆地带，而必须是准确无误的界线。这种界线就是国家间的边界。如果没有它们，现有的国家体系可能会退回到一个混乱的状态，因为我们无法知道一个国家的主权在哪里结束，而另一个国家的主权在哪里开始。"[1]

与边界线相反，边疆（frontier）被认为是一个与人联系较少从而在定义上不太明确的区域，不过估计所有边疆迟早会被分解成边界。为了将主权国家的所有领土包含在内，人们必须划定边界。而疆界的目的就是"……以毫无疑问的方式来标记领土的界线，而国家在其领土中行使主权权力，并面对具体操作中附带的所有陷阱"。[2]

"没有领土的国家是不可能存在的。"[3]

"在同一块领土上，只能有一个拥有完整主权的国家。"[4]

"在现代国际政治意识形态中，所有国家都是主权国家，地球的每一块表面都必须……为一个且只有一个这样的国家所合法拥有。"[5]

因此，一个国家是从领土层面加以定义的，而国家主权内化于国家领土的整体性当中。

我们所说的"西方观念"可以通过随着欧洲殖民势力进入亚洲领土的那些冒险者的政治和行政实践来说明。当欧洲人到达东南亚时，他们面临的是一个极其活跃同时又非常不稳定的局面。几个世纪以来，低地民众的历史运动一直在持续，这些运动也向高地民众施加了压力。[6] 低地国家似乎开始了常年战争。越南人以牺牲老挝为代价向南扩张。[7] 而泰国人在其领土东部的冒险活动则同时增加了老挝和高棉（柬埔寨）统治区的压力。

地方势力不断卷入继承纠纷中或因其他问题发生争端。早在欧洲人到达之前，泰国和越南就一再干涉它们弱小邻国的内政，而战乱不断的老挝和柬埔寨王国内部有争议的继承问题则为其提供了机会。[8] 由于原住民——骠人、孟人、高棉人、占人，与新的移民者——缅甸人、泰人、越南人之间的矛盾，直到殖民力量到达东南亚，"东南亚大陆边界的形状尚未稳定下来"。[9]

在东南亚的实践中，不仅没有稳定的、分隔的、分明的界线，甚至连边界线的观念都显得格格不入。在这一地区，功能相同的边界是由接触区（zones of contact）和间歇性的阵地战区域组成的。在边界之内，每个王国或公国的"主权"扩展的限度，是由一种权力关系决定的，而这种权力关系总是会

---

① A. E. Moodie, *Geography Behind Politics*, London：1961, p. 73.（Moodie 是一位地理学家。）

② A. E. Moodie, *Geography Behind Politics*, London：1961, p. 81.

③ L. Oppenheim, in H. Lauterpacht, ed., *International Law*, 8th ed, p. 451, New York：1955.（译注：本书有中译本。参见劳特派特《奥本海国际法》，王铁崖、陈体强译，商务印书馆1989年版。）

④ Oppenheim, p. 452.

⑤ E. R. Leach, "The Frontiers of Burma," *Comparative Studies in Society and History*, Ⅲ, 49：October, 1960. 利奇（Leach）是一位人类学家。这不是他本人的观点，而是他对于"欧洲神话"的解释。

⑥ 关于低地民众与高地民众之间关系的讨论，详见原文第9页。

⑦ 若想获得刺激性的解释和进一步的参考，参阅 M. G. Cotter, "Toward a Social History of the Vietnamese Southward Movement," *Journal of Southeast Asian History*, 1968, IX, . pp. 12 - 24。

⑧ 有意思的叙述，可参见 *The Dynastic Chronicles. Bangkok Era：The Fourth Reign*, translated by C. K. Flood, I and II, Tokyo：1966.

⑨ Alastair Lamb, *Asian Frontiers*, New York：1968, p. 39.

发生变化。①

定义边界的法律和制图工具也还不存在，② 除了为远处的领土讨价还价，生活在那片土地上的居民则几乎从不承认自己属于低地中心，还没有什么民族主义的传统。虽然主权的实质非常重要，但实际上，领土方面的主权问题是可以通过谈判解决的。

从葡萄牙人到荷兰人、英国人、法国人、西班牙人，亚洲最初的欧洲入侵者根本上希望发展贸易。但是和征服新的领土相比，控制这片土地更加困难，注重节省成本的殖民列强只有有限的资源（尤其是人力资源）来管理土地，因此，获得领土只是次要利益。

由于经济和安全的原因，利益最终稳步增长。例如，荷兰人发现，除非通过政治和军事手段来实施垄断，否则岛屿贸易的利润就不那么高。葡萄牙人也面临着类似的问题，他们原本只满足于选择战略上的前哨，这样他们就可以在海上控制岛屿贸易，但是现在却不行了。在过去的一个多世纪里，印度的英国人"设法将他们在印度的财产限制在最小区域内，而这个区域被称为商业运作基地"。然而，"一旦占领了一个印度的省份，英国人就面临着这个省与不受控制地区的边境安全问题"。③ 而且，"一旦在印度站稳脚跟，英国人就觉得有义务去控制混乱或敌对的边境地区，比如缅甸，而这些边境地区无法承受来自整个次大陆的被动员的力量"。④

扩张的经济动力是寻求稳定而有利可图的资源，这与殖民列强之间的竞争是相对应的。英国对缅甸的缓慢征服持续了大半个世纪，同时法国在印度支那的急速扩张，使这两个大国在 19 世纪开始了越来越危险的对抗。为了保护自己的财产以及拒绝将其他的战利品交与他们传统的对手，这些相互竞争的殖民者争相涌向彼此的边疆地区："随着整个东南亚地区的土著权力迅速瓦解，英国和法国在该地区的影响力迅速增加，这预示着在不久的将来，会形成一片危险的边界交错地带。"⑤

不过，一旦这些汇聚的力量相互靠近达到一定的临界距离，行动就会放缓，然后陷入僵局，因为外交上的努力阻止了任何敌对行动的爆发。尽管英法两国在追求领土的目标上，至少部分是出于一种竞争意识，⑥ 但这种竞争往往是有自我限制的：在扩张的同时，两个帝国都在努力避免与对方直接接触，无论是通过缓冲区，还是通过已经商议好的边界来应急。帝国势力希望避免彼此之间灾难性的武装冲突，它们有足够的经验来应对误解以及小规模的战斗，并识别出帝国对抗间的真正危险。克制是殖民地边界制度中的重要组成部分。在殖民时期的东南亚，泰国是法国和英国之间相互警惕的主要受益者。正如让·戈特曼（Jean Gottman）在其宏著中所写的："一条边界并不单单指位置的维系，它指的是两个被它分开的'隔间'中的、相互对立的政治力量达到平衡。这一理论认为：边界的两边总是存在对立，即每一个国家的政策都是名副其实的领土扩张。"⑦

---

① 因此在欧洲人看来，正如英国历史学家哈维（Harvey）所写的："咆哮的掸邦乱局"，就像"蠕虫一样蠕动"。

② 下列记载可见 *The Dynastic Chronicles*, p. 368："国王经过深思熟虑，认为湄公河将暹罗的领土与柬埔寨和越南的领土区分开来。如今法国已经调查了河流地区并绘制了地图，而且法国是这样做的唯一国家。暹罗人如果不这样做，就显得不大明智。王国因此命令［一位贵族］寻找并雇用一位在地图绘制领域具有丰富经验的英国人。［这位贵族］聘用了 D 先生……"

③ Lamb, *Asian Frontiers*, p. 55.

④ J. F. Candy, *Southeast Asia: Its Historical Development*, New York: 1964, p. 380.

⑤ Chaire Hirshfield, "The Struggle for the Mekong Banks, 1892 - 1896," *Journal of Southeast Asian History*, IX, pp. 25 - 27: March, 1968. 这段叙述广泛运用了最近刚刚被采用的私人文件。另可参见 Charles Crosthwaite, *The Pacification of Upper Burma*, London: 1912.

⑥ 文中写道，法国人以一种"感性"的愿望"抵达湄公河"，他们最初只是希望为他们提供一条通往中国的贸易通道。参见 J. L. Christian, "Anglo - French Rivalry in Southeast Asia: Its Historical Geography and Diplomatic Climate," *The Geographical Review*, XXXI, pp. 272 - 282: April, 1941, 以及 Hirshfield 的作品。

⑦ Jean Gottman, *La Politique des états et leur géographie*, Paris: 1952, p. 139.

边界线既不统一也不均匀，它们不是"政治上的等压线"（political isobars）。① 边界不仅仅意味着关系——两个相邻政体之间权力和利益的"瞬时和短暂"的表达——它也可能是形成稳定的因素。② 划定边界的协议可以成为避免冲突并达成共同利益的表现，随着时间的推移，稳定的边界可以变成维持现状的重要因素。

政治和经济因素促使殖民列强扩大其统治版图，并谋求对其主权限度加以定义和编码。一些殖民地边界表面上与早期土著国家的大致轮廓相似，虽然这个结果"并非出自于想要保护旧有国家的特殊意愿，相反……更确切地说，这是在被巨大的河网和海上路线所相当意外地加以缓解的区域所施加的控制性影响的结果之一，这个结果同样塑造了早期的模式"。③

尽管存在明显的相似之处，但一种新的、陌生的边界观念还是被引入了。欧洲人给东南亚带来了大炮、条约和地图，并认为他们已经给该地区带来了秩序和稳定。但在内陆地区的殖民行政模式，则与前殖民时期大致相同；在内部边缘地区，则几乎没有什么经济或行政层面的渗透。殖民者不是经由陆路而是从海洋抵达大陆，他们被限制在低地沿海地区；"除了内陆少数几个重要的矿区，沿海边缘地带到处都是西方人经济活动的主要场所"。④

在某些偏远地区，恰好存在着"自然"边疆。在这些地方，对于边界定义的要求程度并不像在其他地方那样强烈，因为在其他地方，具有与竞争对手发生代价极高的对抗的直接危险。因此，英国人在对待喜马拉雅山南部边缘地区的态度上，可以含糊其辞，因为这不是殖民竞争的对象，但他们必须与在湄公河上推进的法国人达成一种更明确、更稳定的平衡。尽管如此，即使是在相当具体的条件下商定的那些界线，也存在着不明确性。这强调了一个事实，即相对来说，在人迹罕至的喜马拉雅边缘地区，几乎没有什么成系统的、有明确定义的殖民产业对内渗透与发展。那些居住在大多数已被划定的边界上的偏远地区的高地人，仍然被孤立着，他们仍然保留着自己的生活方式。时至今日，这些人的一部分，其法律地位仍未确定。

尽管当地的生活方式没有改变，边疆地区以一种明确的法律和制图地位的形式，创造了一种新的身份。线性边界在原则上第一次得以确立，并在东南亚的法律和制图实践中得到实现。欧洲人赋予前边疆地区的线性边界地位，这是他们对这些地区的人类和政治地理所给予的最微小的尊重。即便如此，以前在理论上和实际上都是作为联系和交换空间的边境前沿地区，事实上不再发挥它们在理论上的作用了。因此，"整个东南亚几乎没有一个单一的国际边界，也不需要《凡尔赛条约》制定者们加以'纠正'"。⑤

那些界定清晰的或者不清晰的帝国边疆体系，是帝国权力的最后手段。只要殖民边界的有效性受到武力的保障，边界争端就不那么重要。事实上，殖民地边界体系的一个重要功能就是将各自的殖民地划分开来，以避免互相竞争的势力之间的摩擦。边界被划在没有缓冲区的地方。由于殖民地边界主要是由殖民列强的需要决定的，因此商定的边界与当地的生活方式没有多少关系。

在界定政治行政边界时，殖民列强处理了来自内部和外部的分歧。由于内部边界在大国竞争的背景下不那么重要，因此它们被更随意地划定，这给后继国家造成了问题，后来这些国家不得不在主权

① 被 Jacques Ancel 在 La Géographie des frontiers，Paris：1938 一书中误用的术语。
② 见 E. Fisher，"On Boundaries，" *World Politics*，Ⅰ，pp. 196 - 222：January，1949。
③ C. A. Fisher，"Southeast Asia：The Balkans of the Orient？" *Geography*，ⅩⅩⅦ，p. 355：November，1962.
④ C. A. Fisher，"Southeast Asia：The Balkans of the Orient？" *Geography*，ⅩⅩⅦ，p. 355：November，1962.
⑤ C. A. Fisher，"Southeast Asia：The Balkans of the Orient？" *Geography*，ⅩⅩⅦ，p. 366：November，1962.

的基础上处理这些问题。例如，在印度，"英国人在信德（Sind）和喀奇（Kutch）之间设置边界线，因为线两侧的地区都处在同一个更大的政治单位内而被容忍了很久。但是作为一条国际边界线，这是不合适的"。① 同样，越南、老挝和柬埔寨之间的边界问题已经成为争论的对象，比起作为内部殖民边界的时段，它们的新地位——国际边界造成的争端更难解决。②

总而言之，殖民列强都忽略了当地的因素，并在确定亚洲殖民边界的过程中引入了外部政治考量和外来概念。殖民地边界体系的可取之处在于，在它保障边境安全（防止侵略或大规模的领土侵占）的时候，从未试图进行边境管制。殖民地边界从来不是迁移或流浪者的主要障碍，也没有严重干扰传统边疆地区的人员交往。

在这种情况下，只要殖民列强对其国际边界和内部行政机构下达权威的命令，这些安排就很合理，而且不会对当地社会造成特别的损害。各地民众继续跨越边界往来交流，行政渗透没有极端或贸然地增多。

此外，帝国体制对殖民地的防卫有一定的好处。战争在一个迄今为止一直是战区的地方停止了。虽然政府在那些持续进行传统移民的偏远地区并不是压倒一切的存在，但也提供了一些防范入侵的安全保障。一位来自越南的圣人写道："当一座山被一只强壮的老虎占据时，其他的人就不敢再来打扰它了。"小麦克阿里斯特（J. T. McAlister, Jr.）曾经写道："具有讽刺意味的是，法国人通过融合越南的野心和传统关系，在东南亚建立了一个殖民帝国，实现了越南扩张主义的长期目标。那里不再需要平衡。法国的力量足以匹敌帝国的梦想，甚至超过了越南人的梦想。"③

然而，越南扩张主义的野心既不完全，也不可能永远满足于法国在印度支那建立的行政安排。虽然法国的力量很强大，而且相对来说，它具有为越南人对抗老挝和柬埔寨的好处，但这种力量也限制了越南人在老挝和柬埔寨领土上的长期统治，否则他们可能已经实现了最终胜利。

讽刺的是，尽管法国人满足了越南人的期望，但他们也可能使弱势的高棉和老挝在与越南和泰国相抗衡时，保有国家安全的希望。当法国在 1893 年对老挝进行国家干预时，老挝与其在大部分历史中一样，并不是一个统一的国家。随着 17 世纪越南的扩张，"高棉人被赶出他们的村庄，进入柬埔寨，或者进入靠近大海的边缘地带。也许只有法国的保护使他们免于灭绝或被同化"。④

二 东南亚的背景

所有的人都会将他们居住的空间按照不同的、习惯的方式加以划分。⑤ 尽管国际法律和外交标准在某些方面影响了该地区的政治行为，⑥ 但现在我们认为"西方的概念对东南亚的人来说，与西方的政治家们有着同样的意义"这种观点是错误的，即使是在帝国主义的鼎盛时期也是如此。

东南亚的殖民边界是当地环境施加的压力和欧洲人所带来的影响之间互相作用的产物。在边界概念和实践上的持久差异，部分是东南亚的环境背景和历史经验的特点所造成的。该地区一般多山，其

---

① Alastair Lamb, *Crisis in Kashmir*, 1947 - 1966, London：1966, p. 51.

② 关于相关问题的讨论，请见本文第四部分。

③ J. T. McAlister, Jr. "The Possibilities for Diplomacy in Southeast Asia," *World Politics*, XIX, p. 265：January, 1967.

④ Cotter, 18；同样见于 Louis Malleret, "La Minorité Cambodgienne de Cochinchine." *Bulletin de la société des études Indochinoises*, XXI, pp. 26 - 33：1946。

⑤ 对于人类学家和地理学家来说，这是一个基本未被探索的问题。一些有趣的例子可参见 S. B. Jones, "Boundary Concepts in the Setting of Place and Time," *Annals*, Association of American Geographers, IL, pp. 241 - 55：September, 1959。

⑥ 关于这些影响的讨论，见下文的相关叙述。

特征是狭窄的南北河谷,很少有能承载密集人口的平原。这导致人口地理分布不均,人口密度相对集中的中心很少。这种定居方式不仅阻碍了整个地区的政治统一,而且还使统一国家对偏远地区的访问和集中管理变得困难与分散。

尽管有时显得有点夸张,但该地区是一个具有巨大种族复杂性的地区。[①] 基本的种族划分就是"低地"和"高地"、"溪谷"和"丘陵"之间的划分。在东南亚历史的各个时期,山地部落或山地农民都居住在高地地区;古代文献中许多地方都提到他们。由于他们不常见的生活方式,他们被描述为"野蛮的部落",是野兽,或者是他们低地邻居的奴隶,尽管在某些时期他们可能拥有相同的文明水平。一些部落仍然珍藏前主流文化的口头传统。

除了这些文化差异,长期以来,这些群体之间存在着一种互动或者说是"渗透"[②] 的模式。每一个都深刻地影响了其他低地民众万物有灵论的宗教实践,而高地的"大传统"(great-tradition)宗教见证了这一正在进行的转变。一些山地部落被来自河谷和平原的强大耕作者的涌入与扩张推入了山区,而另一些则被低地文明影响和吸收。"野蛮部落"(wild tribes)自古以来就充当起雇佣军和非正规战士,扮演走私鸦片和其他违禁品的角色。尽管该区域较为分裂,但联系一直都存在,而且随着通信的改善和激励措施的增加,它们内部的联系正变得越来越强烈。南越西贡政权加强努力,以赢得高地人民的忠诚,泰国政府也通过内政部的山地部落司设立边境巡逻队来回应同样的挑战。

东南亚边界的许多压力来自民族认同问题和中央政府与少数民族的关系。在过去,"那些不满足于特定政府治下命运的部落集团,很容易通过跨越一个未定的或不受控制的边界来进行跨国转移,而且还不会引起他们新主人的关注"。[③]

在东南亚,这些"不受控制的边界"的大致轮廓是在殖民时代确立的,在那时,地理学家们还在争论"自然"边界相比人为边界具有的优点。除了行政上的便利之外,人们还认为山地与河流等地形特征发挥了一种自然的分离功能,而这种功能可以随时转移到政治领域。例如,"对于低地人而言,一旦在山谷中建立起来,当这个地区处于战争压力之下时,除了……之外,山脉将会是对大规模人口流动的有效屏障",[④] 这篇文章的关键词就是"为了低地人"。高地人民没有受到这些地理屏障的相同限制。正如英国地理学家克里克(Kirk)指出的,"山地民的山并不必然构成屏障。这只是低地人的一个概念"。[⑤]

类似的问题也出现在大量使用河流、溪流和运河作为东南亚国家间的边界之时。在小型地图上,水道似乎是理想的自然边界。水系比地貌更容易在地图上标示,后者需要更复杂的制图技术,而且通常很难从地图资源来加以解释。然而,"除了几条大河之外,水道即使对于原始人来说也很少构成严重的障碍。相反,它在水域中以及沿着谷底为人类提供了一种双向的交流方式,谷底本身形成了一个自然的人类地理环境"。[⑥]

---

① 最具种族复杂性的地区大部分集中在有限的区域内。因此,标准的民族语言地图可能会产生一些误导。Peter Kunstadter 将东南亚写成是"语言、种族、民族认同、宗教和文化特征分布……的一系列拼接物,在山谷三角洲平原地区,这一百纳布上的补丁更大……这些补丁在更偏远或孤立的部落避难所所产生折痕与褶皱中显得更小"。见 *Southeast Asian Tribes*,*Minorities and Nations*,Princeton:1967,p. 13.

② 见利奇(Edmund Leach)的开创性文章,第 49~73 页。

③ Kunstadter,p. 29.

④ Kunstadter,p. 29.

⑤ William Kirk,"The Inner Asian Frontiers of India,"*Transactions*,Institute of British Geographers,XXXI,p. 156:December,1962.

⑥ Y. M. Goblet,*Political Geography and the World Map*,London:1955,p. 164. 这一声明适用于文化考量,而不是军事。

在东南亚地区，中下游的河道通常流经低地地区，这些地区依靠灌溉农业支持了相对密集的人口。在诸如越南南部的湄公河三角洲地区，与其说分隔社会团体，不如说水道提供流动性并促进了彼此间的联系。那些住在两岸、共享着一条河流或者小溪的人们，虽然名义上是不同的民族，但他们彼此之间相对于与他们的高原同胞而言，通常有更多的共同点。对他们来说，合法边界的存在没有多少意义，即使他们突然发现交易变成了"走私"，他们的生活方式仍然一如其旧。

任何国家边界的主要功能都是将两种不同政体的政治管辖区域分隔或划分开来。因此，"国家领土的边界就是地球表面的假想线，它们将一个国家的领土与另一个国家的领地、与未被占用的土地或与大海分开"。①尽管这些定义很简单，但许多其他的因素使边界的功能变得复杂。边界既有政治功能，也有领土功能。所有边界上的区分都是人为的，因为它们是人类制造的。尽管边界从政治层面上将一个国家的领土与其他的分开，它并没有在实体层面上将两个接壤国家分离。每一个边界都是一条假想线，无论这条线附近地区的地形情况如何，它的适当性和有效性取决于广泛的环境背景及其历时性的演变情况。从长远来看，大多数边界都受到可能拉伸、移动或破坏原有分界线的压力，但是其他压力会促使双方朝着稳定和执行的方向发展。其他的边界，或者其中的一部分可能会在一段时间内变得非常稳定。这有可能是因为它们位于远离人类因素的偏远地区，或者因为它们处于城市建成区。在城市建成区中，边界的作用已经被常规化，并且差不多被认为是理所当然的。在这种情况下，稳定边界的存在本身就发挥了稳固局势的政治作用。

东南亚的环境总体上没有能够加强边界的稳定。为边界线所选取的物理特征最初并没有发挥真正的分离作用。河流和小溪促进了人们之间的关系，山脉的范围并不构成他们往来的真正障碍，除非人们得到有效的管理和中央政府的认同——这两者能够加强（而不是削弱）边界的有效性。在一个以暴动和跨界渗透为标志的时代，期望东南亚各国政府能够完全控制边境地区的人口流动是不现实的，这除了需要在区域内具有前所未有的行政能力，还需要一致接受西方的边界观念。事实上，东南亚人在边界、领土和主权方面已经形成了他们自己的观念和做法，我们应当考虑到他们目前的表现与在该区域内部的发展水平有关。

从古至今，领土外交一直是东南亚"国家"之间关系的一贯特点。这一战略的基本原则是，如果（相对强劲时的）扩张与（虚弱时的）领土让步交替时，应尽量减少长期损失，将调解谈判的优势最大化。即使是今天，使用边缘领土达到外交目的（即获取，然后消耗领土）比仅仅维持控制更重要，特别是当军事征服比行政控制更容易在孤立地区实现时。这一政策在被适当地使用后，限制了对敌人领地、边境地区或缓冲区的毁灭性打击。②

举个例子，只要泰人能够扩展到非泰人的领土，那么之后这块领土的失去就是可以容忍的，因为它们涉及不到暹罗本土。

尽管进行了激烈的外交斡旋，泰国还是被迫放弃了大片领土。然而，这次放弃原来泰国控制的领土的结果，不仅是为了抢先阻止或预防殖民列强进一步的领土侵占，还是为了增强边境地区的边界安全，这些地区在以前难以控制且容易受到地方叛乱、边境冲突和侵略的影响。虽然同东南亚其他国家

---

① Oppenheim, p. 531.
② 在一个经典的例子中，"澜沧王国和阿瑜陀耶（大城）王国……在维持呵叻高原作为两个王国之间的一块广大边疆地区方面具有共同利益。在佬人王国和暹罗人王国之间的战争中，呵叻高原以其作为中介位置的特质，而成为一个主要战场"。参见 C. V. Keyes, *Isan：Regionalism in Northeast Thailand*, Ithaca：1967, p. 7.

相比，泰国仍然是独立的，但它仍然不得不接受殖民时期对其边界位置的指令。①

领土外交的精明实践有助于暹罗保持它的独立，而它的邻国则屈从于殖民统治。当1864年泰国被英国与法国的殖民统治包围时，国王蒙固（Mongkut）说："既然现在法国人由于我们不允许自己像柬埔寨人那样受他们的统治而不停地侮辱我们，我们需要做出决定……是逆流而上与鳄鱼交朋友，还是游向大海抓住鲸鱼。"② 随后，他阐明了一项将会使暹罗获益一个世纪的政策："这项政策足以使我们保护房屋和家园。对我们来说，放弃一些以前的力量和影响力是必要的。"③

泰国人被他们的东南亚邻国认可为这项政策最成功的实践者。一位越南学者写道：

> 暹罗人保持了他们的独立。他们没有非要保卫自己的边境，也没有被迫去保护自己的利益……如果现在我们愿意放弃我们的一些领土……那么我们将失去整个国家……因此目前我们的最佳策略在于隔断边境地区的部分领土，并将它们交给法国人。法国人会为我们保卫这些边境地区。为了给全体人民带来永久的和平，作为交换我们只会失去本国领土的一小部分。④

随着时间的推移，泰国的边缘领土储备已经耗尽。这一宝贵的资源以及泰国政治家对它们采取的方式，在保护泰国独立方面发挥了重要作用，但同时也满足了扩张主义的野心。在1850年到1909年间，泰国损失了大约9万平方英里的领土，其中大部分位于柬埔寨和马来亚联合邦。这些领土都给了英国和法国。在第二次世界大战期间，泰国在日本的帮助下重申了旧时的主张，占领了柬埔寨西部地区和马来亚联合邦北部地区的部分领土。当战争以日本失败告终时，泰国为遵从胜利方的要求，再次放弃了非泰人领土。自第二次世界大战以来，缓冲区的流失使泰国成为一个更加脆弱的国家。正如当时的泰国外交部长他纳·科曼（Thanat Khoman）所说："我们在泰国已经没有可撤退的地方了，我们无路可退。"⑤尽管在泰国北部和东北部地区存在种族问题，但这些地区与战时吞并的柬埔寨省份不同，它们不再被泰国政府视为可有可无之地。

领土外交实际上依赖于一种强烈的与"边缘"（periphery）相对的"中心"（center）意识，并在理论上得到了强化。⑥ 在实践中，"边缘"可以代表另一个国家的地区，或是附庸国的范围，又或者是王国本身的一个偏远或多山的地域。在扩大"峡谷"文明的过程中，跨流域山脉的地势令人生畏，而且山地人即使被征服了，也极难控制。考底利耶（Kautilya）警示我们："国王应该避免占领任何一个容易受到敌人和野蛮部落侵害的国家，以及经常遭受饥荒和瘟疫侵袭的国家。"⑦

中心与边缘的模式与印度教神话中的同心宇宙论的世界观相一致，这一模式以王座作为王国的中心，将首都和边缘省份、附属地以及邻国作为一系列同心圆。由此，王国的政治家们就有了一份现成的优先顺序表。

---

① 参见 Hirshfield 的文章和 Lamb，*Asian Frontiers*。

② A. L. Moffat，*Mongkut，The King of Siam*，Ithaca：1961，p. 124.

③ A. L. Moffat，*Mongkut，The King of Siam*，Ithaca：1961，p. 124.

④ Truong Buu Lam，*Patterns of Vietnamese Response to Foreign Intervention*：1858 - 1900，Monograph Series No. 11，Southeast Asia Studies，Yale University（New Haven1967），pp. 90 - 91，引用了 Nguyen Yroung To 的 *Memorials on Reforms*（1866 - 1868）。

⑤ C. V. J. Murphy，"Thailand's Fight to the Finish，"*Fortune*，LXXII，pp. 122 - 127：October，1965.

⑥ 举个例子，利奇认为南诏（Nanchao）"不应被认为是一个有边界的国家，而是一个有着广泛而多变的势力范围的都城。它的居民对于国家没有明确的身份认同，也没有一个独立的南诏民族随着它的灭亡而分崩离析"。见 Leach，p. 56。

⑦ Kautilya，*Arthashastra*，translated by R. Shamasastry，8th ed. 54，Mysore：1951. 考底利耶的《政事论》（*Arthashastra*）一书，成书于公元前321年至前296年，是一部古印度经典权谋著作，成书年代要比常用作比较的马基雅维利的《君主论》早2000年。

虽然从长远来看放弃占领的土地是必然的，但是拥有外来领土的确是一项短暂的优势：它提供了地理上的隔绝性以及外交上的保险性。如果可任意处理的外来领土用完了，在被逼迫时就可以放弃附属地。如果到了最坏的情况，为了确保王国中心的主权存在，中心之外的外围领土可以被抛弃。因此，"当一个无能的国王发现自己遭到一个强大国王的攻击时，他应该以提供财宝、军队、他自己或他的领土为条件，顺从地请求和平"；[1] "当通过放弃一部分领土使王国的其余部分和臣民安全时，这种行为被称为'割让'，这对于那些渴望消灭盗贼和其他邪恶之人的人来说是有帮助的"。[2]

虽然边疆通常无法被很好地界定，但是有效控制的问题确实导致了一种边疆敏感性（frontier-sensitivity）。由于每个国家都试图最大限度地扩大其领地优势，因此扩张或收缩是唯一的选择。在考底利耶的外交策略中，和平是另一种方式的战争。在如此不稳固的国际体系中，如果要维持长期平衡，一个国家被迫签订的协议越多，其后续扩张的需求就越大。

移动边界是估量和调整国际平衡的一种手段。主权不是根据严格的领土意义来定义的。边缘领土的让步并不被认为对王国有毁灭性作用。只要主权的本质——核心王国区域（the unclear kingdom）——未受损害，这种让步就是一种合法的政治手段。

即使在和平年代，秩序和监控在偏远地区也不易维持。管理那些通常居住着游牧部落的偏远地区的能力，无法允许对主权进行严格的领土方面的定义。从民族的角度来说，在东南亚大部分"所提及的政治实体都有互相渗透的政治体系，他们并不是由不同的人口组成的单个国家"。[3] 即使是在广义的国家领土范围内，中央政府的权威也不是到处被认为是理所当然的，类似的情况同样适用于次大陆的许多地区。

三　历史的相关性

从理论上讲，即使是对东南亚最短命的公国来说，主权的重要性也与欧洲国家一样。两者关键的不同之处在内容方面。在东南亚，主权的维护较少依赖于维持现有边界所界定的绝对领土的完整。越南人的经历就是一个现成的例子。正如一位著名的历史学家所指出的："越南人具有持续不断的对于领土认同和越南祖国完整性的意识"；[4] 与东南亚其他国家另一个不同之处在于，"在 19 世纪或更早的时候，越南已经是一个国家了。越南人拥有明确的领土，说着同一种语言，共享相同的传统，并且源于单一的历史经验"。[5] "明确的"领土认同和完整性到底是什么，这是值得怀疑的问题。在政治上，越南并没有真正统一；在民族上，他们仍然是相互渗透，而不是相互融合。[6] 越南君主对于"山川河流"的说法很宏大，但他们不依赖于地图、条约和法律，他们在主权的领土方面也从未明确界定过，直到法国地图绘制者和边界委员会致力于这项任务为止。在更现代的案例中，柬埔寨在 1970 年 3 月的政府更迭之前，表示愿意放弃所有对邻国的未解决的领土要求，作为交换，柬埔寨单方面宣布对于目前边界的认可。获得安全被认为比追求次要的领土声索更为重要。

① Kautilya, *Arthashastra*, translated by R. Shamasastry, 8th ed. 54, Mysore：1951, p. 268.
② Kautilya, *Arthashastra*, translated by R. Shamasastry, 8th ed. 54, Mysore：1951, p. 335.
③ Leach, *Comparative Studies*, p. 50.
④ H. Benda, 为 Truong Buu Lam 一书撰写的序言, Ⅳ.
⑤ Truong Buu Lam, p. 31.
⑥ 本文说的是 20 世纪 60 年代的情况，当时越南南北部尚未统一。——译者注

大多数东南亚国家将他们目前的边界定线归因于殖民行为。解决边界争端的唯一决定性方法是准确确定在殖民时期划定的边界位置和性质，无论这些边界在当时是多么不合理。即使当地的边界有很长的历史，他们的精确界定也依赖于欧洲给亚洲带来的测绘技术。

殖民边界代表了外来的对于充满活力的本土文明的叠加。这些外来机构幸存下来，一方面是因为其得到了武力的支持，另一方面则是因为其所建立的游戏规则更多地依赖于争取帝国的权力，而不是生活在当地的民众。由于控制更为严格，这些民众受到的影响就是，他们被控制得更为严格。

殖民地图、条约和边界足以满足西方的需要，因为它们在避免代价高昂的殖民战争的同时，还完成了对领土的界定，不过它们与当地的环境没有特别的关联。边界制度控制住了矛盾，但是在殖民主义者离开后，东南亚大陆的大多数相邻国家之间重新出现了边界争端。

然而，来自欧洲的影响改变了随后处理这些问题的条款。现在，争端往往通过法律条款进行辩论，双方通常都依赖殖民地图、条约和行政行为，联合国的国际论坛、国际法庭和新闻界都成为他们声明的现场。在领土争端问题上，继承国很少诉诸武力对抗，尽管他们的好战威胁依旧存在。

尽管东南亚各国领导人在处理外交政策问题时，普遍采用了他们的西方指导者的方式和风格，但绝不应该认为他们已经舍弃传统的观点和做法。在国际舞台上依靠口头交流，有时比在偏远地区维持有效的军事和行政控制要容易得多。对于殖民地的管理者和顾问来说，将有效的中央控制延伸到遥远的省份是同样困难的，因为一直都是当地统治者在管理。这种情形部分源于沦为殖民地以前的情况，部分是殖民时代的管理技术造成的。殖民主义者专注于加强外围，忽视了如他们的前任和继任者做的那样，在健全的行政基础上构建边界。

因此，东南亚领导人的殖民遗产是一个模糊的概念。他们继承了一个边界体系，在其广泛的轮廓下，它作为现代国家的领土基础，令人十分满意。但是他们的国家并没有在民族上进行融合，并且缺乏行政机构来巩固他们的边界或建立边界。军队和警察的力量不仅不够，而且也不是为了经营偏远地区而准备的。殖民政府并没有重建官僚激励机制以应对自东南亚宫廷社会成立以来，在偏远的内陆地区所遭受的困难和地位的丧失。这一行政遗留——在偏远地区提供处罚性的或不受欢迎的服务——是说明以往经验积累的影响的另一个例子。虽然速度并不平衡，但通信和技术在进步，可是历史悠久的官僚激励机制的转变非常缓慢。通常来说，必须创建全新的行政结构来执行新的职能，并且一定要有新颖的财政安排。与此同时，偏远地区的居民们已经习惯了独处，在很多时候，他们把这当作不受干涉的尊重，并不因为政府的"忽视"而感到失望。简而言之，动机、能力和地方环境都不利于建立有效的边界管控机制，也不利于在偏远地区加强政府的渗透。

结果就造成了领土政策的双重标准。欧洲人坚持定界，但是他们并没有建立和延续有效的法律或行政机构，在殖民机构撤走后赋予边界体系以实际意义。自殖民时代结束以来，情况并没有发生显著改变。美国向其盟国泰国和南越西贡政权给予鼓励与援助，发展了完备的边境管理设施，但行政方面的情况一如既往。旧的态度受到新标准的保护，或者是被新标准隔离了，这使得宣传和外交取代（至少部分取代）了更多的行政渗透和更有效的执行。如在泰国和越南，联盟政策已经提高了他们的管理能力，但值得注意的是，激励机制几乎没有改变。外国援助可以取代当地的努力，甚至可能在提高能力的同时削弱激励机制。

西方与东南亚国家之间的边界政策差异，由于当代东南亚国家治国方略中现代（国际）与传统（狭隘）标准的混合，而部分被抵消，部分被掩盖。过去为国家生存而交易的领土惯例并没有被遗忘。在现代术语中，这种做法已被转译为默许外国势力或部落迁移者对一个国家的部分领土未经授权的使用或占领。由于主权在正式层面上非常重要，因此这些入侵发生在事实的基础之上，而官方路线要么谴责，要么不承认中央政府的无能为力。老挝王国政府无法否认使用其领土将巴特寮叛乱分子或北越南军事分队转运到南越。从老挝国内战争中逃出来的部落难民们跨越边境进入泰国。柬埔寨官员已经无力阻止北越军人对柬埔寨领土的渗透或占领。

应该强调的是，边界或领土政策由一套相互关联的但不一定是一致的因素组成。这些因素的范围从地方行政实践的细节延续到外交辩论的复杂性。下一部分将对边界政策的各种组成部分进行分析。确定这些因素能够更好地了解不同级别的政策所产生的不同压力，也可能用于最有效地查找那些外国的建议和援助最能有效地发挥作用的政策领域。

四 领土问题的政治框架

在大多数发达国家中，边界是很明确的，人们很好地遵守着管辖规则，政治争端不再以领土问题为中心（除了领海争端这一例外）。有几个因素导致了这些情况。

第一，军事技术的巨大变化，特别是在核武器和运载系统方面的改变，似乎使得政治边界在战争中毫无意义。

第二，在西方发达国家中，国家职能的高度演进和国家边界的发展，使得各自国家的行政"可及范围"或行政渗透充分解释了为何边界成为主权界限的概念。现代国家能够将它们的边界视为理所当然，是因为国家权力可以（至少是潜在地）在边远地区有效地发挥与中心地区一样的作用。

第三，随着人口的迁移和行政控制的蔓延，模糊的边界逐渐受到更大界定范围的支配，而这种发展导致精确地图的产生，这种地图能够精准地描绘出划定的国际边界线。

然而，在发展中国家，边界的作用仍然是人们所关心的对象，我们称作"边界政策"（boundary policy）的对象是国家关心的合法领域，它还涉及一系列复杂的问题。就国家政策而言，国际边界的重要性无论在地理上还是在政治上都不限于边界线被划定的附近范围。边界的作用及边界政策与多个政治层面有关，每一层都涉及不同的政策考量。

第一，国际政策，用以影响超出那些共享一条特殊边界的国家，通常在边界争端中发挥作用。声索政策和行动政策可以在各种国际论坛（联合国、国际法庭、国际法学家委员会和特定的区域组织）或其他国家，特别是那些间接涉及的同盟国发挥作用。在国际层面上，可能会有一整套针对不同对象和目标的政策。

第二，边界－国家政策，影响两个或更多的国家共享讨论中的边界；如果一个国家与多个国家接壤，其关于这些边界的政策可能是相同的，也可能是不同的，还有可能以一种独立的方式，来反映对一段边界产生影响的政策和事件关系，而结果则出现在其他边界上。

第三，国内因素，经常影响边界政策，在某种程度上反映了各类政治团体的相对重要性，以及与国内外政策相关的暂时性的国家重心所在。对大众认知的宣告可能不同于政治精英（及其派系）的仔细考虑。国内少数民族政策经常与边界政策有关，尤其当国内有相当大的来自（或被认为是）邻国的少数民族时。同样，如果有外来移民（或其他文化相近）的团体跨界居住，国内的选择可能会受到限制。

第四，地方性政策，会影响边界周边的地区或通向边界的道路沿线地区，而地方问题有时会对其他层面的政策造成相当大的压力。

第五，在更大的政治框架内，边界的性质和它的地方环境会对政策的性质与有效性产生影响。这些因素包括：

①（从各方面而言）边界区域的可访问性；

②边界的清晰度（圈定/划分的范围）和适当性（与该区域自然地理和人文地理的关系）；

③边界的初始目的（国内的还是国外的）；

④边界两边的国家功能的演变；

⑤当地环境的演变，特别是边界两边人们定居和迁移的模式；民众是否以一种倾向于加强或打破边界的分离功能的方式适应了边界。

第六，各种政策层面的一致性、控制和协调是分析任何边界纠纷的关键因素。而在这方面产生了许多问题。

①一致性：针对不同目标的国际政策是否一致，或者说它们是否至少反映了一个旨在实现单一目标的模式？国际政策与各邻界国家的立场一致吗？不同的邻界国家之间的关系是否不同，或者说在领土问题上存在统一的看法吗？这种关系在多大程度上反映了国内政治的要求？产生了哪些可能的先例，以及哪些外部利益会潜在地受到边界政策的影响？

②控制：一般情况下，中央政府在边界或偏远地区执行国家职能时，会实施何种程度的控制？少数民族、难民、持不同政见者、走私者和军火走私等团体会不会产生特殊问题？

③协调：在不同层面实施的政策是如何被管理机构影响或约束的？何种官僚机构参与其中，它们的权限有哪些？行政动机影响了政策的实施吗？有没有特别的政府机构牵涉其中？参与解决边界争端的服务与机构中有没有产生矛盾和竞争？通信设施在纵向与横向比较中的地位如何？

在不同的边界政策范围内，可能会产生不同的态度与实施情况。在每一层面，一个国家对另一国家的选择可能有六种类型：①

①不关心；②合作；③侵犯；④干涉；⑤敌对状态；⑥不规律的/不受监管的、失控的移动。

为了说明各种边界的政治选项在不同层面上的应用，让我们来看看下面的例子（见表1）。

表1　A 国针对 B 国的政策

政策层面	政策选择
国际	不关心
边界国家	合作
精英	合作
大众	干涉（即怀敌意的宣传）
少数民族（内部的）	干涉（即迫害）
地方	干涉（偷渡）
	无法控制的移民活动

在这个例子中，尽管两国在共同的边界上有合作，但没有任何一方公开宣布国际政策。A 国的政治精英对其邻国 B 表示友好，但出于自身原因，A 国在国家媒体上发起了一场污蔑运动以供大众消费，

---

① 除了"入侵"和"干涉"，其他术语都无须解释，它们意味着一方或另一方的某种形式的侵略，只是缺少敌对状态和公开战争而已。因此，对于 A 国而言，干涉可能代表着在国际论坛上进行言语上的辱骂、国内媒体的宣传攻势，或者是不规律的、传统的军事单位的偷渡。而从 B 国的角度来看，A 国采取的政策就被视为入侵。

并将邻国的少数民族作为该运动的替罪羊。同时，地方层面的事件又与国家政策相违背或者说已经超出了后者的控制。在边界上有偷渡者，与无法控制的移民运动混合在一起，这些都是国家职能在边界上的实施不到位的结果。至于 A 国，我们很可能会问，这些相互矛盾的因素是如何叠加的？或我们应该如何评价 A 国对 B 国的"真实"政策？在讨论这个有趣的问题之前，让我们再来看一个例子，即 Y 国和 Z 国（见表 2）。

表 2　Y 国针对 Z 国的政策

政策层面	政策选择
国际	敌对状态
边界国家	不关心（无反应）
国内	
精英	敌对状态
大众	不关心
地方	合作

在这个例子中，两国的代表在联合国通过响亮的谩骂来互相指责，在海牙进行了激烈的诉讼，两国关系因复杂的法律纠纷而严重紧张，这一纠纷涉及横跨有争议边界的 10 平方英里的不毛之地。然而，这次对战在国际舞台上展开，两国政府对其日常管理中的问题没有给予实际的关注。两国的政治精英都对其竞争对手的主张怀有敌意，但公众舆论并没有被这一场看起来相当遥远的争吵而激发起来。此外，边界附近的人口显然是个问题，这些人口从来没有被明确划分，而边界两边的民众继续互相合作，一如他们一直做的那样。

两国在不同层面的边界政策中做出的选择都表现出不一致性。如果把这些矛盾的因素合起来，就很难判断出一个国家"真正"的政策是什么。Y 国似乎处于与邻国的敌对状态中，至少如果我们听到其在国际舞台上的指控时会这么认为，但是这一方针并没有下达到地方层面上，两国仍然在地方上进行合作。另一方面，Y 国的官方路线是一致的，但它显然默许了将自己的土地作为入侵邻国的游击战根据地。

这些例子表明边界政策由一组复杂的、相互关联但不一定一致的要素组成，每一个要素都必须在合适的环境中对其进行分析。在某些情况下，将边界政策的具体要素作为一般国家政策的代表是错误的。在分析任何边界纠纷时，需要考虑到大的政治框架里的所有因素。

《西南边疆民族研究》 第 27 辑

第 187～194 页

© SSAP，2019

吴哥王朝的陆路交通及其影响[*]

赵永胜[**]

摘　要　吴哥王朝的陆道系统主要发展于洞里萨湖以北地区，以吴哥城为中心向周边延伸，由西北道、西道、东北道、东南道、东道等陆道构成。西北道可通迦罗舍佛等孟人古国，东北道可达澜沧王国和安南，东南道、东道可到占城。吴哥陆路交通以对原有通道的改造、修缮与利用为主，在拱卫京师、输送资源、贸易往来、运送军队、方便旅人、文化交流等方面发挥重要作用，与河川交通和海上交通互为补充，对柬埔寨乃至中南半岛古代史产生广泛而深远的影响。

关键词　柬埔寨；吴哥王朝；陆路交通；特点；影响

DOI：10. 13835/b. eayn. 27. 20

关于吴哥王朝的道路与交通，学界已进行过一些专题研究。赵和曼先生对扶南时期、真腊时期、柬埔寨时期中国与柬埔寨的海上交通进行详细考述，讨论了各时期中柬海上交通的路线与特点，充分肯定了其对促进中柬两国经济文化交流和丰富中柬两国社会生活的贡献。[①] 方铁先生对古代真腊经占城到中国内地的交通线进行了考证。[②] 澳大利亚学者米奇·亨德里克森（Mitch Hendrickson）对吴哥交通的研究成果颇为丰硕，其博士论文为笔者所见最全面的吴哥交通史专题研究成果。[③] 他运用交通人类学方法对 9 至 15 世纪吴哥交通进行过考察，[④] 并讨论了 9 至 13 世纪吴哥道路系统的建立及其在中南半岛的基本走向。[⑤] 此外，冯承钧的《中国南洋交通史》[⑥]、周运中的《中国南洋古代交通史》[⑦]、藤田丰八的《中国南海古代交通从考》[⑧] 等交通史专著对中国与吴哥的陆路交通也有较多论述。

[*]　本文系国家社会科学基金一般项目 “东南亚民族研究学术史”（18BMZ101）的阶段性成果。

[**]　赵永胜，《玉溪师范学院学报》编辑部教授，中国社会科学院民族学与人类学研究所 2015 级驻站博士后。

①　赵和曼：《古代中国与柬埔寨的海上交通》，《历史研究》1985 年第 6 期。

②　方铁：《古代中国至今老挝、泰国和柬埔寨的陆路交通》，载《中外关系史论丛》（第八辑），香港社会科学出版社 2005 年版，第 134～149 页。

③　Mitch Hendrickson, *Arteries of Empire：An Operational Study of Transport and Communication in Angkorian Southeast Asia*（9th to15th Centuries CE）, University of Sydney, 2007.

④　Mitch Hendrickson, “A Transport Geographic Perspective on Travel and Communication in Angkorian Southeast Asia（Ninth to Fifteenth Centuries AD）”, *World Archaeology*, Vol. 43, NO. 3, 2011, pp. 444－457.

⑤　Mitch Hendrickson, “Historic Routes to Angkor：Development of the Khmer Road System（Ninth to Thirteenth Centuries AD）in Mainland Southeast Asia”, *Antiquity*, Vol. 80, June 2010, pp. 480－496.

⑥　冯承钧：《中国南洋交通史》，商务印书馆 2011 年版。

⑦　周运中：《中国南洋古代交通史》，厦门大学出版社 2015 年版。

⑧　〔日〕藤田丰八，《中国南海古代交通从考》，何健民译，山西人民出版社 2015 年版。

总体上看，中国学者主要运用二十四史关于"真腊国"等东南亚古国的记述以及《诸蕃志》《真腊风土记》等专书的记载，对吴哥与中国的陆路和海路交通进行了系统考察，但对吴哥内部交通情况及其与东南亚其他古代国家交通的研究较为有限。日本学者藤田丰八的研究也具有类似特点。亨德里克森主要运用考古学材料对吴哥道路系统进行人类学考察，但他对中国古籍的运用并不充分，也很少涉及吴哥与古代中国的陆路交通情况。

近年来，柬埔寨的道路建设取得了一些进展，但情况仍不容乐观。受制于国内经济发展水平，柬埔寨在公路建设过程中需要大量引入外资，中资机构也曾参与了柬埔寨众多公路的新建、改建和扩建工程。2016 年 10 月 13 日，国家主席习近平对柬埔寨进行国事访问，在习近平主席和洪森首相见证下，中国路桥集团与柬埔寨公路工程运输部签署了柬埔寨 11 号公路改建工程施工合作协议。2017 年 5 月 16 日，在李克强总理和洪森首相见证下，中柬双方交通运输部门签署《运输领域能力建设合作谅解备忘录》。在"一带一路"国际合作顺利推进、中柬交通合作不断加强的背景下，运用国内外相关成果，结合中国古籍的记载和中南半岛的考古发现，对吴哥主要陆路通道及其设施、吴哥陆路交通的特点及其影响等进行系统研究，有非常重要的意义。

一　吴哥主要陆路通道及其设施

从 802 年阇耶跋摩二世（802～835 年在位）在古伦山区（Kulen hills）宣布自己为"宇宙之王"[1]到 1431 年吴哥城被阿瑜陀耶王朝（1350～1767 年）的泰人攻陷，吴哥王朝在中南半岛中南部地区完成局部统一，成为东南亚最强盛的古国之一。发达的交通系统既是吴哥经济社会发展的重要推动力，也是吴哥兴盛的一大标志。吴哥不仅有较为发达的水路交通，还有较为完善的陆路交通，其陆路通道"局限于洞里萨湖以北的区域，并不连接洞里萨湖南岸的中心城镇以及三角洲地区。每条道路都与主要河流平行，以便各中心城镇更直接和便捷地进行交流。在南部地区，河川运输是最主要的交通形式"[2]。

在柬埔寨和周边一些地区，发现过大量刻在石碑上或寺庙墙壁上的梵文和高棉文铭文。铭文不仅记录了真腊与吴哥的王室谱系和重大历史事件，还记录了真腊与吴哥的社会生活和经贸活动。在部分铭文中，出现了道路、桥梁、旅邸（resthouse）等有关交通的词语，对研究吴哥陆路交通有重要意义。结合梵文和高棉文铭文记载以及考古发现可知，吴哥陆路交通系统以吴哥城为中心向周边延伸，主要由 6 条陆道组成，其总长超过 1000 公里。[3]

西北道穿越今柬泰交界的扁担山脉，通今泰国呵叻府披迈（Phimai）。西道从吴哥城向西后北转，经今班迭棉吉省普农宿（Phnom Srok）向西，达今泰国东部与柬埔寨交界地区的斯多加通（Sdok kak Thom）。东北道经古城贡开（Koh Ker）北部向东北沿今柬泰边境进入老挝，到今老挝占巴塞省瓦普（Vat Phu）。东道里程较短，但因通往磅斯外（Kompong Svay）地区圣剑寺（Preah Khan）等地的金矿、铜矿、铁矿区而异常重要。东南道分两道，其北道至今柬埔寨桔井省三波坡雷古（Sambor Prei Kuk），南道至磅同省巴塞安德（Prasat Andet）。

---

[1]　David Chandler, *A History of Cambodia*, Chiang Mai: Silkworm Books, reprinted in1994, p. 35.

[2]　Mitch Hendrickson, "A Transport Geographic Perspective on Travel and Communication in Angkorian Southeast Asia (Ninth to Fifteenth Centuries AD)", *World Archaeology*, Vol. 43, NO. 3, 2011, p. 448.

[3]　Mitch Hendrickson, "A Transport Geographic Perspective on Travel and Communication in Angkorian Southeast Asia (Ninth to Fifteenth Centuries AD)", *World Archaeology*, Vol. 43, NO. 3, 2011, p. 447.

上述陆道兴起的时间或早或晚，有的道路在 6 世纪高棉人兴起并建立真腊之前便已长期存在，但从考古发现来看，其相关配套设施在 11 世纪初至 13 世纪初才得以充分完善。虽然历经千百年的历史变迁，但在道路沿线仍发现了较多集镇、居民点以及"旅邸"寺庙、桥梁、水池等设施的遗存，这清晰地表明 11 世纪初至 13 世纪初吴哥交通较此前取得较大发展，已构建了非常发达的道路系统。

据亨德里克斯介绍，吴哥的道路沿线分布有两类"旅邸"寺庙："火神庙"（fire shrine）和"阶梯式寺庙"（staged temple）。① 亨德里克斯所说的"火神庙"，周达观《真腊风土记》说当地人称之为"森木"，② 一般译为"旅邸""客栈""邮亭"等。旅邸通常为单体结构的庙宇式建筑，可供行人歇脚。东北道沿线发现了两种类型的 5 个 12 世纪早期寺庙以及 3 处 12 世纪晚期的砂石旅邸，西北道沿线发现了 17 处年代为 12 世纪晚期的红砖石旅邸，两个邻近旅邸间隔 12～14 公里。阶梯式寺庙主要发现于东道，其建造年代大致在 12 世纪中期。此外，木结构建筑和寺庙在吴哥道路系统中发挥重要作用，但由于其易被腐蚀，难以认定其具体位置及结构。③

砖石桥在离吴哥城 150 公里范围内无处不在。桥梁通常用砂石制作扶手，水下部分用红砖石。许多桥梁的扶手形式为阇耶跋摩七世（1181～1219 年在位）后时期的"巴云式"，也有一些使用苏利耶跋摩一世（1002～1050 年在位）后尤其是苏利耶跋摩二世（1113～1150 年在位）时期的"吴哥窟式"。④ 在东南道距吴哥城 140 公里范围内，发现了较为密集的红砖石桥。吴哥第二大红砖石桥位于东南道北道半路上。西北道和东北道今柬埔寨段发现了一些红砖石桥。⑤

在陆道沿线，每隔 1.5～2.5 公里就会设有水池，以供行人或牲畜饮水。⑥ 这些水池同时也是吴哥水利管理系统的一部分和宗教仪式的取水地。

吴哥的 6 条主要陆道中，有一部分可以通往吴哥周边的一些古国，是吴哥对外交通的重要组成部分。

西北道经披迈（Phimai）可通孟人古国。在真腊时期，高棉人经常与位于今泰国巴真府一带的陀洹（桓）国发生战争。⑦ 但直至吴哥时期，高棉人似乎仍未征服陀洹国。位于陀洹国以北今泰国呵叻府一带的迦罗舍佛国直至 937 年仍然存在，阇耶跋摩五世（968～1001 年在位）时期，吴哥在披迈修建石宫和寺庙，大力推广高棉文化，迦罗舍佛国才逐渐衰落。⑧ 吴哥与陀洹、迦罗舍佛乃至更西的堕罗钵底、女王（哈里奔猜）等孟人古国的联系，基本都要先通过古老的西北道。《宋史》载吴哥"西接蒲甘"，⑨ 但没有足够证据表明吴哥和蒲甘之间通过陆路交通建立了直接联系。可推测从西北道经孟人古国可达蒲甘。在泰人兴起后，吴哥与阿瑜陀耶王朝之间曾多次爆发战争，西北道是双方相互进攻

① Mitch Hendrickson，"Historic Routes to Angkor：Development of the Khmer Road System（Ninth to Thirteenth Centuries AD）in Mainland Southeast Asia"，*Antiquity*，Vol. 80，June 2010，p. 487.

② （元）周达观：《真腊风土记》，夏鼐校注，中华书局 2000 年版，第 174 页。

③ Mitch Hendrickson，*Arteries of Empire：An Operational Study of Transport and Communication in Angkorian Southeast Asia（9th to15th Centuries CE）*. University of Sydney，2007，pp. 170－173.

④ Mitch Hendrickson，"Historic Routes to Angkor：Development of the Khmer Road System（Ninth to Thirteenth Centuries AD）in Mainland Southeast Asia"，*Antiquity*，Vol. 80，June 2010，p. 491.

⑤ Mitch Hendrickson，"A Transport Geographic Perspective on Travel and Communication in Angkorian Southeast Asia（Ninth to Fifteenth Centuries AD）"，*World Archaeology*，Vol. 43，NO. 3，2011，p. 448.

⑥ Mitch Hendrickson，*Arteries of Empire：An Operational Study of Transport and Communication in Angkorian Southeast Asia（9th to 15th Centuries CE）*，University of Sydney，2007，p. 173.

⑦ （唐）魏徵、令狐德棻：《隋书》卷 82《南蛮·真腊》，中华书局 1974 年版，第 1836 页；（宋）欧阳修、宋祁：《新唐书》卷 222《南蛮·真腊》，中华书局 1975 年版，第 6301 页。

⑧ 〔泰〕黎道纲：《泰境古国的演变与室利佛逝之兴起》，中华书局 2007 年版，第 44 页。

⑨ （元）脱脱等：《宋史》卷 489《外国五·真腊》，中华书局 1977 年版，第 14086 页。

的主要通道。

东北道可经瓦普（Vat Phu）到达老挝中部和北部，继而进入越南和中国。1349 年，到吴哥避难的法昂在吴哥王朝支持下率军北伐，先后征服今老挝南部、中部和北部，于 1353 年在琅勃拉邦建立澜沧王国。法昂南下避难和北上征服的过程中，均应经过东北道。在水陆真腊分立时期，驩州通文单道已开通，从驩州（驻今越南义安省荣市）一带往西南方向，经老挝中部及其与北部连接地区，15 日可达文单外城，16 日可达文单内城，[①] 8 世纪下半叶文单国王子和副王曾先后率团通过此道访唐。[②] 由于关于文单城的确切位置还存在争议，[③] 驩州通文单道在吴哥时期的使用情况及其与吴哥东北道之间的关系还需进一步探讨。可以肯定的是，元朝以后吴哥与中国封建王朝之间的交流主要通过海路，但有时仍需走陆道。"象为海运不便的庞大动物，真腊向元朝多次进贡多头象，当时主要是走经过安南和占城的陆路。"[④]

东南道和东道可达占城，继而北上越南进入中国。吴哥与占城之间既有友好往来，又有矛盾冲突，东南道、东道和水道是双方往来的主要通道。12～13 世纪吴哥全盛时期，高棉人与占人战事不断，被称为"真腊占婆间的'百年战争'"。[⑤] 在战争中，吴哥需要尽力保护东南道，以保持其对湄公河三角洲地区的控制。东南道和东道靠近吴哥城的区域砖桥或石桥较多，其后半段则很少，或许是出于防备占人及海岛民族进攻之需。吴哥中心区附近的陆道上桥梁密集且构筑牢固，便于在外敌进攻时层层设防；在外围则使用方便搭建也容易焚毁的木桥，在外敌进攻时可焚毁以御敌。

二 吴哥陆路交通的特点

受地理环境、经济基础、周边局势、历史发展、宗教信仰等因素影响，吴哥陆路交通呈现如下几个方面的特点。

第一，吴哥王朝的道路建设主要为对原有陆道的改造、修缮与利用，与吴哥之前的陆道有很强的历史承继关系。在吴哥陆路交通线中，西北道和东南道历史悠久，早在青铜时代即已初步开通。泰国东北青铜文化曾穿越今泰柬交界地带，对洞里萨湖地区的三隆盛遗址产生影响，最远波及今越南湄公河三角洲地区。[⑥] 泰国东北青铜文化向东南方向影响的线路与吴哥时期西北至东南道路的走向基本一致。6 世纪上半叶，高棉王系东迁至今老挝占巴塞地区，建立真腊国，定都色律陀补罗，东北道在其时应该已经开通。

7 世纪初，真腊把都城南迁至伊奢那补罗（今三波坡雷古），此举为真腊历史发展上的重大事件，也为吴哥的交通开发奠定了基础。8 世纪末，湄公河以东的班迭坡雷（Banteay Prei）成为真腊的一个重要中心。这里可能是阇耶跋摩二世西行建立吴哥王朝前的都城。[⑦] 真腊末期的另一个重要中心，位

---

① （宋）欧阳修、宋祁：《新唐书》卷 43《地理志七》，中华书局 1975 年版，第 1152～1153 页。

② （宋）欧阳修、宋祁：《新唐书》卷 222《南蛮·真腊》，中华书局 1975 年版，第 6301 页。

③ 文单城的位置众说纷纭，其中"老挝万象说"和"泰国耶梭通说"最具代表性。无论从万象还是耶梭通出发，驩州通文单道都难以与吴哥东北道重合，两者关系有待进一步探讨。

④ 方铁：《古代中国至今老挝、泰国和柬埔寨的陆路交通》，载《中外关系史论丛》（第八辑），香港社会科学出版社 2005 年版，第 144 页。

⑤ 陈显泗：《12～13 世纪真腊占婆间的"百年战争"》，《云南师范大学学报》（哲学社会科学版）1988 年第 4 期。

⑥ 赵永胜：《多点起源与平行发展：中南半岛孟高棉语民族起源新论》，《西南民族大学学报》（人文社会科学版）2017 年第 5 期。

⑦ Charles Higham, *Early Cultures of Mainland Southeast Asia*, Bangkok：River Books Ltd., 2002, p. 251.

于吴哥西大湖附近。当地发现的寺庙和方形结构，与伊奢那补罗相同。[①] 上述事实说明东南道尤其是其北道在吴哥王朝成立前后已在政治、经济、军事等领域发挥积极作用。

第二，吴哥陆道系统以吴哥城为中心向周边延伸，是实现资源输送和互补的重要纽带。吴哥地区经济以稻作农业和渔业为主，建筑材料、矿产资源、日用百货、食品等大多从外地运入。高棉文碑铭记载过较为详细的外来物品清单，其中农林产品（如蜂蜜、蜡、树脂、香木等）难以和考古发现相互印证，而矿产资源的输送则可以和历史记载以及现代矿床联系起来。

盐在古代既是生活必需品，也是重要战略物资。周达观《真腊风土记》载："醯物国中无禁。自真蒲、巴涧滨海等处，率皆烧山间。更有一等石，味胜于盐，可琢以成器。"[②] 可见，吴哥既能生产海盐，也能生产岩盐。吴哥地区缺少盐业资源，需要从滨海地区以及盐矿资源丰富的泰国东北地区获得食盐。海盐通常经湄公河三角洲由东南道输入，岩盐多数从泰国东北自西北道输入。披迈地区是重要产盐地，当地人常用盐交换高棉人的鱼，因此西北道有时也被称为"鱼盐之路"。[③]

陆道是吴哥输送有色金属的主要通道。圣剑寺（Preah Khan）附近的德山（Phnom Dek）地区富集铁矿，被称为"铁山"。圣剑寺也因发达的冶铁业成为东道的重要中心。在东北道沿线，老挝南部瓦普（Vat Phu）附近和中部塞榜（Sepon）地区富集铜矿。吴哥金矿和铜矿一样，主要来自老挝南部。柬埔寨境内最主要的金矿，发现于班迭奇马（Banteay Chhmar）附近的博苏拉普（Bo Sup Trup）地区，但当地在吴哥时期并未连接几大主要陆道。[④] 泰国东北地区铁矿和铜矿蕴藏丰富，其中一部分在当地冶炼后经由西北道输入吴哥地区。

第三，吴哥陆道充分与沿线地理环境相适应，并与河川交通和海上交通互为补充。吴哥陆道的形制、规模、建筑技术以及沿线配套设施建设因地形以及距离吴哥城远近而存在差异。离吴哥城越近，河流数量越多，桥梁数量也就越多。在平原地区，道路通常笔直宽阔，但进入山区和丛林地区，路况就会发生变化。各条道路沿线"旅邸"庙宇的密集程度及其建筑样式亦存在区别。受地形影响，洞里萨湖以南主要使用水道，西南部豆蔻山脉地区交通欠发达。

吴哥境内河湖众多，水路交通非常发达。陆道的设计显然是为了弥补水道运输的不足，以更便捷地连接吴哥城和其他中心城镇。陆道与水道互为补充，相辅相成，形成庞大的交通网络。大部分陆道的终点都可以连接一条重要水道，其他陆道的终点也靠近河流。从吴哥城出发，几条陆道分别与西北部孟河流域、东部湄公河流域以及南部洞里萨湖流域的水道相通。

众所周知，洞里萨湖是东南亚最大的淡水湖，但其水位会因旱季和雨季的交替而发生较大变化。为了更好地应对这一状况，有效利用吴哥中心区的水资源，吴哥王朝开挖了著名的西大湖，并在吴哥城周边开凿了5条运河，为2条宽达40米的主运河供水，其中一条主运河南流8公里后注入洞里萨湖，另一条主运河向东南方向流28公里后到达诃里诃罗洛耶（Hariharalaya）。[⑤] 此举在一定程度上对

---

① 〔新西兰〕查尔斯·海厄姆：《东南亚大陆早其文化：从最初的人类到吴哥王朝》，云南省文物考古研究所译，文物出版社 2017 年版，第 294 页。

② （元）周达观：《真腊风土记》，夏鼐校注，中华书局 2000 年版，第 161 页。

③ Mitch Hendrickson, "A Transport Geographic Perspective on Travel and Communication in Angkorian Southeast Asia (Ninth to Fifteenth Centuries AD)", *World Archaeology*, Vol. 43, NO. 3, 2011, p. 450.

④ Mitch Hendrickson, "A Transport Geographic Perspective on Travel and Communication in Angkorian Southeast Asia (Ninth to Fifteenth Centuries AD)", *World Archaeology*, Vol. 43, NO. 3, 2011, p. 450.

⑤ 〔新西兰〕查尔斯·海厄姆：《东南亚大陆早其文化：从最初的人类到吴哥王朝》，云南省文物考古研究所译，文物出版社 2017 年版，第 403～404 页。

吴哥实现陆道和水道的互连互通起到推动作用。

第四，吴哥陆道系统与高棉人的宗教活动有密不可分的关系。吴哥前期，婆罗门教盛行，但太阳神和湿婆神崇拜混合的宗教形式也开始流行，[①] 外来印度教和柬埔寨本土宗教逐渐产生融合。吴哥中后期，宗教异常发达，其国内有 3 种主要宗教神职人员：婆罗门僧"班诘"、佛教僧"苧姑"、道教（或本土宗教）僧"八思惟"，[②] 宗教建筑遍布乡村，"每一村，或有寺，或有塔"。[③]

吴哥的寺庙通常会吸引大量朝圣者前来开展宗教活动，促进了交通的开发。一些道路沿线的寺庙，也可为行人提供歇脚之处。吴哥有为朝圣者和僧侣建设寺庙等设施的传统。11 世纪早期，耶输跋摩一世曾在国内建设了 101 处寺院作为收容所或医院。[④] 此后，吴哥不断在道路沿线建设庙宇式旅邸，"大路上自有歇脚去处，如邮亭之类，其名为森木"。[⑤] 在道路沿线的中心地区，通常有较大规模的高棉寺庙和石宫等建筑。今老挝南部和泰国东北部的众多石宫与寺庙便是高棉文化沿东北道和西北道传播的有力例证。

三　吴哥陆路交通的影响

经过几个世纪的建设，吴哥的陆道四通八达，配套设施日趋完善。吴哥时期的陆道和水道随着吴哥水利设施的建设逐渐实现互连互通，构成发达而完整的交通体系，将吴哥与若干区域中心、城镇、寺庙、村落联系在一起，在拱卫京师、输送资源、贸易往来、运送军队、方便旅人、文化交流等方面发挥重要作用，对柬埔寨乃至中南半岛古代史产生了广泛而深远的影响。

第一，道路的建设和完善促进了吴哥经济的发展。9 世纪中叶吴哥王朝统一水陆真腊后，以吴哥城为中心大力发展陆路交通，在吴哥地区大规模修建水利工程，促进了吴哥经济的发展。吴哥农业由扶南时期的"一岁种，三岁获"[⑥] 进步至"大抵一岁中，可三四番播种"。[⑦] 经济的发展促进了吴哥人口的增长。据估计，吴哥地区大约有 190 万人，其中 60 万人靠 8.6 万公顷的灌溉稻田维持生计。[⑧]

四通八达的道路系统推动了物资的运送和贸易的发展。吴哥每天都有集市，妇女尤其善于贸易，小交易用稻谷或"唐货"、中等交易用棉布、大交易用金银作为中介物[⑨]。今泰国东北部、老挝南部、柬埔寨中部靠东地区的盐、铁、铜、金、农林产品通过陆道源源不断输入吴哥地区，在将吴哥推向高度繁荣的同时，也促进了当地的开发。例如，老挝南部富集铜矿和金矿，吴哥的金矿主要来自今老挝阿速坡省，经东北道输入吴哥。[⑩] 铜矿和金矿的开发，促进了今老挝南部经济的发展，使其成为古代老挝最发达的地区之一。

---

① 〔日〕斋藤和子：《柬埔寨的宗教》，载〔日〕木村宏等《东南亚的历史与宗教》，罗晃潮译，香港日月星制作公司 2001 年版，第 166 页。

② （元）周达观：《真腊风土记》，夏鼐校注，中华书局 2000 年版，第 94～95 页。

③ （元）周达观：《真腊风土记》，夏鼐校注，中华书局 2000 年版，第 174 页。

④ Mitch Hendrickson, "A Transport Geographic Perspective on Travel and Communication in Angkorian Southeast Asia (Ninth to Fifteenth Centuries AD)", *World Archaeology*, Vol. 43, NO. 3, 2011, p. 446.

⑤ （元）周达观：《真腊风土记》，夏鼐校注，中华书局 2000 年版，第 174 页。

⑥ （唐）房玄龄等：《晋书》卷 97《四夷·扶南》，中华书局 1974 年版，第 2547 页。

⑦ （元）周达观：《真腊风土记》，夏鼐校注，中华书局 2000 年版，第 136 页。

⑧ Charles Higham, *Early Cultures of Mainland Southeast Asia*, Bangkok: River Books Ltd., 2002, p. 344.

⑨ （元）周达观：《真腊风土记》，夏鼐校注，中华书局 2000 年版，第 136 页。

⑩ Mitch Hendrickson, "A Transport Geographic Perspective on Travel and Communication in Angkorian Southeast Asia (Ninth to Fifteenth Centuries AD)", *World Archaeology*, Vol. 43, NO. 3, 2011, p. 450.

吴哥与中国的贸易往来空前繁荣，吴哥一方面通过陆道向中国封建王朝贡象，另一方面通过陆道或水道获取"唐货"。元代中国人到吴哥经商者众多，周达观《真腊风土记》曾列"欲得唐货"专条，列举了近 30 种真腊希望从中国取得的货物，大到金银和瓷器，小到木梳和针。① 吴哥周边发现的大量来自中国唐宋时期的瓷器等物品，印证了周达观的说法。

12 世纪后，吴哥逐渐完成对缅甸蒲甘王朝的超越，成为东南亚最强盛的国家，交通的发展是不可忽视的重要因素。

第二，陆道的完善促进了吴哥的人口流动与民族融合。吴哥陆道为军队的运送和旅人的行进提供了极大便利。在柬埔寨吴哥窟、巴戎寺等高棉寺庙的一些浮雕上，有展现陆战或海战的场景，雕刻有战车、轿子、战马、战象、步兵、战船等，这也从另外一个侧面展现了吴哥交通工具的多样化。

吴哥道路四处延展的过程，也是高棉人扩张和孟高棉语民族进一步分化融合的过程。在吴哥王朝前期，高棉人完成对扶南人等孟高棉语民族的融合，其分布区不断扩大，成为孟高棉语民族中最强大的势力。在高棉人与周边其他孟高棉语民族交汇的过程中，今泰国境内的孟人开始衰落，今天的老挝成为各方孟高棉语民族交汇融合之区，北方孟高棉语民族、南方孟高棉语民族、西方孟高棉语民族在今老挝中部汇流，但都无法在此占据压倒性优势，加之老挝地形复杂等原因，致使孟高棉语民族的融合并不充分，增加了其进一步分化的可能。②

第三，陆道的发展推动了高棉文化的传播，给后人留下了丰富的高棉文化遗产。吴哥时期留下的高棉文化遗产，主要有石碑、石宫、寺庙、佛塔等。其分布的主要区域，在今柬埔寨、泰国东北部、老挝占巴塞省等地。柬埔寨境内的高棉文化遗产数不胜数，主要为宗教建筑，除修建于 12 世纪的吴哥窟古建筑群外，较著名的还有修建于 9 世纪的山形建筑波列古寺、神特寺、巴贡寺、格雷寺、普农巴肯寺，修建于 10 世纪的空中宫殿、东湄本寺、班黛喀德寺、女王宫（班蒂斯蕾寺），修建于 12 世纪的巴戎寺等。其中，吴哥窟、巴戎寺、女王宫被称为柬埔寨的三大圣庙。

泰国东北等地发现了许多真腊时期留下的石碑和吴哥时期修建的寺庙、石宫等建筑。据段立生先生不完全统计，"在被称为上高棉三府的武里喃府有石宫 9 座，素攀府 4 座，四色菊府 4 座。东部的乌汶府 2 座，呵叻府 2 座，猜也府 1 座。东北部的黎逸府 3 座。东南部的巴真武里府 1 座。中部华富里府 2 座"。③ 吴哥时期修建的一些建筑，如呵叻府的披迈石宫、武里南府的帕侬蓝寺和玛穴寺等，如今已成为泰国著名旅游景点。老挝境内留下的高棉文化遗产，主要位于老挝南部占巴塞地区，真腊时期即已修建的世界文化遗产瓦普神庙古建筑群是其中最杰出的代表。

吴哥所建造的石宫和寺庙，通常都需要巨大的石块。吴哥窟最重的石块超过 8 吨，有"泰国吴哥窟"之称的披迈石宫一些石块重量也在 1 吨以上。如果没有便利的交通，无法通过人背、马驮、象运等方式将大量巨大石块运送到石宫和寺庙建筑现场。因此，吴哥的许多大型石宫和寺庙，往往都位于陆道交通中心附近。

第四，吴哥交通史给柬埔寨留下了宝贵的交通遗产与历史经验。在 1431 年吴哥王朝迫于泰人的攻击南迁金边后，吴哥城交通中心的地位逐渐被金边取代，气势恢宏的吴哥窟也被世人遗忘，埋没于丛林深处几个世纪。但对吴哥在柬埔寨交通史上的地位应该予以充分肯定。吴哥时期留下的许多石桥，

---

① （元）周达观：《真腊风土记》，夏鼐校注，中华书局 2000 年版，第 148 页。
② 关于孟高棉语民族的分化与融合，笔者已作《南诏与真腊兴起和孟高棉语民族分布格局的演变》予以专论，在此不予详述。
③ 段立生：《泰国帕侬诺石宫遗址和真腊古史补证》，《世界历史》1999 年第 5 期。

至今仍在发挥积极作用。柬埔寨部分公路线的走向，也与吴哥时期的陆道基本重合。从金边经磅同、暹粒至柬泰边境的 6 号公路的走向基本是吴哥东南道与西北道的贯通，从金边至越南胡志明市的 1 号公路为吴哥东南道的延伸，从金边经磅同进入老挝的公路部分与吴哥东北道重合。亨德里克斯甚至说："柬埔寨今天的 6 号公路是在吴哥时期道路的基础上建成的。"①

陆路交通的兴盛成就了吴哥的繁荣，但在吴哥内忧外患之际，也可能为周边强邻进攻吴哥提供可乘之机。14 世纪中叶以后，泰人建立的阿瑜陀耶王朝东扩，多次兵临吴哥城下。1431 年，泰人攻陷吴哥城，吴哥王朝南迁金边，最终分崩瓦解。吴哥发达的陆道系统为阿瑜陀耶泰人向吴哥推进提供了方便，一些道路沿线因旅邸等交通设施在战争中遭受巨大破坏"皆成旷地"，② 但这些显然都不能成为否定吴哥王朝陆路交通建设成就的理由。

吴哥陆路交通建设的最大贡献，在于其构建了庞大的交通网络，实现了首都、城镇、村落、矿区、寺庙、湖泊、河流、运河乃至稻田之间的连接。高棉人以吴哥城为中心构建陆道系统，在道路沿线建设了完善的配套实施，实现了陆路交通、河川交通和海上交通的互连互通。通过发达的交通系统，吴哥在大多数情况下都能从首都相对迅速地到达全国各地，有利于吴哥王朝达到其政治、经济、军事、宗教目的。这是可资柬埔寨现代交通建设借鉴的宝贵智慧。

---

① Mitch Hendrickson, "Historic Routes to Angkor: Development of the Khmer Road System (Ninth to Thirteenth Centuries AD) in Mainland Southeast Asia", *Antiquity*, Vol. 80, June 2010, p. 491.

② （元）周达观：《真腊风土记》，夏鼐校注，中华书局 2000 年版，第 174 页。

《西南边疆民族研究》 第 27 辑
第 195~202 页
© SSAP, 2019

中华民族共同体认同建构研究综述与意义发掘[*]

扈红英[**]

摘 要 "中华民族共同体"是中国学者面对新时代国际、国内环境的变化与挑战所做出的理论回应。目前，国内学者针对"中华民族共同体"的研究主要聚焦于以下几个议题：一是从概念史的角度追溯"中华民族""中华民族多元一体""中华民族共同体"概念的形成史；二是从历史的角度回顾"中华民族"实体的形成史和中国统一的多民族国家形成史，以及中华民族共同体的形成过程；三是关注中华民族共同体的建构途径。"中华民族共同体"具有深刻的理论意涵与现实启示：一是该研究为新时代中国特色社会主义理论增加了新的理论内容；二是为实现新时代国家统一、民族团结和社会稳定提供了行动的指南；三是增加了中国共产党执政的合法性权威，是实现了历史、现实、未来的政治合法性建构的新途径；四是有利于确立民族认同和国家认同，构筑各民族共有的精神家园，为国家认同的探讨提供了新的着力点和目标。

关键词 中国民族共同体；理论建构；理论意涵

DOI：10.13835/b.eayn.27.21

2014 年 9 月中央民族工作会议召开以来，习近平同志提出了"加强中华民族大团结，长远和根本的是增强文化认同，建设各民族共有精神家园，积极培育中华民族共同体意识"的新论断、新思维；2017 年 10 月在党的十九大报告中，习近平同志再次阐发了新时代民族工作创新推进的指导思想，指出"全面贯彻党的民族政策，深化民族团结进步教育，铸牢中华民族共同体意识，加强各民族交往交流交融，促进各民族像石榴仔一样紧紧抱在一起，共同团结奋斗、共同繁荣发展"。这种阐发体现了以习近平同志为核心的党中央治国理政方略对民族工作的理论创新和推动，也激发了广大科研工作者对"中华民族共同体意识""中华民族共同体建构"等问题的探讨、交流以及进一步的阐发和理解。

一 中华民族共同体建构问题的提出

习近平同志对于"中华民族共同体意识"的阐发是对新时代国家建设面临的国际、国内新挑战和新问题进行深刻、富有时代性的思考之后的理论创造和政策创新，是"以马克思主义的立场、观点、

---

* 本文系河北科技大学 PT 基金（1182076）重点项目的成果。
** 扈红英，女，河北科技大学文法学院副教授，主要从事现代国家治理、民族政治研究。

方法对新时代中国民族工作领域面对的重大实践问题，做出了尊重历史、符合国情、顺应人心、面向新时代的科学阐释"。① 自 1949 年新中国成立以来，中国的国家建设已经走过了 70 年的历程，进入新时代，诚如 2017 年党的十九大报告所述："中国特色社会主义进入新时代，我国社会主要矛盾已经转化为人民日益增长的美好生活需要和不平衡不充分的发展之间的矛盾。"新时代，我们摆脱了经济的匮乏状态，形成了以"全国人民代表大会制度、中国共产党领导的多党合作和政治协商制度、民族区域自治制度和基本民主制度"为核心内容的中国特色社会主义民主政治制度和中国特色的政治文化、社会治理体系，但依然存在地区公共服务差异、贫富差异以及民族地区经济发展差异等各种由于发展不充分、不平衡导致的问题。这些问题直接或者间接地影响或消解了民众对国家的认同，削减了国家建设过程中的人民的凝聚力。针对这些问题，尤其是历史上国内的民族矛盾和冲突，如何凝聚共识，团结各族人民实现中华民族的伟大复兴，就成为亟待思考和突破的时代命题。由此，"中华民族建设""中华民族共同体意识""中华民族共同体建构"等议题成为理论探讨和科学研究的热点问题。

从现实依据来看，中华民族共同体的提出首先是对我国一些民族地区，特别是边疆部分民族群体的民族意识不断高涨、民族政治权利诉求不断升级的现状的理论和政策回应。周平教授认为，以往的民族政策和民族工作把组成中华民族的各个民族群体定位为"民族"，对中华民族的凝聚和巩固造成了直接影响，"民族"的身份认同激励了某些民族群体追求自己民族文化政治"屋顶"的愿景，由此中华民族面临被解构的风险。②

其次，改革开放以来，尽管民族地区的经济社会得到了一定程度的发展，但依然存在区域发展的不平衡，尤其是以经济地理意义为特征的西部民族地区，经济社会发展仍比较落后。相关数据表明："截至 2016 年底，少数民族聚居程度高、人口规模大的'八省区'贫困人口虽然下降到 1411 万，但是贫困发生率却从 2011 年的 30.4% 上升至 2016 年的 32.55%。也就是说，随着全国范围贫困人口每年数以千万计的脱贫，民族地区贫困人口所占比重随之凸显。"③ 就教育发展状况来看，西部民族地区也低于全国平均水平。根据国家《高中阶段教育普及攻坚计划（2017—2020）》的预期，2020 年我国高中阶段毛入学率将要达到 90%。但现实是截至 2017 年，很多西部民族地区高中阶段毛入学率低于 85%，西藏地区甚至毛入学率为 75.94%。和内部各省份对孩子教育的高度重视相比，边疆地区的孩子教育呈现出很多乱象，拒绝孩子接受义务教育成为很多家长的选择。一方面这是由于经济状况的约束，另一方面也来源当地风俗习惯和落后的教育观念，最终导致越落后越贫穷、越贫穷越落后的恶性循环。

再次，现代化过程中对民族地区本土文化的冲击刺激了某些民族精英的神经，使他们以捍卫民族文化为由，拒绝认同中华民族及其文化。任何国家的经济现代化都会带来文化的现代化，带来文化的交流和交往。文化本质上是适应的结果，现今的科学技术，如网络、新媒体的普及，使年轻一代比在以往任何时代都更加容易接受外来文化，对丰富多彩生活的向往，对舒适生活的追求，都使年轻人更容易产生掌握国家通用语、融入经济发展洪流的意愿并为之努力，这客观上对本土民族文化造成了一定的冲击。忧虑某个民族的文化会在现代化的洪流中消失，使某些民族精英产生了捍卫本民族文化的权利和行动诉求。

从理论研究来看，当下的民族政治研究过多地受到西方多元文化主义和差异政治的影响，对中华

---

① 郝时远：《习近平新时代中国特色社会主义思想与民族工作》，《民族研究》2017 年第 6 期。
② 周平：《再论中华民族建设》，《思想战线》2016 年第 1 期。
③ 郝时远：《习近平新时代中国特色社会主义思想与民族工作》，《民族研究》2017 年第 6 期。

民族巩固和发展的理论研究相对匮乏。

西方的多元文化理论与差异政治基于西方独特的历史文化与自由主义的价值观念，对西方国家民族和谐共处发挥过积极的作用，但其过分强调"价值多元"、强调捍卫某个民族群体的权利的倾向，即便在西方国家也正在表现出破坏国家凝聚力的负面作用。美国学者塞缪尔·亨廷顿曾经指出："多文化论和多样性理论的意识形态出现，损害了美国国民身份和国家特性尚存的中心内容，即文化核心和'美国信念'的合法地位。"① 当下英国、德国、意大利等国家出现的各种民粹主义、民族分离主义乱象也从实践上表明多元文化主义和差异政治的负面效果。我国历史上形成了大一统的政治文化传统，应该说多元文化主义和差异政治在中国缺乏历史文化根基，但很多学者还是援引这些理论来分析、解决中国的民族矛盾。周平指出：我国的民族理论整体上是围绕着论证被界定为"民族"的群体的合理性和权利而建构起来的，其主要内容包括民族平等和少数民族权利理论两个部分，而民族平等理论也用于论证少数民族权利理论；这些理论对中华民族的凝聚和巩固发挥了消极的作用，是一种腐蚀剂。② 基于中华民族伟大复兴的时代主题和民族政治理论的局限性的双重考量，中华民族共同体意识、中华民族共同体建构的提出无疑具有深远的意义。一方面中华民族共同体概念可以矫正、丰富相关的理论研究，成为新时代中国特色社会主义理论的又一组成部分；另一方面，中华民族共同体的理论探讨，能够从实践上增加国人对中华文化、中华民族、中华人民共和国的认同，服务于中华民族的伟大复兴。

综上，中华民族共同体意识的提出是对新时代中国国特色社会主义理论的丰富和发展，是对新时代国家认同问题的理论回应，是新时期国家政治意识形态建设谱写的新篇章。现今，"中华民族不仅是国族并且直接与国家同一，也是一个历史文化共同体、命运共同体，对全体人民和现存的各个历史文化群体具有内在的感召力和凝聚力。经由中华民族认同而实现对国家的认同，不仅能够将中华民族的认同转化为国家认同，而且能够保障这种认同的持续性，因而对国家的合法性具有根本性意义"。③

二 中华民族共同体意识研究的基本理论视角和主要观点

国内学者的研究主要集中在以下几个研究议题上：一是从概念史的角度追溯"中华民族""中华民族多元一体""中华民族共同体"概念的形成史；二是从历史的角度回顾"中华民族"实体的形成史和中国统一的多民族国家的形成史；三是关注中华民族共同体的建构途径。

（一）概念史的追溯：从"中华民族"到"中华民族共同体"

1. "中华民族"概念

"中华民族"概念始于近代，是梁启超把从西方引入的"民族"概念和"中华"概念结合在一起的理论创新。最初梁启超用"中华民族"指代汉族，受到西方民族主义的启发，并联系到古老中国在近代遭遇的危机，又提出中华民族是"合国内本部属部之诸族"，④ 是"大民族"，即由中国大地上各个族体构成的大的民族体。尽管之后曾经出现了孙中山先生提出的"五族共和"有关"一个民族，一

---

① 〔美〕塞缪尔·亨廷顿：《文明的冲突和世界秩序的重构》，周琪等译，新华出版社1998年版，第368页。
② 周平：《再论中华民族建设》，《思想战线》2016年第1期。
③ 周平：《再论中华民族建设》，《思想战线》2016年第1期。
④ 黄兴涛：《现代"中华民族"观念形成的历史考察——兼论辛亥革命与中华民族认同之关系》，《浙江社会科学》2002年第1期。

个国家"和"一个中华民族,一个国家"的争论,但中华民族是由各个历史文化族体组成的"大民族"得到普遍认同。国内学者探讨"中华民族"概念,大都承继了梁氏的"大民族"意涵,并在此基础上不断丰富和发展"中华民族"概念的内涵与外延。如李贽和金炳镐认为:"中华民族在社会形态上包含了从原始社会到封建社会的繁衍生育于中华大地上的各种社会形态的民族成分;其现代民族形态则主要包括了一国两制原则下,以大陆 56 个民族为主体的社会主义民族成分和港澳台同胞、侨居外国的侨胞的统称。"① 陆海发从民族与国家关系的视角解读中华民族,认为"现代意义上的'民族'与民族国家的构建之间存在着不可分割的联系,中华民族也是在民族国家建构和发展过程中逐步形成和凝聚为一个民族共同体的"。② 学者们对"中华民族"概念的阐释基本聚焦于两个方面:一是中华民族的文化内涵;二是中华民族概念的政治内涵。二者在中华民族实体形成的过程相互交织,从而成熟的"中华民族"概念兼具文化和政治的双重意涵。

2. "中华民族多元一体"概念

"中华民族多元一体"概念是对"中华民族"概念的认识的进一步深化和发展。它主要回答了在西方"民族"概念引入中国、近代中国民族国家建构过程中,"中华民族"和各个历史文化"民族"之间是一种什么样的关系。

新中国成立后,在马克思主义民族理论的指导下,中国共产党坚持民族平等、民族共同发展的原则,进行了必要的民族识别工作,1979 年最后确立了中华民族的 56 个历史文化民族构成,奠定了中华民族的结构性特征。改革开放后,随着社会主义市场经济体制的确立和发展,社会流动加剧,社会阶层分化,不同阶层、地区间的利益矛盾折射到民族关系上,由此提出了在新的时代条件下如何认识中华民族实体和各个历史文化民族之间关系的中华民族理论构建新问题。由此,费孝通先生于 1988 年在香港中文大学的"特纳讲座"中提出了具有里程碑意义的"中华民族多元一体"观点。他认为中华民族共同体是一个实体,"是由很多分散孤立存在的民族单位,经过接触、混杂、联结和融合,同时也有分裂和消亡,形成一个你来我去,我来你去,你中有我,我中有你,而又各具特性的多元统一体"。③ 在中华民族多元一体的格局中,"多和一"是一个不可分割的整体,二者辩证统一成为中华民族。很多学者从多个角度解读"中华民族多元一体格局"。李贽和金炳镐认为,应该从国际、国内两个角度分层次把握中华民族的一体性:"从国家层面上看,在国际上与中华民族相对应、相对等的民族共同体,只能是美利坚民族、英吉利民族等从国家层次上代表各自所构成的民族共同体。从国内层面看,56 个历史文化民族和港澳台同胞共同构成了中华民族一体之多元。这种多元性主要是指中华各民族在生产方式、社会关系、民族意识、民族心理、民族特点和风俗习惯等方面的差异"。④

3. "中华民族共同体"概念

任何概念都是历史的呈现。一个概念的出现、使用和消失都有其历史和现实的依据。现今,民族理论工作者已经对"中华民族多元一体"的概念和理论稔熟于心。但是 21 世纪全球化引发的世界格局的变化,西方发达国家的多元文化主义的民族理论与政策对我国民族理论与政策的影响,西方发达国

---

① 李贽、金炳镐:《中华民族共同体的历史发展过程和政治结构解析》,《北方民族大学学报》(哲学社会科学版) 2017 年第 5 期。

② 陆海发:《民族国家视域下的中华民族共同体建设研究》,《云南民族大学学报》(哲学社会科学版) 2016 年第 3 期。

③ 费孝通:《中华民族的多元一体格局》,《北京大学学报》(哲学社会科学版) 1989 年第 4 期。

④ 李贽、金炳镐:《中华民族共同体的历史发展过程和政治结构解析》,《北方民族大学学报》(哲学社会科学版) 2017 年第 5 期。

家的民族分裂和民族独立诉求的"坏榜样",西方敌对势力插手我国民族地区事务,给我国的民族工作提出了新问题和挑战,即如何进行理论和政策创新,加强中华民族的凝聚力,创建中华民族共有的精神家园,实现各个历史文化民族对中华民族的认同和对国家的认同。针对这一新的时代挑战,习近平同志在中央民族工作会议上,在西藏、新疆、广西等民族自治区的民族工作部署中提出了"中华民族共同体"的新概念。习近平同志指出:"中华民族一家亲,同心共筑中国梦……我国56个民族都是中华民族大家庭的平等一员,共同构成了你中有我、我中有你、谁也离不开谁的中华民族命运共同体。"①

回顾"共同体"的概念史,可以发现"共同体"这一概念源于德国社会学者滕尼斯的著作《共同体与社会》,从社会学的意义上,共同体有三个特点,即人口、地域和人们之间高频度的相互交往关系。滕尼斯使用这一概念的意图在于强调传统社会中人们基于血缘、地缘和相互交往而形成的休戚与共的情感联系的单位。中华民族共同体概念的提出,其含义也在于此。如果说中华民族意指生活在中国的56个民族和香港、澳门特区以及台湾的同胞的统称,那么中华民族共同体就是希望56个民族加强团结,大陆同胞、海外侨胞加强团结,彼此形成相互联系、交往、利益相关、心灵相通、休戚与共的"共同体"。基于这种理解,很多学者认为中华民族共同体可以分为近代以前自在的中华民族与近代以来受到民族主义影响而建构的自为的中华民族。"共同体"概念的精髓是强调共同体成员之间休戚与共,命运相关,一荣俱荣、一损俱损的密切关联。习近平同志的这一新论断,极大激励理论工作者的研究热情,他们纷纷从不同的视角阐释中华民族共同体概念。

(二)中华民族共同体的形成

关于中华民族共同体的形成,学者们大都认同费孝通先生的"两段论",即自在的中华民族和走向自觉的中华民族(国族)实体。中华民族是在漫长的历史过程中经过各个民族的会集、融合,经由国家政权的建构而逐步形成的。中华民族共同体的形成经历了近代以前的自在共同体和近代以来的自觉共同体两个明显的阶段。"距今三千年前,在黄河中游出现了一个若干民族集团汇聚和逐步融合的核心,被称为华夏,它像滚雪球一般越滚越大,把周围的异族吸收进了这个核心。它在拥有黄河长江中下游的东亚平原之后,被其他民族称为汉族。汉族继续不断地吸收其他民族的成分日益壮大,而且渗入其他民族的聚居区,构成起着凝聚和联系作用的网络,奠定了以这疆域内部多民族联合成的不可分割的统一体的基础,形成一个自在的民族实体,经过民族自觉而称为中华民族";② "中华民族作为一个自觉的民族实体,是近百年来中国和西方列强对抗中出现的,但作为一个自在的民族实体则是几千年的历史过程所形成的"。③ 自在的民族实体,是在漫长的历史演进过程中通过各族的融合、会集而形成"多元一体"由各族构成的中华民族。

今天,很多学者基本上都传承费老的这种对中华民族共同体的认识视角。如关凯认为:"在理论上,需要从对人类命运共同体的超越性关怀出发,以国家政治为中心定义中华民族共同体的概念,提升国家在文化政治方面的理论说服能力。"④ 青年学者朱碧波认为,中华民族并不是一个想象的共同体,而是一个有着共同的历史叙事、集体记忆和渊源关联的历史命运共同体。⑤ 严庆教授从本体与意

---

① 习近平:《中华民族一家亲　同心共筑中国梦》,《人民日报》2015年10月1日,第1版。
② 费孝通:《中华民族的多元一体格局》,《北京大学学报》(哲学社会科学版)1989年第4期
③ 费孝通:《中华民族的多元一体格局》,《北京大学学报》(哲学社会科学版)1989年第4期
④ 关凯:《建构中华民族共同体:一种新的文化政治理论》,《中央社会主义学院学报》2017年第5期。
⑤ 朱碧波:《论中华民族共同体的多维建构》,《民族问题研究》2016年第1期。

识视角剖析中华民族共同体含义，提出："从本体视角定义中华民族共同体旨在强调中华民族共同体本身是客观存在的，在现代世界政治格局中，中华民族已成为现代主权政治掩映下、得到国家社会尊重和确认的现实政治民族共同体；意识视角的中华民族共同体是人们对中华民族共同体本体的认知和反映。"①

对于中华民族共同体的形成过程，学术界基本都从不同的视角梳理中华民族形成的历史线索，基本形成以下共识。一是中华民族共同体是在漫长历史进程中形成的稳定的共同体。二是中华民族共同体的结构是双重的，即多元一体。三是中华民族共同体的现代民族形态受到西方民族主义的影响，具有国家民族的政治和文化双重属性。付春认为，中华民族是在多民族的聚合与整合基础上形成和发展起来的，有深厚的历史、社会与文化基础。以 1911 年的辛亥革命为界，在此前后，将中华民族汇聚成为一个有机整体的政治共同体呈现的形式不同。在 1911 年之前，这个共同体是传统的中华帝国体系；而在 1911 年之后，随着清王朝的灭亡和帝国体系的瓦解，这个共同体就是逐渐确立和发展的现代民族国家。② 李贽和金炳镐认为：从历史发展过程上看，中华民族来源于中华大地上繁衍生息的众多古代民族，经过血与火的洗礼，在追求和实现共同的经济生活、政治目标中形成从自在走向自觉的民族实体。③

（三） 中华民族共同体意识、中华民族共同体构建途径探讨

从中华民族共同体意识及其构建途径的研究来看，国内学者多数遵循了吕思勉和费孝通的研究轨迹，认为中华民族共同体的观念、意识同样在中华民族共同体形成的历史过程中不断形成和完善。这个过程不是自发的，是在国家政权的构建过程中，在内部社会整合需求和外在文明危机刺激中不断实现的。近代以前主要是在帝国的天下主义的意识形态之下实现各个族体的整合，其以"华夷之辩"为基础，以中央权力为中心，以制度文化为手段，以固国安邦为目的，其整合逻辑在于内部的松散性、外部的开放性和延伸性，各个族体的不平等、权利缺位是这一时期中华民族整合的典型特点。近代以来，伴随西方列强入侵而引入的民族主义和民族国家意识形态的影响，中华民族共同体观念、意识发生了巨变，逐步吸纳了"国家主权"和"各民族权利"平等的概念，并在西方列强的外在压力和内在整合对抗的过程中产生了以国家主权、各民族权利平等为特征的中华民族共同体意识。

张淑娟教授在《试论近代中华民族共同体理论建构的内在紧张》一文中分析了中国近代民族主义与中华民族共同体建构之间的关系，指出"近代中华民族主义发展促使民族精英中华民族共同体意识的生成，为中华民族共同体建构提供了清晰的理论边界和基本素材"，同时也提出中华民族共同体理论建构存在三种内在紧张关系："西方古典民族主义理论与中国多民族实际的错位，单元民族意识发展与中华民族共同体理论建构的冲突以及西方进化论哲学与援引资源的历史性矛盾。"④

马骏毅、严庆、邓新星等学者从不同的角度关注了"中华民族共同体意识"建构问题。马俊毅提出"培养中华民族共同体意识必须重视民族精神共同体建构"，指出这个精神共同体就是"在多民族国家国民中共同形成并得到认同的观念中的国家"，包括"多民族国家人民在文化、道德、理念、价

① 严庆：《本体与意识视角的中华民族共同体建设》，《西南民族大学学报》（人文社会科学版）2013 年第 3 期。
② 付春：《从帝国体系到民族国家：中华民族的形成与发展》，《广西民族研究》2009 年第 2 期。
③ 李贽、金炳镐：《中华民族共同体的历史发展过程和政治结构解析》，《北方民族大学学报》（哲学社会科学版）2017 年第 5 期。
④ 张淑娟：《试论近代中华民族共同体理论建构的内在紧张》，《广西民族研究》2017 年第 3 期。

值观"等方面形成的共享内容；在尊重多元和各族人民相互包容的基础上形成同呼吸、共命运的共同体意识，以及国家通过公平正义和法律、制度实践、社会建设等在观念和价值上得到各族人民认同而形成的凝聚力。① 严庆教授从本体和意识的双重视角分析中华民族共同体建构，从意识的角度，他提出中华民族共同体"既包括概念认知，也包括认同归属、理论解读与阐发"。②

关于中华民族共同体的建构，既有宏观的理论探讨，也有具体的策略。从宏观理论方面，邓新星提出了"推进中华民族共同体认同感的建构策略"，主要包括锻造中华民族历史命运共同体、国家民族政治共同体和中华民族经济利益共同体以及模铸中华民族精神文化共同体。③ 从以上学者论述可以看出，大部分学者都对中华民族、中华民族共同体的概念进行了论述、梳理和归纳，并从不同的角度探讨中华民族共同体建构。如邓新星探讨了中华民族共同体认同感的议题，是否认同中华民族是一个共同体、认同程度的高低关系到国家统一、民族团结和社会稳定；实现中华民族共同体认同就是坚持伟大祖国认同、中华民族认同、中国共产党认同和中国特色社会主义认同的"四个认同"，建构中华民族历史命运共同体、政治共同体、经济利益共同体和精神文化共同体。④

三 "中华民族共同体"建构的理论意涵与现实启示

中华民族共同体建构问题的提出是新时代中国民族伟大复兴面临挑战的理论回应。改革开放40年来，新中国在中国共产党的领导下，在经济体制改革、政治体制改革、社会和文化建设方面取得了令人瞩目的历史性成就，同时也出现了一些问题，尤其是民族问题，比如边疆民族地区发展和内地经济发展不平衡问题，政府基本公共服务存在地区的差异问题，政府官员的腐败问题，以及住房、教育、医疗等方面的民生问题等。这些问题一方面是发展中呈现的问题，在总体水平提高的情况下，部分民众产生了相对受剥夺感，对中国共产党的执政理念、执政效果提出了质疑；同时在境外势力分裂中国图谋和相关力量的插手下，部分民族精英阶层、中下层民众受到不法分子的蛊惑，从而对抗中国共产党领导的政治权力，消解其权威。

从国际情况来看，全球化的发展，新媒体、通信技术的采用，使地球上各个主权国家日益组成一个现实的"地球村"，没有哪个国家可以不受国际社会经济、政治、文化的影响而闭门发展，各个主权国家、地区彼此的依赖性以任何时代无可比拟的规模和速度发展。经济上的互利互惠，政治的合作、妥协、斗争与发展共存，文化上的冲突与融合，人员的流动与交往等共同构筑了新时代人类命运共同体的美好愿景。

在新的国内、国际背景下，以习近平同志为核心的党中央创造性地提出了"中华民族共同体意识""中华民族共同体认同"等相关概念，这是对新时期中国面对的国家统一、民族团结和社会稳定诉求的时代回应。

第一，"中华民族共同体""中华民族共同体意识和建构"等概念的提出为新时代中国特色社会主义理论增加了新的理论内容。

新时代中国特色社会主义理论是中华人民共和国主流价值体系的核心和重要组成部分，中华民族

---

① 马俊毅：《培养中华民族共同体意识必须重视民族精神共同体的建构》，《中国民族报》2016年4月22日，第5版。
② 严庆：《本体与意识视角的中华民族共同体建设》，《西南民族大学学报》（人文社会科学版）2013年第3期。
③ 邓新星：《论中华民族共同体认同感的建构》，《西北民族大学学报》（哲学社会科学版）2016年第5期。
④ 邓新星：《论中华民族共同体认同感的建构》，《西北民族大学学报》（哲学社会科学版）2016年第5期。

共同体理论综合中华文化的历史传统，中华民族的历史发展，中国共产党在传播、捍卫中华文化、建构中华民族共同体过程中发挥的作用等各个方面，进行了理论升华和创新，形成中华民族共同体意识、中华民族共同体认同建构的新理论。

第二，"中华民族共同体认同建构"的提出，为实现新时代国家统一、民族团结和社会稳定提供了行动的指南。

要实现中华民族的伟大复兴，使中华民族以崭新的面貌屹立于世界民族之林，重现中华"文明体"在国际社会的影响力，从民族走向世界，中华民族共同体认同建构是第一步。唯有如此，才能自信地走向世界，走向未来。中华民族共同体概念体现了一种新的包容、互惠、合作精神风貌，体现了大国的文明之风采，展现了中国"以天下为己任"的大国担当，对内可以增加各个民族、地区、群体的凝聚力，对外可以中华民族独特的"天人合一，允执厥中，仁者爱人，和而不同，众缘和合"的心胸"化"天下，站在人类命运共同体的新高度，勾画新的美好世界蓝图。"中华民族共同体"概念为我们处理国内的族际关系问题，国际社会关系问题，香港、澳门甚至台湾问题，都提供了原则性的指引。

第三，"中华民族共同体"的提出增加了中国共产党执政的合法性权威，实现了历史、现实、未来的政治合法性建构的新途径。

作为执政党，中国共产党执政的合法性在于人民的认可，"以人民为中心"是中国共产党执政合法性的理论和现实依据。新时代条件下，一方面，中国共产党领导中国人民确立有中国特色社会主义道路，实现了经济、政治、文化、社会等各个方面的发展，人民的生活水平和文明程度有了很大程度的提升；另一方面，中国共产党的部分领导干部在和平时期放松了对自己政治修养、组织纪律的约束，放纵自己，出现了腐败、奢靡等现象，引起民众的不满。中华民族共同体的提出在新的层面为中华民族凝聚力提供了新的理论武器。

第四，中华民族共同体认同概念有利于整合民族认同和国家认同，构筑各民族共有的精神家园，为国家认同的探讨提供了新的着力点和目标。正如习近平总书记所说，"我国 56 个民族都是中华民族大家庭的平等的一员，共同构成了你中有我、我中有你、谁也离不开谁的中华民族命运共同体"。

《西南边疆民族研究》第 27 辑

第 203～213 页

© SSAP，2019

《清水江文书·天柱古碑刻考释》述评[*]

——兼论民族碑刻文献的当代价值及其启示

杨军昌 严进进[**]

摘 要 清水江流域是我国苗、侗文化的核心区域，作为我国第三大文献资源宝库——清水江文书重要组成部分的清水江流域碑刻是流域民族乡民社会生产生活、历史文化、心理情感和地方治理等综合反映的"活化石"。《清水江文书·天柱古碑刻考释》即是对其收集、整理与研究的代表性成果，是清水江流域天柱县文化乡贤集体智慧的结晶和辛勤耕耘的产物，是对一方民族碑刻文献的科学呈现与整体展示，从中可见清水江流域民族碑刻在区域民族史研究、生态维系与环境保护、社会公德维系、民族教育文化传承、区域人文旅游发展等方面具有突出的文献价值。而该书的编辑整理与出版，本身又在促进民族文化自觉自信自强、民族文化传承保护以及推动乡村振兴与文化产业发展等方面有着重要的启示意义，值得重视和研究。

关键词 碑刻文献；《清水江文书·天柱古碑刻考释》

DOI：10. 13835/b. eayn. 27. 22

前 言

碑刻是龟甲、纸质之外的又一种历史文化载体，我国碑刻文献异常丰富，记录内容十分广泛。碑刻"金石铭勒，出于千百载以前，犹见故人真面目，其文其事，信而有征，故可宝也"。[①] 由于碑刻产生时间、地点可靠，内容真实，作为重要的"同时文献"，被誉为"刻在石头上的历史"，具有独特功能和重要研究价值，能为多学科研究提供第一手资料。

天柱县位于"上控黔东，下襟沅芷"的贵州省东南部，清水江自南而东北流经县内，天柱县是清水江流域的重点区域，不仅苗、侗文化多姿多彩，教育文化、农耕文化、木商文化、宗祠文化、历史文化也具显著特色，兼及诸多文化内涵、具有重要历史文化价值的古代碑刻文化更是该县独具魅力的文化名片。

从考古资料可知，天柱境内的史前遗址最早可追溯到 7500 年前，然而在宋元之时天柱尚属王朝边

---

* 本文受国家社科基金重大招标项目"西南少数民族传统生态文化的文献采辑、研究与利用"（16ZDA156）、贵州省高校研究生科研基金项目"精准扶贫视野下乡村治理与乡村社会关系研究"（KYJJ2017018）的阶段性成果。

** 杨军昌，贵州大学历史与民族文化学院教授，贵州大学人口·社会·法制研究中心研究员，主要研究方向为民族社会与文化、民族经济与生态、民族人口与发展等。严进进，贵州大学民族学在读硕士，研究方向为民族经济学。

① 钱大昕：《潜研堂文集》，上海古籍出版社 1989 年版，第 25 页。

疆化外"蛮荒",鲜见史料记载,直至明万历二十五年(1597)建天柱县后,有关记载和官方话语才渐多起来。与此同时,民间文献资料也渐渐丰富,尤以谱牒志传、林业契约文书和碑刻存志最为典型。明代而后,特别是清代、民国时期,境内碑刻大兴,志载地方修路建桥、建校办学、修祠立庙、环境保护、风水培植、生产生活等各类活动及"规约"的碑刻遍于城乡,数以万计,成了湘黔两省边区著名的碑刻文化集中地。尽管历代各类碑刻或毁或佚或被淹没,截至2016年8月不完全统计,该县收集到的各类碑刻已近千通,作为清水江文书①的重要组成部分,其重要的文献价值引起了地方政府与社会各界的高度关注。这些碑刻文献资源,集中地呈现于日前出版的《清水江文书·天柱古碑刻考释》(后简称《考释》)中。

《考释》的收集、考释与编辑出版工作由政协天柱县第十三届委员会组织,政协主席陈守金为编委会主任,侗族学者、天柱县政协文史委主任秦秀强和凯里学院李斌教授分任主编、副主编,该书由贵州大学出版社2017年11月出版。《考释》分上、中、下三册,选录碑刻630余通,篇幅150余万言,原文、考释与图(拓)片并重,体例完备,分量厚重,文献意义突出。本文试就这部书的成书过程、主要内容做一粗浅叙述,并以之为例就民族碑刻文献的当代价值与启示进行探讨。不妥之处,敬请方家指正。

一 《考释》:文化兴县的产物,文化乡贤的智慧集成

天柱县是黔东南的文化大县、教育大县,2011年12月,县委、县政府将"打造文化教育新优势"和"文教兴县"列为该县富民强县的重大战略之一,该战略旨在充分挖掘整合全县特色教育与文化资源,全力推进文化产业和教育事业发展繁荣。在该战略全面实施的背景下,《考释》的面世便有了良好的环境条件和际遇。其主要经历了如下三个不寻常的关键过程。

一是地方文化乡贤热爱家乡的文化情怀和不辞艰辛的抢救性踏访采集。最早关注天柱古碑刻的是该县以杨作义、杨德润、姚敦屏为代表的文化乡贤,其中杨作义长时间坚持对县内珍贵的濒危古碑进行拓片保存;杨德润经过多年的调查采访于2007年编成《天柱县民族姓氏村镇文物(集成)》印刷面世,共选录碑刻66通;2013年,66岁的姚敦屏先生将自己一生实地考察、测量、记录、拍照、拓片的古碑刻292通、摩崖石刻3处编辑成《天柱碑刻集》印行。这些卓有成效的工作,为《考释》征集和汇编打下了坚实的基础。在《考释》立项启动后,地方文化乡贤的无私奉献和群策群力也使得《考释》的采集、编辑与出版得以顺利进行。其中的事例,如《考释》"后记"中所举的高酿镇邦寨村的吴国熙为了收集碑刻而特地放下农活家务,走访调查了全镇各个村寨,抄录整理碑刻资料90余通;游浩波不顾年逾古稀,冒着酷暑严寒批注清代康熙、光绪县志所载明清古碑,使该书的内容更有史料性和可读性;龚农兵、徐杰、王秀槐等深入荒山深谷采访拍照,提供了大量高质量的碑刻照片;欧阳开云、罗福松、吴厚征等同仁从头到尾逐一审阅校对书稿。②

---

① 清水江发源于贵州都匀斗篷山,自西向东流经贵州贵定、都匀、丹寨、麻江、凯里、黄平、台江、施秉、剑河、锦屏、天柱等县(市),于天柱县瓮洞入湖南后称沅江,干流全长514公里,流域面积1.72万平方公里,流域人口430余万人,其中苗、侗等少数民族人口占总人口的75%左右。在清水江下游锦屏、天柱、三穗、黎平、剑河一带,保存的50余万份关于山林植造、木材买卖、纠纷调解等内容的契约文书,即"清水江文书",被公认为是继故宫博物院的清代文献和安徽"徽州文书"之后的我国第三大珍贵历史文献宝库,有"全世界农民混农林活动活态记忆库""世界性生态保护典范"之誉。

② 政协天柱县第十三届委员会:《清水江文书·天柱古碑刻考释(下)》,贵州大学出版社2016年版,第447页。

二是地方学者与高校研究人员结合而开展的系列研究成果，助推了《考释》的面世。几乎与天柱地方文化乡贤自觉的文化抢救行动同步，贵州省一些高校和科研机构也把目光投到碑刻文献的抢救、研究中来，尤其是凯里学院李斌、姜明、龙泽江、吴才茂等教授、博士从 2011 年至今，与地方文化、史志等部门及其学者开展了良好的合作，先后深入天柱碑刻密集的乡镇进行田野调查、拓片，收集了大量的碑刻资料，并取得了一批有影响的碑刻研究成果，如《明清时期清水江下游天柱地区教育变迁——以碑刻史料为中心》（李斌、龙泽江等，2011 年）、《刻在石头上的历史：清水江中下游苗侗地区的碑铭及其学术价值》（李斌、姜明等，2012 年）、《清水江下游苗侗地区碑刻文化调查——以天柱县为例》（秦秀强，2012 年）、《论明清以来清水江下游天柱地区碑刻的分类、内容与学术价值》（李斌、吴才茂等，2013 年）、《从碑刻看清代以来贵州清水江下游地区的农业管理》（姜明，2015 年）、《"当江制度"与清水江流域的生态变迁——以碑刻资料为考察重点》（严奇岩，2016 年）等。这些研究成果，既是对天柱一带碑刻价值的学术呈现，也将清水江流域特别是下游天柱、锦屏一带碑刻的地位和影响通过学术成果的形式向社会广而告之，并以此更加引起了地方政府与学界的关注，同时也激发了地方发现、保护、研究、利用碑刻的热情与文化自觉性的提高，助推了《考释》的面世。

三是天柱县政协的高度重视与工作落实。鉴于上述工作的开展，更由于经济发展、基础设施建设、城镇化进程加快使碑刻损毁愈益严重的现实，2015 年 3 月，天柱县政协文史委主任秦秀强向政协常委会提交对全县濒危碑刻文献开展抢救性征集整理并编辑出版天柱碑刻录的专题报告。报告在政协主席会议上讨论通过后，也受到天柱县委、县政府的高度重视。当年 6 月 25 日的县委常委会议充分肯定了征集与编辑出版天柱碑刻工作的意义，明确了工作专项经费、时间表及其质量要求。同时，又获贵州省新闻出版广电局专项出版补贴经费 10 万元支持。随后，该项工作由天柱县政协主持、政协文史委具体组织实施，按照编委会制定的工作方案，在主编秦秀强的带领下，采编人员饱含着对家乡文化的深情，紧锣密鼓地在全县开展了这一全面、艰辛、浩繁而又光荣的文化工程。

二 《考释》内容：民族乡村社会建构、治理与发展的史迹展示

《考释》共选编古碑刻 630 余通，其中石碑 625 通、摩崖石刻 8 处，图片 600 多幅。诚然，这是一部清水江流域下游地区绚丽多彩的社会治理史、桥梁建筑史、交通运输史、文化教育史、科技发展史、生态保护史和区域宗教史、群众参与公益事业文明史的文献汇集，其形式丰富、内涵丰富、价值突出，是苗、侗等族民族乡村社会"刻在石头上的史书"。

《考释》所录均为分布在天柱县内或由天柱县转移到县外的古碑刻，入选古碑上限为目前所发现的最早的宋碑——南宋景定元年（1260）吴盛夫妇墓碑，下限至 1949 年 12 月底所立的碑。所录碑刻划分为津梁道路、井泉公益、楼台亭阁、功德谕示、墓碑墓志、文化教育、乡规民约、宗祠祭祖、宗教信仰、地界标志、摩崖石刻 11 个类别。为达到图文并茂以增强史料性、保存原真性的效果，各类别以"一碑一图"的方式编排，即一通碑文附一张拓片或一张照片。各通碑刻的文字部分包括原碑文实录、碑文注释、原碑石的物理形态、濒危现状、规格体量及刊刻年代等内容。编辑行文统一使用国务院第一、第二批公布的简化汉字。碑刻原文缺字者，以方框"□"代替；错字误字均作括注。兹将《考释》中的 9 类碑刻及其内涵分述如下。[①]

---

① 因其中的地界标志、摩崖石刻两类分别仅 6 通、8 处，遗存较少，故不作叙述。

（一）乡规民约类（禁约碑）

乡规民约碑在清水江流域又名禁约碑。清水江流域为我国苗族、侗族居住的主要区域，在漫长的历史发展过程中，为了地方的治理和规范人们日常生活与社会行为，民族社会逐渐形成了许多约定俗成的具有习惯法性质的禁规禁条，即为苗族的"榔规"、侗族的"款约"，其中勒诸于石者则为乡规民约碑，以昭示禁约而使人们知晓和遵守。从《考释》中可知，天柱民间禁约类碑刻内容丰富，几乎遍及天柱的各个村寨，涉及生态环境、资源利用、农林牧渔业生产、婚姻家庭、文化教育、商贸活动、航运秩序、纠纷调解、村寨治安维护、公共财产和风水坟山等有关民族生产生活的各个方面。《考释》共选录该类碑刻 60 通，其中仅蓝田镇贡溪村关于保护农田、堰坝、坟山、古墓、古树等生态环境的封禁碑就有"禁放条木禁碑""遵古重刊""承先永禁""杜患碑记""通族禁碑"等 8 通，其他如渡马乡江东村龙塘"护井禁碑"，竹林乡地垒村"风水禁碑""公议禁碑"，瓮洞镇金紫村"风水攸关"碑、邦洞镇岳寨"淘金禁碑"、坑头"路禁碑"，垒处镇抱塘村"永禁碑记"、大冲村"杜患碑"以及三门塘谢刘两姓所立的坟山禁碑等，为《考释》所录碑刻的重要类别。

（二）功德谕示类

功德谕示碑为功德、谕示两类碑刻的合称。功德碑是天柱一种专为帝王官吏、圣贤神明歌功颂德的碑文。从《考释》中知，新中国成立前，天柱县城北门外的紫云桥迎官亭、邦洞狮子口悬崖峡道两端有功德碑不下 20 通，现仅发现"千秋让德""恭颂碑""德政不朽" 3 通。而谕示碑是专门刊刻各级官府发布的文告、政令和裁决书之类的碑文，其内容有鼓励农耕，保护农田、森林、木材，维护市场及清水江航运秩序者，如垒处镇"内外三江木材商场条规碑""永定章程"和雅地村"镇远司董示"等；有诉讼裁决、判决者，如垒处镇"遵断碑记"、大冲村"遵批立碑万代不朽"等；有摘抄或粘贴圣旨和官府的裁决文书者，如邦洞镇金凤山寺"乾隆主题碑"、远口镇鸬鹚村"磨而不磷碑"、潘寨村"白岫吴姓坟山禁碑"等。《考释》共计收录功德谕示碑 30 通。

（三）墓碑墓志类

墓碑墓志碑，亦称墓碑或墓铭，一般由志和铭两部分组成。志多用散文撰写，叙述墓主名讳以及职务、生平事迹，刻记其子孙后代之名和立碑时间。铭则用韵文概括全篇，赞扬死者的功业成就，表示悼念和安慰。明清墓碑在天柱县境内乃至整个清水江流域遍地皆是，墓碑与墓志铭通常都是合二为一，没有分开，即墓碑兼刻墓志铭。在《考释》所录的 34 通墓碑中，有 9 通为世系源流的"宗谱碑"，记载了墓主一族（家）的代际更替、辗转迁徙、繁衍生息等信息。史学价值较高的有"吴盛夫妇合葬墓碑""有明袭宜人沈氏之墓""故沈氏宜人墓志铭""王政三墓志碑""吴可将墓志碑""古史籀在斯碑"等。此外，立在寺庙附近的不少僧人墓碑，对研究佛教在天柱等地的传播历史亦有参考价值。

（四）宗祠祭祖类

宗祠，又叫作家祠、家庙、祖庙或祠堂。天柱县宗祠发展经历了从清康熙到道光年间的规模修建、清"咸同兵燹"而至新中国成立前的再建重修、20 世纪 80 年代起而至当下的旧祠修葺三个时期。其中，第一阶段共建有宗祠 48 座；第二阶段新建 22 座，重建 13 座；第三阶段修葺近 20 座，目前全县保存完好的宗祠近 40 座。① 其中，三门塘刘氏宗祠和王氏太原祠已被列为国家级文物保护单位。天柱每一座宗祠都是一座文化艺术宝库，是天柱民族文化与中原文化、荆楚文化、木商文化、姓氏文化、迁徙文化、祭祀文化、谱牒文化等多元文化的完美结合。从《考释》收录的 41 通天柱宗祠祭祖类碑刻的内容来分，计有建祠纪念碑、重建或修缮碑、家规祠田祠产碑、宗族世系碑、祖先功德碑 5 个小类。该类碑刻及其宗祠建筑经历了清咸丰、同治年间长达十多年的苗族侗族农民起义和 20 世纪 60 年代至 70 年代的"破四旧""文革"两个阶段严重的摧残，加上自然损毁，全县尚存仅 50 通左右，著名者如远口吴氏总祠 8 通、社学乡田心寨王氏宗祠 5 通等。

（五）宗教信仰类

《考释》宗教信仰类碑刻包括佛教道教寺观、民间庙会组织及其活动、本土信仰的神灵崇拜、庙田庙产等，该类碑刻收录数量在全书中居第 2 位，为 175 通，而其中又以寺观类为最多。寺观类碑文内容大体是庙宇始建年代、修建经过、维修时间、住持姓名、地理环境、规模格局、信男善女抽签打卦时用以阅签和解卦的签词碑和卦词碑。碑序之后附有集资者姓名、官职和捐资金额等，含有大量的科举、货币、宗教信息。现存最早的寺庙碑是竖立在远口镇高灵山、刊刻于康熙五十五年（1716）的"风调雨顺""南无阿弥陀佛"碑。

（六）文化教育类

天柱自建县纳入封建王朝的统治体系之后，儒家文化传播迅速，其中，为"开化边民"、维护政权，历任地方守土者都以推行封建伦理教育为己任，重视学校的开办和人才的培养；同时在儒学教育、科举致仕的影响下，天柱民间也办学，学风气大开，与官办教育相辉映，私塾、义学（义馆）、社学等社会教育形式布于乡村，因此专门记载当地教育发展实况的碑刻在天柱较多。该类碑刻《考释》共收录 47 通，内容涉及民众捐资和置田买土创办学馆者有"凤鸣馆碑记""起秀斋碑记"，学校发展沿革与教育成就者有"人文蔚起碑""昭垂万古碑"，学校管理者有"亘古于兹碑"，家祠建校者有"唐氏家塾碑"，私家办学者有"青龙私塾碑"，庙产办学者有"永垂不朽碑"，儒学书院者有"创修凤城书院碑记""初建儒学碑记"，敬惜文字者有"字塔碑记""芳垂永久碑"，教育事迹者有"恩荣硕老圣世耆英碑""文昌会碑"，教育理论者有"重修校碑""置学田记碑"等。这些碑刻是天柱县民族教育发展历程的见证，是研究清水江流域民族教育发展直接而珍贵的素材。

（七）津梁道路类

该类碑刻主要记载天柱侗族、苗族人民踊跃捐资、积极参与兴办公益事业之事，具有特定的现场性和真实性。该类碑刻在《考释》中数量最多，为 190 通，以桥梁渡口碑和修路碑最为突出。其中，桥梁渡口碑刻有章寨的"螽斯桥碑"，三门塘的"始修桥路碑记""次修桥路碑记""终修桥路碑记""修渡碑记"，地坌的"墩步永安碑"，永兴的"与天地久""同日月长"等。道路修筑自古为天柱一带苗、侗民众所重视，过去天柱的盘山老路主要有花阶路和石板路两种，多为群众集资或个人捐资所建，记载古人修路的碑刻，虽因各种原因大量损毁，保存至今的仍不下五六十通。著名者如竹林乡地坌"一路福星碑记"，白市新舟的"王道荡平"，坌处镇清浪的"承先启后""亘古不朽"等。

---

① 杨军昌、杨蕴希：《清水江流域少数民族宗祠文化与民族社会教育发微》，《西南民族大学学报》（社会科学版）2016 年第 11 期。

（八） 井泉公益类

水是生命之源，人类离不开水，因此，天柱不仅古井多，记载修井的碑刻也多。在《考释》收录的 15 通该类碑文中，渡马乡杨柳村高酿镇丰保"垂诸不朽碑""龙王阁碑"，竹林乡杨家"修井碑记"，白市镇新舟"修玉泉亭"，邦洞镇上高野"龙泉遗爱"，三门塘大坪"溥博渊泉"，三门塘小寨"修井路碑记"，三门塘大兴团"重修井碑"等碑刻记载了苗侗民众开辟水源、集资投劳建井、培植水井风水、修筑通井道路、用水秩序规范、水井卫生防控、水井公益性别公平参与等内容，反映了水井与人民生活的息息相关，是民族社会对水资源极为重视的历史见证。

（九） 楼台亭阁类

在行人往来的要道或山高路陡的山坳上修建凉亭，供人们歇息和遮阳避雨，或在土地祠、村寨集合部等公共场所建造楼台、亭宇，供人们祭祀、聚会，或在水源的紧要处、山脉的险要处、育人的场合建阁设台，供人们祈祷、励志，是天柱民族社会的传统良风。《考释》所列的 27 通该类碑刻，基本上为上述三个方面的反映。其中竹林乡新寨乾隆"亘古不变碑"载述了该地丰乐亭的修建过程，热情赞美了该亭的规模景致及其培植风水建筑的文化功能；高酿镇皎环乾隆"百世流芳碑"述及了该地在龙脉水口处建文昌阁的目的是"将见人文蔚起，文风日盛，民情纯良，风俗端厚"；瓮洞镇雷合民国"重建公勋碑"记载了雷公冲群众捐资为土地祠重建凉亭诸事，碑中提出的"古来人者神之主"的观点具有较强的人本主义哲学色彩。

三　民族碑刻文献的当代价值：基于文献意义视角的讨论

关于我国碑刻文献的特点及其研究价值，已故著名碑刻专家毛远明在《碑刻文献整理研究回顾与前瞻》[①] 一文中，从碑刻文献材料异常丰富、碑刻文献反映的内容十分广泛、碑刻文献真实性强、产生时间和地点可考四个方面做了高度的概括与精辟的总结，有助于人们深入认识这一无以替代的文献资源及其价值。而在我国丰富浩繁的碑刻文化宝库中，民族碑刻因分布的广泛性、种类的多样性、内容的丰富性、价值的珍贵性而为学界关注和重视。清水江下游的天柱、锦屏一带是贵州古碑刻分布最集中的地区，可以说是贵州民族碑刻文献资料富饶之区。在此，结合《考释》收录的碑刻内容，就民族碑刻文献的当代价值做如下阐述。

（一） 区域民族史研究资料获取的新路径

碑刻具有特殊而重要的史料价值。对之，当时任英国牛津大学中国研究所教授的科大卫认为："要想推动历史研究的进步，从碑刻中发掘新史料是一个非常重要的途径。历史研究必从材料出发，因此其意义不仅在于提供更多的研究内容，而且也可以引发方法论意义上的革命。"[②] 我国著名历史学者黄永年教授也说："碑刻除少数伪造者外，多第一手史料，且不若史书之经传抄刊刻而有脱说之病，故夙

---

①　毛远明：《碑刻文献整理研究回顾与前瞻》，《吉首大学学报》（社会科学版）2016 第 3 期。

②　郑振满、赵世瑜、科大卫等：《碑刻——正在消逝的历史档案》，《光明日报》2002 年 1 月 25 日。

为研治史学者所珍视。"① 特别是那些原碑尚存的碑刻文献，由于具有传世文献不可比拟的文献真实性，产生时间地点可考，具有特别重要的文史研究价值。具体就《考释》而言，其所载古碑刻跨越宋、明、清、民国多个历史时期，见证了清水江下游世居民族由与世隔绝的"生界"向"熟界"或"子民"转变的史迹，重塑了由"化外之域"纳入象征或实质意义上标准化地方行政制度建置的"正贡之地"，使"边地"转化为与中原地区无太大差别的"腹地"的历程。其中，唯一的宋碑——南宋大理寺丞吴盛夫妇合葬墓碑，记载了其因敢于抨击时政而被迫害遂避祸天柱远口、开拓湘黔边区之事。明代的"亘古不朽""天柱县初建县治碑记""兴龙桥""天柱县初建儒学碑记""展城楼记""初建宝带桥记"等近20通古碑刻内容，涉及建县办学、展城扩池、建桥修庙、行政区划等领域，反映出天柱建县之初，边地边民纳入"王化"系统之后百废俱兴的空前盛况，是记载王朝势力在当地开展政治、军事、文化活动的活性史料。清代的"清浪争江碑""德政不朽碑""让德碑""永定章程碑""天柱县秩官题名碑记"等碑刻内容，对于研究清水江流域木材贸易、家族宗族、社会治理、民变军事、生产生活、民风民俗等史料价值十分珍贵。其他的墓碑墓志、宗教碑刻等也珍贵难寻，如明宣德四年凤城"故沈氏宜人墓志铭"就凸显出了诸如沈氏乃"肃雍家世，直隶徐州全椒县龙泉乡王族"因军功而受"靖州卫金指挥使"之后明代王朝在清水江流域一带的军屯制度、卫所建制、军官职务及军衔名号、代际传承等方面的情况，对研究明代区域开发史具有重要的参考价值。

（二）生态维系与环境保护的资料库

人类是生态系统中的后来者，却是生态系统的利用者。人类只有在所处的自然环境中选择有利于生计的利用对象，进行经济活动，以维系生存。"靠山吃山，吃山养山"的生计方式和爱护环境的传统是山多地少的贵州民族地区的传统文化选择，并体现于乡民的生态伦理、乡村社会的制度安排、民众的生产生活实践等方面，且多以碑刻为载体展示于众，作用于人。清水江流域自明代以后，一直为全国著名的林区和木材贸易区，木商文化丰富，生态环境保护意识强烈，因此在流域内现存成百上千的生态保护碑、林业禁碑，碑刻内容涉及造林植树，又有封山育林、护林、禁伐"风水"林木以及山林权属界址、颂扬古树名木和奇花异草、采伐珍稀古树、木材运输等诸多方面。该类碑刻在《考释》中占有较大比重且内涵丰富，如瓮洞金紫嘉庆"风水攸关"碑记述了全村集体捐献30多两银子购买位于该村上塆宅后山地作为风水禁林；坌处岩盘光绪"永远封禁"碑重申严禁砍伐"历数百年来未砍伐利用"的楠杉枫栗古树以利后人；石洞水洞村乾隆"永守规条碑"提出"人乃守山之主，山为养人之源"之理念，不仅明晰了水洞90甲龙、王、欧、吴四姓的公山四界及权属，而且规定了公山的管理及产出的去处，并要求对碑文列条"四姓各守规操，子孙稀土厚望"。这些碑刻，无不具有"存史、资政、教化"的价值与功能。

（三）社会公德与社会性别平等的展演场

在民族社会，人们把碑刻称为"万年碑"，意思是做好事积功德的人能流芳百世，永垂不朽。在记载苗族和侗族人民踊跃捐资、积极投工投劳参与兴办公益事业的功德碑中，涉及的内容很多：渡口渡船碑，仅三门塘村就有嘉庆二年、道光二十七年、咸丰十八年和光绪三年碑刻4通；桥梁碑，有"复兴桥""德同川永""德永千秋""视履考祥"等20余通；修路碑，有"王道荡平""王道坦坦"

---

① 黄永年：《碑刻学》，《新美术》1999年第3期。

"雁齿横排""承先启后造船"等 8 通；亭阁碑，有"乘凉楼""亘古不朽碑""戏台碑记"3 通；井泉碑，有"同井同心""溥博渊泉"等多通。这些碑刻，均为民众集资、捐资而成，它们既是清水江流域各民族群众热心公益事业美好心灵的展现，也体现出他们大公无私、热爱生活、团结互助、向往幸福生活的优良传统。值得一提的是，在众多的公益性碑刻中，社会性别平等的观念与事例赫然映目，以三门塘为例，如修渡，乾隆"修渡碑记"述及当地为"购买渡田、积造舟费、庶招舟子"修建渡口而唱行募捐，募众之中潘氏脱妹、王氏二人捐银一两五钱五分；其后的嘉庆、道光年间两次"修渡碑记"所记的修渡活动中有王门刘氏岩姐、杨氏姚娥、袁氏三多、杨氏秀熙等多位妇女参与捐资和劳动。再如修路，嘉庆十四年"王道荡平"碑即有唐氏二音、邓氏连娇、舒氏、王氏长姑、王氏乔凤、彭氏松梅、邓氏连姣、杨氏卯贵等 12 位妇女捐银四两三钱三分修筑三门村庵脚以下道路的记述。还有修桥，三门塘至今完好的兴龙桥桥旁所立的万历三十九年"兴龙桥"碑有"本主谢什保同妻刘氏共施银六两二钱，外修路银四钱五分"等记录。修井，宣统二年"修井路碑记"所载记舒氏萱女、潘氏引弟等 16 位妇女"慷慨捐资"用以"裂石新修"，遂使井水"向之源源而来者，不亦混混而出"；宣统三年"重修井碑记"述有大兴团寨 19 位妇女合力募资"踏石板""竖四方"从而"泉流清洁"之事。两处古井因均为妇女独立组织、募集资金、聘请工匠而被称为"妇女井"，成为当地侗族村寨文化遗址的典型代表。诸如此类，表明侗族妇女通过自身劳动、自我观念革新而赢得经济自主和社会活动参与权，她们的自主参与桥梁道路、学校教育、佛庙寺庵等各项乡村公益事务，推动了民族社会的发展，也在一定程度上彰显了民族女性的社会主体地位。这类碑刻存世不多，弥足珍贵。

（四）民族教育文化的"历史概览"

从明朝开始，伴随着王朝国家政权在清水江流域的进入和深入，以及汉人军事组织的屯戍移民，一方面是官方积极推动中原文化的移入、浸染和扎根，另一方面则是当地苗、侗等族民众主动吸纳中原文化和汉族经济方式，使清水江流域以儒学为主的各类教育得以迅速发展，形成了"内涵丰富，形式多样的流域教育文化，成就了至今仍遍存于流域大地的教育文化遗产"。① 对之，《考释》中的"文化教育"碑刻有着较为详细的记述。从观念上看，历史上天柱各地对于办学培养人才都有明确的认识，万历"初建儒学碑记"云："该学校立则教化行，贤士兴，则邦家盛。纂隆之业，唯斯是系。"乾隆"起秀斋碑记"谓："家有塾，党有庠，州有序，所以崇教化而作人材，兴礼仪而美风俗，意甚善也。王教化行，虽中材可进于君子，愚柔可变为明强。学校之系于人讵浅鲜哉！"民国竹林乡南头民众捐资"重修校碑"曰："夫国家之强盛，系乎文化之盛衰；文化之盛衰系乎教育之兴替，教育之兴替系乎学校之隆污也。然则，学校之于国家，不可须臾离也。"而于官方办学的碑刻，典型者除"天柱县初建儒学碑记"外，尚有康熙"置学田记"、乾隆"创修凤城书院碑记"、光绪"重修文昌考棚序"等，均见历代地方政权之于封建教育与儒家文化的推动。而于天柱世居民族社会，主动接受封建"王化"和中原文化，并形成尊师重教、注重人才培养的传统风尚，坌处镇抱塘村"凤鸣馆碑记"、三门塘"人文蔚起"、地冲村"学堂碑记"、远口镇鸬鹚村"千古不朽"等民众捐资办学碑，都是生动、鲜活的历史见证。从碑刻中，也不难看到民族社会办学的艰辛，如竹林乡地坌乾隆十七年"起秀斋碑记"、四十七年"学田碑记"、五十七年"文昌会碑"就记载了当地从雍正十年（1732）开始就集资生息、

① 杨军昌、杨蕴希：《清水江流域民族教育文化遗产与乡村旅游融合发展研究》，《西南民族大学学报》（人文社会科学版）2018年第 5 期。

"捐田建学"、"复捐金为众倡"而"聘师有资"、"成社学一区",以致"乡民子弟有志学文者俱入学肄业",呈现出"穷乡僻壤咸知向学之意"而"人文蔚起"的景象。仅由上述碑刻可知,天柱之成为全省闻名的"文化教育大县",是有着深厚的历史渊源的。

(五) 区域人文旅游发展的新资源

文化是旅游的灵魂,旅游是文化的载体,文化有利于提升旅游的魅力,旅游有利于增强文化的活力。古碑由于历史悠久,蕴藏着丰富的历史文化内涵,可以把它们视为一种重要的人文旅游资源加以保护并进行合理的开发利用,实利于民族旅游经济的内涵发展。《考释》中所录的许多古碑刻摩崖不失为引人入胜的名胜古迹,如耸立在三门塘三圣宫门前的"修庵碑记",碑高 3.38 米,宽 1.52 米,厚 0.07 米,碑阳横向阴刻楷书"修庵碑记",每字 0.2 米见方,碑文竖向楷书阴刻,凡 6 行,满行 70 字,共 360 余字。因其体量高大,游客常常叹为观止,称之为"碑王"。碑群,既是一方历史事件的载体,又是一方难得的文化景观。天柱除上述所述的竹林教育碑群外,著名者尚有坌处归宜桥碑林和三门塘复兴桥碑林。归宜桥原为私家建筑的保命桥,光绪年间演变成为众民造福的公桥,碑林即为该桥变迁的过程纪实,共由"上应七星""横眠半月""鱼竿钓鱼""公资秦口""人行鳌背""仙会虹腰""一溪水绿""两岸峰青"和无名碑共 9 通和石条夹杆 2 根组成,碑林反映了侗族人民急公好义、热心公益事业、和谐建设家园的淳风良俗。三门塘复兴桥碑林的 10 通古碑,为清乾隆、嘉庆、道光年间所立,其中 3 通嵌入石室,排列有致,甚为壮观。碑刻内容,之于地方公益事业"盖谓为后人者,能继志述事之言也"。三门塘古建筑群为第七批全国重点文物保护单位,碑林则是其重要的文化灵魂之一。在天柱的名胜古迹中,几乎都有摩崖石刻或碑刻存在,如白市燕子湾摩崖、凤城"兴化"摩崖及其"乾隆主题"碑、竹林乡梅花高灵山古寺"风调雨顺"等,保存了大量的历史文化与宗教信息,均赋予了一方名胜以魅力和厚重感。目前,"清水江中下游地区各地都在努力发展旅游事业,但大多只侧重于自然景观和民族风情方面的开发,而对于地方文化色彩浓厚的碑刻注意力明显不够",① 上述富含地方历史文化信息的碑刻资源的开发利用,无疑有助于地方文化旅游品位的提高和旅游事业的可持续发展。

(六) 民族文学艺术研究的新视野

碑刻是文章、书法、镌刻三者结合的综合艺术。碑刻上的书法真草隶篆楷行六体俱全,大大小小的碑刻,书丹人都是当时当地的名家,而一方的碑刻即为一方书法艺术作品的总汇,人们从中得以观摩品评各家各体风格,得到至高的审美享受。勒在天柱县内的古碑文,内容有长有短,短者不到 10 字,如凤城镇的"讲演台"、瓮洞镇的"黔东第一关"、远口镇的"有明龚宜人沈氏之墓"等;长者洋洋洒洒数千言,如坌处镇的"内外三江木材商场条规碑"、注溪乡禾翠亭的"反治锦囊碑"等。这些碑刻,大多书法老道,刻技精湛。而在形制上,天柱碑刻,一般由碑座、碑身、碑额、夹杆构成。为使碑文布局整齐美观,有的将碑名套在碑额画的各圈内,有的将碑文各字刻于画的碑身字格中,有的边框和额头分别雕饰有麒麟、龙、凤、牡丹、墨竹等吉祥物和菱形、连弧、棋格、锯齿、卷云等图案。这些工艺精湛的图案与书刻老道的碑文的结合不仅显示出了碑刻的造型美,而且体现出了完美的艺术情趣。而于碑刻文采,虽然无一例外都是文言文,但仍不乏典雅隽永之作,如石洞镇马道的古碑"古

---

① 王宗勋:《略论清水江中下游地区碑刻的社会价值及保护》,《贵州大学学报》(社会科学版) 2015 年第 3 期。

史籀在斯" 短短 100 字的颂师碑文，就情文并茂，卓厉风华，是当地乡村文人儒士文字修养和文学水平的反映。

四 《考释》 的启示

碑刻是社会历史的产物，是人类活动的历史见证，是民族历史与文化的重要记忆库和有效载体，具有其他文献不可替代的重要研究价值。作为《考释》所述的天柱县尚存的自南宋而今的碑刻虽然仅是该县历史发展长河中苗、侗等民族众多碑刻中的一部分，但它承载着天柱以及清水江流域民族社会政治、军事、经济、宗教、科技和民族历史文化的众多信息，弥足珍贵。天柱县对现存碑刻以拓片、抄录、拍照、考释并汇辑为文献巨制以传承于世、资鉴未来的这一重大之举，本身承载的启示意义也极为突出。

（一） 在发展过程中必须强化文化自觉自信自强意识

费孝通先生认为，在人类社会发展历程中，"各民族都要面临一个文化自觉的问题，也就是如何去认识每个民族自身的文化问题"，[①] 实际上，"不同的民族有自己不同民族文化的出发点，要根据自己不同的文化传统来进行创造，这就是文化的自觉和自新"。[②] 如果 "在向前发展的道路上摒弃了许多优秀的文化传统，把它们作为一种落后的因素加以剔除，使许多民族和国家在失去其文化自信心的同时，也失去了其文化上的原创力"。[③] 毋庸置疑，在全球一体化和市场经济的大潮中，面临着强势而入的外来文化，一些地方上上下下不同程度存在着对地域文化和本民族传统文化认识的偏差，未有对自有文化价值与生命力的科学和理性认识，听任、放任甚至推波助澜自我文化的衰退、消失，盲目崇拜和吸纳外来文化，使民族地区的文化环境呈现出变异，传承出现了断裂，人们的精神世界出现了彷徨和焦虑。这种状况实不利于民族文化的传承保护，不利于文化软实力建设。而《考释》的编辑出版及与之相关的系列工作，即为保护民族历史文化、抢救民族的历史记忆和文化传统的典型，体现出天柱县地方党委、政府对民族文化价值的深刻认识和对保护民族文化的高度重视，是天柱地方文化乡贤和苗侗民众文化自信自新自强的自觉行为，情真意重，示范带动作用突出，影响积极。

（二） 传承和弘扬民族社会文化需要进行深入而艰苦的田野调查

民族社会文化深植于民族社会的历史与田野中，要充分发掘民族的历史，展示民族的文化，除必不可少的文献收集外，需要进行深入的田野调查，使收集的资料更系统，内容更全面，认识更深刻，研究更深入，在此基础上的文化创新发展才更有内涵、更具活力，而相应的经济活动与产业发展才更有生机和可持续的前景。《考释》所取资料，无一不是地方文化学者、民族乡贤和高等院校专家学者战严寒、冒酷暑、顶风雨、踏霜雪的结果。他们怀揣着对本土文化的热情，秉持着严谨求真的学术态度，不计报酬，不辞艰辛，足迹遍及了天柱的每一个村落，汗水洒在了每一块古碑存置的乡间；在《考释》列入 "文化兴县" 工程后，更是夜以继日地进行逐乡逐村的查漏补遗和考证释读工作，商讨

---

① 方李莉：《费孝通晚年思想录——文化的传统与创造》，岳麓书社 2005 年版，第 75 页。
② 方李莉：《费孝通晚年思想录——文化的传统与创造》，岳麓书社 2005 年版，第 84 页。
③ 方李莉：《费孝通晚年思想录——文化的传统与创造》，岳麓书社 2005 年版，第 79 页。

着对古碑的保护和对碑文内容与价值的宣传、践行事宜。① 于此可见，唯有执着于文化情感和文化精神的学者的深入调查研究，田野的文化才能被揭示、被展示、被研究，也才会有价值和功能。当然，深入而艰苦的田野调查，无疑又使田野工作者能亲身感受到乡土的情怀、历史的气息，并在其中获得相较于正史文献而言能揭示区域文化内涵的鲜活的材料，而这又是人文社会科学创新型研究的方法论要求。

（三）民族传统文化的传承、保护不仅要有强烈的意识，更要有扎实的实际行动

文化传承是民族历史的见证和写照，是民族地区经济社会发展的内生动力。对于民族文化的传承、保护，党和政府一直高度重视，并出台了系列的政策法规，各地都采取了积极有效的措施并取得了突出的成效。但不可否认的事实是，一些地方领导缺乏民族文化保护、传承、创新观念和文化生产力意识，对之的重视程度仍然不够，投入的力度仍然不足，甚至将民族文化的传承保护仅做流于口头上的允诺和文字形式上的表达，对于民族文化的知识知之甚少，对于区域内的民族文化底数及其内涵、价值更是不清或难明就里，对于因产业调整而快速兴起的文化产业不是仓促上马，就是盲目模仿，或者照搬本本，结果未使丰富的文化资源变为文化资本、发展为文化产业，相反使其遭到破坏和损失。清水江流域的天柱县，历史上即有文化传承、保护的传统，碑刻即为传承的特殊载体和保护的重要手段，目前该县碑刻，已采取保护措施并被列入各级文保单位的就有 23 处，其中处于国家级文物保护单位内的碑刻就有 42 通，而《考释》的编辑、出版本身即为碑刻文化传承保护的重要行动。作为文化大县的天柱正因为有文化视野与文化的行动，其经济社会文化长时间呈现的是可持续发展的势头，山清水秀，民族团结，社会和谐，人民幸福。

（四）乡村振兴应从乡土历史与文化中汲取教益

以"产业兴旺，生态宜居，乡风文明，治理有效，生活富裕"为主要内容的"乡村振兴战略"是党的十九大提出的在新时期做好"三农"工作的时代部署和重要遵循。民族碑刻的相当部分是民族地区进行乡村治理、开展乡村自救而立存于世的，既体现着人与自然和谐的朴素意识和保护生态环境、合理利用资源的愿望，又体现了人与社会和谐、人与人和谐的要求与实践努力，也体现着维系社会秩序、保障生产生活、传承社会文化的规范和措施，还表现出民族社会爱家爱国、务本成才、兴学办学、传承地方性知识等社会教化的观念与行为。② 而其中诸多的规约性碑刻的制定，体现了清水江流域民族社会的传统治理模式，及其国家与基层社会力量之间在礼法、情理和权力等方面微妙的制约、协作关系。正因如此，在"明主治吏不治民""皇权不下乡""教化之权，常不在上而在下"的历史长河中，清水江流域传统农林经济得到了持续的发展，民族社会秩序得到了较好的维系，民族文化与地方性知识得到了较好的传承，人与自然长期和谐共生共荣，即便是在流域建置"王化"、封建制度施行于流域后，流域民族社会各种规制及其运行的自我治理形式仍然有着不可或缺的重要作用。民族地区的乡村振兴是国家乡村振兴战略的重要组成，既需要国家政策的引领、深化改革的推动、产业的发展、人才的支持，也需要民族优秀传统文化和优良传统的大力弘扬、地方性知识的充分挖掘并使之发挥作用以及对乡村民众主体地位的尊重与坚持等，从民族碑刻所载之制度性内容及其行为实践中汲取教益，无疑有助于民族地区乡村振兴战略的实施。

---

① 政协天柱县第十三届委员会：《清水江文书·天柱古碑刻考释（下）》，贵州大学出版社 2016 年版，第 447 页。
② 杨军昌、杨蕴希：《规制与教化：清水江文书的社会教育内容探析》，《贵州大学学报》（社会科学版）2017 年第 4 期。

《西南边疆民族研究》稿约和撰稿体例

《西南边疆民族研究》创刊于 2003 年，是由教育部人文社会科学重点研究基地云南大学西南边疆少数民族研究中心主办的民族学专业性集刊。2008 年，被确定为中文社会科学引文索引（CSSCI）来源集刊，2010 年、2012 年、2014 年、2017 年连续入选。

一、稿约

1. 本刊常年征稿，热忱欢迎国内外学者、研究生投稿。审稿实行三审定稿制，以学术价值为依据进行评审。

2. 本刊刊登民族学、人类学、跨境民族及边疆问题、东南亚南亚研究及相关学科的学术论文、研究报告、综述、书评和学术动态。研究报告和学术论文以 9000～16000 字为宜，综述不超过 8000 字，书评不超过 6000 字，学术动态不超过 2000 字。

3. 根据国内外严肃学术期刊的惯例，本刊要求来稿必须符合学术规范，希望在理论上有所创新，或者在资料的收集和分析上有所贡献；书评以评论或讨论为主，其中所涉及的内容简介不宜超过全文篇幅的四分之一，所选著作以近年出版为佳。

4. 来稿切勿一稿数投。投稿 4 个月未收到刊用通知者，请自行处理。

5. 本刊采取电子邮件方式投稿，作者将稿件电子版发送至：xnbjmzyj@163.com。为方便联系，来稿请附上作者简介（姓名、职称、单位）以及通信地址、联系电话、电子邮件等个人信息，仅供联系之用，不予公开。

6. 本刊发表的文章均为作者的研究成果，不代表本刊的意见。凡涉及国内外版权问题，均遵照《中华人民共和国版权法》和有关国际法规执行。

7. 本刊已加入信息网络系统，凡来稿即被视为同意加入网络版。

二、撰稿体例

（一）基本结构：标题、作者（包括简介）、摘要、关键词、正文、注释或引用文献来源，以及英文标题、摘要和关键词。

（二）摘要：用第三人称视角概括论文核心内容，主要是创新点和研究结论，200～300 字为宜；关键词：论文涉及的主要概念或术语，一般为 3～5 个。

（三）基金来源和致谢：若稿件得到他人帮助、基金资助或属于国家、省市级、校级等科研项目，需注明或致谢。

（四）稿件正文内各级标题的处理要求如下：

1. 一级标题为"一、""二、""三、"等汉字数词及顿号后加标题名；

2. 二级标题为"（一）""（二）""（三）"等带括弧的汉字数词后加标题名；

3. 三级标题为"1.""2.""3."等阿拉伯数字及点号后加标题名；

4. 四级标题为"（1）""（2）""（3）"等带括弧的阿拉伯数字后加标题名。

（五）统计表、统计图或其他示意图、公式（假设）等，均分别用阿拉伯数字连续编号，后注明图、表名称，例如："表1……""图1……""公式1……""假设1……"等。

（六）关于中译名词、术语、人名、地名及国际组织（学术机构）

1. 正文中第一次出现的西文学术专用名词和术语（除常用之外），后用括号标明西文术语；除英文外，其他语种的名词或术语前标明语种。

2. 除知名的外国人名、地名、国际组织（学术机构）以外，一般在正文中第一次出现时，汉译名后用括号标明西文原名（国际组织可用缩写）；正文中出现的国外学者人名须用统一译名，且以学术界的通用译法为准。

（七）引文注释规范：本刊采用脚注形式，每页重新编号。

1. 著作：［责任者］：《［著作名］》，［出版者］［出版年］版，［页码］。

2. 析出文献：［著者］：《［析出篇名］》，载［文集责任者］《［文集题名］》，［出版者］［出版年］年，［页码］。

3. 古籍：［责任者］：《［书名］》卷次《部类名》，［版本］。

4. 期刊：［著者］：［篇名］，［期刊名］［年］［期］。

5. 报纸：［著者］：［篇名］，［报纸名称］［出版年月日］。

6. 未刊文献：文献本身没有标题时，可代拟标题（须注明）。引用的未刊文献为原始文献时，可以不做说明，不是原件时，应说明文献与原始文献的关系。学位论文：标明作者、文献标题、文献性质、学术机构、日期、页码，顺序略同图书；会议论文：标明作者、文献标题、会议名称和文献性质、会议地点或举办者名称、日期、页码，标注顺序略同期刊；未刊手稿、函电等：标明作者、文献标题、文献性质、收藏地点和收藏者，收藏编号。

7. 引证外文文献，原则上应使用该文种通行的引证标注方式。

英文文献：

图书：［著者］，［书名（斜体，主体词首位字母大写）］，［页码］.［出版地］：［出版者］，［出版年］.

期刊文献：［著者］，"［文章名（主体词首位字母大写）］"，［刊物名（斜体）］，［卷期号］，［出版时间］.

著作中的析出文献：［著者］，"［文章名（主体词首位字母大写）］"，［书名（斜体）］，［页码］.［出版地］：［出版者］，［出版年］.

8. 网页引用：尽量在没有其他文献来源的情况下，才引用网页。引用时应注明网页名称，网页作者，网页链接，发布时间，浏览或下载时间。网页作者、发布时间可以缺省。

图书在版编目(CIP)数据

西南边疆民族研究. 第 27 辑 / 何明主编. -- 北京：
社会科学文献出版社，2019.6
ISBN 978 - 7 - 5201 - 4713 - 2

Ⅰ.①西… Ⅱ.①何… Ⅲ.①少数民族 - 西南地区 -
年刊 Ⅳ.①K280.7 - 54

中国版本图书馆 CIP 数据核字(2019)第 070994 号

西南边疆民族研究　第 27 辑

主　　编／何　明
副 主 编／李志农　朱凌飞

出 版 人／谢寿光
责任编辑／杨　阳　隋嘉滨　赵　娜　胡庆英

出　　版／社会科学文献出版社·群学出版分社(010)59366453
　　　　　地址：北京市北三环中路甲 29 号院华龙大厦　邮编：100029
　　　　　网址：www.ssap.com.cn
发　　行／市场营销中心（010）59367081　59367083
印　　装／三河市东方印刷有限公司

规　　格／开　本：889mm × 1194mm　1/16
　　　　　印　张：13.75　字　数：377 千字
版　　次／2019 年 6 月第 1 版　2019 年 6 月第 1 次印刷
书　　号／ISBN 978 - 7 - 5201 - 4713 - 2
定　　价／89.00 元